KB266884

加耶 各國史 研究

加耶 各國史 研究

白承玉 지음

혜안

머리말

　　이 책은 2001년 2월 부산대학교 대학원에 제출한 박사학위논문 『加耶 各國의 成長과 發展에 관한 硏究』를 다시 묶은 것이다. 부족한 점이 많아 책을 내기까지는 용기가 필요했지만, 하나를 매듭지으면 새로운 것에 매진할 수 있을 것 같아 출판을 결심했다.

　　평생 학문의 길을 걷기로 작심한 것은 학부 2학년 말경이었던 것 같다. 군대를 갔다 오고 나서 3, 4학년 때는 어지러운 時流 때문에 공부를 제대로 할 수 없었다. 공부다운 공부를 제대로 하기 시작한 것은 대학원 입학 후였다. 羅末麗初나 麗末鮮初와 같은 시대전환기를 공부해 보려는 생각도 있었지만, 주위 선생님들의 권고 등에 의해 가야사를 공부하게 되었다. 가당찮은 생각이었지만 당시 나는 세계 최고가 될 수 있는 분야는 가야사라고 생각했었던 것 같다.

　　80년대 후반 대학원 연구실에서 같이 공부한 선후배 및 동료들과의 여러 가지 추억들 중에는 영원히 잊지 못할 것들이 많다. 체력단련이란 미명 하에 본업보다 더 재미있어했던 축구게임, 酒力이 곧 學力이라며 열심히 찾았던 포장마차, 열띤 토론문화 등등. 생각해 보면 그 때의 학습 내용이 지금 공부의 바탕이 되고 있는 것 같다.

　　1991년 석사학위논문으로 제출한 『4~6세기 比斯伐加耶의 性格과 그 推移 - 戰略的 要衝地로서의 性格을 중심으로 - 』를 쓸 무렵 비로소 나는 향후 연구방향을 찾았던 것 같다. 당시까지의 가야사 연구는 대부분 가야사 전체를 뭉뚱그려 연구하는 것이 일반적이었다. 이는

6

『삼국유사』 오가야조를 근거로 한 가야연맹체설에 입각한 것으로서, 당시 나의 소견으로는 새로운 시각을 찾지 않으면 가야사 연구가 더 이상 진전될 것 같지 않았다. 그래서 가야 각각의 나라들을 구체적으로 검토해 보고자 하였다. 각각 분리해서 연구해 보고 난 후 이들 가야 제국들이 과연 연맹체 형태로 있었는지 아니면 분리되어 존재했는지를 판단해 보기로 하였다. 그래서 이제까지는 눈여겨보지 않았던 창녕, 고성 등지의 연구부터 시작했다. 그러나 자료 부족으로 인한 논리 전개의 어려움은 예상 외로 많았다. 다행히 학계에서는 같은 시각을 가진 논문들이 발표되기 시작하여 연구에 많은 도움이 됨과 동시에 내가 생각한 방법론이 크게 잘못된 것은 아니라는 희망을 가질 수 있었다. 관련 학회의 심포지엄 등에도 열심히 다녔고, 발굴현장에도 다른 일을 제쳐놓고 다녔다. 그 때 현장에서 얻은 여러 선생님들로부터의 가르침은 지금도 나의 중요한 공부 밑천이다. 日本 九州大學과 東京大學에서의 유학은 일본학계의 연구 성과와 경향을 파악하는 데 많은 도움이 되었다. 문헌사 연구의 필수 요건인 한문 해독 공부는 지금은 고인이 되신 雪嵒 權玉鉉 선생님의 슬하에서 하였다.

나는 가야 여러 나라들이 정치적 필요에 의해 지역적으로 일시적인 연맹을 맺은 적은 있지만 처음부터 끝까지 하나의 연맹체로 존재했던 적은 없었다고 본다. 변진한의 小國들이 성장하여 가야 여러 나라들이 되지만, 그 중에는 소국단계에서 이웃의 큰 나라에 복속된 나라도 있으며, 주변 소국들을 규합하여 地域聯盟體로 발전하지만 더 이상 성장하지 못하고 멸망한 나라도 있었다고 본다. 그리고 加羅國과 安羅國의 경우는 고대국가로 성장했다고 본다. 즉 가야의 여러 나라들은 성장과 발전에서 다양한 패턴이 있었던 것이다.

책의 출간을 앞두고 감사를 드려야 할 많은 분들이 있다. 지도교수이신 정징원 선생님은 나의 정신적 지주이시다. 하도 애를 많이 끼쳐 귀찮게 여기실 만도 하지만 전혀 내색 않고 지도해 주신다. 부산대학교 고고학과의 신경철·김두철 선생님. 박물관의 전옥련 선생님을 비롯한 여러 선생님들. 사학과의 채상식·김동철·김기섭·최원규·이종봉 선생님. 역사교육학과의 윤용출·백승충 선생님. 학위논문을 지도해 주신 경북대학교 사학과의 주보돈 선생님과 한국고대사학회의 여러 선생님들. 동국대학교의 안재호 선생님. 밀양대학교의 장동표·이수훈·곽종철 선생님. 부경역사연구소의 선석열 선생님을 비롯한 여러 선생님들. 김해박물관의 관장님 이하 직원여러분. 그리고 어려운 여건에서도 묵묵히 연구에 전념하시는 고고학도 여러분들께도 감사드린다.

고마움을 전함과 함께 책 내는 기쁨을 함께하고 싶은 분들은 가족이다. 고향 거창에서 묵묵히 농삿일에 전념하시며 자식의 성공을 고대하시는 부모님과 형제들, 이해와 정성으로 도와주는 아내 엄영애, 장모님과 언양 식구들, 귀염둥이 지연·인수와도 기쁨을 함께하고 싶다. 끝으로 좋은 사진을 제공해 주신 후배 김경덕과 디자인그룹 아침의 사진작가 김용철 님에게도 감사드리며, 혜안 출판사의 김현숙 편집장과 직원 여러분께도 감사드린다.

2003년 10월

목 차

加耶 各國史 研究

I. 서 론

1. 연구 현황

가야사에 대한 관심은 조선후기에 이미 보여 왔다.[1] 그들의 연구는 삼한사(가야사)의 부각이란 측면에서는 평가할 수 있지만, 三韓正統論에 바탕을 둔 華夷觀에 입각한 것이었다. 그 후 화이관을 탈피하면서도 다양한 자료의 섭렵과 실증적 연구를 통한 연구가 있었지만,[2] 그 맥이 제대로 이어지지 못한 상태에서 20세기 日人學者들에 의해 가야사는 왜곡되기 시작하였다. 이른바 '任那日本府說'의 성립이 그것이다.

이는 한반도 침략의 정당성을 확보하기 위해, 확고한 선입견 하에서 만들어진 것이다. 따라서 가야사는 왜곡될 수밖에 없었다. 20세기 初 日人學者들의 연구는 '任那' 관계 한반도 지명에 대한 고증작업 위주였으며, 일정한 성과를 거둔 것도 사실이다.[3] 이를 바탕으로 학문적 체계를 갖춘 '任那日本府說'이 1940년대에 완성되며, 패망 후에도 계

---

1) 韓百謙, 『東國地理志』, 後漢書三韓傳條에 대한 按說(三韓辨說) ; 新羅封疆 弁韓舊地條, 1615.

2) 韓致奫, 『海東繹史』 卷16, 世紀16, 諸小國 加羅·任那 ; 卷41, 交聘志9, 通日本始末, 1823 ; 韓鎭書, 『海東繹史續』 卷3, 地理考3, 三韓 弁辰, 1823.

3) 津田左右吉, 「任那疆域考」, 『滿鮮歷史地理硏究-朝鮮歷史地理-』 1, 1913 ; 『津田左右吉 全集』 11, 岩波書店, 1964 ; 今西龍, 「加羅疆域考」, 『史林』 4-3·4, 1919 ; 『韓國古史の硏究』, 國書刊行會, 1969 ; 鮎貝房之進, 「日本書紀朝鮮關係地名攷」, 『雜攷』 7, 上·下卷, 1937.

16

속된다.4)

해방 후 우리 측 가야사 연구의 큰 흐름은 일제 식민주의사관에 의해 왜곡된 역사상을 바로잡는 방향으로 나아갔다. 임나일본부설의 극복 문제는 거의 모든 연구자들의 뇌리 속에 있었다. 이는 결코 도외시되어서는 안 되는 것이기도 했지만, 객관성과 과학성을 담보하는 연구 경향과는 거리가 있었던 것도 사실이다.

60~70년대 가야사 연구는 임나일본부설의 후퇴 및 변용으로서의 연구와 이를 전면 부정하는 연구들로 이루어져 왔다. 前者가 日本人 학자들5)에 의해 이루어진 반면, 後者는 우리측 연구자들에 의해 이루어졌다. '分國說'6)과 '百濟軍司令部說'7)은 그 사실 여부를 떠나 任那日本府說을 전면 부정했다는 점에서 당시로서는 주목되는 것이었다. 특히 '分國說'의 경우는 일본학계에 기존 임나일본부설에 대한 반성의 계기를 심어 주었으며, '百濟軍司令部說'은 『日本書紀』의 관계기사 중에 倭가 주체로 되어 있는 것은 百濟로 바꾸어 보아야 한다는 주장에 근거한 것이어서, 이후 『日本書紀』에 대한 비판적 검토에 중요한 示唆를 주는 것이었다. 그러나 양설 모두 취급 사료에 있어 편중성을 보이거나, 기년 조정에 문제점이 보이고 있어 그대로 따르기는 어렵다. 한편, 이 시기 또 하나 주목할 점은 가야사에 대한 문헌사료가 집성·정리되었다는 것이다.8) 이는 이후 가야사연구에 커다란 공헌을 한 업적으로 평가된다.

70년대 후반 들어 가야사연구의 새로운 경향은 문헌사학과 고고학

---

4) 末松保和, 『任那興亡史』, 吉川弘文館(再版), 1956.

5) 井上秀雄, 『任那日本府と倭』, 東出版, 1973 ; 山尾幸久, 「任那に關する一試論-史料の檢討を中心に-」, 『古代東アジア史論集』 下卷, 吉川弘文館, 1978.

6) 김석형, 「삼한삼국의 일본열도내 분국에 대하여」, 『력사과학』, 1963-1.

7) 千寬宇, 「復元加耶史」 上·中·下, 『文學과 知性』 28·29·31, 1977·1978 ; 『加耶史研究』, 一潮閣, 1991.

8) 丁仲煥, 『加羅史草』, 釜山大 韓日文化研究所, 1962/『加羅史研究』, 혜안, 2000.

의 접합이 시도되었다는 점이다.9) 이는 70년대 이후의 국토개발에 따른 고고학적 발굴성과에 기인한 것이었는데, 가야사 연구에 큰 진전을 가져다주었음은 물론 이후 가야사연구에 있어서는 필수적인 사안으로 되었다.

방법론에 있어 70년대의 연구가 기본 문헌자료에 고고학적 연구성과를 원용한 단계라고 한다면, 80년대는 그러한 바탕 위에『日本書紀』의 가야관계기사 내용을 적극적으로 이용하기 시작한 단계라고 할 수 있다. 韓國 학계의 경우, 임나일본부설의 주요 근거로 작용했던『일본서기』를 그동안 터부시하여 왔던 것이 사실이다. 그러나 우리 측 문헌자료가 매우 영세하기 때문에 상대적으로 풍부한『일본서기』의 내용은 결코 버릴 수 없는 사료들임에는 틀림없다. 다만 그대로 믿기에는 위험성이 높은 사료들인 만큼 철저한 사료 비판이 전제되지 않으면 안될 것이다.

80~90년대 가야사연구에서 주목되는 점은 가야 자체 발전과정 중심 연구가 본격화되었다는 것이다. 60~70년대에도 그러한 연구가 전혀 없었던 것은 아니지만, 접근 방식이나 자료 활용 등의 면에서 일정한 수준 차가 있었다. 즉 80년대가 되면『日本書紀』의 가야관계기사를 비판적으로 수용하는 한편, 고고학적인 발굴성과를 본격적으로 원용하기 시작하는 것이다. 이로 인해 가야사의 체계화도 어느 정도 가능하게 되었다.10)

이 시기 가야사 연구가 한 걸음 더 나아가게 된 것은『日本書紀』에 대한 이해의 심화를 들 수 있는데, 이는 일본 유학에서 돌아온 소장학

---

9) 金廷鶴,『任那と日本』, 小學館, 1977 ;「古代國家의 發達(伽耶)」,『韓國考古學報』12, 1982 ;「加耶史의 研究」,『史學研究』37, 1983 ;『韓國上古史研究』, 汎友社, 1990.

10) 金泰植,『加耶聯盟史』, 一潮閣, 1993 ; 田中俊明,『大加耶連盟の興亡と'任那'』, 吉川弘文館, 1992 ; 白承忠,「加耶의 地域聯盟史 研究」, 부산대학교 박사학위논문, 1995.

자들의 공이 적지 않다. 이들은『日本書紀』를 보다 정치하게 분석하여 임나일본부에 대한 해명과 고대한일관계사의 연구뿐만 아니라, 가야를 중심에 둔 가야사 연구에도 노력을 경주하고 있다.11)

　90년대 들어 새로운 연구경향의 하나는 개별각국사에 대한 구체적 연구가 제출되기 시작하였다는 점이다. 이전의 연구가 주로 김해의 南加羅와 고령 加羅에 대한 연구가 중심을 이룬 반면, 昌寧의 比斯伐에 대한 연구12)나 咸安의 安羅에 대한 연구,13) 固城의 古自國에 대한 연구14) 등은 가야의 2대 중심국 외에도 관심을 가질 필연성을 제기하였다고 보여진다. 그리고 공동작업의 형태로 이루어진 加羅에 대한 연구는 가야사연구를 提高시킨 중요한 업적 중의 하나이다.15) 地域史硏究의 일환이기도 한 각국사에 대한 연구는 가야사연구를 보다 구체화시켰다는 점에서 향후 가야사연구의 방향을 시사하고 있다.16) 그리고 시민을 대상으로 하는 개설서의 간행도 일반 시민들의 가야사에 대한 열의에 부응하기 위한 것이었다.17)

---

11) 李永植,『加耶諸國と任那日本府』, 吉川弘文館, 1993 ; 李根雨,「『日本書紀』에 引用된 百濟三書에 관한 硏究」, 한국정신문화연구원 박사학위논문, 1994 ; 鄭孝雲,『古代 韓日 政治交涉史 硏究』, 學硏文化社, 1995 ; 延敏洙,『고대 한일관계사』, 혜안, 1998.

12) 白承玉,「新羅·百濟 각축기의 比斯伐加耶」,『釜大史學』15·16, 1992 ;「比斯伐加耶의 形成과 國家的 性格」,『韓國文化研究』7, 1995.

13) 權珠賢,「阿羅加耶의 成立과 發展」,『啓明史學』4, 1994 ;「安邪國에 대하여」,『大邱史學』50, 1995 ; 金泰植,「咸安 安羅國의 成長과 變遷」,『韓國史研究』86, 1994 ; 南在祐,「安羅國의 成長과 對外關係 研究」, 성균관대학교 박사학위논문, 1998 ; 李炯基,「阿羅伽耶聯盟體의 成立과 그 推移」,『史學研究』57, 韓國史學會, 1999.

14) 白承玉,「固城 古自國의 형성과 변천」,『韓國古代史研究』11, 韓國古代史研究會編, 1997 ; 李炯基,「小伽耶聯盟體의 成立과 그 推移」,『民族文化論叢』17, 영남대학교 민족문화연구소, 1997.

15) 盧重國 等,『加耶史研究-대가야의 政治와 文化-』, 慶尙北道, 1995.

16) 부산대학교 한국민족문화연구소 편,『가야 각국사의 재구성』, 혜안, 2000.

17) 부산경남역사연구소 엮음,『시민을 위한 가야사』, 집문당, 1996.

가야사의 연구수준 또한 많이 향상되었다. 가야 개별국에 대한 정치·사회구조를 해명해 보려는 노력들이 보인다는 점은 연구 수준의 한 단계 진척을 단적으로 보여주는 예라 할 수 있다.18) 그러나 가야사의 체계적 構築은 아직도 요원한 감이 있다. 가야사의 시간적 공간적 범위, 國名에 대한 문제 등 기초적인 부분의 정리가 되어 있지 않음은 물론 구체적 내용과 개념의 정리 없이 가야의 정치형태를 聯盟體로 설정하고 있는 실정이다.

가야사 연구에 있어서 제기되는 여러 論点 가운데 가장 중요한 문제는 가야 연맹체설에 관한 것이다. 이는 주로 가야의 사회발전단계를 논하는 가운데 운위되던 용어였으나 최근에는 가야제국간, 혹은 가야 개별국의 정치형태를 논하는 용어로 사용되고 있다. 전·후기 가야연맹체나 대가야연맹체, 지역연맹체 등의 용어는 모두 후자와 관련하여 사용되는 개념들이다. 연구의 방향을 정하기 위해서는 이 문제에 대한 본서 나름의 시각을 세우지 않으면 안 된다. 이를 위해 먼저 기존설들을 검토해 볼 필요가 있다.

가야를 연맹체로 보는 견해의 효시는 李丙燾로 파악된다.19) 그는 『三國遺事』 五伽耶條를 그 주요 근거로 들면서 五伽耶니 六伽耶니 하는 것은 결국 加盟團體를 말한 것이라고 하였다. 맹주국을 제하고

---

18) 盧重國, 「대가야의 政治·社會構造」, 『加耶史研究-대가야의 政治와 文化-』, 慶尙北道, 1995 ; 趙仁成, 「6世紀 阿羅加耶(安羅國)의 支配勢力의 動向과 政治形態」, 『加羅文化』 13, 1996 ; 李鎔賢, 「加耶諸國の權力構造-'任那'復興會議を中心に一」, 『國史學』 164, 1998 ; 白承玉, 「加羅 擬制縣의 존재와 그 정치적 성격-국가적 성격 논의와 관련하여-」, 『伽倻文化』 12, (財)伽倻文化研究院, 1999 ; 白承忠, 「가야의 정치구조-'부체제' 논의와 관련하여-」, 『韓國古代史研究』 17, 韓國古代史學會, 2000.

19) 李丙燾, 『朝鮮史大觀』, 同志社, 1948 ; 이는 1년 동안 수정 5판을 발행하게 된다. 본서의 인용은 1949 발행의 제5판, 62쪽. 이는 이후, 『韓國史 古代篇』, 震檀學會, 乙酉文化社, 1959, 376~389쪽과 『韓國古代史研究』, 博英社, 1976, 311~313쪽에서도 피력된다.

그 이외의 諸國을 말할 때는 五伽耶라 하고 맹주국까지 합쳐 말할 때는 六伽耶라 한 것으로 보았다. 그리고 五伽耶條에서의 '又本朝史略云' 以上과 以下에서 보이는 차이점, 즉 前者에는 중요한 金官加耶의 名이 보이지 아니하고, 後者에는 大加耶·小加耶가 빠지고 그 대신 非火加耶가 들어있는 점에 대해서 주목하고 해석을 가하였다. "前者나 後者나 각기 盟主國을 除한 이외의 五伽耶를 지칭한 것으로, 前者는 특히 本伽耶盟主時代의 五伽耶이며, 後者는 특히 大伽耶盟主時代의 五伽耶라고 解釋된다"고 하였다.[20] 이른바 6가야연맹체설은 이러한 해석을 바탕으로 제창되었다. 처음의 맹주국을 上加羅(고령)로 보고 나중의 맹주국을 下加羅(김해)로 보는 점 등에 대해서는 현재의 연맹체론자들과 차이가 있으나, 이는 가야를 연맹체로 보는 이른바 '연맹체설'의 최초 학문적 제기였다. 이후의 가야사 연구에 토대가 된 이 연구는 용어에 대한 개념정리가 되어 있지 않아 정확한 의도는 알 수 없지만, 가맹국 云云하는 것으로 보아 연맹체를 사회발달단계로서 파악한 것이 아니라 정치체의 한 형태로 본 것으로 보인다.

이후 가야에서의 연맹은 孫晋泰,[21] 金哲埈[22]에 의해 '部族聯盟王國', '部族聯盟' 등과 같이 표현되면서 사회발전단계로 보기도 하고, 정치체의 한 형태로 설명하는 시각과 사회발전단계의 한 단계로 보는 시각이 결합되어 파악되기도 하였다. 金廷鶴[23]은 邑落國家란 용어를 채용하여 가야의 정치형태 파악에 주력하면서도 가야의 발전단계를 읍락 국가→읍락 국가연맹→가야 연맹국가로 설정하면서 사회발전단계

---

20) 李丙燾, 「加羅諸國의 聯盟體」, 『韓國古代史硏究』, 博英社, 1976, 313쪽.

21) 孫晋泰, 『國史大要』, 乙酉文化社, 1949.

22) 金哲俊, 「韓國古代國家發達史」, 『韓國文化史大系 1』(민족·국가사), 고대민족문화연구소, 1964, 466~487쪽/『韓國古代國家發達史』, 春秋文庫, 1975, 44~82쪽.

23) 金廷鶴, 『任那と日本』, 小學館, 1977 ; 「古代國家의 發達(伽耶)」, 『韓國考古學報』12, 1982 ; 「加耶史의 硏究」, 『史學硏究』37, 1983 ; 「加耶의 歷史와 文化」, 『韓國上古史硏究』, 범우사, 1990, 179~276쪽.

로서의 가야사 파악이란 면도 간과하지 않았다.

90년대 들어 金泰植의 경우 이전의 논자들과는 달리 사회발전단계[24]와 정치형태를 구분하여 설명하고 있으며, 논증의 방법이나 치밀성도 진일보한 것으로 보인다.[25] 그런데 씨가 말하는 가야연맹체란 가야의 정치형태를 설명하는 논리임에도 불구하고 그 구조에 대해서는 언급하지 않고 있다. 『加耶聯盟史』라고 이름하고 있는 그의 저서 어디에도 연맹 구조에 대한 납득할 만한 설명이 보이지 않기 때문이다. 그리고 전기에는 김해의 구야국이 중심이 된 가야연맹체, 후기에는 고령의 대가야가 중심이 된 가야연맹체라 하여 전·후기 모두 단일 연맹체로 설명할 경우 원만히 설명되지 않는 부분이 있다. 함안 안라국의 경우 독자적 세력을 구축하여 존재하고 있었음이 문헌적으로나 고고학적 유물상을 통해서 확인되기 때문이다. 그리고 단일연맹체론의 입장에서는 포상팔국이 연합하여 가라국을 공격하는 사건을 합리적으로 설명할 수 없다.

이러한 점만을 본다면 田中俊明의 大加耶連盟體說이 보다 합리적이다. 田中은 대가야연맹 경계의 하한을 南江으로 보고 그 이남의 安羅를 중심으로 하는 남부지역을 대가야연맹의 범위에서 제외하여 다른 정치권으로 설정하였다.[26] 이는 가야 지역이 하나의 연맹체만이 아니라 적어도 2개 이상 복수 연맹체의 존재 가능성을 제기한 것이다.

權鶴洙는 考古人類學的인 틀을 適用하여 考古資料를 分析한 結果, 加耶諸國은 결코 單一同盟으로 結束한 것이 아니라 同一한 時期에

---

24) 金泰植, 「加耶의 社會發展段階」, 『한국고대국가의 형성』, 한국고대사연구회, 民音社, 1990.

25) 예를 들면, 이병도, 김철준 등이 연맹체설의 근거로 내세우고 있던, 『三國遺事』「五伽耶」조나 「가락국기」의 6란 설화를 후대의 것으로 비판하고, 『日本書紀』 가야 관계기사나 고고학적 유물, 유적을 바탕으로 논지를 전개하는 방법 등이다.

26) 田中俊明, 「于勒十二曲と大加耶連盟」, 『東洋史研究』 48-4, 京都大文學部, 1990 ; 앞의 책, 1992.

22

多數의 聯盟 즉 '小地域圈'이 存在한 것으로 보았다.[27)

白承忠은 加耶 歷史上 金海(駕洛國)와 高靈(加羅國)의 加耶勢力
이 代表勢力이었을 蓋然性은 認定하지만 加耶地域 全體를 包括하지
는 못했다고 하면서 加耶의 局地的·分岐的 特性을 强調하여 '地域
聯盟體'의 개념을 設定하였다.[28) 이는 기존의 가야단일연맹체설을 비
판하고 부정하였다는 점에서 연구사적 의의가 있다. 그러나 가야가 삼
한 소국단계부터 멸망 시까지 시종 지역연맹체의 단계로만 지속하였
다고는 생각되지 않는다. 또한 지역연맹체에 편입되지 못한 가야 각국
들은 어떻게 설명할 것인가가 문제가 된다.

이상 가야연맹체설에 대한 제가들의 견해를 살펴보았다. 그 결과 연
맹체가 사회발전단계를 의미하는 말이든, 각국간의 정치형태를 나타내
는 말이든 모두 문제가 있음이 드러났다. 가야사의 전 시기 동안 연맹
체 단계에 머물러 있었다고 볼 수도 없다. 그리고 연맹이란 "공동의 목
적을 가진 단체·조직 또는 개인이 동일한 행동을 할 것을 연합하여
盟約하는 일, 또는 그 연합체"로 정의된다. 따라서 사회발달 정도가 씨
족사회, 혹은 부족국가(읍락국가)라 하더라도 상호간의 연맹은 가능하
고, 고대국가들끼리도 상호간의 연맹 결성은 가능하다. 또한 사회발달
정도에서 차이가 있는 정치체들 끼리도 연맹은 가능한 것이다. 그러므
로 가야사 연구에 있어서 연맹체의 문제는 이러한 점들을 고려한 후
접근할 필요가 있다. 본서는 가야사 전 시기를 통한 恒存的 연맹체의
존재는 부정하는 입장이다. 본서의 중요 목적은 가야 각국사에 대한
구체적 모습을 살펴보는 데 있지만, 그 사회발전단계에 대해 살펴보는
일도 목적 중의 하나이다.

---

27) 權鶴洙, 「加耶諸國의 相關關係와 聯盟構造」, 『韓國考古學報』 31, 1994, 152
   ~158쪽.
28) 白承忠, 앞의 학위논문, 24~30쪽.

2. 연구 방향

가야사 연구에 있어서는 기본적으로 전제되어야 할 몇 가지 문제점들이 있다. 아래에서는 몇 가지 문제점들에 대한 본서의 입장을 정리함으로서 본서가 다루고자 하는 범주와 방향을 명확히 하고자 한다.

첫째, '加耶' 및 '加羅'에 대한 개념의 정리이다.

가야에 대한 용례를 살펴보면 史書마다 차이를 보이고 있다. 또한 동일 사서 속에서도 각기 다르게 쓰이고 있는 경우도 있다. 이에 대한 명백한 개념정리 없이는 가야사를 체계적으로 이해하는 데 어려움이 있다.

가야를 지칭하는 말로는 加羅, 伽羅, 迦羅, 呵囉, 柯羅, 賀羅, 加良 (이상 이를 加羅係라 지칭한다)과 駕洛, 伽落(이상 駕洛係라 지칭), 加耶, 伽耶, 伽倻(이상 加耶係라 지칭) 등이 있다.

이들은 모두 동일어에 대한 異表記로 보여진다. 그러나 이들이 표기된 출전사료들의 편찬시기를 정리해[29] 보면 가라계만이 가야가 존재했던 당 시기의 국명이었음이 인정된다. 즉 가락계와 가야계는 12세기 이후에 편찬된 사서에만 보일 뿐 그 이전에 편찬된 사서들에는 가라계만이 보인다. 특히, 동시대 자료인 광개토왕릉비문에도 加羅係 借字 표기를 하고 있는 점은 유의된다.

이 중에서 가야계 용어는 이른바 『三國史記』 초기기록에도 보이지만, 초기기록은 신빙성에 의문이 있기 때문에 이를 가지고 가야계 용어가 당시기에 사용되었다고 볼 수는 없다.

가라계 용어가 언제 어떠한 연유로 가야계로 바뀌어 표기되게 되었을까?

金煐泰는 '廣開土王碑를 비롯한 국내외의 古史料에 보이지 않는 伽耶는 佛典에 보이는 地名이므로, 그 땅에 불교가 전해진 뒤에 오래지

---

29) 權珠賢, 「加耶文化史 研究」, 계명대학교 박사학위논문, 1998, 17~20쪽.

않아서 그 佛典의 이름을 취하여 종래의 駕洛이나 加羅라 써 오던 옛 이름 대신에 새롭게 伽耶라 하였으리라'고 하였다.30) 여기서 말하는 불전이란 法華經 등을 말하는데, 이들 경전은 삼국시대부터 크게 신봉되어 受持 讀誦이 많이 되었다고 한다.31) 그의 소개에 의하면 法華經에는 '伽耶城', '伽耶' 등의 지역명이 나오며,32) 文殊門菩提經에서는 '摩伽陀國 伽耶山' 등과 같이 伽耶 관련 지명 및 산명이 보이고 있다.33) 伽耶는 부처님의 修道 및 成佛한 곳이며 또한 說法한 장소(城 또는 山)로 알려져 왔다. 이러한 불교경전 속에서의 가야 용례는 삼국시대의 가야와 무관하지 않다고 여겨진다. 즉 가야는 加羅의 불교적 雅語인 것으로 생각된다.

한편, 가락계는 가라의 다른 표기로 보이는데, 가락에서 기역(ㄱ)이 탈락하여 가라가 되었다는 견해도 있으나 가락계보다는 가라계가 시기적으로 앞서는 표기법으로 생각한다. 가락계는 당 시기의 것이 아닌 漢字式으로 雅化된 후대의 명칭으로 생각한다. 가락계의 借字는 그

---

30) 金煐泰, 「伽耶의 國名과 佛敎와의 관계」, 『伽倻文化』 6, (財)伽倻文化硏究院, 1993, 78쪽.

31) 三國時代의 法華經信奉에 대해서는 金煐泰, 「法華信仰의 傳來와 그 展開」, 『韓國佛敎學』 3, 1977 ; 「三國時代의 法華受容과 그 信仰」, 『韓國天台思想硏究』, 東國大 佛敎文化硏究院, 1983 등이 참고된다.

32) 『妙法蓮華經』 卷5, 從地踊出品 15, "我於伽耶城 菩提樹下坐 得成最正覺 轉無上法輪(나는 伽耶城의 菩提樹 아래 앉아 가장 올바른 깨달음을 얻고서 더 없는 최상의 法輪을 굴렸느니라 ; 大正藏經 9卷, 41쪽 中)", 如來爲太子時 出於釋宮 去伽耶城不遠坐於道場 得成阿耨多羅三藐三菩堤(如來가 태자 적에 釋氏의 궁전을 나와 伽耶城으로 가서 멀지 않은 곳의 道場에 앉아 無上正等正覺을 이루셨다 ; 同書, 大正藏經 9卷, 41쪽 下), 佛昔從釋種 出家近伽耶 坐於菩提樹 爾來尙未久(부처님은 옛날 釋迦種族에서 출가하여 伽耶의 가까운 菩提樹 아래에 앉았었느니…… ; 同書, 大正藏 9, 42쪽 上). 釋迦牟尼佛 出釋氏宮 去伽耶城不遠坐道場 得阿耨多羅三藐三菩堤(석가모니부처님이 釋迦族의 궁전을 나와 伽耶城으로 가서 그 곳에서 머지 않은 道場에 앉아 無上正等正覺을 얻으셨다 ; 同書, 大正藏 9, 42쪽 中).

33) 金煐泰, 앞의 논문, 70쪽.

출전 사서 가운데 편찬시기가 가장 앞서는 것이 「가락국기」이다. 이 점으로 미루어 보아 그 借字의 최초 시점은 「가락국기」 편찬시기인 고려 문종대 太康 年間(1075~1084)일 가능성이 있다.

가라계 용어가 가야계로 바뀐 시기는 언제일까?

金煐泰는 「가락국기」에 의하면 가야에 불교가 도입된 시기가 銍知王代(451~492)라는 점과, 『法華經』이 弘始 8년(406)에 중국에서 번역된 경전이므로(번역자는 法華經, 文殊門菩提經 모두 鳩摩羅什이다) 시간적 모순도 없다는 점에서 가야 당시기에 이미 가야라는 국명은 존재했었다고 하였다.

가야불교의 도입 시기에 대해서는 「가락국기」의 기록은 그 설화적 요소 때문에 차치한다 하더라도, 고령 고아동고분 천정의 연화문 그림으로 보아 최소한 가야 말기에는 그 가능성이 인정된다.[34] 그러나 가라가 존재했던 당시기에 가야란 국명이 사용되어졌다면 당 시기 혹은 그와 가까운 시기에 쓰여진 중국의 사서에 한결같이 가라계 용례만 보인다는 점을 설명할 수 없다. 720년에 쓰여진 『日本書紀』에도 가라계의 借字 용례는 모두 32회나 보이지만[35] 가야계 용례는 보이지 않는다. 한 예이기 하지만 동시대 자료인 광개토왕릉비문에서도 가야계 용례가 아닌 가라계 용례가 보이고 있다. 이러한 점들로 미루어 보아 가야계의 借字는 8세기 이전에는 없었다고 보아야 할 것이다.

본서는 가야계 용어가 모두 12세기 『三國史記』 편찬시 일괄적으로 고쳐 적었을 가능성도 없지는 않지만, 羅末麗初의 시대적 상황에서 가

---

34) 경상북도 고령읍 고아동에 위치해 있는 고아동고분은 1963년에 발견되어 석실 내부가 조사되었다. 벽화 고분의 구조는 현실과 연도를 갖춘 횡혈식 석실분인데, 벽과 천장에 회를 칠한 뒤 벽화를 그렸고, 현재 벽화는 대부분 박락되었지만, 천장에 비교적 명확한 연화문이 12~13개 잔존해 있다. 계명대학교 박물관, 『高靈古衙洞壁畵古墳實測調査報告』, 1984. 석실의 축조시기를 6세기 전반대로 보고 있어 이 시기 고령의 加羅에는 불교가 수입되어 있었음을 알 수 있다. 183쪽의 사진 참조.

35) 金泰植, 앞의 책, 17쪽의 <표 1> 참조.

26

야란 말이 생겨난 것으로 생각한다. 국명의 경우 그 국이 존재하였던 당 시기의 것으로 씀이 타당한 만큼 우리가 일반적으로 흔히 쓰는 '가야'보다는 '가라'란 용어를 사용해야 할 것이다. 당 시기와 후대에 만들어진 용어를 구별 없이 사용함으로 해서 빚어지는 혼란과 오해를 막기 위해서이다. 가야사의 경우 이미 이러한 폐해를 많이 입고 있다고 할 수 있다.

그런데 문제는 '가라'라는 국명이 이른바 당시 가야제국 전체를 가리키는 용어가 아니라 김해와 고령에 존재했던 國에만 사용되었다는 점이다.36) 따라서 전체가 통합된 바 없었던 나라들에 대해서 전체를 지칭하는 용어로서 '가라'로 부를 수도 없다. 여기에서 제기될 수 있는 문제는 과연 당시기에 전체 가야제국들을 불렀던 용어가 있었던 가이다. 본서는 단정을 유보한다.『日本書紀』의 경우 任那라는 용어로서 전체를 아울러 지칭한 용례가 보이나, 이는 용어 그 자체만 빌려왔을 뿐, 그 의미는 7~8세기 日本 古代天皇主義史觀에 의해 표현된 예이기 때문에 그대로 따를 수 없는 것이다.

그러면 수로신화에 보이는 6卵이나『三國遺事』五伽耶條에 보이는 가야관을 어떻게 이해해야 할 것인가? 이는 당 시기가 아닌 후대의 가야관을 반영한 것으로 보이는데, 어떤 이유에서인지는 확인할 수 없으나 제국들을 일체화하여 보고 있으며, 그 명칭을 가야로 표현하고 있다.

본서에서는 가야제국 전체에 대한 一體性(특히 정치적 일체성)을 인정할 수는 없지만, 제국 전체를 지칭하는 용어로서 '가야'란 말을 잠정적으로 사용하도록 할 것이다. 다른 방안이 잘 찾아지지 않을 뿐만 아니라, 이는 이미 통례적으로 사용하고 있기 때문에 혼돈을 피하기 위한 방안이기도 하다. 그리고 개별 각국에 대한 국명은 당시기에 사용했을 가능성이 높은 국명을 史書에서 확인하여 사용할 것이다.

그러면 加羅는 어떠한 語源을 가지는가? 이에 앞서 弁辰狗邪國의

---

36) 이에 대해서는 3章에서 상술한다.

狗邪에서 가야란 표기법이 생겨났다는 견해를 검토해 볼 필요가 있다.37) 이는 狗邪國과 가야국이 동일 지점으로 파악되는 점과 그 音相似에 근거한 설명이다. 狗邪國이 김해 지역에 있었던 삼한 소국이었던 만큼 狗邪에서 加耶로 변화했다는 설명은 가야사의 전개과정에서 보면 체계적인 것으로 비추어질 수 있다. 그러나 狗邪國이 3세기 대의 국명인 반면 가야는 가야 당 시기의 국명이 아닌 사실에 주목하여야 한다. 狗邪國 다음 단계의 국명 借字는 加羅係이다. 따라서 狗邪→加耶로의 음상사보다는 狗邪→加羅의 음상사를 따져 보아야 한다.

Karlgren의 中國 上古音 分析에 의하면 '狗'는 kou/kau/ku, '駕'는 kia/kia/ka, '加'는 kia/kia/ka, '洛'은 lo/lok/lok, '羅'는 lo/lo/la, '邪'는 ie/ie/ia, '耶'는 ie/ie/ia 等으로 發音上의 變化를 겪었다고 한다.38) 따라서 上古音을 比較해 볼 때 '駕'와 '加'는 통하지만 '狗'와는 差異를 보이고 있고, '洛'은 '羅'와 '耶'는 '邪'와 각각 通하지만 狗邪와 加耶의 關聯性은 보이지 않는다. 따라서 語源的인 側面에서는 狗邪는 加耶와도 相關性이 없다.39) 이 점은 狗邪와 加耶의 음상사를 바탕으로 그 借字의 동일성을 주장하거나, 狗邪에서 加耶로 곧 바로의 변화를 설명할 수 없다는 것을 보여 준다.

加羅의 語源에 대해서는, 冠幘 由來說, '開墾한 平野'라는 뜻의 南方 잠어인 kala 由來說, 갓나라(邊國·一邑) 由來說, 가람(江) 由來說, 겨레(族) 由來說, '韓의 나라' 由來說 등이 있다. 본서는 韓의 다른 借

---

37) 韓鎭書,『海東繹史』, 續集1, 地理考3, 三韓 下 疆域總論, "加羅·伽倻·駕洛 皆一也 其國都在今金海府 魏志所云弁辰狗邪國 卽此也 東語狗 謂之伽伊 音轉而義同 狗邪者加羅也". 이와 관련하여 권주현은 "『三國史記』가 '加耶' 로 쓴 것은 그 이전부터의 典據가 있었기 때문이었을 것"으로 보고, '가야'가 가장 오랫동안 보편적으로 쓰여졌을 가능성이 높다고 하였다. 그리고 狗邪를 기존에 있었던 '加耶'의 音借로 보고, 후대에 불교와 습합되면서 '伽耶'로 되었다고 보고 있다(권주현, 앞의 학위논문, 21쪽의 각주 7).

38) Bernhard Karlgren,『漢字古音辭典』, 아세아문화사, 1975, 93~238쪽.

39) 白承忠, 앞의 학위논문, 17쪽의 각주 60.

字 표기법이 加羅라고 본다. '韓'은 '干'과 통한다. '干'은 존장자, 존귀자의 의미도 있지만 '大'의 뜻도 있다. 따라서 加羅는 '干의 나라', 즉 '큰 나라'의 의미로 생각한다. 한편, 加羅를 나타내는 또 다른 말인 任那와 任那加羅에 대한 문제는 관계 章에서 살펴볼 것이다.

이상 加耶와 加羅의 개념 정리를 통해서 보더라도 가야사의 공간적 범주를 설정하는 문제는 쉽지 않음을 알 수 있다. 좁게 보면 加羅로 불린 2개 국으로 국한되지만, 넓게 보면 신라와 백제에 통합되지 않았던 제 지역으로 볼 수 있는 것이다. 그러나 이도 시간적 흐름에 따라 가변성이 심하였기 때문에 구분 설정의 어려움이 있다.

둘째, 가야사의 起點에 관한 문제이다.

가야 제국의 멸망 연대는 각국마다 차이가 있지만 562년 加羅의 멸망으로 가야사가 그 막을 내린다는 점에서는 대체로 의견이 일치하고 있다. 문제는 가야사 시작의 기점이다. 논자에 따라 기원전 3~2세기로 보는 견해가 있는가하면 기원후 3~4세기로 보는 견해도 있어 무려 500년 이상의 차이를 보이고 있는 실정이다. 이는 가야사를 바라보는 시각차에서 생겨난 것이다. 이른바 원삼국시대 또는 삼한시대 역사를 加耶前期로 파악하는 경우는(이를 前期論者라 칭한다), 삼한 소국의 형성시기부터 가야의 역사로 보아 가야사의 기점은 기원을 전후한 시기 혹은 그 이전으로 소급된다. 이들은 모두 삼한시기를 가야사의 범위에 넣고 있다. 한편, 삼한의 역사를 가야와는 별도로 삼한 그 자체의 역사로 보고 진정한 가야사의 시작은 3세기 중·후엽 이후로 보는 견해도 있다(이를 前史論者라 칭한다).

그런데 전기론적 입장에 있다하더라도 논자들마다 기점에 대한 차이는 있으며, 전사론자들도 각각 차이를 보이고 있다. 그리고 동일한 논자라 할지라도 삼한사적 접근을 할 경우와 가야사적인 접근을 할 경우 각각 다른 모습을 보이는 경우가 있어 논자를 확연하게 구분하기도 쉽지 않다.40)

　기왕의 분류에 의거하면 본서는 전사론적 입장에 서 있다. 그러나 삼한 소국과 가야 제국은 연속선상에 있고, 삼한 소국의 형성과 성장·발전의 결과가 곧 가야제국이기 때문에 외형적 명칭의 변화만으로 분류하는 것은 사실상 무의미할 수도 있다. 본서에서는 소국의 형성은 기원전 3세기부터 그 始原的 모습이 보이는 것으로 파악한다.[41] 따라서 본 연구의 시간적 범위는 기원전 3세기부터 6세기 중엽 가야제국들이 소멸하는 시기까지로 한다.

　셋째, 境域[42]의 문제이다.

　가야의 경역에 대한 기왕의 연구는 대부분 가야와 신라의 경계를 문제삼아 왔다. 이는 가야와 신라의 존재형태나 각국의 내부구조를 간과한 채 연구가 진행되었다는 점 외에도, 구분의 기준을 무엇으로 하느냐에 따라 각기 다른 결론에 도달하였다.[43]

　가야의 경역에 대해서『三國遺事』「가락국기」에는 그 경계를 "東으로 黃山江(낙동강하류), 西南은 滄海(남해안), 西北은 地理山(智異山), 東北은 伽耶山의 남쪽"이라 하고 있다. 그런데 같은 책 「五伽耶」條에 의하면 이 범위를 벗어나는 가야국명들이 나오고 있다. 즉, 현 창녕 지역에 존재했었던 非火伽耶와 복천동고분군이 있는 부산 동래지역은 낙동강 동쪽에 위치하며, 古寧伽耶와 星山伽耶도 이 경역을 벗어나는 곳에 위치한다. 동일 史書에서의 엇갈린 서술은 그동안 가야사의 이해

---

40) 朱甫暾, 「序說-加耶史의 새로운 定立을 위하여」,『加耶史硏究-대가야의 政治와 文化-』, 慶尙北道, 1995, 18쪽, 각주 30 참조.

41) 그 구체적 논의는 2장 1절에서 할 것이다.

42) 境域과 領域은 구별하여야 할 것이다. 境域의 사전적 의미는 ① 경계가 되는 구역, ② 경계 안의 땅이며, 領域은 ① 어떤 나라의 주권에 딸린 범위, ② 영향이나 세력이 미치는 범위이다(한글 학회,『우리말 큰사전』, (주)어문각, 1992). 본서에서는 사전적 의미 차이를 존중하여 사용할 것이다. 특히 영역의 경우는 중심부 세력의 영향이나 세력이 미치는 범위로 정의하여 사용할 것이다.

43) 이에 대한 문제점의 정리는 주보돈의 글이 正鵠을 얻고 있다. 朱甫暾, 앞의 논문, 22~30쪽.

에 크다란 장애가 되어왔다.

이 문제에 대한 기왕의 설명에서는 「五伽耶」條의 6가야를 가야 전체 역사 중에서 어느 한 시기의 경역을 표시한 것으로 보아, '가야 멸망 직전의 경역을 나타낸 것이거나 加耶 여러 나라 중 특별히 강한 6國을 지칭한 것으로' 추측하기도 하였다.[44] 또는 「五伽耶」條에 보이는 古寧伽耶의 경우 현 咸昌이 아니라, 晋州로 비정하기도 하여 「가락국기」와의 모순점을 극복해 보고자 하였다.[45] 그러나 이러한 설명들은 미봉적일 뿐 설득력과 타당성을 결여하고 있다. 「五伽耶」條의 내용이 후대의 산물이기 때문에 「가락국기」와의 모순은 염두에 둘 필요가 없다고도 생각할 수 있을 것이다. 그러나 「가락국기」 역시 같은 논리(후대의 산물이라는)로 그 타당성을 인정받을 수 없다.

한편, 앞의 『三國遺事』 「가락국기」에 보이는 가야 경역표시기사로서 가야의 領域을 논하는 경우가 일반적이나 이는 사실상 아무런 의미가 없다. 가야사에 있어서 가야 지역 전체가 정치적으로 통합되었던 적이 없었기 때문이다. 단, 일정시기 형성된 연맹체의 범위로서의 영역이나 가야 개별 각국들의 영역에 대해서는 논할 수 있을 것이다.[46]

『日本書紀』에 보면 가야 지역을 통칭하는 용어로서 '任那'라는 말이 나오고 있어 마치 가야 지역이 하나의 정치체로 묶어 있었던 것처럼 보이고 있다.[47] 그러나 『일본서기』에서는 '任那'를 高句麗, 百濟, 新羅와 함께 '朝貢'해 오는 '蕃國'이며, 천황의 '內官家'로 취급하고 있다.

---

44) 李基白·李基東 共著, 『韓國史講座』 I (古代篇), 一潮閣, 1982, 156쪽.

45) 李丙燾, 「加羅諸國의 聯盟體」, 『韓國古代史研究』, 博英社, 1976, 313쪽.

46) 이런 점에서 李熙濬이 고령계 양식 토기 분포 양상을 바탕으로 加羅의 영역 팽창과 그 성격에 대해 논한 연구(李熙濬, 「토기로 본 大伽耶의 圈域과 그 변천」, 『加耶史研究-대가야의 政治와 文化-』, 慶尙北道, 1995, 409~427쪽)는 이전에 비해 진일보한 것이라 할 수 있을 것이다.

47) 『日本書紀』 卷19, 欽明 23年 春正月條, "新羅打滅任那官家[一本云 二十一年 任那滅焉 總言任那 別言加羅國 安羅國 斯二岐國 多羅國 卒麻國 古嵯國 子他國 散半下國 乞湌國 稔禮國 合十國]."

따라서 천황의 內官家는 당연히 개별 분산적 모습이 아닌 하나로 통제되는 모습으로 그리려고 했을 것이다. 이는『일본서기』편찬시의 율령국가 지배층의 대외인식에 의해 규정된 것이다. 즉『일본서기』의 임나인식은 7세기말의 일본 지배층의 국가의식과 설화적 역사의식이 반영되어 있는 것이다. 이러한 점 때문에『일본서기』속의 임나는 때로는 통합적인 모습으로 보이기도 하고, 원사료가 비교적 충실히 반영되었을 때에는 개별 분산적인 모습으로도 그려지고 있는 것이다.『일본서기』가 가지고 있는 사료적 한계에도 불구하고, 분명한 것은 '임나'를 고구려, 백제, 신라와는 명백히 구분하고 있다는 점이다. 이 점만을 중시한다면, 任那로 통칭되는 가야의 영역은『일본서기』欽明紀 23년조에 보이는 임나 10국과 남가라, 탁기탄, 탁순국이 존재했던 지역으로 볼 수 있을 것이다. 보다 엄밀히 말하면 이들 지역은 가야의 영역이라고 하기보다는 백제와 신라의 영역에 포함되지 않고 있었던 각 개별국들이 존재하고 있었던 지역으로서의 경역으로 보아야 할 것이다.

한편, 고고학계에서도 이 문제에 대한 관심은 있어 왔다. 金元龍은 낙동강 이동의 토기군과 이서 토기군으로 구분하고 각각 신라토기와 가야토기로 명명했다. 安春培는『삼국사기』新羅本紀에 보이는 4세기대 이전(이른바 초기기록) 신라의 대외 팽창기사를 신빙하는 입장에서, 가야관계 지명비정을 바탕으로 가야의 영역을 추정하였다.[48]

東潮는 고고학적인 자료들(墓制, 冠帽, 馬冑, 甲冑, 土器)로부터 문화권을 설정하고 그러한 문화권이 정치권과 어떠한 관계를 가지는가? 라는 입장에서 가야의 영역을 추구하였다.[49]

이들은 모두 신라 아니면 가야라는 입장에서 문제에 접근하였기 때문에 해결의 실마리를 찾지 못하였다고 보여진다. 더구나 문헌기사를

---

48) 安春培,「加耶土器와 그 領域의 硏究」, 동아대학교 박사학위논문, 1993, 24~36쪽.

49) 東潮,「伽耶諸國の領域をめぐって」,『伽耶はなぜほろんだか』, 大和書房(増補改訂版), 1998, 83~109쪽.

32

이용한 경우에는 사료에 대한 일차적 비판이 결여된 점도 지적하지 않을 수 없다.

문제의 초점은 현 경북 성주와 같은 낙동강 이서 지역의 일부를 포함하여, 부산, 창녕, 대구, 경산, 선산, 상주 등과 같은 낙동강 동안지역의 4~6세기대 정치적 성격에 있다고 보여진다. 최근 이들 지역에 보이는 문화적 양상을 중심으로 신라의 진출시기를 추정하여 신라와 가야 경역을 추정하는 연구들이 있다.[50] 문화적 양상과 정치적 양상의 상관관계에 대해서는 인정한다 하더라도, 지역 상호간의 교차편년이 안정되어 있지 않은 등의 문제점이 있다. 그리고 신라 偏向的 정치성향을 보이고는 있지만 여전히 독자적 정치체가 존재한, 그래서 주변 상황에 따라 유동적 성향의 지역을 신라영역이라 할 수는 없을 것이다. 문제의 해결점은 각 지역마다의 독자적 성장과 변화과정을 구체적으로 살펴보는 일에 있다고 여겨진다. 즉 개별 지역사에 대한 연구가 축적되어야만 가야의 경역 문제는 해결될 수 있을 것이다. 그러나 현상에 대한 해석의 문제는 여전히 시각차가 존재할 것이므로 간단치만은 않을 것이다. 이상의 연구현황과 전제를 바탕으로, 과제와 연구 방향에 대해 정리해 보고자 한다.

任那日本府說로 왜곡되었던 자리에 올바른 가야사를 정립하여야 한다. 이를 위해서는 다음과 같은 문제들이 해결되어야 한다.

① 加耶의 社會發展段階와 더불어 가야 각국들간의 관계는 어떠했는가? 部族聯盟體段階, 혹은 고대국가단계라고 하면서도 그 형성과 성립 및 전개과정에 대해서는 구체적 설명이 없다. 각국들간의 정치형

---

50) 李漢祥, 「5~6世紀 新羅의 邊境支配方式-裝身具分析을 중심으로-」, 『韓國史論』 33, 서울대, 1995 ; 「4세기 전후 신라의 지방통제방식」, 『역사와 현실』 37, 한국역사연구회, 2000 ; 李熙濬, 「4~5세기 新羅의 考古學的 研究」, 서울대학교 박사학위논문, 1998 ; 朱甫暾, 「新羅國家形成期 大邱社會의 動向」, 『韓國古代史論叢』 8, 韓國古代社會研究所, 1996 ; 『신라 지방통치체제의 정비과정과 촌락』, 신서원, 1999.

태에 대해서도 聯盟體로 명명하고는 있으나 연맹의 형태 및 연맹의 내용은 밝혀내지 못하고 있다.

② 加耶諸國들이 존립하고 또 존재할 수 있었던 기본동력은 무엇인가? 이는 加耶史 자체의 性格究明을 위해서도 가장 시급한 부분이 아닌가 한다.

③ 前期加耶에서 後期加耶로 넘어가게 되는 원인은 무엇인가? 樂浪의 소멸과 高句麗의 남침을 주원인으로 들고 있으나 加耶 내부사정 등 다른 요인도 충분히 있었을 것이다.

④ 올바른 地名比定이 필요하다. 『三國史記』, 『三國遺事』, 『三國志』魏書 東夷傳 韓條 및 『日本書紀』 등에 나오는 加耶 諸小國들의 위치비정을 잘못함으로써 그 후의 역사연구에 상당한 혼란과 어려움을 가져왔다. 현재로서 기록상에 보이는 諸小國들의 위치를 모두 정확하게 찾는다는 것은 불가능한 일이겠지만 신중할 필요는 있는 것이다.

⑤ 加耶 개별 各國들에 대한 보다 심도 깊은 研究가 필요하다. 각국사에 대한 주목이 그동안 空轉 상태에 있던 가야사 연구에 있어서 어느 정도 중요성을 갖는 것이지만 충분한 성과를 거두고 있다고는 볼 수 없다. 자료의 영세성에 기인한 것이지만 논리의 비약도 눈에 띄고, 각 지역마다의 기초연구도 결핍되어 있기 때문에 애초 기대했던 성과에는 미치지 못하고 있는 것이다.

가야사가 갖는 史的 의의를 한국고대사 상에 어떻게 위치 지울 것인가? 이는 한국사의 전체적 흐름 속에서 가야사를 정리해야 할 것이다.

이러한 과제와 방향을 생각하면서 2장에서는 가야 각국들의 시발이 되는 삼한 소국에 대해서 논술하고자 한다. 앞서 지적한 바와 같이 삼한 소국의 역사를 가야사의 범주에 포함시킬 것인가의 문제가 있지만, 삼한 소국과 가야제국과의 관계는 단절보다는 연속선상에 있다고 본 까닭이다. 먼저 삼한 소국들의 형성시기에 대해 살펴볼 것이다. 그리고

<표 1> 加耶聯盟體說에 대한 諸論議

접근방법	연구자	연맹체에 대한 견해	시기구분
정치형태	李丙燾	部族國家聯盟體	上加耶聯盟(高靈)
			下加耶聯盟
			(6加耶聯盟, 金海, 3C 전반 성립)
	金泰植	전·후기 단일 加耶聯盟體	前期(1~4C) :
			前期加耶聯盟(3~4C, 金海중심)
			後期(4~6C) :
			後期加耶聯盟(5C 후반~520, 高靈 중심)
	田中俊明	大加耶連盟體	470~510년대 : 大加耶 중심
	權鶴洙	단일동맹 부정 소지역권 인정	
발전단계	金哲埈	加耶聯盟(部族國家聯盟)	上加耶(大加耶), 下加耶(金官加耶) 중심의 연맹
	李基東	聯盟王國(城邑國家聯盟)	本加耶중심(4C대)
			大加耶중심(시기 불명)
양자 복합	金廷鶴	弁韓聯盟體(1~3C) 6加耶聯盟體(4~6C)	先加耶時代(청동기~기원전후)
			加耶時代前期(1~3C)
			加耶時代後期 (4~6C, 5C 후반 이후 大加耶가 盟主國)
	千寬宇	연맹체설 부정 · 城邑國家(4C 이후)	早期加耶(기원전 2C~기원후 2C) : 狗邪國
			晚期加耶(6C 이후의 大加耶)
	李永植	君長社會	1~4C 중엽
		都市國家	4C 말 이후
	白承忠	地域聯盟體	김해 지역연맹체 시기 — 등장(1C~2C 전반)
			전성기(2C 중반~3C 전반)
			분열기(3C 중반~4C 말)
			고령 지역연맹체 시기 — 등장(5C 전반~중반)
			전성기(5C 후반~6C 초)
			쇠퇴기(6C 전반)
			가야 地域聯盟體의 소멸기 (520년대~562)

삼한소국의 형성기반과 내부구조에 대해서도 고찰해 볼 것이다. 다만 본서의 초점이 후기 가야제국에 있기 때문에, 이 章에서는 소국 형성

의 출발시점에 특히 주목하고자 한다.

　3장에서는 소국들이 연합하여 연맹체를 이루어 가는 과정에 대해서, 대표적 지역연맹체라 할 수 있는 남가라 지역연맹체와 포상팔국 지역연맹체를 중심으로 살펴보고자 한다. 이 章에서는 왜 연맹이 결성되게 되었는가에 대해 특히 주목하고자 한다.

　4장에서는 加羅, 安羅, 古自國, 比斯伐에 대한 각국사의 전개과정을 중심으로 가야 각국의 사적 특질에 대하여 살펴보고자 한다. 그를 통해 유형화의 가능성을 타진해 볼 것이다.

　5장에서는 이러한 가야국들의 지배구조와 대외관계에 대하여 고찰해 보고자 한다. 다만 지배구조에 대해서는 각국들마다의 고찰이 필요한 것이지만, 자료상의 한계 때문에 安羅와 加羅 중심의 논의가 될 것이다. 그리고 지배구조를 살펴보는 일은 가야 각국들의 국가발전단계(국가적 성격)를 가늠하는 작업이 될 것이다. 대외 교섭에 대해서는 소국 단계부터 가야 후기까지의 대외 교섭 전개과정을 시기별로 구분하여 간략히 살펴보고, 그 대외 교섭을 담당했던 담당자들의 성격에 대해서 고찰해보고자 한다. 이 또한 가야제국의 국가적 성격과 관련지어 살펴볼 것이다.

Ⅱ. 弁韓 小國의 형성

1. 형성시기

한반도 남부 지방에서 최초 國의 형성과 성립은 三韓 小國으로부터 설명되고 있다. 하지만 國의 형성과 韓族사회의 형성을 동일시할 수는 없다. 즉 國의 형성 이전에 韓族 사회는 이미 존재하고 있었다고 보아야 할 것이다. 그렇다면 韓의 시작은 언제부터라고 보아야 할 것인가?

李丙燾는 準王을 韓氏朝鮮(기자조선)의 마지막 왕으로 보고 그의 南來와 함께 韓이 칭해지게 되었다고 하였다.[1] 이에 반해 丁仲煥은 중국기록에 韓이라고 함은 우리의 고유적 칭호를 한자로 표시한 것에 지나지 않는 것이라고 하면서 韓이라는 칭호는 韓族과 같이 있어 온 것이고 결코 준왕에 의하여 준왕 남래 이후로 생겨난 것이 아니라고 하였다. 그리고 한은 韓·汗·翰·干·旱岐·干岐·검·감이라고 하여 大人, 君長, 大를 의미하는 族稱 내지 족장의 칭호에서 유래한 것이라고 하였다.[2] 金貞培는 韓은 성씨와는 아무런 관련이 없는 종족명으로서 漢代의 馯貊이란 馯이 後漢代에 韓이란 이름으로 나타나게 된 것으로 추정하였다.[3]

---

1) 李丙燾, 「三韓問題의 新考察(2)」, 『震檀學報』 3, 1935, 100쪽/『韓國古代史硏究』, 博英社, 1976, 250쪽.

2) 丁仲煥, 「辰國·三韓 及 加羅의 名稱考」, 『釜山大學校十周年記念論文集』, 1956/『加羅史硏究』, 혜안, 2000, 271~272쪽.

한편 고고학자료를 중심으로 하여 韓稱의 시작과 한족사회의 성립 경위를 설명한 경우도 있다. 三上次男은 한반도 남부지방의 지석묘사회가 점진적인 발전을 거쳐 1세기 무렵 小部族國家를 형성 대두하게 된 것이 『三國志』의 三韓이라고 하였다.[4] 金元龍은 한반도 남부 지방이 한강 유역을 경계로 그 북쪽 지방과 구별되는 특색 있는 문화권을 형성하기 시작한 것은 청동기시대이며, 한강 이남의 지역화된 濊貊人들이 북쪽의 '濊貊퉁구스 프로퍼'와 구별되어 韓族으로 불리게 된 것은 초기철기시대라고 하였다.[5] 이러한 견해들은 李賢惠의 지적대로 韓이라는 종족명칭의 사용과 그 유래에 대한 문제와는 별도로 韓 小國을 형성한 주민집단의 종족적 원류는 고고학상 적어도 청동기문화단계의 종족집단까지 소급될 수 있을 것이다.[6] 최근 安在皓도 三韓時代를 시기구분하면서 前期를 靑銅利器가 주로 매납되는 무문토기후기의 전반대 즉 斷面圓形口緣의 粘土帶土器[7]와 黑色磨硏土器의 시기로 보았는데,[8] 이는 비록 삼한(시대)이라는 문헌사적 용어를 빌려쓴 것이지만 역으로 韓의 시작이 무문토기시대까지 소급될 수 있다는 점을 보여주는 것이라 할 수 있다.

이러한 여러 연구들을 고려해 볼 때 韓에 대한 칭호는 準王 南來 이전부터 있어 왔으며, 韓族 사회의 형성도 그 이전 시기부터 인정해야 할 것이다. 즉 韓族의 기원은 기원전 3세기 이전으로 소급될 수 있다

---

3) 金貞培, 「辰國과 韓에 관한 고찰」, 『史叢』 12·13, 1968, 381~382쪽.
4) 三上次男, 「南部朝鮮における韓人部族國家の成立と發展」, 『古代東北アジア史研究』, 吉川弘文館, 1966, 96쪽.
5) 金元龍, 「百濟建國地로서의 漢江下流地域」, 『百濟文化』 7·8, 1975, 31~34쪽.
6) 李賢惠, 앞의 책, 38쪽.
7) 최근 朴辰一은 이를 '圓形粘土帶土器'라 호칭할 것을 주창하고 있다. 朴辰一, 「圓形粘土帶土器文化研究-湖西 및 湖南地方을 중심으로-」, 부산대학교 석사학위논문, 2000.
8) 安在皓, 「三韓時代 後期 瓦質土器의 編年-하대유적을 중심으로-」, 『嶺南考古學』 14, 1994, 63~64쪽.

고 본다.

 그러면 이러한 韓族들이 정치적 발전을 계속하여 小國을 형성하기 시작하는 시기는 언제부터일까? 일반적으로 韓 小國 성립의 시점은 古朝鮮 準王의 南來時期(기원전 194년 무렵),[9] 위씨조선의 멸망시기 (기원전 108년 무렵), 또는 특정한 역사적 사건과 결부시키지 않고 단지 기원전 3~2세기경으로 추정되어 왔다.[10] 이러한 견해들은 대부분 나름대로의 근거와 논리를 가지고 있어 최선의 선택이란 없어 보인다. 기존 견해의 대부분은 준왕의 남래지점 등을 마한지역을 중심으로 하는 중서부지역으로 한정하여 설명하고 있다. 그러나 마한지역이 기원전 3~2세기 단계에 고고학적으로 선진지역이라는 논리로 이 시기 변한 지역에는 韓 小國이 형성되지 않았다는 논리는 성립될 수 없다. 『三國志』에서 보이는 바와 같이 韓 小國들은 그 규모나 발전의 정도가 일률적이지 않았다. 따라서 이 시기 변한 지역이 마한지역보다 선진적 문화를 이루지 못했다해서 小國의 존재를 부정할 수는 없는 것이다. 하지만 준왕 남래 기사가 변한 지역에 국이 형성되었다는 것을 적극적으로 확인시켜주는 것은 아니다. 이 기사는 그 가능성 정도로만 보아 두는 것이 좋을 듯 싶다.

 다음 기사들은 남부지방 小國 형성이 기원전 3세기 무렵에 이루어졌음을 알 수 있는 기록들이다.

 Ⅱ-① : 이로써 滿은 군사의 위세와 재물을 얻게 되어 그 주변의 小邑들을 침략하여 항복시키니, 진번과 임둔도 모두 와서 복속하여 (그 영역이) 사방 수천 리가 되었다. 아들을 거쳐 손자 우거 때에 이르러서는 유인해 낸 한나라 망명자 수가 대단히 많게 되었으며,

---

 9) 『三國志』 卷30, 魏書 烏丸鮮卑東夷傳 韓條(이하에서는 韓條로 略記한다), "侯準既僭號稱王 爲燕亡人衛滿所攻奪 將其左右宮人走入海 居韓地 自號韓王".
10) 李賢惠, 『三韓社會形成過程研究』, 一潮閣, 1984, 39쪽의 정리 참조.

또 일찍이 (천자를) 알현치 않을 뿐만 아니라 진번 주변의 여러 나라들이 글을 올려 (천자를) 알현하고자 하는 것도 또한 가로막고 통하지 못하게 하였다.[11]

II-② : 韓은 대방의 서쪽에 있는데, 동쪽과 서쪽은 바다로 한계를 잡고 남쪽은 왜와 접경하니 사방은 사천리쯤 된다. (한에는) 세 種이 있으니 첫째는 마한, 둘째는 진한, 셋째는 변한인데, 진한은 옛 진국이다.[12]

II-③ : 辰王은 目支國을 다스린다. 신지는 혹은 우대하여 부르는 호칭인 臣雲遣支報, 安邪踧支, 瀆臣離兒不例, 狗邪秦支廉의 칭호를 더하기도 한다.[13]

II-④ : 위략에는 이르기를, '처음에 우거가 아직 파괴되지 않았을 때 朝鮮相인 歷谿卿이 우거에게 諫했으나 듣지 않자 동쪽으로 진국에 갔다. 이때 민으로서 따라간 자가 이천여 호나 되었다'고 하였다.[14]

II-⑤ : 진한은 마한의 동쪽에 있다. 그 노인들이 전하여 스스로 말하기를, '옛날의 망인으로 秦나라의 부역을 피해서 한국으로 도망왔는데, 마한이 그 동쪽 경계를 나누어주었다'고 하였다. 성책이 있고 그 언어는 마한과 같지 않았다. 國을 邦이라 하고, 弓을 弧라하고,

---

11) 『史記』卷115, 朝鮮列傳, "以故 滿得兵威財物 侵降其旁小邑 眞番 臨屯 皆來服屬 方數千里 傳子至孫右渠 所誘漢亡人滋多 又 未嘗入見 眞番旁衆國 欲上書見天子 又 擁閼不通".

12) 『三國志』韓條, "韓在帶方之南 東西以海爲限 南與倭接 方可四千里 有三種 一曰馬韓 二曰辰韓 三曰弁韓 辰韓者 古之辰國也".

13) 『三國志』韓條, "辰王治月(目)支國. 臣智或加優呼 臣雲遣支報 安邪踧支 瀆臣離兒不例 拘邪秦支廉之號".

14) 『三國志』韓條, "魏略曰 初 右渠未破時 朝鮮相歷谿卿以諫右渠不用 東之辰國 時民隨出居者二千餘戶(하략)".

賊을 寇라 하고, 行酒를 行觴이라 하였다. 서로 부르기를 모두 徒
라 하였는데 秦나라 사람들과 비슷했으며 燕齊의 것과는 달랐다.
樂浪人을 이름하기를 阿殘이라 하였는데, 東方人들이 我를 阿라
한 즉, 樂浪人들이 본래 그들의 殘餘人임을 이름이다. 지금도 秦韓
이라고 부르는 자가 있다. 처음에 六國이 있었는데 점차 나누어져
十二國이 되었다.15)

　이제까지 이들 기사는 Ⅱ-①에 보이는 ‘眞番旁衆國’과 관련하여 ‘衆
國’이냐 아니면 ‘辰國’이냐의 논란과 함께 그 성격문제에 논의의 초점
이 맞추어졌다.
　李丙燾는 「三韓問題의 新考察」16)에서 校刊 『史記集註』 索隱正義
札記 4의 ‘眞番旁衆國’ 註에 ‘宋本 衆作辰’이라고 한 것에 의하여, 宋
刊本 『사기』에는 ‘衆國’이 분명히 ‘辰國’으로 되어 있음을 말하고 『한
서』에 ‘眞番 辰國’이라 함은 그 사이에 ‘旁’자가 누락된 것으로 보았다.
그리고 『資治通鑑』(卷21)에도 ‘辰國’으로 되어 있음을 확인하고, ‘衆國’
은 ‘辰國’의 誤刊 또는 訛傳이라 하였다. 즉 ‘眞番旁衆國’이 아니라 ‘眞
番旁辰國’이 옳다고 본 것이다. 나아가 그는 辰國을 당시 한반도 남부
지방, 특히 마한지역 諸部族社會를 이끄는 맹주국으로 파악하였다. 이
시기 아직 진변한사회의 형성을 인정하지 않고 있는 입장인 그로서는
辰國을 당시 한반도 남부지방을 대표하는 一大聯盟體로 파악하고 있
는 것이다.17)

---

15) 『三國志』 韓條, “辰韓在馬韓之東 其耆老傳世自言 古之亡人 避秦役來適韓
　　國 馬韓割其東界地與之 有城柵 其言語不與馬韓同 名國爲邦 弓爲弧 賊爲
　　寇 行酒爲行觴 相呼皆爲徒 有似秦人 非但燕齊之名物也 名樂浪人爲阿殘
　　東方人名我爲阿 謂樂浪人本其殘餘人 今有名之爲秦韓者 始有六國 稍分爲
　　十二國”.
16) 『震檀學報』 第一卷, 4쪽.
17) 李丙燾, 「三韓問題의 新考察(1)」, 『震檀學報』 1, 1934, 22~24쪽 ; 「第1章 ‘蓋
　　國’과 ‘辰國’問題」, 『韓國古代史研究』, 博英社, 1976, 238~241쪽.

三品彰英은 이 辰國의 존재를 책상 위에서 만들어낸 가상적인 國이라고 하였다.[18]

丁仲煥은 '辰國'이라는 것을 한 개의 정치적 통일체를 의미하는 단수칭호가 아니고 복합칭호, 즉 여러 부족집단을 범칭하여서 말한 한 개의 Collective Noun으로 파악하였으며, 그 뜻은 '臣智의 나라'라고 하였다.[19]

한편, 千寬宇는 辰國을 남하 중이던 辰韓族이 일시적으로 漢江 유역에 세운 정치집단으로 보았으며,[20] 金貞培는 益山 일대에 있던 古朝鮮 準王系의 辰國이 경상도 지역으로 이동하여 辰韓의 일부를 구성하였다고 하였다.[21] 이들의 견해는 진한만이 진국과 연결되는 것으로 본 것이다.

李賢惠는 중남부지방에서 출토된 기원전 3~2세기 단계의 청동기 유물의 검토를 행한 뒤, 당시 중남부지방 청동기문화의 수준을 고조선 사회와 비교해 볼 때 그 규모는 알 수 없으나 다수의 정치집단을 통할하는 정치권력의 존재 가능성은 충분히 인정할 수 있다고 하였다. 그리고 그 정치집단의 존재는 기원전 3세기 이래 청동기문화의 중심지로 존속·발전해 온 충남·전라 지역 내에서 찾아야 할 것이라 하였으며, 『史記』의 기록도 衆國보다는 辰國이라는 구체적인 정치집단을 지칭하는 것으로 해석하는 편이 논리적이라고 하였다.[22]

權五榮은 진국을 포함한 衆國說에 무게 중심을 두면서 그 위치는 금강유역으로 보았다.[23]

본서는 衆國說이 보다 타당성이 있다고 보고 辰國은 衆國 중의 一

---

18) 三品彰英, 「史實と考證」, 『史學雜誌』 55-1, 1944, 76쪽.

19) 丁仲煥, 앞의 논문, 10쪽.

20) 千寬宇, 「三韓의 成立過程」, 『史學硏究』 26, 1975, 39~40쪽.

21) 金貞培, 「準王 및 辰國과 三韓正統論의 諸問題」, 『韓國史硏究』 13, 1976, 17쪽.

22) 李賢惠, 『三韓社會形成過程硏究』, 一潮閣, 1984, 36~37쪽.

23) 權五榮, 「三韓의 '國'에 대한 硏究」, 서울대학교 박사학위논문, 1996, 30~34쪽.

國으로 보나 그 위치는 辰韓지역으로 생각한다. 따라서 Ⅱ-③에 보이는 辰王은 마한 월(목)지국의 왕이므로 辰國과는 관계없는 인물로 보아야 할 것이다. 辰國의 성립시기는 사료 Ⅱ-①과 ④로 보아 기원전 2세기대로 보는 것은 무난하다. 그런데 Ⅱ-⑤로 보아서는 秦代(기원전 3세기)까지 소급해 볼 수도 있다.

權五榮은 이 기사를 辰韓과 秦의 관련성보다는 진한인들이 낙랑인을 자신의 잔여세력으로 여기고 阿(我)殘이라 부른다는 점에 초점을 맞추어 이 기사는 위만조선 멸망 후의 사실을 반영한 것으로 보았다. 그리고 그 시기는 기원전 2세기 후반이나 1세기 전반경에 해당되므로 마한이란 실체가 나타난 것도 늦어도 이 무렵으로 올라갈 수 있을 것이라 하였다.[24] 한족 사회가 삼한으로 분리되는 시점을 진정한 의미의 삼한사회 출발점으로 보고 그 형성 시기를 기원전 1세기대로 보는 설의 근거는 바로 사료Ⅱ-⑤의 시기를 위만조선 멸망 후로 보는 것에 있다고 할 수 있다. 그러나 사료Ⅱ-⑤에 보이는 樂浪을 漢四郡 설치 이후에 생겨난 지명으로만 보는 데에는 맹점이 있다. 樂浪은 玄菟, 臨屯, 眞番과 함께 漢四郡 이전부터 있었던 고유지명이었다.[25] 사료Ⅱ-①에도 위만조선 멸망 이전에 이미 眞番 臨屯 사회는 존재하고 있었던 것이 확인되고 있다. 樂浪이 313년 고구려에 접수된 이후에도 樂浪이란 호칭은 여전히 사용되고 있는 것으로 보더라도 樂浪이란 호칭의 성격을 짐작해 볼 수 있다.[26] 따라서 기원전 1세기 삼한 성립설은 그 논거를 잃게 된다.

---

24) 權五榮, 위의 학위논문, 43~45쪽.

25) 李炳銑, 『韓國古代國名地名硏究』, 螢雪出版社, 1982, 152~153쪽.

26) 高句麗王 故國原王(釗)이 前燕(349~370)으로부터 元璽 4년(355)에 '營州諸軍事 征東大將軍 營州刺史 樂浪公'(『晋書』 慕容儁載記)에 봉해진다. 중국으로부터의 책봉호는 일방적으로 정해지는 것은 아님을 상기할 때, 樂浪郡 소멸 이후에도 고구려에서는 樂浪이란 명칭은 계속 사용한 것으로 보인다. 그리고 평양과 경주를 樂浪이라고도 칭했다고 하는 사실이 朝鮮時代 地理書인 『新增東國輿地勝覽』 平壤, 慶州 郡名條에 보이고 있다.

삼한 소국의 형성은 기원전 3세기대로 보아도 좋다고 생각한다. 사료Ⅱ-⑤로 보아 마한이 진한보다 조금 앞서 형성된 것으로 보이지만, 사료가 갖는 한계성과[27] 최근의 발굴 성과[28] 등으로 판단할 때 그 시기 차이는 크지 않을 것으로 생각한다. 진한과 변한은 거의 동시기거나 진한이 약간 앞서 형성된 것으로 생각한다. 그리고 위의 각 사료에서 보이는 '國'의 존재로 보아서도 삼한 小國들은 이미 기원전 3세기 무렵부터 그 형성의 시초는 있었다고 인정해야 할 것이다. 그러나 辰國으로 대표되는, 수많은 小國들(衆國) 중에 辰國 정도가 중국에 알려졌던 기원전 3~2세기 단계의 삼한 小國과 『삼국지』에 그 국명이 일일이 擧名된 기원후 3세기 무렵의 小國과는 구별해서 보아야 할 것이다. 본서에서는 前者를 前期 三韓 小國, 後者를 後期 三韓 小國이라 구분하여 보고자 한다.

『三國志』에 보이는 관련사료를 통해 볼 때, 후기 삼한 小國들은 대부분 중국과의 관계 속에서 國으로서의 인정 여부도 결정되었을 것이다. 아래의 기사들은 중국 본토 및 郡縣과의 관계 속에서 후기 삼한 小國의 형성시기를 추측해 볼 수 있는 것들이다.

Ⅱ-⑥ : 그 관직에는 魏率善·邑君·歸義侯·中郎將·都尉·伯長이 있다.[29]

Ⅱ-⑦ : 왕망의 지황 연간(20~22년)에 염사치가 진한의 우거수가 되

----

27) 사료 Ⅱ-⑤는 기본적으로 설화적 요소가 가미된 것이다. 陳壽가 서술의 첫머리에 '其耆老傳世自言'라고 한 점을 보아서도 알 수 있는 일이다. 설화적 요소가 가미된 사료에서 역사적 사실과 비역사적 사실을 가려내는 작업은 간단한 것은 아니지만, 이 사료에서 말하고 있는 내용 중에서 馬韓과 辰韓의 선후관계는 사료의 골격을 이루는 내용은 아니다.

28) 金賢植, 「陜川盈倉里 遺蹟 槪報」, 『考古學으로 본 弁·辰韓과 倭』, 嶺南·九州考古學會 제4회 합동고고학대회 발표요지, 2000.

29) 『三國志』 韓條, "其官有魏率善 邑君 歸義侯 中郎將 都尉 伯長".

어 낙랑의 토지가 비옥하여 사람들의 생활이 풍요하고, 안락하다는 소식을 듣고 도망하여 항복하기로 작정하였다. (중략) 그리하여 치는 호래를 데리고 출발하여 함자현으로 갔다. 함자현에서 군에 연락하자 군은 치를 통역으로 삼아 芩中으로부터 큰배를 타고 진한에 들어가서 도리어 호래의 무리를 취하여갔다. (중략) 진한 사람 1만 5천 명과 牟[弁]韓布 1만 5천 필을 내어놓았다. 치는 그것을 거두어 가지고 곧바로 돌아갔다. 군에서는 치의 功과 義를 표창하고, 관책과 전택을 주었다. 그의 자손은 여러 대를 지나 안제 연광 4년(125)에 이르러서는 그(선조의 공)로 인하여 부역을 면제받았다.[30]

Ⅱ-⑧ : 변진도 12국이 있었다. 또 여러 소별읍이 있어서 제각기 거수가 있다. 큰 사람은 신지라고 하고, 다음에는 험측이 있고, 다음에는 번예가 있고, 다음에는 살해가 있고, 다음에는 읍차가 있다.[31]

Ⅱ-⑨ : 경초 연간(237~239)에 (魏의)명제가 몰래 대방태수 유흔과 낙랑태수 선우사로 하여금, 바다를 건너가서 二郡을 평정하게 했다. 여러 한국의 신지들에게 읍군의 인수를 더해주고, 그 다음가는 이들에게는 읍장의 벼슬을 주었다.[32]

---

30) 『三國志』韓條, "至王莽地皇時(20~22) 廉斯鑡爲辰韓右渠帥 聞樂浪土地美 人民饒樂 亡欲來降 出其邑落 見田中驅雀男子一人 其語非韓人 問之 男子曰 我等漢人 名戶來 我等輩千五百人伐材木 爲韓所擊得 皆斷髮爲奴 積三年矣 鑡曰 我當降漢樂浪 汝欲去不 戶來曰可 辰鑡因將戶來 來出詣含資縣 縣言郡 郡即以鑡爲譯 從芩中乘大船入辰韓 逆取戶來降伴輩 尚得千人 其五百人已死 鑡時曉謂辰韓 汝還五百人 若不者 樂浪當遣萬兵 乘船來擊汝 辰韓曰 五百人已死 我當出贖直耳 乃出辰韓萬五千人 牟(弁)韓布萬五千匹 鑡收取直還 郡表鑡功義 賜冠幘田宅 子孫數世 至安帝延光四年時 故受復除".

31) 『三國志』韓條, "弁辰亦十二國 又有諸小別邑 各有渠帥 大者名臣智 其次有險側 次有樊濊 次有殺奚 次有邑借".

32) 『三國志』韓條, "景初中(237~239) 明帝密遣 帶方太守劉昕 樂浪太守鮮于嗣 越海定二郡 諸韓國臣智加賜邑君印綬 其次與邑長". 명제는 경초 2년 1월에 殂하였다. 따라서 이 기사는 237년의 기사일 가능성 높다.

　Ⅱ-⑩ : 건무 20년(44)에 韓의 염사인 소마시 등이 낙랑에 나아가 공
　　　물을 바쳤다(염사는 邑名이다. 諟의 음은 是다). 광무제는 소마시
　　　를 봉하여 漢의 염사읍군으로 삼았다.[33]

　사료Ⅱ-①에서 알 수 있듯이 읍군이란 중국 측에서 諸韓國의 거수
급들에게 수여하는 관작이다. 거수 중에서도 大者인 臣智級에게 수여
된 관직이었음을 사료Ⅱ-⑧과 ⑨를 통해 알 수 있다. 따라서 읍군을
수여 받은 거수는 '國'으로 표현된 정치집단의 수장임은 분명하다 하겠
다. 이는 읍군의 존재는 곧 國의 존재를 보여주는 것으로 생각할 수 있
을 것이다.

　읍군의 존재가 한반도 남부지방에서 문헌상 최초로 보이는 예가 사
료Ⅱ-⑩이다. 이는 기원 후 44년의 일이므로 이 시기가 한반도 남부지
방의 후기 삼한 小國 성립의 하한으로 볼 수 있을 것이다. 그런데 사료
Ⅱ-⑩과 관련하여, 사료Ⅱ-⑦에도 동일 지역명으로 보이는 廉斯가 보
이고 있다. 두 기사는 읍군의 존재여부와 관련하여 중요한 차이점이
보이므로 좀더 검토할 필요가 있다.

　廉斯지역의 수장으로 보이는 염사치와 사료Ⅱ-⑩의 소마시를 약 20
년이라는 연대차로 보아 동일 인물 내지는 그 아들 정도로 보는 논자
도 있으나 이는 달리 해석하여야 할 것으로 본다. 그 근거는 사료Ⅱ-
⑦의 '郡表鑛功義 賜冠幘田宅　子孫數世　至安帝延光四年時　故受復
除' 부분에 대한 해석에 있다. 丁仲煥은 염사치의 자손은 수대를 계속
하여 後漢 安帝 延光 4년에 이르기까지 계속 염사읍의 읍군 노릇을
한 것으로 보았으며, '故受復除' 부분에 대한 해석을 '본래 받았던 封
을 다시 除授하였다'라고 하여, 소마시에게 封爵했던 작호를 安帝의
延光 4년(125)에 소마시의 후손이 다시 除授받은 것으로 보았다.[34] 그

---

33) 『後漢書』卷85, 東夷列傳75 韓條, "建武二十年(44) 韓人廉斯人蘇馬諟等 詣
　　樂浪貢獻(廉斯邑名也 諟音是) 光武封蘇馬諟爲漢廉斯邑君".
34) 丁仲煥, 「廉斯金齒 說話考-加羅前史의 試考로서-」, 『大丘史學』7・8, 1973,

러나 '故受復除' 부분에 대한 해석은 '그런 까닭에(그의 선조가 공이 있는 까닭) 徭役을 免除받았다'로 해석하여야 한다. 여기서의 復은 '면 제받다'라는 뜻으로, 復除, 復租 등의 용례로 흔히 쓰이고 있다. 丁仲 煥은 復除를 '다시 除授받다'로 해석하였는데 이는 한문 문장 자체로 서도 어색하거니와 염사치도 冠幘과 田宅만 받은 것으로 되어 있지 封爵을 받은 것은 아니다. 따라서 復除의 해석을 '다시 제수받다'라고 해서는 안 되는 것이다. 물론 封爵없는 冠幘 수여는 없다고 볼 수도 있을 것이다. 그러나 '其俗好衣幘 下戶詣郡朝謁 皆假衣幘 自服印綬 衣幘 千有餘人'의 기록에서도 알 수 있듯이 冠幘의 착용은 일반적인 반면 封爵은 흔치 않은 일이었다는 점을 생각한다면, 만약 염사치가 爵號를 받았다면 당연히 그 사실을 기록했을 것이다. 염사치는 爵號를 받지 못했으며, 그로부터 100여 년 후 그의 자손도 작호를 받지 못했 다. 다만 염사치의 공덕으로 인해 그 후손들은 요역을 면제받는 혜택 을 입게 된 것이다. 그런데 염사치보다 20여 년 후의 사람이면서 동일 지역 출신인 소마시는 염사읍군이라는 관작을 받게 된다.

  이상의 논증에서 하나의 중요점을 지적할 수 있다. 廉斯鑡와 蘇馬 諟는 동일인물이 아님은 물론 그 子孫도 아니라는 점이다. 『後漢書』는 『三國志』를 열람한 상태에서 쓰여졌기 때문에 사료Ⅱ-⑦과 ⑩은 전혀 다른 계통의 원사료를 바탕으로 쓰여졌음을 알 수 있다. 즉 사료Ⅱ-⑩ 은 사료Ⅱ-⑦의 후반부 내용과 비슷하나, 서로 각기 다른 年代를 명기 하였고, 사료Ⅱ-⑦에서의 廉斯鑡가 사료Ⅱ-⑩에서는 廉斯人 蘇馬諟 로 되어 있다. 『후한서』는 동일 사실을 기록하면서 『삼국지』의 사실을 추가 기록한 사실은 있지만 연도를 변경한 경우는 없다. 『後漢書』 권1 下 光武記 建武 20년조에도 '秋 東夷韓國人 率衆詣樂浪內附'라고 되 어 있어 사료Ⅱ-⑩의 연대에 대한 확실성을 확인할 수 있다. 사료Ⅱ- ⑩은 『三國志』 동이전 기사에 대한 『後漢書』의 補充記事라고 할 수

7쪽/앞의 책, 295~296쪽.

48

있다.35) 『後漢書』는 사료Ⅱ-⑩을 기술하면서 사료Ⅱ-⑦과는 내용상 아무런 연관성을 보이지 않고 있다. 동일지역에서 일어난 사건이기 때문에 만약 염사치와 소마시가 동일인 혹은 그 자손이라면 그 관련성에 대하여 언급하지 않았을 리 만무하다. 또한 『삼국지』의 찬자인 陳壽는 『후한서』의 廉斯人 蘇馬諟 관계 기사의 대본이 된 원사료 계통은 보지 못했던 것으로 추측된다. 만약 보았다면 중국으로부터 爵號까지 받은 그를 염사치와 관련하여 적기하지 않았을 리 만무하다. 蘇馬諟는 염사치 기사의 주인공과는 무관계한 사람이었기 때문에 『삼국지』의 염사치 관계기사에서는 등장하지 않은 것이었다. 『후한서』 동이전 본문 기사의 3/4이 『삼국지』 기사의 轉寫임을 상기할 때,36) 蘇馬諟는 염사치 기사의 주인공과는 혈연적으로 전혀 무관한 사람이었기에 『後漢書』의 補充記事로 선택되어졌다고 볼 수 있다.

위의 사실에서 두 가지 정도의 중요한 사실을 발견할 수 있다.

첫째는 약 20년 사이에 염사읍의 최고 통치자는 교체되었다는 점이다. 이는 혈연에 바탕한 권력의 세습이 이루어지지 않고 있다는 증거가 될 것이다. 앞에서 고대국가의 개념을 논하면서, '혈연에 의한 왕위 세습이 제도화되었는가의 여부 또한 고대국가 성립 여부의 중요한 지표가 될 수 있을 것이다.'라고 하였다. 이 점에 비추어 본다면 염사읍은 비록 변진사회에서 큰 읍락이었음에도 불구하고 고대 국가적 체제 구축 단계에까지는 이르지 못했음을 알 수 있다. 권력 유지를 위한 구조를 갖추는 것이 국가 성립의 중요한 목적이라고 할 때, 권력의 세습은 국가 성립 지표의 중요한 요소로 볼 수 있을 것이다.

둘째는 염사치의 경우는 군현측에 공이 많았음에도 불구하고 중국측으로부터 冠幘과 田宅만 받았을 뿐 작호를 수여 받지 못한 반면 소마시는 염사읍군이라는 작호를 받았다는 점이다. 冊封관계의 성립이

---

35) 全海宗, 『東夷傳의 文獻的研究』, 一潮閣, 1980, 106~121쪽.
36) 全海宗, 앞의 책, 51쪽.

란 상호간의 정치적 상황에 따라 맺어지는 것이 보통이지만, 약 20년
의 시간적 차이를 두고 동일지역에서의 이러한 차이는 중시하여 볼 필
요가 있다고 생각한다. 특히 사료Ⅱ-⑨에 보이는 것처럼 3세기 대에
오면 삼한의 諸小國들은 邑君의 印綬를 받는 것이 일반화된다.37) 이
점은 小國이 성장하여 중국과의 통교를 통해 官號를 획득한 것으로도
해석 가능하기 때문에 3세기 대 小國이 가지는 한 표징이라고도 할 수
있을 것이다. 이 점은 전기 삼한 小國과 후기 삼한 小國과의 커다란
차이점이라고도 할 수 있다. 변화의 기점이 되는 시기는 사료Ⅱ-⑩에
서 볼 수 있는 1세기 전반대이며, 이를 기준으로 삼한 小國의 형성과
발전과정을 획기할 수 있을 것이다.

　한편, 비록 설화적 형태로 남아 있지만 가야의 건국을 보여주는 기
록으로는 『삼국유사』「가락국기」와 『新增東國輿地勝覽』 고령군 建置
沿革條에 보이고 있다. 이들은 김해 (남)가라와 고령의 가라국 모두
기원후 42년에 건국되는 것으로 기재하고 있다. 이는 후기 삼한 小國
중의 一國인 狗邪國의 성립 시기와 거의 일치하지만 우연의 일치라고
생각한다.

　狗邪國 건국의 사실이 설화적으로 구전되다가 정착된 것으로 보아
42년(壬寅年)이 갖는 의미를 완전히 무시할 수는 없지만, 두 건국설화
에서 보듯 이는 인위적으로 조작되었을 가능성이 높다.38) 따라서 『三

---

37) 魏代의 邑君印(綬)에 발견된 예는 알려져 있지 않다. 다만 晉代의 것으로는
　　'晋蠻夷率善邑君'의 예가 있는데 銀印駝紐라고 한다. 일반적으로 晉代에는
　　歸義侯는 金印, 率善中郎將은 銀印, 率善仟長・率善邑長은 銅印이었다고
　　한다. 魏代에도 率善中郎將이 銀印, 率善邑長은 銅印이라고 알려져 있다. 大
　　谷光男는 漢代에는 銅印이었고 晉代에는 銀印인 邑君印이 魏代에도 晉代
　　와 마찬가지로 銀印일 가능성이 있다고 하였다(大谷光男, 「朝鮮における中
　　國から冊封された官印について ―古代より淸に至る―」, 『中吉先生喜壽記
　　念 朝鮮の古文化論讚』, 國書刊行會, 1987, 60쪽). 동감하지만 사료Ⅱ-⑥의
　　배열 순서를 중시한다면 魏代 邑君의 印은 金印일 가능성도 있다고 본다.
38) 이에 대해서는 3장 2절에서 상술한다.

國史記』초기기록의 기년을 그대로 믿을 수 없듯이 42년을 가야 건국의 사실로는 볼 수 없다.

이상에서 小國의 형성시기에 대해서 논급했다. 그 결과 삼한 소국의 형성시기는 기원전 3세기로 소급해 볼 수 있었다. 그리고 기원전 3세기 단계의 여러 소국들과『삼국지』한조에 일일이 擧名되어 있는 3세기 전반대의 소국들과는 그 사회발전의 정도 차를 고려하여 전·후기 삼한으로 구분하였다. 그 획기는 변진한지역에서 소국의 존재가 확인되는 기원후 1세기로 하였다. 단 가야 지역에 있어서 각 小國의 형성은 각 지역마다 시기 차가 있었을 것이며, 동일 시기 형성되었다고 하더라도 그 발전 정도의 차는 존재했었다는 점을 염두에 두어야 할 것이다.

2. 형성기반

小國의 형성과 관련하여 그 시원은 전기 삼한시기부터 볼 수 있지만, 본격적 형성은 후기 삼한시기부터라고 볼 수 있다. 그동안 학계에서는 이 시기를 部族聯盟段階,[39] 聯盟王國時代,[40] 혹은 三韓時代,[41] 三國時代 前期,[42] 金海期, 金海時代, 熊川文化期, 原三國時代[43] 등

---

39) 金哲埈,「古代國家發達史」,『韓國文化史大係』I(民族·國家史), 高大民族文化研究所, 1964, 478쪽.

40) 李基白,『韓國史新論』(개정판), 1976, 38~39쪽.

41) 李丙燾,「三韓問題의 新考察」(1)~(6),『震檀學報』1·3·4·5·6·7, 1934~1937.

42) 崔夢龍,「鐵器時代와 古代國家의 發生」,『韓國史研究入門』, 1986, 58쪽 ;「韓國考古學의 時代區分에 대한 약간의 提言」,『崔永禧先生華甲記念韓國史學論叢』, 1987, 783~788쪽.

43) 김해기, 김해시대, 웅천문화기 등은 모두 考古學에서 부르는 명칭이다. 原三國時代란 명칭은 삼국시대의 원초기, 또는 原史段階의 삼국시대라는 뜻으로 金元龍이 제시한 이후 고고학계에서는 이를 보편적으로 쓰고 있다(金元龍,

실로 다양한 이름으로 일컬어 왔다. 이러한 다양한 명칭들은 그 시기를 특징지을 수 있는 가장 큰 기준이 무엇인가? 하는 데서 오는 차이라고 생각되며 이러한 다양성은 이 시기가 그 이전 시기보다는 다른 현격한 변화를 전제로 하는 것임은 동일하다 하겠다. 철기의 보편적 사용과 도작의 보급이 그 밑바탕이 되었음은 주지의 사실이다.

鐵器의 사용은 勒島 遺蹟[44]과 義昌 茶戶里 遺蹟의 發掘[45] 및 東萊 福泉洞 萊城遺蹟의[46] 발굴 등을 통해서 알 수 있다. 특히『三國志』의 弁辰에 대한 서술부분에서 "나라에서는 鐵이 생산되는데, 韓·濊·倭 人들이 모두 와서 사 간다. 시장에서의 모든 매매는 鐵로 이루어져서 마치 中國에서 돈을 쓰는 것과 같으며, 또(樂浪과 帶方의)두 郡에도 공급하였다."[47]라는 기록은 鐵이 생산되고 널리 보급까지 하였던 사실을 나타내 주는 것이다. 이로 미루어 보아 철의 사용도가 상당히 높았던 것을 알 수 있는 것이다.

한편, 한반도 내에서 오늘날까지 알려진 가장 이른 농경의 증거는 黃海道 鳳山郡 智塔里 遺蹟에서[48] 출토된 조(또는 피)의 炭化穀粒 (신석기 시대 말기인 기원전 1,500년경 이후로 추정)이며 稻粒은 기원전 7~10세기경의 것으로 추정되는 京畿道 驪州郡 欣岩里住居址의[49]

『韓國考古學槪說』(제3판), 一志社, 1986, 128~144쪽).

44) 釜山大學校 博物館,『勒島 住居址』, 1989.

45) 李健武 외,「義昌 茶戶里遺蹟 發掘進展報告(1)」,『考古學誌』1, 1989.

46) 1989년 11월 25일에서 12월 24일간에 걸쳐 釜山 市立博物館에 의해 조사된 이 유적은 무문토기시대 주거지에서 철기가 출토됨으로써 적어도 영남지역에서는 기원전 2세기 대에 철생산이 시작되었음을 알 수 있다. 河仁秀,「동래 복천동 내성유적발굴 조사개요」,『釜山直轄市立博物館 年報』12, 1989, 91~103쪽 ; 宋桂鉉·河仁秀,『東萊福泉洞萊城遺蹟』, 부산시립박물관 발굴보고서, 1990.

47)『三國志』韓條, "國出鐵 韓 濊 倭 皆從取之 諸市買皆用鐵 如中國用錢 又以供給二郡".

48)『智塔里 原始遺蹟 發掘報告』, 遺蹟發掘報告 8집, 1961. 金廷鶴 編,『韓國の考古學』, 東京, 河出書房, 1972, 55~57쪽.

것이다. 韓半島 南部 加耶지역에 있어서의 稻作은 기원전 2~1세기로 추정되는 늑도유적과[50] 기원전 1세기 후반 내지 서력 기원 전후 단계의 義昌 茶戶里,[51] 1~2세기로 추정되는 金海 府院洞,[52] 기원전 2~1세기 遺蹟으로 보이는 朝島遺蹟[53] 등에서 稻作의 흔적이 보임으로써 서력 기원전에 이미 稻作이 행해지고 있었다고 볼 수 있다.

이러한 두 가지의 변화상은 상호작용을 하면서 사회집단을 변질시켰음을 알 수 있다. 즉 도작은 鐵器가 사용됨으로 해서, 이전의 靑銅器나 石器, 木器 등을 사용할 때 보다 한층 생산력이 提高될 수 있었던 것이다. 그리고 생산력의 提高는 철기의 일반화를 더욱 촉진시키게 되며, 이는 인구의 증가를 동반하여 사회변화를 일으키는 動因으로 작용하게 되는 것이다.

그리고 전기 삼한에서 후기 삼한으로의 이행기 무렵, 당시의 사회가 그 이전과 달라졌다는 증거는 土器의 변화 상에서도 볼 수 있다. 서력 기원을 전후하여 胎土의 精選化(泥質粘土), 成形에 있어서 回轉板 導入, 打捺技法의 採用, 燒成時의 火度, 硬度 등에서 이전의 無文土器와는 현격한 차이로 우월성을 보이는 이른바 瓦質土器의 등장이다.[54]

생산력이 높아지면 자연히 생산수단에 대한 소유관계가 발생하게 되고, 그것은 곧 계급발생과 동시에 권력을 창출하게 된다. 권력이 창출되면 각 소집단간의 모순을 타파하기 위해 전쟁이 시작되는데『삼국사기』초기 기록 중 많이 보이는 전쟁 기사들은 곧 이러한 사실을 방증 하는 것이라 볼 수 있는 것이다. 다만 경향성을 보인다는 것이지

---

49) 서울대학교 박물관,『欣岩里 住居址 4』, 考古人類學叢刊 第8冊, 1978.

50) 각주 44와 같음.

51) 각주 45와 같음.

52) 沈奉謹,『金海府院洞 遺蹟』, 동아대학교 박물관, 1981.

53) 韓炳三・李健茂,『朝島遺蹟』, 國立博物館 古蹟調査報告 第9冊, 1976.

54) 崔鍾圭,『三韓考古學研究』, 서경문화사, 1995. 이에 대해서는 편년 문제 등, 여러 가지 논란이 있다. 이와 관련하여 申敬澈, 武末純一, 全玉年, 李盛周 등 諸氏의 研究論文들이 주목된다.

『三國史記』 초기기록을 그대로 신빙한다는 입장은 아니다. 특히 농업 생산력을 바탕으로 한 사회집단이었다면 새로운 可耕地로의 진출도 시도했을 것이다. 즉 도작으로 인한 생산력의 발전은 잉여생산물을 낳았으며, 잉여생산물은 사람들의 생활을 안정시켜, 인구의 증가를 가져왔을 것이다. 인구의 증가는 새로운 可耕地로의 진출을 필요로 했을 것이다.

　成長基盤에 대한 考察은 그 원동력이 되는 經濟的 基盤의 究明으로써 이루어질 수 있다고 생각한다. 변한 사회의 성장기반은 농업생산력과 교역에 있었다고 생각된다. 먼저 농업생산력을 보자. 『三國志』 韓條 弁辰記事 중에는 "토지는 비옥하여 오곡과 벼를 심기에 적합하다. 누에치기와 뽕나무 가꾸기를 알아 비단과 베를 짤 줄 알았으며, 소와 말을 탈 줄 알았다."[55] 라는 기록이 있다. 이로 미루어 보아 변한 제국들은 이미 상당한 수준의 농업생산력을 갖추고 있었던 것으로 생각할 수 있다. 특히 토지가 비옥하다고 기록한 것은 그 支流를 포함한 洛東江 주변의 沖積平野에 대한 지칭으로 볼 수 있을 것이다. "五穀 및 稻"라고 표현한 점에서 稻作이 행해졌음을 알 수 있는데, 旱田에서 생산되는 五穀 및 稻의 생산량을 무시할 수는 없다.[56] 그러나 당시에 있어서 水稻作이 갖는 사회경제적인 의미는 단순히 생산량의 증가 이상이다. 즉 水稻作은 생산량의 增幅은 물론 鐵器의 보급을 전제로 하고 있으며, 또 水稻栽培는 水利施設을 이용한 안정된 用水供給이 가장 중요한 요소라는 점에서 水利灌漑施設을 만들고 통제할 수 있는

---

55) 『三國志』 韓條, "土地肥美 宜種五穀及稻 曉蠶桑作縑布 乘駕牛馬."

56) 郭鍾喆은 한반도에 있어서 선사·고대농업은 田作 우세 내지는 田作과 水田 稻作의 혼합형태였음을 지적하고 있다(郭鍾喆, 「한국과 일본의 고대 농업기술-김해지역과 북부 구주지역과의 비교검토를 위한 기초작업-」, 『韓國古代 史論叢』 4, 韓國古代社會硏究所 編, 62~65쪽). 그러나 연구대상으로 한 유적이 대부분 기원전후한 시기의 것이다. 그리고 남부지역에 있어서는 稻(米)의 비중이 점차 증가하고 있음을 밝히고 있어 본서의 논지와 다른 것은 아니다.

정치사회집단의 存在有無와도 관련되는 것이다.

변한 지역에서의 수도작은 谷間 평야를 이용한 것이 일반적이었다고 생각되지만, 洛東江 背後濕地를 이용한 수도작도 이루어졌다고 생각된다.57) 韓半島는 地殼이 비교적 안정된 데다가 浸蝕의 역사가 오래기 때문에 규모가 큰 자연적인 內陸湖가 그리 발달되어 있지 않다.58) 그러나 낙동강과 남강 중·하류지역에는 배후습지가 발달되어 있다. 比斯伐이 존재한 昌寧에는 天池를 제외하면 韓半島에서 가장 큰 牛浦를59) 비롯하여 沙旨浦, 蛇沒浦, 龍湖, 石谷湖, 丈尺湖, 速氣湖 등이 있다. 오늘날뿐만 아니라 古代에서도 이러한 自然湖를 간척하거나, 또는 이들 自然湖를 이용하여 주위의 沖積平野에 灌漑했음은 쉽게 생각할 수 있다.

그런데 이들 自然湖들이 형성된 시기에 대한 考慮가 있어야 할 것이다. 왜냐하면 기왕의 地理學界에서는 洛東江 하류지방의 이들 自然湖의 형성시기에 대해 각각 견해를 달리하기 때문이다. 첫째 견해는 大矢雅彦의 주장으로 이 지역의 자연제방과 自然湖의 발달을 최근 濫伐에 의한 삼림의 황폐로 인한 上流山地에서의 가속화된 토양침식이 중·하류지역에서 퇴적으로 진행되어 河床이 砂礫堆積으로 높아가며 그에 따라 자연제방이 발달하고 背後濕地가 점차로 沼澤地化되었다는 견해이다.60) 둘째 견해는 權赫在의 주장으로 그는 大矢雅彦의 주장을 부정하고 우리나라 주요하천 하류지역의 背後濕地性 湖沼가 後氷期 海面上昇과 關聯下에 발달되었다고 하고 現在의 背後濕地性 沼

---

57) 郭鍾喆도 稻作遺蹟의 입지조건을 논하면서 수전경영은 背後濕地와 開析谷底(谷底平野)같은 크고 작은 곡간의 저습지를 중심으로 전개되었을 가능성이 높다고 서술하고 있다. 郭鍾喆, 앞의 논문, 70~71쪽.

58) 權赫在,「洛東江 下流 地方의 背後濕地性 湖沼」,『地理學』14, 1976, 3쪽.

59) 朝鮮總督府刊『朝鮮地誌資料』에 의하면 그 면적이 192.8町步로 기재되어 있다.

60) Masahiko Oya, *Geomorphological Flood Analysis On The Naktong River Basin, Southern Korea*, Waseda University, 1971, 1~77쪽.

澤地는 점차로 매립되어 가는 과정에 있고 삼림남벌로 인해 유실되는 상류지역의 토사가 하류에 쌓임으로써 河床이 주목할 만큼 높아지고 있지는 않다고 했다.[61] 이러한 두 견해의 시비를 가리기 위해서는 이 지역 평야상의 정밀한 微地形 分類와 沖積層의 내부구조 및 堆積物의 분석학적 硏究가 필요한데 曺華龍 등의 共同硏究 결과, 이 지역의 自然湖는 權赫在가 주장한 바와 같이 後氷期 海面上昇, 그리고 그 후의 안정과 더불어 谷地가 매적되어가는 과정상에 나타나는 지형으로 보아 그 형성의 기원을 수천 년 전으로 봄이 타당하다고 하였다.[62] 따라서 낙동강 주변에 존재하는 諸自然湖들이 삼한시대 당시에도 존재했었음을 알 수 있다. 특히 古代에 있어서는 南海岸의 海岸線 水位가 현재보다 높았던 점으로 미루어 보아 낙동강 주변의 自然湖들은 현재보다 상당히 내륙지역에도 분포해 있었음을 생각할 수 있다. 그런데 現在로서는 이들 自然湖의 用水를 당시인들이 어떻게 水利灌漑했는지를 알려주는 자료는 없다. 그러나 『삼국사기』에 보이는 "命國人開稻田於南澤"[63]라는 기록은 바로 자연환경을 고려한 도작의 경영을 엿볼 수 있게 한다. 특히 '南澤'이라 했을 때의 '澤'이란 자연적 소택지를 일컫는 것으로 추측 가능하다.[64]

---

61) 權赫在, 앞의 논문, 2쪽.

62) 曺華龍・朴春洛・李美幸,「三浪津 周邊 平野의 地形發達」,『地理學』23, 1981, 12쪽. 이들은 洛東江 하류지방의 背後濕地性 自然湖 지역의 남단에 위치하고 自然堤防과 自然湖가 발달해 있는 삼랑진 부근의 沖積低地를 대상으로 지형분류, 퇴적물 粒度分析 및 花粉分析을 통한 硏究를 시도하여 이러한 결론을 내었다.

63)『三國史記』卷24, 百濟本紀, 古爾王 9(242)年 春2月條.

64) 곽종철의 상기논문에는 이외에도『삼국유사』「駕洛國記」의 '新畓坪', 開仙寺石燈記(891년)의 川邊소재의 '渚畓' 등을 이와 유사한 성격의 토지로 추정하고 있다. 그리고 이러한 토지가 선호된 이유로는 ① 水田조성을 위한 選地에 있어서 1차 규정요인인 水의 문제를 극복하지 못했던 시대적 한계와 ② 無施肥이거나 施肥術이 그렇게 발달하지 못한 시대적 상황을 들고 있다. 郭鍾喆, 앞의 논문, 74~75쪽.

56

現 昌寧郡 大合面에 소재했던 龍湖는 1960년대 이후 洛東江岸에 제방을 쌓아 홍수의 침입을 막는 동시에 排水를 하여, 전부 논으로 개간하였고 蛇沒浦에서는 상류 측의 일부를 제방으로 막아 貯水池로 이용하고 있으며, 그 하류부는 논으로 변형하였다. 그밖에 昌寧郡 南旨邑 북쪽의 번개호와 丈尺湖도 蛇沒浦와 같은 방법으로 변형시킨 것이다.[65] 古代에 있어서는 크고 작은 自然湖가 더욱 많았으리라 생각되는데 당시에도 이러한 방법을 사용하여 水利灌漑했을 것으로 짐작이 된다. 그러한 사실을 직접 방증해 주는 것이 密陽 守山의 守山堤이다. 守山堤는 洛東江의 범람을 막고 洛東江 背面을 水利灌漑하기 위한 堤堰시설인 것이다.[66] 그리고 낙동강 주변지역에 많이 존재했을 크고 작은 自然湖들은 비교적 干拓이 용이하다. 洛東江 背後 自然湖들의 지면 해발고도는 약 8m 내외인데 洛東江 연안의 자연제방은 곳에 따라서는 10m 이상으로 나타나 있다.[67] 따라서 홍수시 洛東江 범람을 막을 수 있을 정도의 인공제방만 설치하면 이들 自然湖들은 쉽게 貯水池로 사용가능하며 또한 干拓도 용이한 것이다. 守山提도 바로 이러한 목적을 위해 쌓은 인공제방인 것이다. 그런데 홍수 시에 洛東江의 逆水를 막는다 하더라도 內水가 많으면 인위적으로 배수한다는 것은 대단히 어려운데 낙동강 주위의 自然湖들 중 牛湖를 제외하면 대부분 流路延長이 10km 이내인 것이다.[68]

삼한 小國의 成長基盤으로써 이와 같은 농업생산력을 提高하는 바탕 외에도 또 하나의 중요한 성장기반으로 작용했던 것은 交易이었다. 남해안과 洛東江을 중심무대로 하여 交易의 중심세력으로 활동했던 집단은 現 金海地域에 위치했던 狗邪國이었다.[69] 그런데 交易의 대상

---

65) 權赫在, 앞의 논문, 6쪽.

66) 魏恩淑, 「12세기 농업기술의 발전」, 『釜大史學』 12, 1988, 90쪽.

67) 權赫在, 앞의 논문, 7쪽.

68) 牛湖가 아직 원형을 대체로 유지하고 있는 것도 他湖와는 달리 비교적 內水가 많은 까닭으로 생각한다.

으로서, 또는 중간중계자로서 洛東江 연변의 중요 길목에 위치한 주요
세력들도 交易에 있어 일정 정도 영향력을 행사했다고 할 수 있다. 洛
東江은 상호 정치집단들간에 교역로로서 중요한 역할을 했을 것이기
때문이다. 그리고 그 교역물로서는『삼국지』의 기록70)으로 볼 때 鐵이
주대상이었을 것으로 생각된다.

3. 小國의 내부구조와 사회발전단계

小國의 구조와 특징 및 존재 양상에 대해서는 삼한 小國이란 이름
하에 이미 많은 연구가 있어 왔다.71) 이들 연구들에 의하면 삼한 小國
의 내부 구조는 邑落과 國邑, (小)別邑으로 이루어져 있다고 보는 것
이 일반적이다. 국읍이란 읍락 중 主帥가 살고 있는 대읍락이며, 별읍
은 신앙과 관련한 공동체로 이해하는 것이 일반적이다. 일반 읍락은
小國을 이루는 기본 단위로서, 그 읍락의 長도 존재했을 것이다.

변·진한 읍락의 존재 양상에 대한 구체적 기록은 없다. 그러나 그
사회 발전 정도가 거의 같은 단계였다고 여겨지는 다음의 濊에 관한
기록은 변·진한 小國의 존재 양상을 짐작해 볼 수 있는 기록이라 할

---

69) 白承忠,「1-3세기 가야세력의 성격과 그 추이-수로집단의 등장과 浦上八國
　　의 亂을 중심으로-」,『釜大史學』13, 1989, 17~27쪽.

70)『三國志』韓條, “國出鐵 韓濊倭皆從取之 諸市買皆用鐵 如中國用錢 又以供
　　給二郡”.

71) 李賢惠,「三韓의「國邑」과 그 成長에 대하여」,『歷史學報』69, 1976 ;「金海
　　地域의 古代 聚落과 城」,『韓國古代史論叢』8, 1996 ; 金杜珍,「三韓 別邑의
　　蘇塗信仰」,『韓國古代의 國家와 社會』, 一潮閣, 1985 ; 盧重國,「韓國古代의
　　邑落의 構造와 性格-國家形成過程과 관련하여-」,『大丘史學』38, 1989 ; 白
　　南郁,「삼한사회의 國에 관한 연구」, 건국대학교 박사학위논문, 1989 ; 白承
　　忠.「弁韓의 成立과 發展」,『三韓의 社會와 文化』, 韓國古代史硏究會, 1995
　　 ; 權五榮,「三韓 國邑의 기능과 내부 구조」,『釜山史學』28, 1995 ;「三韓의
　　'國'에 대한 硏究」, 서울대학교 박사학위논문 1996.

58

수 있다.

　Ⅱ-⑪ : 그 풍속에는 산천을 중시하였는데, 산천에는 각 각 부분이 있
　　　　어 상호간에 함부로 들어가지 않았다. 同姓과는 혼인하지 않았
　　　　다.72)

　위의 사료로 보아 각기 공동체마다의 생활권이 정해 있어 함부로 다
른 경계에 들어가서의 경제활동을 하지 않은 것으로 보인다. 이 기사
에서 묘사한 공동체는 읍락으로 볼 수 있을 것인데, 읍락간의 경계는
주로 자연적 장애물인 산과 강으로 구분되어졌음을 말해 준다. 비록
濊에 관한 기록이지만 三韓의 小國들도 대개 이러한 외형을 띤 읍락
들이 모여서 이루어졌을 것이다. 그리고 同姓不婚이란 그 당시 아직
姓이 없었으므로 중국인들이 와서 토착사회의 일정한 집단 내에 있어
서는 결혼하지 않는 현상을 보고 그 일정한 집단을 同姓이라 부른 것
일 것이다.73) 그 집단은 산천을 경계로 하는 읍락이었을 것이고, 이 단
위가 곧 서로 혼인하지 않는 씨족공동체였을 것이다. 다음의 사료도
小國 내부 단위읍락의 존재양상을 알 수 있게 한다.

　Ⅱ-⑫ : 앞서 朝鮮의 遺民들이 山谷의 사이에서 흩어져 살면서 六村
　　　　을 이루었다.74)

　斯盧 6촌의 형성과정을 설명하는 기사인데, 산골짜기 사이에 나누어
살았다는 것은 대개의 읍락이 산과 강과 같은 자연지형물로서 그 경계
를 삼았음을 알 수 있는 것이다.

---

72)『三國志』濊條, "其俗重山川 山川各有部分 不得妄相涉入 同姓不婚".
73) 金哲埈, 앞의 논문, 469쪽.
74)『三國史記』卷1, 新羅本紀 始祖 赫居世居西干 元年條, "先是 朝鮮遺民 分
　　居山谷之間爲六村".

　각각의 집락에서 생산영역을 침범하지 않는 범위를 반경 2.5km라는
인류학의 연구성과75)와 삼한 小國의 평균 규모가 대략 반경 20km로
상정한 견해76)를 수용한다면 小國은 대략 7~8개의 읍락으로 이루어
져 있었다고 볼 수 있다. 물론 소국 중에서도 大·小가 구별되는 만큼
일률적이지는 않았을 것이다. 아래의 그림은 본서가 생각하는 小國의
내부구조 모형이다.

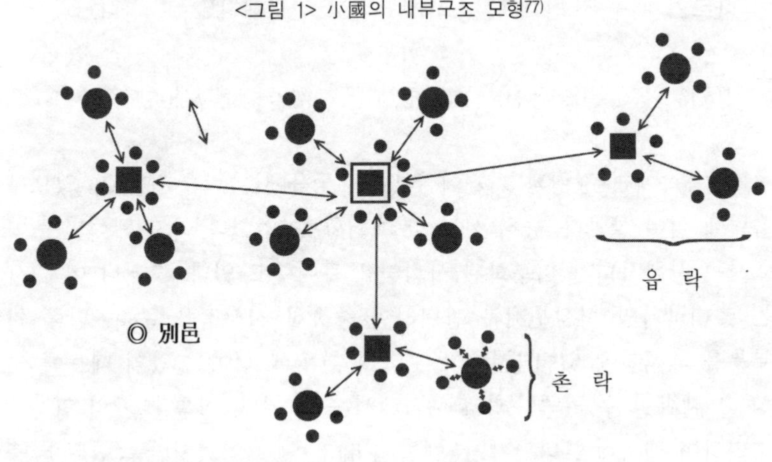

<그림 1> 小國의 내부구조 모형77)

● 小村　　● 村(촌락의 중심촌)　■ 邑(읍락의 중심)
■ 國邑(大邑落：主帥 居處)　　◎ 別邑

　小國의 형성과 성립이란 大邑落이 기타 단위 읍락에 대한 규제 강

---

75) Kent V. Flannery, "Empirical determination of site catchment in Oaxaca
and Tehuacan", *The Early Mesoamerican Village*, 1976, 91~92쪽(白承忠,
「弁韓의 成立과 發展」, 『三韓의 社會와 文化』, 韓國古代史研究會, 1995, 207
쪽에서 재인용).
76) 白南郁, 「三國志 韓傳의 '國'에 관한 問題」, 『白山學報』 26, 1981, 46쪽.
77) 李熙濬, 「삼한 소국 형성 과정에 대한 고고학적 접근의 틀-취락 분포 정형을
중심으로-」, 『韓國考古學報』 43, 2000, 130쪽에서 수정 전재.

화 내지는 조직화의 강화 차원으로 보아야 할 것이다. 삼한 小國을 小國으로 볼 수 있는 것도 이러한 점 때문이다. 즉 삼한시대 小國은 주위 小國들에 대한 정치적 통합이나 영역의 확보보다는 자연적 경계를 중시하면서 존재하고 있었던 것이다.

小國을 구성하는 읍락들 가운데 主帥가 존재하고 있는 읍락이 국읍이다. 이러한 국읍에 존재하는 主帥의 존재 양상을 통해서도 小國의 존재 실상을 짐작해 볼 수 있다. 다음의 사료는 해석 여하에 따라 논점이 다르기 때문에 원사료를 그대로 싣고 검토해 보기로 한다.

Ⅱ-⑬ : 其俗小綱紀 國邑雖有主帥 邑落雜居 不能善相制御[78]

'그 풍속에는 강령과 기율이 적었다. 국읍에는 비록 主帥가 있으나 읍락에 섞여 살았다. 능히 서로 잘 제어할 수 없었다.'라고 해석되는 이 기사는 삼한사회가 미분화된 사회임을 보여주고 있다. 그러나 이 기사는 고대국가의 형성문제와 관련하여 중요한 시사점을 준다. 밑줄 친 부분을 해석함에 있어 '國邑의 主帥가 邑落에 섞여 살았기 때문에 능히 잘 制御할 수 없었다'라고 해석해서는 안 된다. 이를 撰者의 입장을 고려하여 해석해 본다면 '國邑에는 主帥가 있긴 있었지만 독립된 居館을 만들어 살 수 있을 만큼 권력을 가지고 있지 못했다'라는 의미가 내포되어 있는 것이다. 즉 권력이 강력하지 못했기 때문에 일반인들과 구별되는 배타적 주거지를 확보할 수 없었던 것이다. 民을 능히 잘 제어할 수 없었다는 것은, '雜居'했기 때문이 아니라 제어할 수 있을 만한 권력이 없었기 때문이며, '雜居'는 그 현상인 것이다. 그렇다고 한다면 이후 어느 단계에 있어서는 主帥의 권한이 강화되어 별도의 居館을 세워 '民'을 다스리는 단계를 추측해 볼 수 있다. 좀더 유추한다면 主帥가 독립된 居館을 세울 단계가 되면 民을 잘 제어하면서 다스릴

---

78) 『三國志』 韓條.

수 있다는 것이다. 고대국가의 형성문제에 있어서 가장 중시해야 될 것이 지배자와 피지배자의 관계라고 본다면 지배자가 체계적으로 民을 다스리는 시초를 보여주는 증거가 바로 독립된 居館의 존재라고 볼 수 있는 것이다. 삼한시대에 있어서 수장 거관과 관련한 뚜렷한 자료가 현재로서는 찾아지지 않는다. 이 시기에 있어서 주수의 별도 거관의 출현시기를 알아 볼 수 있는 고고학적 발굴성과를 기대해 본다.

어째든 이 기사는 小國에는 아직 강력한 힘을 가진 통치자가 출현하지 않았던 상황임을 보여 주는 것이다. 濊 기사에 보이는 '無大君長'이나 '詣闕朝貢 詔更拜不耐濊王 居處雜在民間'의 내용도 이러한 맥락에서 이해될 수 있는 것들이다.

Ⅲ. 加耶 地域聯盟體의 성립

1. 3세기 중엽 삼한사회의 변화

小國의 형성 기반에서도 언급했듯이 한반도 남부지방은 자체 생산
력의 향상과 함께 북쪽지역과의 관계 속에서 성장·발전해 간다. 끊임
없는 전쟁과 교섭은 남부 諸小國을 자극하는 계기가 되었을 것이다.
남부지방에서 우월한 小國의 등장은 양호한 입지 조건을 바탕으로 선
진 지역과의 활발한 교섭을 통해서였을 것이다. 최근 한반도 남부 지
역의 김해 양동,[1] 대성동,[2] 울산 하대유적[3] 등에서 출토된 倭系, 혹은
중국系 유물은 그 방증자료가 된다. 그리고 평화적 교섭이 아닌 대규
모의 전쟁 또한 전체 사회를 변화시키는 계기가 되기도 한다.

아래는 『三國志』 韓條에 보이는 韓 諸小國과 二郡(낙랑, 대방)과의
전쟁기사이다. 이들 기사의 검토를 바탕으로 3세기 중엽 韓사회 내부,
특히 변한지역에 어떠한 변화가 있었는지를 살펴보고자 한다.

Ⅲ-① : (A)경초 연간(237~239)에 (魏의 : 인용자)명제가 몰래 대방
　　　태수 유흔과 낙랑태수 선우사로 하여금, 바다를 건너가서 이군을

---

1) 東義大學校博物館, 『金海良洞里古墳文化』, 2000.
2) 慶星大學校博物館, 『金海大成洞古墳群Ⅰ』, 2000 ; 『金海大成洞古墳群Ⅱ』,
　　2000.
3) 釜山大學校博物館, 『蔚山下垈遺蹟-古墳Ⅰ』, 1997.

평정하게 했다. (B)여러 한국의 신지들에게 읍군의 인수를 더해주고, 그 다음가는 이들에게는 읍장의 벼슬을 주었다. (C)그들의 풍속에는 의책을 좋아하여 하호가 군에 나아가 조알할 때에도 모두 의책을 빌려 입으며, 스스로 인수와 의책을 입는 자가 천여 명이나 되었다. (D)부종사 오림은 낙랑이 본래 한국을 통할했다는 이유로, 진한의 8개 국을 분할하여 낙랑에 주려고 하였다. 이때 통역을 담당하는 관리가 말을 옮기는 도중에 잘못됨이 있어 신지가 韓을 격분시켜 대방군의 기리영을 공격하였다. 이때 (대방태수 : 인용자)궁준과 낙랑태수 유무가 군사를 일으켜 그들과 싸웠는데, 궁준은 전사하였으나 이군은 마침내 한을 멸망시켰다.4)

『三國志』韓條 기사의 전반적 배치는 韓 전체에 대한 지리적 위치와 종족에 대한 기사→마한 관계기사→진한 관계기사→변진 관계기사의 순으로 되어 있다. 그러나 각 기사군들 사이에는 서로간의 출입이 있어 엄격한 제한을 둔 것은 아니다. 예를 들면, 변진의 기사 속에 변진 국명과 더불어 진한 국명을 명기한다든지, '지금의 진한 사람의 머리는 모두 납작하다(今辰韓人皆褊頭)'는 이른바 진한인 편두기사가 변진조에 나온다든지 하는 등이다.

마한 관계기사 중에도 그러한 점이 보인다. 마한 기사를 세분해 보면, ㉮ 마한의 지리적 위치 및 의식주관계기사 → ㉯ 마한 제국명 → ㉰ 진왕 기사와 신지가우호 및 관직 기사 → ㉱ 準王 관계기사(『魏略』을 인용하여 쓴 衛滿관계기사 포함) → ㉲ 『魏略』을 인용하여 쓴 염사치관계기사 → ㉳ 환령 말기 한·예강성기사 및 대방군설치기사 → ㉴

---

4) 『三國志』韓條(본서의 원전은 중국 金陵書局本을 대본으로 삼은 中華書局의 新校本으로 하였다), "(A)景初中 明帝密遣 帶方太守劉昕 樂浪太守鮮于嗣 越海定二郡 (B)諸韓國臣智加賜邑君印綬 其次與邑長. (C)其俗好衣幘 下戶詣郡朝謁 皆假衣幘 自服印綬衣幘 千有餘人 (D)部從事吳林 以樂浪本統韓國 分割辰韓八國 以與樂浪 吏譯轉有異同 臣智激韓忿 攻帶方郡崎離營 時太守弓遵 樂浪太守劉茂 興兵伐之 遵戰死 二郡遂滅韓".

낙랑・대방 이군과의 관계 및 전쟁기사(위의 (A)~(D) 기사) → ㉗ 풍속기사 → ㉘ 제사 및 소도기사 → ㉙ 토산물 관계기사 → ㉚ 州胡國 기사로 이루어져 있다.

이들 가운데 마한 전속기사도 있지만(㉮, ㉯, ㉗, ㉘, ㉙), 마한만의 기사라기보다는 韓사회 전체와 관계되는 기사(㉰, ㉱, ㉲, ㉳, ㉴)도 있다. 이들 중 ㉲기사의 경우는 마한 관계기사라기보다는 오히려 진한 관계기사에 속하는 것이 자연스러운 것도 있다. 이러한 점을 염두에 두고 위의 (A)~(D)기사를 살펴보자.

(A)~(D)기사는 기사의 배치 상으로는 한조 가운데 마한관계기사이다. 이 기사들은 분리되어 있는 것이 아니라 연이어 있다. 언뜻 보면 (A)와 (B)・(C), (D)가 각각 별개의 기사처럼 보인다. 그러나 자세히 보면 시간적 경과를 거치기는 하나 일련의 연관성을 갖는 기사들임을 알 수 있다.

(A)를 보면, 경초 연간(237~239)에 魏의 명제가 대방태수 유흔과 낙랑태수 선우사로 하여금 바다를 건너가서 이군을 평정하게 했다. 이는 遼東을 근거지로 한 公孫氏의 지배 하에 있던, 낙랑・대방 2군을 魏가 평정하는 상황을 말하는 것이다.

그런데 두 태수는 韓과의 관계에서 무력이나 강압보다는 읍군과 읍장들에게 인수나 의책 등을 주는 회유책을 썼던 것 같다. 사료 (B)는 그러한 상황을 보여주는 것이다. 만약 (A)와 (B)를 연결된 기사로 보지 않으면 (B)기사는 주어가 없다. 이 또한 (A), (B)기사가 연결구조를 가진 것으로 보아야 한다는 증거이다. 사료 (C)도 앞의 기사와 별도의 기사가 아니라, (B)기사에 대한 동기 설명이다. 한인들이 인수와 의책을 좋아했기 때문에 그를 통해서 회유책을 쓴 것으로 보아야 할 것이다. 이러한 회유책은 양쪽의 이익에 맞았는지 어느 정도의 기간동안 ((D)기사 시기까지)은 평화로운 관계를 유지했던 것 같다.

(D)기사는 韓과 二郡과의 전쟁기사이다. 이군의 군대 출동은 嶺東

濊의 경우5)와 같이 藩國의 상태를 벗어날 경우나, 그에 준하는 중대한 일이 일어날 경우 발생하는 것으로 보인다.6)

첫째 살펴보아야 할 것은 이 전쟁이 일어난 시기 문제이다. 기사 (A)로 보아 경초연간으로 보이지만 (D)기사에 나오는 낙랑·대방 두 태수의 이름이 (A)기사 속의 두 태수 이름과는 다르게 나오기 때문에 앞의 기사들과 동일시기가 아닐 가능성이 있는 것이다. 이는 이 시기에 이군에 의해 한이 멸망하는 것으로 되어 있으므로 좀더 자세히 살펴볼 필요가 있다.

『삼국지』한조의 濊 관계기사에 보면 정시 6년(245)에 낙랑태수 유무와 대방태수 궁준이 함께 고구려를 공격하는 기사가 있는데,7) (D)기사에 보이는 두 태수와 동일인이다. 이로 미루어 보아 한과의 전쟁에서 죽는 궁준이 245년까지는 살아 있었다는 사실을 알 수 있다. 따라서 (D)기사의 사건이 일어난 시기는 245년를 포함한 그 이후이다.

한편,『삼국지』권4, 위서, 제왕방기의 정시 7년(246)에는 한의 나해 등 10국이 魏에 항복해 오는 기사가 있다.

> III-② : 정시 7년(246) (E)봄 이월에 유주자사관구검이 고구려를 토벌하였다. (F)여름 5월에 예맥을 토벌하여 깨뜨렸다. (G)한의 나해 등 수십국이 각각 종락을 거느리고 항복하였다.8)

위의 기사에서 먼저 주목되는 것은 (G)부분이다. 韓 那奚 등 수십국이라 했으니 나해는 삼한 제국 중 어느 일국으로 보아야 할 것이다.

---

5)『三國志』濊條, “正始六年 樂浪太守劉茂 帶方太守弓遵以領東濊屬句麗 興師伐之”.

6) 權五重,『樂浪郡硏究-中國 古代邊郡에 대한 事例的 檢討-』, 一潮閣, 1992, 154쪽.

7)『三國志』濊條, 앞의 주 참조.

8)『三國志』卷4, 魏書 帝王芳紀, 正始 7年(246), “正始七年春二月 幽州刺史毌丘儉討高句麗 夏五月 討濊貊 皆破之 韓那奚等數十國 各率種落降”.

그 위치에 대해서는 음상사 이외에 찾아낼 방법이 보이지 않는다.[9] 그런데 한의 나해국 등 수십 국이 魏에 항복한 것은 Ⅲ-①의 (D)기사에 보이는 韓 멸망의 결과로 봄이 순리적일 것이다.[10] 왜냐하면 (D)기사의 시기는 韓을 멸한 두 태수(대방 태수는 전사하긴 하지만)가 영동예의 회복을 위해 싸우는 시기(245)와 그렇게 멀지 않는 시기임은 분명한데, 그 다음해인 정시 7년(246)에 韓의 수십 국이 魏에 항복하기 때문이다. 그렇다면 한의 멸망시기는 245년에서 246년 5월 사이가 된다.

　그런데 輯安縣 板石嶺에서 발견된 관구검의 기공비 내용을[11] 통해 볼 때, 관구검의 고구려 침입은 정시 7년이 아니고 정시 6년에 일어난 것으로 되어 있다. 『삼국지』 제왕방기의 기사와는 1년 차가 있는 것이다. 우리측 기록인 『삼국사기』 고구려본기 동천왕 20년(246)조에도 같은 내용으로 나온다.[12] 당대의 금석문에 비중을 더 두어야 하는 만큼 위의 사건은 정시 6년에 일어난 것으로 보아야겠다. 제왕방기는 어떠한 이유에서인지는 몰라도 1년의 오차가 있었던 것 같다. 『삼국사기』는 중국측 기록에 의한 편년임을 알 수 있다. 따라서 관구검의 고구려 침략과 함께 한의 나해 등 수십 국이 위에 항복한 사건이 정시 6년(245)임을 알 수 있다. 이는 바로 한의 멸망시기도 245년임을 알 수 있게 한다. 좀더 정확히는 그 해 5월 이전이다.

　둘째 살펴볼 것은 전쟁의 주체에 관한 것이다. 상대방은 낙랑과 대방 이군으로 명백하지만 韓측은 한의 어느 지역인지, 어느 나라인지는 명백하지 않다. 기사의 배치가 마한관계기사 속에 있긴 하나 반드시

---

9) 武田幸男은 이를 辰韓 冉奚國에 비정한 바 있다. 武田幸男, 「三韓社會における辰王と臣智(下)」, 『朝鮮文化研究』 3, 1996, 17쪽.

10) 池內宏, 「公孫氏の帶方郡設置と曹魏の樂浪帶方二郡」, 『史苑』 2-6, 1929/ 『滿鮮史研究』 上世 第一冊, 吉川弘文館, 1951, 244~248쪽, 257쪽.

11) "(正始) 五年 (句麗)復遣寇, 六年五月旋帥", 李丙燾, 『역주 삼국사기』, 을유문화사, 1983, 317쪽 ; 池內宏, 「曹魏の東方經略」, 『滿鮮地理歷史研究報告』 第十二, 岩波書店, 1941/앞의 책, 256쪽.

12) 『三國史記』 卷17, 高句麗本紀, 東川王 20年(246)條.

마한만의 기사가 아닐 가능성은 위에서 살펴보았다. 진한의 문제로 인해 전쟁이 발생한다는 점과 함께 전쟁 후 나해국 등 수십 국이 魏에 항복한다는 점은 진한 지역을 포함한 삼한 지역 전체와 관련된 전쟁이었을 가능성을 인정할 수 있을 것이다.

학계에서는 중국 군현과 맞서 싸운 臣智를 韓人 국가의 맹주로 보고, 『三國史記』에 의거하면 당시 활약하던 백제 제8대 古尒王(234~286)으로 보는 견해가 있다.13) 그러나 이 견해는 당시의 전쟁을 이군과 마한과의 전쟁으로만 국한해서보고, 백제를 마한 연맹체의 맹주국으로 본 것에서 주장된 것이기 때문에 본서에서는 수긍할 수 없다.

전쟁이 삼한사회 전체가 관련된 대규모 전쟁이란 점과, 당시 三韓사회는 전체가 통일된 연맹체를 형성하였다고는 볼 수 없기 때문에, 臣智를 일개국의 臣智로 보기보다는 복수로 보는 것이 보다 타당할 것이다. 즉, 삼한 여러 소국들 중의 중심국(小國 중의 大國)들이 주변의 韓 小國들을 격분시켜 대이군전쟁에 임하는 것으로 봄이 보다 순리적이다.

당시 韓사회의 주요국 중, 변한지역만을 국한해서 본다면 安邪國과 狗邪國이 있었다.14) 오늘날의 함안과 김해에 해당한다. 이들도 주변의 小國들의 격분시켜 전쟁에 참가했을 것으로 판단된다. 이들에 대해서는 아래 관계 장에서 보다 상세히 설명할 것이다.

셋째로 '滅'의 의미에 대해서 살펴보자.

전쟁의 결과 드디어 韓이 멸망하는 것으로 되어 있다. 이는 (A)기사 앞의 '이후부터 드디어 왜와 한은 대방군에 속하게 되었다'15)는 기사와

---

13) 李丙燾, 『韓國史』 고대편, 乙酉文化社, 1959, 336~337쪽 및 347~349쪽.

14) 『三國志』 韓條, "臣智或加優呼 臣雲遣支報 安邪踧支 濆臣離兒不例 拘邪秦支廉之號". 武田幸男은 이를 臣雲新國(光州광역시 부근에 비정), 臣濆活國(서울 부근), 安邪國(경남 함안), 狗邪國(경남 김해)의 4개국으로 보고 있다. 武田幸男, 앞의 논문, 6~7쪽.

15) 『三國志』 韓條, "桓靈之末 韓濊彊盛 (중략) 興兵伐韓濊 舊民稍出 是後倭韓遂屬帶方".

비교해 보면 대조적임을 알 수 있다. 중국 측 입장에서 '屬'의 의미는 이른바 冊封體制 속에 편입시켰다는 것이다.16) 그러나 韓의 입장에서 보면 四時朝謁함으로써 얻는 실질적 이익(조공 무역)에 충분히 만족했을 것이다. 이러한 관계의 유지는 평화의 지속이다. 그런데 어느 한 쪽의 불만족은 이러한 관계를 깨뜨리게 된다. 이것이 격화되면 전쟁으로 되는 것이다. 한의 대이군전쟁도 다를 바 없는 것이다. 전쟁 발발의 직접적 원인은 사실 (D)기사의 전반부에 기록되어 있다. 구체적 사건의 전개는 잘 알 수 없지만 이군을 통한 魏의 분할 정책에 韓이 불만을 가지고 대방군 기리영을 공격하는 것으로 보여진다. 이의 내부에는 韓사회의 성장이 그 배경이 되었을 것이다. 그러나 결과는 중국측 표현이긴 하나 韓의 '滅'로 나타나며, 나해 등 수십 국이 항복하게 된다.

'滅'이란 것은 內屬과는 달리 중국 측과의 조공관계 단절이란 측면과 함께 한사회 내부의 변화를 예상할 수 있다. 또한 한사회 전체가 관련되어 있다는 점과 함께 전쟁의 규모를 생각하면 비록 중국 측의 표현이라 하더라도 '滅'의 의미는 중시해야 할 필요가 있다고 본다. 내부의 사회 경제적 변화 양상의 검토가 전제되어야 하겠지만, 이는 기존 삼한사회체제에 크다란 변화를 야기시켰을 가능성이 높다. 변화의 양상은 기존에 서서히 진행되어 오던 연맹체의 결성이 전쟁의 경험으로 인해 더욱 강화·촉진되었을 것이다. 그리고 그 중심국은 변한사회의 중심국이었던 狗邪國과 安邪國 등이었을 것이다.

한편, 『晉書』 한조를 보면 3세기 후반 마한과 진한은 중국과의 통교를 회복하고 있다.17) 이들 두 지역에서는 30~40년 만에 구체제를 회

---

16) 權五重, 『樂浪郡研究』, 一潮閣, 1992, 128~167쪽 참조.

17) 『晉書』 동이전 마한조, "(西晉의)武帝 太康 元年(280)과 2년에 그들의 임금이 자주 사신을 파견하여 토산물을 조공하였고, 7년(286)·8년·10년에도 자주 왔다. 太熙 元年(290)에는 東夷校尉 何龕에게 와서 조공을 바쳤다. 咸寧 3년(277)에 다시 (사절이)왔으며, 이듬해에 또 內附하기를 청하였다." ; 同 진한조, "(西晉)武帝 太康 元年(280)에 (진한)왕이 사신을 보내어 方物을 바쳤

복한 것으로 보인다. 오직 변한만이 그 존재가 보이지 않는다. 이를 단
순히 기록의 누락으로 볼 수도 있겠지만,『晋書』는 唐太宗의 御撰으
로서 전체 체제를 중시한 편찬과정을 생각한다면 이의 원인은 다른 곳
에서 찾아야 할 것이다. 아마도 변한지역에서는 이 시기 일시적으로
중국의 晋 본국과 통교할 만한 중심세력이 존재하지 않았던 것으로 볼
수 있지 않을까 한다. 그렇다면 이는 마한과 진한 지역이 전쟁 후 기존
체제로의 회복이 빠른 반면 변한 지역에서는 답보상태에 있었기 때문
일 것이다. 이는 마한과 진한 지역이 기존의 체제를 그대로 유지한 채
다음 단계(백제와 신라)로 발전하는 반면, 변한 지역에서는 여전히 분
립 상태를 유지하는 원인이었다고도 볼 수 있을 것이다.

　이렇게 본다면 245년의 전쟁은 변한 사회의 기존체제의 변화란 측
면 외에도 이후 가야사 전개과정에 있어서도 중요한 의미를 갖는다고
할 수 있다. 따라서 이를 기점으로 이전을 변한으로서의 삼한시기로
보고 이후를 가야시기로 파악하는 관점이 성립 가능하다고 본다. 물론
사회 내부의 구조적 변화를 충분히 파악하지 못한 구분이라는 맹점이
있기는 하다.[18]

2. 南加羅 地域聯盟體

1) 2개 '加羅'의 존재

기왕의 연구에서는 김해 가야세력의 명칭을 두고, 金官加耶,[19] 駕洛

다. 2년에 다시 와서 조공하였으며, 7년에도 또 왔다."
18) 필자의 기본적 생각은 생산양식의 구체적 양상을 바탕으로 시기 구분을 해야
　한다는 것이다. 그러나 현 단계의 자료축적 상황으로는 무리라는 생각이 든
　다. 본서에서 사용하는 '사회체제의 변화'란 다분히 정치적 구조의 변화를 염
　두에 둔 것이다. 정치적 구조변화와 사회 생산구조의 변화는 상호간에 밀접
　한 연관성을 갖는다는 생각에서이다.

國,[20] 金官國[21] 등 합치된 견해를 보이지 않고 있다. 동일시기 동일
정치집단에 대한 명칭을 두고 각기 달리 표기하는 것은 역사연구의 궁
극적 목표에 비추어 보더라도 바람직하지 않다. 그리고 이는 당시 정
치집단들 간의 존재양상에 대한 이해를 위해서도 정리의 필요가 있다
고 여겨진다.

문제의 소재는 각기 사서에서 달리 표현하고 있기 때문이다.[22] 동일
시기 동일집단에 대한 異名稱의 가능성도 배제할 수는 없지만, 이는
무시하고 당시인들이 불렀던 명칭이 무엇이었던가에 초점을 맞추어
검토해 보기로 한다.

금관가야란 명칭은 가장 일반적으로 쓰이고 있는 듯 하나 사실 이
국명은『삼국사기』와『삼국유사』를 포함해 고려시대 이전의 史書에는
보이지 않는다. 단『삼국유사』오가야조의 주와 본문에[23] '金官'이라고
나오고 있어 그 뒤에 가야를 생략한 것으로 보고 사용하고 있는 것이

---

19) 申敬澈,「金海大成洞·東萊福泉洞古墳群 點描-金官加耶 이해의 一端-」,
　　『釜大史學』19, 1995 등.
20) 金泰植,『加耶聯盟史』, 一潮閣. 1993 ; 白承忠,「加耶의 地域聯盟史 研究」
　　부산대학교 박사학위논문, 1995.
21) 朱甫暾,「한국고대사 속의 가야사」,『가야사의 새로운 이해』, 경상북도 開道
　　100주년 기념 가야 문화 학술대회, 1996, 7쪽 ;「4~5세기 釜山地域의 政治的
　　向方」,『新羅 地方統治體制의 整備過程과 村落』, 신서원, 1998, 471쪽.
22) 김해 가야세력을 지칭하는 것으로는 사서에 따라, 또는 동일사서 속에서도
　　달리 표기하는 경우가 있다. '加耶(『삼국사기』본기·열전)', '任那加羅(『광개
　　토왕비문』: 이를 고령 가야세력으로 보는 견해도 있으나 그에 대한 비판은
　　Ⅲ-1에서 상술한다)', '南加耶(『삼국사기』열전)', '金官國(『삼국사기』본기·
　　열전·지리지)', '南加羅(『일본서기』)', '駕洛國'·'大駕洛'·'伽耶國'·'金官
　　(伽耶)'(이상은『삼국유사』오가야조) 등이다.
23)『三國遺事』五伽耶條, "五伽耶(按駕洛記贊云 垂一紫纓 下六圓卵 五歸各邑
　　一在玆城 則一爲首露王 餘五各爲五伽耶之主 金官不入五數當矣 而本朝史
　　略 並數金官而濫記昌寧誤) 阿羅(一作耶)伽耶(今咸安) 古寧伽耶(今咸寧) 大
　　伽耶(今高靈) 星山伽耶(今京山一云碧珍) 小伽耶(今固城) 又本朝史略云 太
　　祖天福五年庚子改五伽耶名 一金官(爲金海府) 二古寧(爲加利縣) 三非火(今
　　昌寧恐高靈之訛) 餘二阿羅 星山(同前 星山或作碧珍伽耶)".

다. 그러나『삼국유사』의 ‘모모가야’ 형태의 표기법은 후대의 소산으로
간주되고 있거니와[24] 금관이란 용어 또한 6세기 전반대나[25] 신라 문
무왕대의 표현으로[26] 보이는 만큼 국명으로 사용하는 데에는 한계가
있다.『삼국사기』김유신 열전에는 수로왕이 개국할 때는 ‘加耶’였다가
후에 ‘金官國’으로 고친 것으로 되어 있지만,[27] 이는 당시 신라인들과
동류의식를 가진(또는 가지고자 하는) 구 김해 가야세력의 창작으로
보여지는 것이다. 즉 당시 신라인들은 스스로 少昊金天氏의 후예로 여
겼는데, 구 김해 가야세력이 이를 이용하여 소호금천씨의 아들 ‘該’가
‘金官’인 것[28]과 연관시켜 신라인들과의 동류의식을 나타내고자 한 것

---

24) 金泰植, 앞의 책, 20·71~74쪽. 단, 南加耶는 제외. 그리고 씨는 金官加耶라
   는 표현은 羅末麗初부터 사용한 것으로 추정하고 있는데, 7세기 후반부터일
   가능성도 있다고 본다.

25) 6세기 전반 남가야가 신라쪽으로 기울기 시작한 이후 신라가 형제관계를 강
   조하기 위한 정치적 목적에서 만들어졌을 가능성이다. 이가 옳다면,『일본서
   기』繼體紀 23년(529) 4월조에 ‘金官村’이 보이는데, 그 이전에 만들어졌을
   것이다.

26) 三品彰英,『三國遺事 考証』(中), 塙書房, 1979, 363~364쪽 ; 白承忠, 앞의 학
   위논문, 18쪽.

27)『三國史記』卷41, 列傳1, 金庾信(上), “金庾信은 왕경(경주)사람이다. 그 12
   대조 首露는 (근본이) 어떤 사람인지 모른다. 後漢 建武 18년 壬寅에 구지봉
   에 올라가 가락의 구촌을 바라보고 드디어 그 곳에 가서 나라를 열고 이름을
   加耶라 하였으며, 후에 金官國으로 고쳤다. 그 자손이 서로 계승하여 구대손
   仇亥에 이르렀으며 (구해를) 구차휴라고도 하는데, 유신에게 증조가 된다. 신
   라 사람들이, 자칭 (중국 고대의) 少昊金天氏의 후예이므로 성을 김이라고
   한다 하였는데, 유신 비문에도 또한 (유신이) 軒轅의 후예요 소호의 종손이라
   하였으니, 그러면 南加耶의 시조 수로도 신라와 동성이 되는 것이다(金庾信
   王京人也 十二世祖首露 不知何許人也 以後漢建武十八年壬寅登龜峰 望駕
   洛九村 遂至其地開國 號曰加耶 後改爲金官國 其子孫相承 至九世孫仇亥
   [亥 恐是充字之訛『見譯註』] 或云仇次休 於庾信爲曾祖 羅人自謂少昊金天
   氏之後 故姓金 庾信碑亦云 軒轅之裔 少昊之胤 則南加耶始祖首露與新羅同
   姓也)”.

28)『禮記』卷之六, 月令, “孟秋之月(중략)其日庚申 其帝少昊 其神蓐收(중략)
   [少昊 白精之君 金天氏也 蓐收 金官之臣 少昊氏之子 該也]” : 末松保和,

으로 보인다. 따라서 '금관'이란 용어는 가야 전성기에 사용한 것이라기보다는 6세기 전반 신라에 복속될 시기를 전후한 시기, 혹은 7세기 후반 무렵 신라에 소속된 구 김해 가야계 사람들에 의해 생겨난 것으로 볼 수 있는 것이다.

駕洛國의 사용은 「가락국기」의 영향과 함께 가락, 가라, 가야를 모두 동일계로 보고 이 중에서 가장 원형이 가락이라는 점에서이다. 즉 가락에서 'ㄱ'이 탈락하여 '가라'가 되었고, 여기에서 다시 'ㄹ'이 탈락(구개음화)하여 '가야'로 전화된 것으로 보는 것이다.[29] 각종 사서에 가락(국)으로 지칭했던 곳으로는 김해 가야세력이 유일하다는 점에서 타당성이 있는 명칭으로 여겨진다. 그러나 문제는 가락→가라→가야로의 순차적 변화에도 의문이 가지만, 설혹 인정한다 하더라도 그 변화시기가 명확하지 않는 만큼, 고령에 존재했던 가야세력을 의식하지 않을 수 없다. 고령의 가야세력도 가라 혹은 가야로 지칭하고 있는 만큼, 가락과 가라, 가야가 동일어라면 이를 당시의 김해 가야세력의 명칭으로 사용하기에는 문제점이 있다.

金官國의 명칭은 『삼국사기』의 본기와 열전, 지리지에 나오며 『삼국유사』에도 예가 보인다. 특히 『삼국사기』 본기 기사 가운데 김해 가야세력의 마지막 왕 김구해가 신라에 항복해 올 때, '金官國主'라고 표현되어 있는 점이나, 지리지의 '金海小京 古金官國'의 표현으로 보아 신라 편입 이전의 김해 가야세력은 금관국으로 불리웠던 듯하다. 그러나 앞서 보았듯이 금관이란 표현 자체가 가야 전성기의 것이라기보다는 김해 가야세력 쇠퇴기의 산물이란 점에서 사용하기 부적당하다고 생각한다. 그러나 이도 김해 가야세력만을 지칭하는 명칭임에는 분명하다.

『任那興亡史』, 吉川弘文館(再版), 1956, 233~237쪽 ; 白承忠, 「가야의 개국 설화에 대한 검토」, 『역사와 현실』 33, 한국역사연구회, 1999, 115~119쪽.

29) 白承忠, 앞의 학위논문, 17쪽.

　각종 사서에 보이는 김해 가야세력의 명칭으로서 당시기에 존재했을 가능성이 있는 것으로는 가락과 가라, 가야이다. 그러나 이들은 동일어(혹은 동일 세력의 지칭)인 만큼 셋 중 둘은 후대의 것이거나 아니면 寫音의 차이에서 오는 이표기로 보아야겠다. 이들 가운데 가락과 가야는 모두 후대 사서에만 보일 뿐이고, 가라는 당시기 또는 당시기와 가까운 시기의 금석문이나 사서에 보이고 있다. 즉 가라는 광개토왕비문에 '任那加羅'의 형태로 보이고 있으며, 『宋書』를 비롯한 중국 사서에는 전적으로 가라(혹은 가라계)가 보이고 있다. 또한 720년 편찬의 『日本書紀』에도 加羅의 용례는 29예나 보이고 있다.[30] 이러한 상황을 감안해 보면 가라가 당시에 사용했던 국명으로 보여진다. 그런데 문제는 가라가 김해 가야세력을 지칭하는 경우도 있지만 대다수는 고령 가야세력을 지칭한다는 점에서 검토의 여지가 있다.

　『삼국사기』에는 '加羅'의 용례가 7곳 있다. 2곳은 이른바 포상팔국 관계기사 중의 '加羅'로 이는 김해 가야세력을 지칭한다.[31] 3곳은 열전 사다함전[32]에 보이는데 고령 가야세력의 멸망기사이므로 이는 고령 가야세력을 지칭하는 경우이다. 나머지 2곳은 樂志에 '上加羅都'와 '下加羅都'의 모습으로 보이고 있다.[33] 이러한 『삼국사기』의 '가라' 출전 용례는 가라의 실상을 파악하는 데 중요한 시사를 준다. 『삼국사기』에는 '가라'보다는 '가야'의 용례가 많은데 '가야'의 경우도 어떤 때는 김

---

30) '가야'·'가라'의 용례 및 출전, 사용빈도에 대해서는 金泰植, 앞의 책, 17쪽 ; 白承忠, 앞의 학위논문, 16~20쪽 참조.

31) 『三國史記』卷2, 新羅本紀 2, 奈解尼師今 14년조.

32) 『三國史記』卷44, 列傳4, 斯多含傳, "系出眞骨 奈密王七世孫也 (중략) 眞興王命伊湌異斯夫襲加羅(一作加耶)國 時斯多含年十五六 請從軍 (중략) 先入旃檀梁(旃檀梁城門名　加羅語謂門爲梁云)　其國人不意兵猝至　驚動不能禦 大兵乘之　遂滅其國　泊師還　王策功賜加羅人口三百　受已皆放".

33) 『三國史記』卷32, 雜志1, 樂志, 加耶琴條, "加耶琴　亦法中國樂部箏而爲之 (중략) 于勒所製十二曲 一曰下加羅都 二曰上加羅都 三曰寶伎 四曰達已 五曰思勿 六曰勿慧 七曰下奇物 八曰師子伎 九曰居烈(하략)".

해 가야세력을 지칭하기도 하고, 어떤 때는 고령 가야세력을 지칭하기도 한다. '가야'를 당시기 사용된 것으로 보이는 가라로 換置한다면, 『삼국사기』는 가야관계기사를 쓸 때에 김해와 고령의 가야세력을 명확히 구별하지 않고 사용하고 있다는 점을 발견할 수 있다. 물론 구별하는 경우가 전혀 없는 것은 아니다. 지리지 기사에는 말할 것도 없거니와 김유신열전에서도 '南加耶'라고 적고 있다. 그런데 김해와 고령 가야세력을 동시에 쓸 경우인 악지에서는 上加羅都와 下加羅都[34]로 표기하고 있다. 이는 상가라의 수도, 하가라의 수도라는 의미[35]로서 異集團에 대해서 상하로 구별하여 가라로 지칭하고 있다. 다른 곳의 표기 예를 보더라도 '상가라', '하가라'가 당시 해당인들이 사용한 국명일 가능성은 없다.

이상에서 김해와 고령의 가야세력을 지칭할 때 모두 가라라고 불렀다는 점을 알 수 있다. 단지 구별의 필요성이 있을 경우는 김해 가야세력을 南加羅 혹은 下加羅로 불렀음을 알 수 있다. 이는 두 나라, 즉 김해 가야세력과 고령 가야세력이 모두 '가라'라는 同一國名을 사용했을 가능성을 보여준다. 즉 모두 '加羅'였기에 史書上에는 구별 없이 표기하였고, 국명은 동일하였지만 통일된 나라가 아니라, 별개의 정치집단이었기에 구별의 필요성이 있을 때는 상·하로 구별하든지, 아니면 김해 가라를 남가라로 별칭했던 것이다.

2개국 동일국명의 경우는 우리 역사에서도 예가 있지만,[36] 중국의

---

34) 『三國史記』 樂志의 '下加羅都'를 김해로 보지 않는 설(함안설, 합천설)도 있으나 본서는 김해설을 따른다.

35) 李丙燾, 「洛東江流域의 地理와 上·下加羅」, 『韓國古代史硏究』, 博英社, 1976, 304쪽.

36) 우리가 흔히 古朝鮮으로 알고 있는 것의 실제 국명은 朝鮮이다. 그런데 14세기 말 이성계 건국의 조선도 朝鮮이다. 高句麗와 王建 건국의 高麗도 마찬가지이다. 동일시기 동일국명의 예로는 沃沮를 들 수 있다. 『三國志』 東沃沮條에 보이는 東沃沮, 北沃沮, 南沃沮 등은 기실 국명은 沃沮였을 것이다. 이 외에도 『삼국지』 한조에 보이는 卑離國, 監奚卑離國, 內卑離國, 辟卑離國 등

역사에서는 흔히 보이고 있다. 이는 시대를 달리하는 경우도 있지만 동일시기의 경우도 있다.

<표 2> 『三國史記』 新羅本紀의 '加耶'用例 중 加羅와 南加羅의 區分

出處	用例記事	區分	根據
脫解尼師今 21年 8月條	阿湌吉門與加耶兵 戰於黃山津口	南加羅	黃山津口의 位置
婆娑尼師今 8年 7月條	西鄰百濟 南接加耶	南加羅	方位
婆娑尼師今 15年 2月條	加耶賊圍馬頭城	〃	馬頭城의 位置
婆娑尼師今 17年 9月條	加耶人襲南鄙	〃	方位
婆娑尼師今 18年 1月條	擧兵 欲伐加耶	〃	연결기사
婆娑尼師今 27年 8月條	命馬頭城主 伐加耶	〃	馬頭城의 位置
祇摩尼師今 4年 2月條	加耶寇南邊 秋七月 親征加耶 帥步騎度黃山河	〃	黃山河의 位置
祇摩尼師今 5年 8月條	遣將侵加耶 王帥精兵一萬 以繼之 加耶嬰城固守	〃	연결기사
奈解尼師今 6年 2月條	加耶國請和	?	
奈解尼師今 14年 7月條	浦上八國 謀侵加羅 加羅王子來請救	南加羅	浦上八國의 位置
奈解尼師今 17年 3月條	加耶送王子爲質	?	
照知麻立干 3年 3月條	高句麗與靺鞨入北邊 取狐鳴等七城 又進軍於彌秩夫 我軍與百濟加耶援兵 分道禦之	?	
照知麻立干 18年 2月條	加耶國送白雉 尾長五尺	?	
法興王 9年 3月條	加耶國王遣使請婚 王以伊湌比助夫之妹送之	加羅	崔致遠의 釋順應傳
法興王 11年 9月條	王出巡南境拓地 加耶國王來會	?	
眞興王 12년 3月條	加耶國嘉悉王 製十二弦琴	加羅	『新增東國輿地勝覽』 高靈郡 古跡條
眞興王 15年 7月條	百濟王明禯與加良 來攻管山城	〃	南加羅 滅亡以後
眞興王 23年 9月條	加耶叛 王命異斯夫討之	〃	地理志 高靈郡條, 斯多含傳

2개국(혹은 그 이상) 동일국명의 예는 중국의 역사에서 4~6세기대

卑離國系 국명들과 不斯國, 速盧不斯國 등도 복수국 동일국명의 가능성이 있다.

의 이른바 五胡시대에 특히 많이 보인다. 흉노출신의 劉淵이 세운 漢
은 그의 아들 劉聰이 죽은 후, 劉曜가 趙(304~330)를 건국한다. 319년
에는 동일계인 石勒도 趙(319~353)를 건국하여 자신을 趙王이라 칭
하고 있다. 다만 후대인들이 유요의 조를 前趙라 하고, 석륵의 조를 後
趙라 구분하여 칭할 뿐이다. 동시기에 동일국명의 2국이 존재했던 것
이다. 이외에도 烏孤의 南涼(397~415)과 段業의 北涼(397~440), 苻
健의 前秦(351~395)과 姚萇의 後秦(383~418) 등, 6세기말 隋의 통일
이 있기 전까지 많은 나라들이 정치집단은 다르나 동일국명을 사용하
였던 것이다(<표 3> 참조).

<표 3> 4~5世紀代 中國의 複數國 同一國名의 例

國名	存在時期	建國者	種族	出典	備考
(前)趙	318~329	劉曜	匈奴	『晉書』 103, 載記3, 劉曜記	
(後)趙	319~351	石勒	羯	『晉書』 104, 載記4, 石勒(上)記	
(前)涼	301~376	張軌	漢	『晉書』 86, 列傳56, 張軌傳	涼州刺史
(後)涼	386~403	呂光	氐	『晉書』 122, 載記22, 呂光記	
(南)涼	397~415	烏孤	鮮卑	『魏書』 99, 列傳87, 烏孤傳	
(北)涼	397~440	段業(漢人)	匈奴	『北史』 93, 列傳81, 僭僞附庸傳	沮渠蒙遜
(西)涼	400~423	李暠	漢	『晉書』 87, 列傳57, 涼武昭王傳	
(前)燕	337~370	慕容皝	鮮卑	『晉書』 109, 載記9, 慕容皝記	
(後)燕	384~409	慕容垂	鮮卑	『晉書』 123, 載記23, 慕容垂記	
(南)燕	398~410	慕容德	鮮卑	『晉書』 127, 載記27, 慕容德記	
(北)燕	407~409	慕容(高)雲	鮮卑	『晉書』 124, 載記24, 慕容雲記	高句麗後孫
	409~436	馮跋(漢人)		『北史』 93, 列傳第81, 僭僞附庸傳	燕天王
(前)秦	351~394	符健	氐	『晉書』 112, 載記12, 符健記	
(後)秦	384~417	姚萇	羌	『晉書』 116, 載記16, 姚萇記	
(北)魏	386~534	拓跋珪	鮮卑	『魏書』 2, 太祖紀 第二	代王

가야의 경우 자신들이 남긴 史書가 없음으로 해서, 그 역사는 모두
이웃국 혹은 후대인들에 의해 그들의 입장과 편리를 위해 정리되어졌
다. 국명도 이러한 상황 하에서 분별 없이 지칭되었다고 보인다.
　본서는 '가락'과 '가야' 보다는 '가라'가 당시의 국명이라 생각한다.

그리고 사서상의 제반 용례 가운데 가라(가야계 포함)가 고령 아니면 김해 가야세력만을 지칭한다는 점과 함께 '南加耶(『삼국사기』 열전)' 및 '下加羅 혹은 南加羅(『삼국사기』 악지 및 『日本書紀』 神功紀)가 고령 세력과 구별할 필요성이 있을 때만 쓰인다는 점 등을 들어서 가야 당시기에는 김해 세력과 고령 세력 모두 '加羅'라는 국명을 사용했다고 본다. 다만 당시인을 포함해서 후대인들이 둘을 구별할 필요가 있을 경우에는 김해 가야세력에 '南'자를 부쳐 불렀던 것으로 판단한다. 『新增東國輿地勝覽』 고령군 건치연혁조[37]에 보이는 최치원 저서의 내용에서 고령 가야와 김해 가야의 시조를 형제로 묘사한 것도 동일국명 사용과 전혀 무관하지는 않을 것이다.

그러면 이 加羅라는 국명은 언제부터 사용했는지, 두 나라가 사용함에 있어 시기 차는 없었는지, 두 나라는 어떠한 관계였기에 가라라는 동일국명을 사용했는지가 의문시된다.

현재의 자료나 연구성과 상으로는 이 문제들을 명백히 밝힐 수는 없으나, 어느 정도의 추측은 가능하다. 가라 국명의 사용 시기의 상한은 광개토왕비문의 용례로 보아 400년을 내려오지는 않으며, 『일본서기』 神功紀 49년조의 편년을 4세기 중엽으로 본다면, 그 이상 소급할 수 있을 것이다. 그런데 어떤 의미에서는 가라 국명의 사용은 진정한 가라사(가야사)의 성립으로 볼 수 있을 것이다. 앞의 고찰에서 삼한사회체제의 변화를 3세기 중엽(245)으로 본 바 있다. 그런데 삼한사회체제의 변화가 곧 가라의 성립이라고 보기에는 명백한 증거가 없다. 특히 『晉書』 四夷傳 韓條기사에서 보이는 바와 같이 245년의 대이군전쟁의 결과 옛 변한 지역은 새로운 구심체의 형성이 늦어지고 있었다. 어느

---

37) 『新增東國輿地勝覽』 卷29, 高靈縣 建置沿革條, "建置沿革 本大伽倻國[詳見 金海府山川下] 自始祖伊珍阿鼓王[一云內珍朱智] 至道設智王 凡十六世五 百二十年[按崔致遠釋利貞傳云 伽倻山神正見母主 乃爲天神夷毗訶之所感 生大伽倻王惱窒朱日 金官國王惱窒靑裔二人 則惱窒朱日爲伊珍阿鼓王之別 稱 靑裔爲首露王之別稱(하략)]."

정도의 틈을 인정해야 할 것이다. 이와 아울러 낙동강 하구지역에서의 고고학적 양상이 3세기 말에서 획기를 그을 수 있다는 점을 참고하면, 가라의 성립은 3세기 말 4세기 초로 볼 수 있지 않을까 생각한다.

　'가라'라는 국명을 두 나라가 동시에 사용했는가의 문제는 좀더 적극적 추정이 가능하다. 『신증동국여지승람』 고령군 건치연혁조에서는 대가야(가라)의 존속을 520년으로 적고 있다. 『삼국사기』 본기에 의하면 고령 가야세력은 562년에 멸망한다. 건국연대를 계산하면 42년이 된다. 이는 『삼국유사』 「가락국기」와 「왕력」에서 보여주는 김해 가락국의 건국연대와 동일하다. 또한 『신증동국여지승람』에서의 형제설화에서도 양국의 건국시기는 같다.[38] 이들 기록들이 후대에 조작되었을 가능성은 인정한다하더라도 양국이 가라로서의 출발은 거의 동일한 시기, 아니면 시기 차가 그다지 나지 않는 것으로 봄이 타당할 것 같다. 하한은 김해 세력의 경우 532년이며, 고령 세력의 경우는 562년이다.

　'남가라'라는 명칭은 정식 국명은 아니지만 가야 당시에도 구분의 필요성이 있을 때는 사용했던 것으로 보인다. 광개토왕비문상의 '임나가라'의 경우와 『일본서기』 神功紀의 '남가라'의 경우이다. 『삼국사기』 악지의 상·하가라도의 예도 당시의 표현일 가능성이 높다. 따라서 앞으로는 고령 가야세력을 지칭할 때는 '加羅'로, 김해 가야세력을 지칭할 때는 '南加羅'로 지칭하도록 한다. 이것이 당시의 원형에 가장 가까운 것으로 여겨지기 때문이다. 그리고 이전의 狗邪國에서 (南)加羅로 칭하기 시작하는 시기는 3세기 중엽의 변화 이후라고 보여진다. 이러한 국명의 등장은 보다 진전된 정치체의 출현을 현상적으로 보여주는 것이다.

2) 지역연맹체의 형성

---

38) 白承忠, 앞의 논문, 133~134쪽.

본서에서는 '연맹'이란 '동일한 군사 외교적 처지에서 공동의 이익을 위해 결합 구조를 가지는 것'이라고 정의하고, '地域聯盟體'란 '일정한 지역을 중심으로 복수의 小國이 결합한 형태의 연맹체'를 말한다. '地域聯盟體'란 용어는 盧重國이 백제의 국가형성과정을 설명하는 도중, 마한연맹체내에서 각 지역별로 형성된 소연맹체를 지칭하면서부터 쓰이기 시작하였는데, 그 내용은 소국과 소국이 연맹한 형태를 말하는 것이었다.[39] 본서에서의 '지역연맹체'도 이와 동일한 형태를 말하지만, 씨가 말하는 마한연맹체와 같은 변한 사회 전체를 포괄하는 연맹체의 존재는 부정한다.[40] 『삼국지』와 『후한서』에 보이는 '弁辰與辰韓雜居'란 구절로 보아 진한과 변한지역에 각각 전체를 아우르는 연맹체가 존재하고 있었다고는 볼 수 없기 때문이다. 서로 섞여 살면서, 또한 생활양식이 거의 동일한 집단끼리 서로 다른 별도의 연맹체를 형성하고 있었다고 보기는 어렵기 때문이다.

가야 諸小國은 결코 단일동맹으로 결속한 것은 아니지만 동일한 시기에 다수의 연맹 즉 '소지역권'이 존재하였다고 한 견해나[41] 가야의 局地的·分岐的 특성을 강조하여 '地域聯盟體'를 설정한 견해는 받아들여질 수 있다고 본다.[42]

---

39) 盧重國, 『百濟政治史硏究』, 一潮閣, 1988, 62~63쪽.

40) 노중국은 加耶의 시조형제설화를 바탕으로 대가야와 금관가야가 중심이 되어 가야연맹체를 형성하였다고 하여, 사실상 가야 전체연맹체를 인정하고 있다. 위와 같음.

41) 權鶴洙, 「加耶諸國의 相關關係와 聯盟構造」, 『韓國考古學報』 31, 1994, 152~158쪽.

42) 白承忠, 앞의 학위 논문, 24~30쪽. 단 씨가 말하는 지역연맹체와 본서의 지역연맹체는 약간의 차이가 있다. 씨는 김해 지역연맹체를 설명하면서 小國단계의 구야국과 소지역연맹체 단계를 하나로 묶어 '김해 지역연맹체'단계로 설정하였다(위의 논문, 83쪽). 그리고 3세기 후반부터 김해 지역연맹체는 분열되는 것으로 설명하고 있다(위의 논문, 85~91쪽). 본서는 구야국 단계의 일부 시기(소국형성시기부터 2세기 중·후엽 무렵까지)는 小國단계로 보며, 2세기 중엽 무렵부터 지역연맹체가 형성하기 시작하여, 3세기 중·후엽 무렵

가야 지역연맹체는 이미 『삼국지』가 표현하고 있는 大·小國 가운데 大國들의 상당수는 小國의 단계를 탈피한 지역연맹체의 형태로 존재했을 것이다. 소국과 대국의 인구차를 보면,

    Ⅲ-③ : 변한과 진한은 합하여 24국이 된다. 대국은 4~5천 가이고, 소국은 6~7백 가로서 총 4~5만 호이다. 그 가운데 12국은 진왕에 속한다.[43]

라고 하여 무려 7~8배의 차를 보이고 있다. 이는 대국들 중에는 小國의 형태가 아니라 복수의 小國을 연맹의 형태로 결합한 國들도 있었을 것임을 짐작케 한다. 그러한 國들 가운데 주목할 수 있는 國이 변한 狗邪國과 安邪國이다. 앞의 사료Ⅱ-③에 보이는 狗邪·安邪 2개국의 臣智는 특별히 우대하여 부르는 칭호가 있었다. 이는 이들이 변한지역에서 주변 小國들을 주도하는 위치에 있었음을 보여 주는 것이다.

小國 가운데 비교적 큰 나라가 중심이 되어 연맹적 결속을 한 정치체가 곧 지역연맹체인 것이다. 이러한 지역연맹체의 형성은 이미 2세기 중·후엽부터 시작되었을 것으로 보이며,[44] 3세기 중엽의 對二郡과의 전쟁을 계기로 그 연맹체의 결속 정도는 더욱 강화되었을 것임은 앞에서 말한 바와 같다. 즉 韓의 對二郡과의 전쟁에 있어 그 구심체 역할을 한 國들이 바로 狗邪國과 安邪國이었으며, 이들은 지역연맹체의 형태로 대이군과의 전쟁을 수행하였던 것이다. 그리고 이때의 전쟁이 삼한지역 전체와 중국 군현과의 대립이었기 때문에 지역별 연맹체의 결속은 일반적 양상이었을 것으로 추측한다.

    지역연맹체는 한층 강화(이 시기부터 남가라 지역연맹체)되고, 이후 5세기 전반까지 남가라 지역연맹체는 존재하는 것으로 본다.

43) 『三國志』 韓條, "弁辰韓 合二十四國 大國四五千家 小國六七百家 總四五萬戶".

44) 『三國志』 韓條, "桓靈之末 韓濊彊盛 郡縣不能制 民多流入韓國".

戰爭으로 인한 小國연합과 그것의 강화는 이전까지의 비교적 간단했던 정치구조의 변화를 요구하였을 것이다. 여기에 사회발전에 대한 전쟁의 긍정적 요소가 있는 것이다. 『三國志』韓條에는 대이군 전쟁의 결과 韓이 滅亡당한 것으로 묘사되어 있지만 이는 중국측 입장에서의 시각이고 韓諸國은 오히려 대이군 전쟁시 경험했던 연맹체 결성이 더욱 촉진되었을 것이다. 그것은 혹은 평화적 연합의 방법으로 혹은 군사적인 정복을 통하여 이루어졌을 것이다. 그런데 연맹을 주도한 중심국도 이전시기와 크다란 변동은 없었을 것이다. 즉 이전시기 '小國' 가운데 大國이 연맹체의 중심국으로 대두되었을 것이다. 그 중 교역의 중심지로서 주변국을 주도한 구야국의 경우도 여전히 중심적 위치를 점하고 있었던 것으로 보인다.

아래서는 남가라 지역연맹체을 중심으로 그 내부구조의 모습을 추측해 보고자 한다.

Ⅲ-④ : 가락국기[문종 대 태강 연간에 금관지주사 문인이 撰한 것이다. 지금 간추려 싣는다.]

천지가 개벽한 뒤로 이 나라의 이름이 없었고 또한 군신의 칭호도 없었다. 이에 我刀干·汝刀干·彼刀干·五刀干·留水干·留天干·神天干·五天干·神鬼干 등 9干이 있어 이들 추장이 백성을 통솔하였으니 百戶에 7만 5천 명이었다. 산이나 들에 도읍하고 우물을 파 마시고 밭을 일구어 먹었다. 마침 後漢의 世祖 光武帝 建武 18년 壬寅 3월 3일에 북쪽 龜旨[이것은 산의 이름인데 열 붕새가 엎드린 형태이므로 이름한 것이다]에서 무엇이 이상한 소리로 부르는 기척이 있었다. (중략) 그 달 보름날에 즉위하였고, (6알 중) 처음 나타났다고 하여 諱를 首露 혹은 首陵[즉 죽은 뒤의 시호이다]이라 하고 국호를 大駕洛 또는 伽耶國이라 하였으니, 즉 6가야 가운데 하나이다. 남은 다섯 사람도 각각 돌아가 5가야의 임금이 되었다. 동쪽은 황산강, 서남은 창해, 서북은 지리산, 북은 가야산 남쪽까지 국경을 삼았다. (중략) 仇衡王은 金氏이고 正光 2년(521)

에 즉위하여 42년을 다스렸다. 保定 2년 壬午(562) 9월에 신라 제
24군 眞興王이 군대를 일으켜 다가와서 쳤는데, 왕이 친히 군졸을
부렸으나 그들은 많고 우리는 적어서 대적할 수 없었다. 이에 同氣
脫知爾叱今을 보내서 나라에 머무르게 하고, 王子와 上孫 卒支公
등은 항복하여 신라에 들어갔다. 왕비는 分叱水爾叱의 딸 桂花이
며 아들 셋을 낳았다. 첫째는 世宗角干이고, 둘째는 茂刀角干이고,
셋째는 茂得角干이다. 開皇錄에 이르기를 梁 中大通 4년 壬子
(532)에 신라에 항복했다고 한다.[45]

Ⅲ-⑤ : 김유신은 서울사람이었다. 그의 12대조 수로는 어떠한 사람
　　　인지 알 수 없다. 後漢 건무 18년 임인(서기 42)에 구봉에 올라가
　　　가락의 9촌을 바라보고, 드디어 그곳에 가서 나라를 열고 이름을

---

45)『三國遺事』卷2, 紀異2, 駕洛國記, “駕洛國記[文廟朝大康年間 金官知州事
文人所撰也 今略而載之] 開闢之後 此地未有邦國之號 亦無君臣之稱 越有
我刀干 汝刀干 彼刀干 五刀干 留水干 留天干 五天干 神鬼干等九干者 是酋
長 領總百姓 凡一百戶 七萬五千人 多以自都山野 鑿井而飮 耕田而食 屬後
漢世祖光武帝建武十八年壬寅三月禊浴之日　所居北龜旨(是峯巒之稱 若十
朋伏之狀 故云也)有殊常聲氣呼喚 衆庶二三百人集會於此 有如人音 隱其形
而發其音曰 此有人否 九干等云 吾徒在 又曰 吾所在爲何 對云龜旨也 又曰
皇天所以命我者 御是處 惟新家邦 爲君后 爲玆故降矣 你等須掘峯頂撮土
歌之云 龜何龜何 首其現也 若不現也 燔灼而喫也 以之蹈舞 則是迎大王 歡
喜踴躍之也 九干等如其言 咸忻而歌舞 未幾仰而觀之 唯紫繩自天垂而着地
尋繩之下 乃見紅幅裏金合子 開而視之 有黃金卵六圓如日 者 衆人悉皆驚喜
俱伸百拜 尋還裏著 抱持而歸我刀家 (중략) 其於月望日 卽位也 始現故諱首
露 或云首陵 (首陵是崩後諡也.) 國稱大駕洛 又稱伽耶國 卽六伽耶之一也
餘五人各歸爲五伽耶主 東以黃山江 西南以滄海 西北以地理山東 北以伽耶
山南 而爲國尾 (중략) 居登王 父首露王 母許王后 立安四年己卯三月口十三
日卽位 治三十九年 嘉平五年癸酉九月十七日崩 王妃泉府卿申輔女慕貞 生
太子麻品 開皇曆云 姓金氏 盖國世祖從金卵而生 故以金爲姓爾 (중략) 仇衡
王 金氏 正光二年卽位 治四十二年 保定二年壬午九月 新羅第二十四君眞興
王 興兵薄伐 王使親軍卒 彼衆我寡 不堪對戰也 仍遣同氣脫知爾叱今留在於
國 王子上孫卒支公等 降入新羅 王妃分叱水爾叱女桂花 生三子 一世宗角干
二茂刀角干 三茂得角干 開皇錄云 梁中大通四年壬子 降于新羅”.

가야라고 하였다. 후에 금관국으로 고쳤다. 그 자손이 서로 계승하여 9세손 구해에 이르렀다. [仇亥는] 혹은 仇次休라고도 하며, 유신의 증조이다. 신라사람들이 자칭 少昊金天氏의 후손이라고 하여 金으로 姓을 삼았고, 유신의 비문에도 '軒轅의 후예요 소호의 직계'라고 하였으니 南加耶의 시조 수로는 신라와 동일한 성씨이다.[46]

「駕洛國記」는 그 편찬연대로 보면 『三國史記』보다 약 70년 앞서는 사료이다. 따라서 우리나라 현존사료로서는 가장 오래된 편찬물로 볼 수 있다. 비록 「가락국기」가 기전체나 편년체의 史體로 편찬되지는 않았지만, 가야사를 연구하는 데 있어서는 중요한 문헌학적 기본사료라 할 수 있다.

그러나 위의 사료에서 제시하고 있는 가야의 개국연대에 대해서는 신빙할 수 없다. 그 이유는 첫째는 위의 사료 자체가 설화적 요소로 짜여 있다는 것이며, 둘째는 「가라국기」의 찬자도 의심하고 있다는 점,[47] 셋째는 비교적 신빙성 있는 자료인 사료Ⅲ-⑤에는 수로가 가야의 마지막 왕인 구형왕의 9대조, 김유신의 12대조라고 기록한 부분 때문이다. 30년을 한 세대로 잡는 일반적 추정에 의거해 보면 수로왕은 3세기

---

46) 『三國史記』 卷41, 列傳1, 金庾信傳(上), "金庾信 王京人也 十二世祖首露 不知何許人也 以後漢建武十八年壬寅登龜峰 望駕洛九村 遂至其地開國 號曰加耶 後改爲金官國 其子孫相承 至九世孫仇亥[亥 恐是充字之訛『見譯註』] 或云仇次休 於庾信爲曾祖 羅人自謂少昊金天氏之後 故姓金 庾信碑亦云 軒轅之裔 少昊之胤 則南加耶始祖首露與新羅同姓也".

47) 『三國遺事』 卷2, 駕洛國記, "議曰 案三國史 仇衡以梁中大通四年壬子 納土投羅 則計自首露初卽位東漢建武十八年壬寅 至仇衡末壬子 得四百九十年矣 若以此記考之 納土在元魏保定二年壬午 則更三十年 總五百二十年矣 今兩存之". [저자의 평 : 삼국사에 의하면 구형은 梁나라 중대통 4년 壬子(532)에 국토를 바치면서 신라에 투항하였는데, 수로왕이 처음 東漢(前漢) 건무 18년 임인(42)에 즉위한 때로부터 계산하여 구형의 말년까지 490년이 된다. 만약 이 기록으로서 고증한다면 땅을 바친 것은 元魏 保定 2년 임오년(562)이 된다. 즉 30년을 더하여 모두 520년 동안이다. 여기에서는 두 가지 다 기록해 둔다].

중·후엽의 인물로 볼 수 있을 것이다. 그런데 「가락국기」는 왜 수로의 탄생과 즉위를 後漢 건무 18년 임인(42년)으로 하였을까? 그것은 수로왕이 昔脫解와 경쟁을 벌였다는 설화 및 수로왕이 婆娑尼師今代에 音汁伐國과 悉直谷國 사이의 영토분쟁을 중재하였다는 기사를 충족시키기 위한 것으로 보인다. 즉 탈해의 즉위년이 신라왕력에 기원 57년으로 설정되어 있고, 파사의 재위연대가 신라왕력에 79년부터 112년까지로 되어 있는 결과, 수로왕이 그들과 같은 시기에 활동하였다는 설화로 인하여 그의 즉위연대가 이에 따라 상향조정된 것이라고 보는 견해가[48] 타당한 것으로 보인다. 신라 왕계와의 관련성이 작용한 것이다.

사료에 대한 이러한 시각을 바탕으로 남가라 지역연맹체의 내부구조에 대해 접근해 보고자 한다.

사료Ⅲ-④에 보이는 我刀干·汝刀干·彼刀干·五刀干·留水干·留天干·神天干·五天干·神鬼干 등의 9干과 이들이 추대하는 수로는 연맹체 소속의 長과 맹주국의 長으로 볼 수 있을 것이다. 문제는 9간의 성격이다. 즉 9간이 읍락의 長인지, 아니면 小國의 長인지를 살펴보아야 한다.

干＝부족장으로 보는 일반적 시각에 의거한다면, 9干이 '干'으로 묘사되어 있으므로 9간을 小國의 長으로 볼 수도 있을 것이다. 그러나 합천 매안리 가야비에[49] 보이는 40干支를 염두에 두었을 때 가야 사회에서 '干'이란 읍락 단위 소집단의 長에게도 '干'의 칭호는 사용되었던 것으로 보인다. 따라서 9간의 干이 읍락의 長일 가능성도 열어 두어야 할 것이다.

---

48) 金泰植, 앞의 책, 40~41쪽.

49) 陜川 梅岸里碑

　　판독문 : 辛亥年□月五日□□村四十干支. 해석 : 辛亥年□月　5日□□村의 40 干支가……하였다. 李文基, 「陜川 梅岸里碑」, 『譯註 韓國古代金石文』 제2권(신라1·가야편), 1992, 253~254쪽.

Ⅲ-⑥ : 어느 날 왕이 신하들에게 말했다. '구간들은 여러 벼슬아치들
의 어른인데, 그 지위와 명칭이 모두 소인이나 농부들의 칭호이니
이것은 벼슬 높은 사람의 명칭이 못된다. 만일 외국 사람들이 듣는
다면 반드시 웃음거리가 될 것이다.' 이리하여 我刀를 我躬이라하
고, 汝刀를 汝諧이라 하고(하략).50)

위의 기사는 수로왕이 9간의 칭호를 개칭하는 이유와 명칭에 대해
적고 있다. 여기서 주목되는 점은 9간들이 여러 벼슬아치들의 長(庶僚
之長)으로 묘사되고 있다는 점이다.

이는 9간의 하부에도 단위 집단이 존재하고 있다는 사실을 말해준
다. 따라서 9간은 한 개 단위 읍락의 長으로만 볼 수 없고, 몇 개의 읍
락을 거느린 小國의 主帥임을 보여준다. 그러나 9라는 숫자에 대해서
는 그렇게 의식할 필요는 없다고 생각하지만, 9간 모두가 小國의 主帥
였는지는 의심스럽다. 그 속에는 소국단계까지 발전하지 못한 읍락의
長도 포함되었을 가능성이 높다. 9간 중에는 아도간과 같이 주도적인
일을 하고 있는 干과 그렇지 못한 干들과 같은 일정의 구분이 보이기
때문이다. 이때의 수로왕은 小國의 首長이 아니라 지역연맹체의 長으
로 추대되고 있는 것이다.

이러한 9간의 성격을 바탕으로 남가라 지역연맹체의 구조를 추측해
볼 수 있을 것이다. 남가라 지역연맹체는 3세기 중엽 무렵 복수의 小
國이 모여 결성된 연맹체였으며, 그 연맹의 長인 수로는 평화적 추대
에 의해 결정된 것으로 보인다. 그리고 또 하나 주목해 볼 것은 9간에
의해 추대되었던 수로가 9간의 명칭을 바꾼다는 점이다. 그 명분은 위
에서 본 바와 같이 그 명칭이 鄙野하다는 점 때문이었지만 실상은 이
는 연맹 소속국에 대한 간섭의 강화라는 측면으로 해석해 볼 수도 있

---

50) 『三國遺事』 卷2, 駕洛國記, "一日上語臣下曰 九干等俱爲庶僚之長 其位與
名 皆是宵人野夫之號 頓非簪履職位之稱 儻化外傳聞 必有嗤笑之恥 遂改我
刀爲我躬 汝刀爲汝諧".

을 것이다. 지역연맹체 단계에서 소속력이 더욱 강화되게 되면 고대국가로 발전하게 되는데 남가라 지역연맹체의 경우, 고대국가로의 성장은 이루지 못한 것으로 생각한다. 그 원인은 5세기 전반대 남가라 지역연맹체를 둘러싼 국제상황에 있었던 것으로 보인다.

한편, 남가라 지역연맹체의 범위는 김해지역을 중심으로 동북으로는 양산 남쪽의 이른바 황산진를 포함한 양산지역, 부산 복천동, 화명동, 북으로는 남지 남쪽의 낙동강 경계, 서로는 경남 창원을 그 경계로 본다. 이러한 추정은 3세기 말~4세기대 南加羅의 상징적 표식토기인 外折口緣高杯의 분포 범위[51]를 바탕으로, 교역망과 주변세력들과의 세력 범위를 염두에 둔 범위이다(아래 <그림 2> 참조).

이는 시기에 따라 약간의 차이는 있으나 남가라 지역연맹체 세력 극성기(5세기 전엽 이전까지를 포함)의 최대 판도로 생각된다. 이 지역은 남가라 지역연맹체의 교역권역 중에서도 장악력이 강한 지역이었을 것이다.

지역연맹체의 존재양상 및 상호결합의 성격 등에 대해서는 보다 심도 있는 연구와 충분한 논의가 있어야 될 것이지만, 3세기 중엽 이전의 삼한 단계의 연맹체보다는 보다 강화된 연맹체였을 것이다. 그리고 지역연맹체 간의 차이는 간과할 수 없지만, 남가라 지역연맹체는 무력을 배경으로 하는 지배·복속관계의 성립이 진행되어 가고 있었을 것으로 보인다. 이는 3세기~4세기대가 되면 철제 무구류가 대량 출토되는 점에서도 추측 가능하다. 그리고 「가락국기」 속의 건국신화도 그러한 사정을 반영하는 것으로 생각한다.

---

51) 外折口緣高杯의 분포 범위에 대해서는 申敬澈, 앞의 논문, 24~26쪽과 홍보식, 「금관가야의 성립과 발전」, 『加耶文化遺蹟調査 및 整備計劃』, 경상북도·가야대학교 부설 가야문화연구소, 1998, 193~196쪽 참조.

<그림 2> 外折口緣高杯 분포도[52]

1. 대성동고분군	2 회현패총	3. 부원동패총	4. 두곡고분군
5. 퇴래리고분군	6. 우동리고분군	7. 양동리고분군	8. 능동리고분군
9. 칠산동고분군	10. 능동리고분군	11. 가달고분군	12. 용원유적
13. 웅천패총	14. 가음정동고분군	15. 외동패총	16. 다호리고분군
17. 도계동고분군	18. 예안리고분군	19. 화명동고분군	20. 복천동고분군
21. 고촌리고분군	22. 괴정동고분군		

---

52) 홍보식, 위의 논문, 197쪽의 것을 조수현이 다시 트래싱함.

3) 高句麗의 南征과 '任那加羅'

⑴ '任那加羅'의 위치

3세기 말~4세기 초 성립한 南加羅 지역연맹체는 신라의 힘을 빌리기는 했으나 浦上八國의 도전을 물리친 후 꾸준히 발전한 것으로 보인다. 이 시기 이 지역이 보여주는 문화적 선진성은 그러한 점을 반영하는 것이다. 이후 4세기대의 가야를 엿볼 수 있는 사료로서는 『일본서기』神功紀기사가 있지만, 이 기사는 그 기년에서부터 내용에 이르기까지 문제가 있기 때문에 보다 확실한 자료를 찾을 필요가 있다.

高句麗 廣開土王陵碑文[53])에는 400년에 고구려가 任那加羅 從拔城에까지 이르는 기사가 있어 당시를 전후한 가야사의 양상을 추구해 볼 수 있게 한다. 주지하다시피 廣開土王陵碑文은 고구려사 연구에 있어서 뿐만 아니라 한국 고대사 연구, 나아가 당시 동아시아사 연구에 있어서 1급의 사료이다. 특히, 倭에 관한 기록이 나옴으로 해서, 일찍부터 일본 연구자들의 주목을 받아 왔었다. 가야사의 연구에 있어서도 기록의 영세성 때문에 고전을 면치 못하고 있는 현실임을 감안할 때, 비문상의 가야관계 기록은 비록 단편적인 기사이긴 하나 가뭄에 단비 같은 존재임은 분명하다. 그러나 그동안의 가야사 연구에 있어서는 이 귀중한 자료를 충분히 활용하지 못했다고 할 수 있다. 오히려 그 해석상의 난점 때문에 혼란을 가중시킨 감도 없지 않다. 본서에서는 비문상에 보이는 가야관계기사를 검토함으로서 5세기대 남가라 지역연맹체에 대한 일단을 살펴보고자 한다. 우선적으로 검토의 대상이 되는

---

53) 비의 명칭에 대해서도 異見들이 있다. 광개토왕릉비(李基白 編, 『韓國史 市民講座』 제3집, 一潮閣. 1988 및 북한학계), 광개토왕비(일본학자의 대부분), 호태왕비(중국학자 대부분과 일부 일본학자), 광개토호태왕비(朴性鳳, 「廣開土好太王期 高句麗 南進의 性格」, 『韓國史研究』 27, 1979 ; (社團法人)高句麗研究會, 『廣開土好太王碑研究 100年』, 제2회 高句麗國際學術大會), 1996 등이 있다. 본서에서는 한국학계에서 주류를 이루고 있다고 보여지는 광개토왕릉비라 쓴다. 이하에서는 비(문)이라 약칭한다.

것은 비문 상에 보이는 任那加羅의 위치문제이다.

비문 10년 庚子年條[54])에 의하면, 고구려 광개토왕은 보기 5만을 보내, 신라에 침입한 왜를 물리치고 任那加羅의 從拔城까지 추격하는 내용이 나오고 있다. 그런데 기왕의 연구에서는 비문상의 任那加羅의 위치에 대해서 의견의 일치를 보지 못하고 있는 실정이다. 당시기의 가야사상을 구축하는 데에 있어 이는 아주 중요한 문제이므로 검토를 요한다고 하겠다.

任那는 비문에 初出되며, 그 외 우리측 기록에는 鳳林寺眞鏡大師寶月凌空塔碑文[55])과 『三國史記』 强首列傳[56])에 나오고 있다. 중국사료에는 『宋書』 倭國傳의 4例, 『南齊書』 왜국전(1), 『梁書』 왜전(1), 『南

---

54) "十年庚子, 敎遣步騎五萬, 往救新羅. 從男居城, 至新羅城, 倭滿其中. 官軍方至, 倭賊退.□來背急追至任那加羅從拔城, 城卽歸服. 安羅人戍兵□新羅城□城, 倭滿倭潰城□□盡更□來安羅人戍兵滿□□□□其□□□□□□□□言□□□□□□□□□□□□□□□□□□□□□□□□辭□□□□□□□□□□□□□□潰□以□□安羅人戍兵. 昔新羅寐錦未有身來□□□□□□□□開土境好太王□□□□寐錦□□僕勾□□□□朝貢"(釋文은 水谷悌二郎, 『好太王碑考』, 東京, 開明書院, 1977).

55) 鳳林寺眞鏡大師寶月凌空塔碑文(932), "大師諱審希 俗姓新金氏. 其先任那王族 草拔聖枝 每苦隣兵 投於我國. 遠祖興武大王 鼇山稟氣 鰈水騰精 握文符而出自相庭 携武略而高扶王室 □□終平二敵 永安兎郡之人 克奉三朝 遐撫辰韓之俗"(釋文은 金泰植·李益柱 編, 『加耶史史料集成』, 財團法人 駕洛國史蹟開發硏究院, 1992).

56) 『三國史記』卷46, 列傳6 强首傳, "强首中原京沙梁人也 父昔諦奈麻 其母夢見人有角 而妊身 乃生 頭後有高骨 昔諦以兒就當時所謂賢者 問曰 此兒頭骨如此何也 (중략) 父還謂其妻曰 爾子非常兒也 好養育之 當作將來之 國士也 及壯自知讀書 通曉義理 父欲觀其志 問曰 爾學佛乎 學儒乎 對曰 愚聞之 佛世外敎也 愚人間人 安用學佛爲 願學儒者之道 父曰 從爾所好 逐就師讀 孝經-曲禮-爾雅-文選 所聞雖淺近 而所得愈高遠 魁然爲一時之傑 逐入仕 歷官爲時聞人 强首嘗與釜谷冶家之女野合 情好頗篤 及年二十歲 父母媒邑中之女有容行者 將妻之 强首辭不可以再娶 父怒曰 爾有時名 國人無不知 而以微者爲偶 不亦可恥乎 (중략) 問其姓名 對曰 臣本任那加良人 名字頭 [字 趙炳舜本作牛] 王曰 見卿頭骨 可稱强首先生".

史』왜국전(5),『通典』신라전(1)에 나온다. 일본사료에는 임나의 借字
인 彌摩那, 御間名 등을 합하여『日本書紀』에 216例,『新撰姓氏錄』에
12例가 나오고 있다.57)

‘任那’의 위치에 대해서는 대개 이를 넓은 의미의 것과 좁은 의미의
것으로 나누어 보고 있는데, 넓은 의미의 임나 위치에 대해서는 낙동
강 右岸을 중심으로 한 가야제국으로 보고 있다. 이에 대해서는 넓은
의미로 볼 수 있을 것인가의 문제만 있을 뿐 다른 이견이 있는 것은
아니다.『日本書紀』의 용례로 보아 임나를 넓은 의미로 본 경우도 분
명 존재한다. 그러나 그 용례가 처음부터 생겨난 것은 아니고, 좁은 의
미의 임나(즉 한 특정지역)에서 출발하여 전 가야지역을 의미하는 말
로 용례가 전용되었다고 생각한다.

좁은 의미의 위치에 대해서는 이를 김해로 보는 경우와 고령으로 보
는 경우로 나누어지고 있다. 김해로 보는 설의 유력한 근거사료는 봉
림사진경대사보월릉공탑비문의 주인공인 審希가 新金氏로서 그 선조
가 임나왕족이고 遠祖가 興武大王(金庾信의 追封名)이라는 기록과,
『日本書紀』崇神紀 65년 7월조의 “임나는 축자국으로부터 바다를 격
해 북으로 이천여 리 떨어져 있고, 계림(신라)의 서남쪽에 있다.”58)라
는 기사이다. 이 두 기사에 근거하는 한 좁은 의미의 임나는 김해로 보
아도 좋을 듯하다.

任那를 고령으로 보는 설의 근거는『삼국사기』대가야의 멸망연대
인 신라 진흥왕 23년(562)59)이『일본서기』의 임나 멸망연대인 欽明 23
년(562)60)과 일치한다는 점에 있다. 그러나 欽明紀 임나 멸망기사에서

---

57) 이상의 통계는 金泰植, 앞의 책, 23쪽 참조.
58)『日本書紀』卷5, 崇神 65년 7월조, “任那者 去筑紫國 二千餘里 北阻海 以在
　　鷄林之西南”.
59)『三國史記』卷4, 新羅本紀4, 眞興王 23年(562), “九月 加耶叛 王命異斯夫討
　　之 斯多含副之 斯多含領五千騎 先馳入栴檀門 立白旗 城中恐懼 不知所爲
　　異斯夫引兵臨之 一時盡降”.

의 임나는 그 세주의 기록에서도 나타나듯이 가야지역 전체를 임나라고 총칭하던 일본의 후대적 관념을 나타낸 것이다. 그것이 『삼국사기』 대가야 멸망연대와 일치한다고 해서 곧 임나는 고령이라고 판단한 것은 문헌자료 개개기사의 자구에 현혹되는 잘못을 드러낸 것이다.[61]

한편 임나를 한반도가 아닌 일본열도나 대마도에 비정하는 견해도 있지만, 비과학적 논거에 바탕하고 있기 때문에 언급을 회피한다.

최근 이영식은 비문의 任那加羅 위치를 고령으로 본 구설[62]을 보완하면서 그 근거를 다음과 같이 논하였다.[63]

① '광개토왕릉비문'의 임나가라는 신라의 적대세력이다. 그러나 『삼국사기』는 나해왕 14년(209)에 김해 서부의 포상팔국이 김해 가야국을 공격하자, 가야국은 신라에 구원을 요청하였으며, 나해왕17년(212)에는 신라의 구원에 감사하여 가야국의 왕자를 인질로 보냈음을 전한다. 이후에 가야국과 신라의 군사적 충돌이 보이지 않는 점과 포상팔국의 난을 4세기로 보는 견해를 참고로 한다면 4세기말 5세기 초에 가야국(김해)이 신라에 적대적이었을 가능성은 적다.

② 任那加羅는 고구려의 침입에 곧 바로 항복하였다. 그러나 이전까지의 김해는 가야제국 중에서 최유력국이었으며, 고령의 가야는 이제 막 성장을 시작하는 단계의 정치세력이었다. 임나가라가 김해였다면 그 대응이 너무 미미했던 것이 아닌가 한다.

③ 5세기 초의 동래와 김해의 고분군에서 고구려계의 문물이 등장하는 계기를 여기서 구하기도 하였으나, 고령(지산동)과 합천(옥전)의

---

60) 『日本書紀』 卷19, 欽明 23年(562) 春正月條, "新羅打滅任那官家[一本云 二十一年 任那滅焉 總言任那 別言加羅國 安羅國 斯二岐國 多羅國 卒麻國 古嵯國 子他國 散半下國 乞湌國 稔禮國 合十國".

61) 金泰植, 앞의 책, 326쪽.

62) 李永植, 『加耶諸國と任那日本府』, 吉川弘文館, 1993, 171쪽.

63) 李永植, 「大加耶의 國際關係」, 『가야사의 새로운 이해』, 한국고대사연구회 주최 慶北開道 100주년 기념 가야문화 학술대회 발표요지, 1996, 40쪽.

고분군에서도 동일한 변화가 확인되고 있다.

④ '광개토왕릉비문' 이외의 우리 사료에 보이는 임나의 용례는 창원 봉림사의 진경대사탑비('任那王族')와 『삼국사기』 강수전('任那加良') 이다. 진경대사(932년)는 興武大王(김유신)을 조상으로 하는 임나왕족 의 후손이었으며, 김유신은 금관국(김해) 구해왕의 증손자였으므로, 任那는 김해를 가리키지만 任那加羅는 아니다.

⑤ 강수(654년)는 任那加良 출신으로 충주사람이었다. 충주는 신라가 대가야인 우륵을 안치했던 곳이며, 우륵은 대가야의 嘉實王이 만든 가야금을 가지고 가야금 십이 곡을 지었다. 668년에 문무왕은 충주 근처에서 伽倻琴을 관람하였다. 따라서 충주는 대가야인들이 멸망 후에 이주했거나 신라에 의해 徙民된 곳으로 이곳 출신인 강수는 대가야의 후예임이 분명하며, 任那加良은 任那加羅이다.

⑥ 대가야의 嘉實王은 『신찬성씨록』에 任那國賀羅賀室王으로 표기되기도 하였다. 任那國賀羅는 任那加羅이다.

⑦ 백제는 554년에 加良과 함께 신라의 관산성을 공격하였는데, 김해는 이미 532년에 신라에 병합되었으며, 고령은 관산성(옥천) 공략의 요지이다. 여기의 加良은 고령의 대가야로 보는 것이 타당하다.

⑧ 『송서』・『남제서』의 왜국전에는 任那加羅가 임나와 가라의 2개 국명으로 보이지만, 이는 왜왕의 칭호에서 숫자를 늘리기 위한 의도가 강하게 작용하였던 결과로 생각된다.

조사한 바에 의하면 '임나가라=고령'론의 근거는 대부분 위의 것들에 포함되거나 포함되어 있지 않다고 해도 이미 극복된 것들이었다. 따라서 위의 논거들을 중심으로 검토해보고자 한다.

①에 대해서 : 포상팔국과 남가라와의 전쟁 때 신라는 남가라에 도움을 준다는 점과 212년에 가야국이 신라의 구원에 감사하여 인질을 보낸다는 점과 함께 이후 가야국과 신라는 군사적 충돌이 보이지 않는

94

다는 점을 들어 400년 당시에 신라와 남가라는 적대적이었을 가능성이 적다고 하였다. 그러나 3세기 초와 400년과의 시기 차의 폭은 크다. 또한 포상팔국 전쟁을 4세기 초로 보더라도 마찬가지이다. 70~80년이라는 시기의 동안에는 몇 번이고 愛憎이 바뀔 수 있다. 그리고『삼국사기』신라본기에서는 내해이사금 17년(212) 춘삼월에 가야가 왕자를 신라에 인질로 보내는 기사64)를 끝으로, 소지마립간 3년(481)65) 때까지 무려 269년 동안 가야 관계기사가 보이지 않는다는 점도 유의해야 한다. ②에 대해서 : 400년 무렵 남가라가 가야세력 중에서는 강국이었음은 인정되지만, 고구려군 步騎 5만과는 적수가 되지 못하였을 것이다. ③에 대하여 : 이는 복천동고분군 등지에서 4세기대 고구려 혹은 북방계 유물들이 출토됨으로써, 그렇게 주장하던 논자들 자신들에 의해 이미 철회된 주장이다.66) ④에 대하여 : 임나는 김해이지만 임나가라는 아니다고 하였는데 임나가라가 고령이라는 논거로는 부족하다. ⑤에 대하여 : 우륵이 대가야인의 후예라고 해서 강수가 대가야인의 후예일 것이라는 점은 가능성 정도이다. ⑥에 대하여 :『신찬성씨록』의 임나관념은 이미 협의의 임나관념에서 변용된 시기의 임나관이다. 즉 欽明紀 23년조의 임나관과 같다. 이 기사는 오히려 가실왕이 임나국 중의 하나인 가라국의 왕임을 보여주는 기사이다. ⑦에 대하여 : 554년의 가량은 확실히 고령 가라이다. 그런데 가량(＝가라)은 양국이 모두 사용했다. ⑧에 대하여 : 동감한다. 그러나 이와 임나가라의 위치비정과는 상관이 없다.

---

64)『三國史記』卷2, 新羅本紀2, 奈解尼師今 17年(212)條, “春三月 加耶送王子
爲質”.
65)『三國史記』卷3, 新羅本紀3, 照知麻立干 3年(481)條, “三月 高句麗與靺鞨入
北邊 取狐鳴等七城 又進軍於彌秩夫 我軍與百濟加耶援兵 分道禦之 賊敗退
追擊破之泥河西 斬首千餘級”.
66) 申敬澈,「伽耶의 武具와 馬具-甲冑와 鐙子를 중심으로-」,『國史館論叢』7,
1989.

이상 살펴본 바와 같이 상황증거뿐 핵심적인 논거는 없다. 이전까지 임나가라 고령설 논거의 핵심은 사실『일본서기』欽明紀 23년의 임나 멸망기사였다. 이가『삼국사기』의 고령 대가야 멸망기사와 동일시기임으로 해서 임나를 고령으로 보아왔던 것이다.67) 그러나 이는 이미 임나의 의미가 변용된 때의 것이다.68)

고령설의 논거 가운데 어느 정도의 타당성을 인정해 줄 수 있는 것은 ⑤이다. 고령설의 핵심논거인 셈이다. 그리고 비문상의 '임나가라'와 가장 흡사한 형태가 강수열전의 '임나가량'이라는 점에서도 이를 집중 분석해 볼 필요가 있다.

강수는 태종대왕(654~660년 재위) 앞에서 자신을 '본래는 임나가량인이며 이름은 우두(臣本任那加良人 名牛頭)'라고 소개하고 있다. 이때는 이미 가야 멸망 후의 일이므로 자신의 선조 가계가 임나가라라는 의미로 보아야 된다. 그런데 열전의 첫머리에 '강수는 중원경 사량인(中原京沙梁人也)'이라고 하고 있다. 여기서 중원경은 충주이다. 따라서 강수의 조상은 원래 임나가라인인데, 언젠가 충주에 안치(혹은 사민)되어 강수대에까지 이르고 있다고 볼 수 있을 것이다.

이영식은 신라가 대가야인 우륵을 충주에 안치했던 점에 주목하여 충주는 대가야인들이 멸망 후에 이주했거나 신라에 의해 徙民된 곳으로 보고, 이곳 출신인 강수는 대가야의 후예임이 분명하므로 임나가라는 고령지역의 가야라고 설명하고 있다.

그런데 우륵은 대가야가 멸망하기 전 신라에 투항하여 충주에 안치되지만,『삼국사기』진흥왕 19년(558)조의 기사를 보면, 그 해 2월에 귀족의 자제와 6부의 부호를 국원에 사민하는 기사가 있다.69) 이는 국

---

67) 이 설의 효시는 조선후기 실학자 韓鎭書인 것으로 보인다. 이에 대한 소개와 비판은 金泰植,「廣開土王陵碑文의 任那加羅와 '安羅人戍兵'」,『韓國古代史論叢』6, 1994, 66~67쪽 참조.

68) 李永植도 欽明紀 기사를 논거로 설정하지 않은 점으로 보아 이를 인정하는 것같다. 그런데도 ⑥을 논거로 든 점은 이해할 수 없다.

원에 사민된 사람들이 대가야계 내항자는 오히려 소수이고 수도 경주에 살고 있던 사람들이 대다수였음을 알 수 있다. 이는 이로부터 100여 년 후의 사람인 강수가 대가야계의 인물일 가능성보다 아닐 가능성이 더 높다는 점을 암시한다.

그리고 강수의 신분과 함께 여전히 굳게 지켜지고 있던 신라의 골품제를 상기해 볼 필요가 있다. 즉 신라의 골품제가 무너지기 시작하는 것은 하대에 들어 와서이고 강수가 활약했던 시대는 신라사회를 움직이는 기본원리로서의 골품체제가 비교적 굳건히 유지되고 있었던 것이다. 열전에 의하면 강수가 젊은 시절 비천한 여자와 야합한 것을 부모가 나무라는 것이라든지, 그의 아버지가 奈麻(17관등 중 11등급에 해당)였으며, 강수 자신 또한 沙飡(8등급)에 까지 이르는 것을 보면 구 가야계로서는 꾸준히 어느 정도의 신분을 유지하고 있었다고 보아야 할 것이다.

가야제국 중 신라에 복속되어 구신분에 따른 예우를 받는 경우는 남가라 밖에 확인되지 않는다.70) 특히 가라와 남가라의 멸망과정을 보면 (고령)가라계가 신라에서 나마 정도의 벼슬을 할 신분을 100여 년 동안이나 유지했으리라고는 상상하기 힘든다. 또한 국원으로의 사민 시기가 가라(대가야) 멸망 이전시기임을 보면 강수의 조상이 가라(대가야)계일 가능성은 더욱 낮다.

그리고 강수열전을 자세히 보면 강수는 그의 신체적 약점에도 불구하고, 대단한 야심가로서 출세 지향적인 인물임을 알 수 있다.71) 이를

---

69)『三國史記』卷4, 新羅本紀4, 眞興王 19年(558)條.

70)『三國史記』卷4, 新羅本紀4, 法興王 19年(532)條, "金官國主金仇亥 與妃及 三子 長曰奴宗 仲曰武德 季曰武力 以國帑寶物來降 王禮待之 授位上等 以 本國爲食邑 子武力仕至角干".

71)『三國史記』卷46, 列傳6 强首傳, "對曰 愚聞之佛世外敎也 愚人間人 安用 學佛爲 願學儒者之道". 김복순도 강수가 불교보다 유교를 택한 것을 그가 불교를 배척했다기 보다는 출세할 수 있는 것은 유교라고 생각했기 때문이라 고 설명하고 있다. 金福順,「大伽耶의 불교」,『加耶史硏究-대가야의 政治와

염두에 두고 당시 신라 조정의 정치적 상황을 살펴볼 필요가 있다. 무열왕과 문무왕대의 구 남가라계는 신라왕실과의 정치적·혈연적 결합을 바탕으로 그 정치적 입지가 최성기를 이루고 있을 때이다. 이러한 시기에 충주 사람 강수가 중앙정계에 진출하면서 왕에게 자기를 소개할 때, 구 남가라계의 후손임을 알리는 것이 본인의 장래 출세를 위해 이익되는 일이었을 것이다.

이상과 같은 점들을 종합해 볼 때, 강수 조상의 원래 출신지가 어디인지와는 상관없이 강수가 말한 임나가량(라)은 고령의 가라보다는 김해의 남가라로 봄이 타당하다고 생각한다.

다음은 임나가라를 하나의 국명으로 보지 않고 임나와 가라로 나누어 2국명으로 보는 문제이다. 임나가라를 이국명으로 본 최초의 이는 조선 후기 실학자 韓鎭書인 것 같다.72) 그러나 그가 든 근거는 『宋書』 속의 倭王 武의 상표문 기사73)여서 따르기 어렵다. 즉 『宋書』에서의 任那와 加羅의 분리 현상은 6國의 숫자에 맞추기 위한 것으로 봄이 타당할 것이다.74)

최근 김태식은 임나국의 기원을 창원의 彌烏邪馬國으로 보고 임나가라는 임나(창원)와 가라(김해)의 합칭이라고 하였다.75) 단 비문상의

文化-』, 慶尙北道, 1995, 296~297쪽.

72) 韓鎭書, 『海東繹史』 卷16, 世紀16, 諸小國 任那條(1823), "按任那或作任羅 今未詳其地界. 蓋弁韓之地 而新羅與國也. 日本記 以任那爲加羅之別稱 而 宋書 倭王武 自稱都督 新羅 任那 加羅諸軍事 則任那與加羅 當時二國 而卽 六加耶之一".

73) 『宋書』 卷97, 列傳57, 東夷傳 倭國條, "(前略)讚死弟珍立遣使貢獻自稱使持 節都督倭百濟新羅任那秦韓慕韓六國諸軍事安東大將軍倭國王(중략)二十八 年加使持節都督倭新羅任那加羅秦韓慕韓六國諸軍事安東將軍如故(중략)興 死弟武立自稱使持節都督倭百濟新羅任那加羅秦韓慕韓七國諸軍事安東大將 軍倭國王(중략)詔除武使持節都督倭新羅任那加羅秦韓慕韓六國諸軍事安東 大將軍倭王".

74) 혹은 '任那加羅'를 '任那'로 줄여서 표기한 것일 가능성도 있다고 본다. '任那 加羅'를 '任那'로 약칭한 이유는 2개국 동일국명 加羅에서 찾아야 할 것이다.

임나가라는 김해 가야국을 중심한 가야연맹 전체를 지칭한 것으로 보고 있다. 이는 창원의 임나국이 백제나 왜 사이의 매개 역할을 하고 내부적으로는 김해의 가야국이 주도권을 가지고 있었으므로, 임나가라 또는 임나가야의 명칭이 가야제국의 총칭으로 보편화되었기 때문이라고 하였다. 용례의 정리·분석 등과 같은 작업은 일정한 성과를 거두고 있으나 추론에 추론을 거듭한 부분이 많아, 선뜻 따르기 어렵다. 『일본서기』의 6세기대에 나오는 탁순=창원설의 보강 작업인 것 같기도 한데, 미오야마국=임나국의 추론은 그 과정에 있어 모순이 있다. 즉 창원이 임나국이기 때문에 음상사에 의해 미오야마국을 창원으로 비정하는 것 같아 이해하기 어렵다. 임나=미마나=미오야마의 음상사는 인정되지만 이를 탁순의 전신이란 점은 수긍하기 어렵다. 또한 탁순=창원 비정의 내부적 논거도 그러하지만,76) 임나국=창원설도 그 논거의 출발이 神功紀에 있다는 점이다. 이는『일본서기』武烈紀 이전의 기사는 그 신빙성을 인정할 수 없다는 자신의 기본 입장과도 모순된다. 神功紀 기사를 근거사료로 채택하려면 기사가 가지는 문제점 해결이 우선되어야 할 것이다.

본서는 비문 상에 '任那加羅從拔城'으로 나오기 때문에 임나와 가라를 분리해서 보기는 무리라고 생각한다.『宋書』등 중국 측 문헌에서의 분리현상은 중국 측의 기사에서 나온 것이 아니라 倭측의 부회기사인 점을 고려해야 한다.

따라서 본서는 봉림사진경대사보월릉공탑비문의 주인공인 審希가 新金氏로서 그 선조가 임나왕족이고 遠祖가 흥무대왕(金庾信의 追封名)이라는 기록 등으로 보아 비문상의 '任那加羅'는 김해 가라국으로 봄이 옳다고 생각한다. 강수열전도 이를 뒷받침해주는 기사이다.

---

75) 金泰植, 앞의 논문, 1994, 62~86쪽.
76) 白承玉,「'卓淳'의 位置와 性格-『日本書紀』관계기사 검토를 중심으로-」,『釜大史學』19, 1995, 87~91쪽 참조.

그런데 임나의 용례가 가장 많이 나오는『일본서기』속의 임나는 대부분 광의의 뜻으로 쓰였는데, 이는 남가라와 왜와의 전통적 관계에서 기인하는 것으로 생각한다.

가야남부와 倭(초기에는 북부구주)와의 인적·물적 교류는 일본의 彌生(야요이)문화 초창기 이전으로 소급된다. 기원전 1세기부터 기원후 5세기까지의 倭人사회에 있어서 철기시대의 개막과 초기의 발전은 전면적으로 가야에 의한 철생산에 의존했다고 생각된다.[77] 왜인에 의해 특히 친숙했던 곳이 김해[='弁辰拘邪國'='任那加羅'='南加羅']였다. 김해는 중국의 상인, 樂浪郡·帶方郡의 관리, 다른 韓族·濊族의 사람들이 수시로 왕래하고 동아시아에서 우수의 문화적·경제적 중심지였다.[78] 왜인은 철을 비롯해 선진적 문물, 威信財의 대부분을 김해의 시장에서 교역을 통하여 입수하였던 것이다. 3세기의 왜왕이 구주 북부에 파견했던, '市'를 총괄하고 감시했던 '大倭'='都市'[79]도 김해의 시장을 한 체계로 하여 설치했을 것으로 생각된다. 이러한 왜와 김해 지역과의 관계와 관념이 협의의 任那가 광의의 뜻으로도 쓰이게 된 것으로 본다. 이러한 任那觀은 이후 大和(야마토)정권에서도 그대로 인식되었을 것이다.

다음은 '임나'의 語義와 기원에 대하여 생각해 보자. 기존의 설로는 우선『일본서기』垂仁紀의 기사를 그대로 받아들인 일본 에도시대(1603~1867) 國學의 전통적인 견해로서, 任那=彌摩那=御間城說이 있다. 이는 임나라는 이름은 왜국에 가서 귀화하려 한 義富加羅國 왕자인 蘇那曷叱智 또는 都怒阿羅斯等이 崇神天皇의 이름인 '御間城

---

77) 山尾幸久,『日本古代王權形成史論』, 岩波書店, 1983. 이 책에서는 3~5세기의 왜인종족의 정치형태 변천을, 王統·王族에 선행된 王位·王權, 지역적 완결성을 가지는 祭祀·儀禮 공유관계, 해외로부터의 철의 도입·유통 구조의 결집, 이 세 가지을 열쇠로 하여 통일적인 파악을 시도하고 있다.

78) 菅谷文則, 「倭と大陸」,『古代の日本と東アジア』, 小學館, 1991.

79) 吉田孝, 「魏志倭人傳の『都市』」,『日本歷史』567, 1995, 63~66쪽.

(미마키)'을 따서 국명을 '彌摩那(미마나)'라고 고친 데서 유래하므로, '任那'는 '御間(ミマ)의 名(ナ)'을 나타낸 것이라는 기원설이다.[80]

둘째는 鮎貝房之進의 발표 이후 일본학계에서 널리 인정되고 있는 것으로서 任那=臨海=主浦설이 있다.[81]

첫 번째 설은 『일본서기』의 임나지배사관에 입각한 것이기 때문에 따르기 어렵다. 즉 7~8세기대의 일본 조정의 對任那觀에서 부회된 것으로 본다. 두 번째 鮎貝의 설 가운데 임해=김해는 자의적이며 그 후의 논증도 음상사에만 의존하고 있어 과학적이지 못하다.[82]

필자는 앞서 동일시기에 가라라는 국명을 사용한 나라가 고령과 김해에 각각 존재했음을 밝혔다. 그리고 구별의 필요가 있을 때에는 김해의 가라세력을 남가라라고 불렀다고 하였다. 여기에서는 광개토왕릉비문 상에 보이는 임나가라를 김해 가야세력으로 논증하였다. 그러면 임나가라는 곧 남가라가 된다. 南加羅에서 '南'이 구별의 필요성이 있을 때 붙인 것과 마찬가지로 任那加羅에서의 '任那'도 마찬가지였을 것으로 생각한다. 고구려가 가라라고 하지 않고 임나가라라고 한 것은 가라와는 다른 가라(즉 임나가라)을 지칭한 것이다. 그런데 '임나'는 원래 무엇을 의미하기에 남쪽을 의미하는 말로 쓰였는가?

'任'은 五行에서 남방을 의미한다.[83] 그리고 '나(那)'는 들판, 양(壤), 성(城), 지(地), 국(國)을 나타내는 말이다. 즉 임나란 남쪽, 혹은 남쪽 땅, 남쪽 나라란 의미이다. 임나가라는 남쪽의 가라, 즉 남가라를 의미하는 표현인 것이다. 그런데 이것이 광의의 뜻으로 쓰였을 경우는 가야 전체를 의미하는 말로 변용된 것으로 본다.

---

80) 『日本書紀』 卷6, 垂仁 2年(B.C. 28) 是歲條 및 그 세주의 첫 번째 '一云'기사 참조.

81) 鮎貝房之進, 「日本書紀朝鮮地名攷」, 『雜攷』 7 상권, 1937, 41~44쪽.

82) 이에 대한 비판은 金泰植, 앞의 논문, 1994, 80~81쪽 참조.

83) 諸橋轍次, 앞의 사전, '南', "[白虎通, 五行]八月之律 謂之南呂 何 南者 任也 言陽氣尙有任生薺麥也. [漢書 律歷志]南 任也 陽氣任養物 於時爲夏".

⑵ 남정의 배경과 경로

앞에서 비문상의 임나가라가 남가라임을 밝혔다. 이야기를 되돌려 고구려의 남정에 대해서 진행시켜보자. 고구려군은 신라성(경주)[84]을 거쳐 임나가라(김해)의 종발성까지 진격한다. 그러면 그 진격로는 어디였을까? 남정의 배경을 생각하면서 이 문제에 대해 접근해 보자.

비문에 의하면 고구려군은 광개토왕 6년(396) 이후 백제, 신라, 가라 지역에 대한 남정을 감행한다. 당시 고구려 남정의 중요한 목적이 안정된 농업생산지의 획득과 함께 백제에 대한 舊怨의 復讐,[85] 그리고 한반도 남부 전역에 대한 지배체제의 구축이라는 원대한 통일구상[86]에 있었음은 충분히 인정할 수 있다. 그런데 이러한 목적을 달성하는 데 있어 가장 큰 걸림돌은 백제였다. 따라서 당시 고구려의 主敵은 백제였다. 이러한 主敵觀은 광개토왕 즉위 이전의 약 반세기 동안의 백제에 대한 열세에 의해 생겨났을 것이다. 백제 강성 시기인 근초고왕과 근구수왕대의 대고구려 공격은 파상적이었으며, 평양성 전투에서 고국원왕을 전사시키기까지 한다. 평양성은 고구려 남방 진출의 거점이었다. 백제 또한 그 점을 간파하고 평양성을 공격함으로써 고구려의 남방 진출을 원천봉쇄하려고 했던 것이다.[87]

廣開土王代 고구려의 경우에도 그 진출지 및 주공격지는 이러한 점

---

84) 菅政友 이후 대다수 따르고 있다. 菅政友, 「高麗好太王碑銘考」, 『史學會雜誌』 24, 1891, 49쪽. 본서도 이에 따른다. 단, 씨는 『三國史記』와 『輿地勝覽』에 보이는 月城으로 비정하고 있는데 이는 알 수 없다. 한편, 고구려군의 경주까지의 남정 경로에 대해서는 본서의 검토 범위를 벗어나므로 논하지 않는다.

85) 朴性鳳, 「廣開土好太王期 高句麗 南進의 性格」, 『韓國史研究』 27, 1979.

86) 徐榮洙, 「廣開土大王陵碑文의 征服記事 再檢討(上)」, 『歷史學報』 96, 1982, 53쪽 ; 尹明喆, 「廣開土大王의 對外政策과 東亞地中海의 秩序再編」, 『軍史』 30, 1995, 27~49쪽.

87) 延敏洙, 「廣開土王碑文에 보이는 對外關係」, 『三韓의 社會와 文化』, 韓國古代史研究會 編, 신서원, 1995, 241쪽.

102

에 초점이 맞추어졌을 것이다. 이는 비문상의 내용을 보더라도 밝혀진다. 즉 왕 6년의 공격지는 경제·군사적 주요지인 한강유역이었다. 이곳은 당시 백제의 존립 근거지였다. 고구려측에서 보면 남방진출의 거점인 것이다. 10년(400)에는 신라성을 거쳐 임나가라까지 진출한다. 그리고 그 다음에는 '安羅人戍兵'[88]과도 관계한다. 이점은 이들 지점들이 고구려의 입장에서 매우 중시되어졌다는 점을 알 수 있게 해 준다. 신라성은 신라의 수도인 만큼 중시되었을 것이다. 임나가라 또한 당시 백제의 동맹국으로서 고구려의 주 공격대상이 되었던 존재였다. 그런데 비문에 의하면 당시 고구려군은 보병과 기병 5만이었다. 이 정도의 군대가 지나가는 지역은 당연히 변화가 있었을 것이다. 이 점에서 그 경로를 추구해 보는 일도 의미 있는 작업일 것이다.

고구려군이 신라의 수도 경주에서 '임나가라종발성'이 있는 김해로 나아감에 있어 倭軍을 뒤쫓아 간 점을 염두에 두면서 그 진군로를 상정해 보면 대략 다음과 같다. ① 경주→언양→양산→김해, ② 경주→모화→울산→웅상(서창)→부산(동래)→김해, ③ 경주→감포(대종천)→동해 바다→김해, ④ 경주→울산→동해 바다→김해, ⑤ 경주→포항·흥해→동해 바다→김해 루트를 상정해 볼 수 있다. 그런데 당시의 고구려군은 비문 상에 步騎 5만으로 나오기 때문에 해로는 가능성이 없어 보인다(③, ④, ⑤, 제외). ①, ② 모두 가능성은 있지만, 또는 일방이 아닌 전면적인 진격을 했을 가능성도 있다. 그러나 보급로가 확보되지 않으면 전쟁수행이 어려운 점을 생각하면 다면적 보급로 확보가 필요한 전면적 진격보다는 일방을 택했을 가능성이 높다고 본다. 그런데 비문의 '往救新羅 從男居城 至新羅城 倭滿其中 官軍方至 倭賊退' 내용으로 보아 倭軍은 고구려군이 경주에 도달한 이후에 퇴각함을 알 수

---

88) 安羅人戍兵에서의 안라를 국명으로 볼 경우 경상남도 함안 지역이 분명하지만 安을 동사로 볼 경우 사정은 달라진다. 그러나 동사로 보더라도 고구려군이 관계한 지역이 남해안 지역임은 분명하다고 본다. 백승옥, 앞의 논문, 186~187쪽.

있다. 이 점을 인정한다면 남정의 경로는 ②가 될 가능성이 높다. 왜냐하면 ①의 경로를 이용하려면 왜가 경주의 서남쪽으로 빠져나가야 할 것인데, 경주의 지리적 상황으로 보아 고구려군의 경주 초입로는 서쪽이었을 것이기 때문이다. 그리고 ②경로와 관련하여 고구려와 연관시킬 수 있는 유물·유적이 있어 주목된다.

傳 울산시 삼동면 鵲洞 출토의 '태화 13년명 석조불상'이다.[89] 작동마을은 울산에서 부산으로 가는 7번 국도에서 그다지 멀지 않는 곳에 위치한다. 최근 이를 전론 한 논고가 있어 많은 도움이 된다.[90] 상부가 결실된 불상으로서,[91] 재질은 치밀한 砂岩으로 一佛二菩薩의 獅子座에 博山香爐와 좌우대칭의 供養像列을 가지고 있는 북위 태화기의 전형적인 석불형식이라고 한다. 명문은 9자 15행으로 총 135자가 음각된 비교적 장문이다. 그리고 이 석불은 중국 雲岡石窟 제17굴의 明窓東側의 太和 13年龕과 그 명문의 내용이 일치하는 면이 많다고 한다. 명문은 "大代太和十三年歲在己巳九月□□朔十九日庚申(하략)"으로 되어 있다.[92] '大代'는 '大魏' 등으로 북위 때에는 연호 앞에 종종 배치하여 莊嚴을 나타냈다고 한다. '太和'는 魏代(227~232)부터 吳代(929~

---

89) 필자가 이 불상의 존재를 알게 된 것은 李道學, 「高句麗의 洛東江流域進出과 新羅·伽倻經營」, 『國學硏究』 2, 1988, 104~113쪽을 접하고 나서부터이다. 씨는 이 논고에서 고구려군이 400년 남정 이후 낙동강 하류지역 인근(구체적으로는 울주 및 동래의 인근 지역)에 장기간(400~6세기 중반) 상주한 것으로 보고 있다. 상주기간이나, 백제를 가야연맹의 종주국으로 보는 점(111쪽) 등 세부적으로는 필자와 의견을 달리하는 부분이 있으나 많은 시사를 받았다.

90) 李正曉, 「傳 蔚山 出土 太和十三年(489年) 石造佛像」, 『文物硏究』창간호, 1997. 아래에서 불상과 관련한 것은 모두 이 논문에 근거한 설명이므로 일일이 주하지 않는다.

91) 殘存總高는 39cm(이하 단위는 모두 cm), 下臺座高는 17.5, 상대좌고 : 13, 전면최하폭 : 45.5, 하대좌폭 : 30.5, 상대좌하(상)폭 : 17(13.5), 후면최하폭 : 43, 명문폭 : 45.5(18), 측면최하폭 : 22.

92) 전문은 李正曉, 앞의 논문, 128쪽 참조.

934)까지 7회, 신라 眞德女王 때(647~653)에도 사용하였던 연호이다. 그런데 13년 수가 될 수 있는 연대는 북위 효문제대의 태화 13년으로 유일하다. 이는 석불의 명문에 보이는 간지인 己巳와도 합치한다. 서 기로는 489년이다. 이는 신라의 불교공인이 법흥왕 15년(528) 임을 생 각하면 놀라지 않을 수 없다. 눌지왕대(417~457)에 묵호자에 의해 불 교가 들어왔다고는 하나 이는 신라 북쪽지방에 한정된 것일 것이다. 489년 북위에서 제작된 불상이 남부지방 깊숙한 곳에서 출토되었다 는93) 것은 불가사의까지 한 것이다. 또한 신라는 북위와 전혀 통교한 사실이 없다고 한다.94) 반면에 당시 고구려는 북위와 수십 차례 사신 을 보내는 등 빈번한 교섭을 하고 있었다.95)

이와 함께 불상 발견지점에서 남서쪽 2km 지점에는 고구려 초기 무 기단식 적석총과 유사한 형태의 적석총이 있다.96) 하단부는 사각형의 형태를 하고 있으며 전면 폭과 측면 폭이 약 25m 내외이고, 높이는 약 3m 정도이다.97) 적석총의 뒤쪽 약 30m 지점에는 적석총을 중심으로 높이 약 1.5m, 폭 약 1m의 반원형 돌담이 둘러져 있는데 적석총과 관 계되는 것으로 보인다. 입지도 산 능선의 하단부로서 무덤 축조지로서

---

93) 이 불상은 1960년부터 동아대학교 박물관에 소장되었다고 한다. 부산시 동대
신동의 朴允善씨로부터 구입한 것으로 되어 있다고 한다. 당시의 기록에 의
하면 출토지는 울주군 삼남면 작동리 산현마을(1995년 행정개편에 의해 현재
는 울산광역시 삼동면)이라고 한다.

94) 李道學, 앞의 논문, 108쪽.

95) 『三國史記』卷18, 高句麗本紀6, 長壽王 13년~79년조 참조. 장수왕 13년
(425)부터 79년(491)까지 무려 44회나 '遣使入魏朝貢'의 형태로 관계하고 있
으며, 그 후의 文咨王 때에도 계속 관계를 맺고 있다.

96) 이 유적이 적석총인지에 대해서는 확언할 수 없다. 다만 그 가능성이 높고,
현지 발간의 자료집에서도 적석총으로 명명하고 있으며, 지방문화재로 지정
되었는데 熊村面 銀峴里적석총으로 명기하고 있기 때문에 본서에서도 적석
총으로 명기한다.

97) 이러한 수치는 정확한 측량에 의한 것은 아니기 때문에 향후 정확한 조사가
요구된다.

는 적당한 곳으로 보인다. 적석총의 아래쪽에는 분지 형태의 평지가 펼쳐지며, 평지를 가로질러 정면 동남쪽 약 1km 지점에 마주보이는 낮은 산능선에는 청동기시대 환호유적으로 유명한 울산 검단리유적이 있다. 현지 주민들의 말로는 옛날 왕무덤으로만 전해질 뿐, 적석총에 관한 새로운 정보를 얻을 수 없었다. 이곳에서 불상 출토지인 작동부락을 거쳐 울산광역시 屈火里로 통하는 교통로는 옛부터 이용되었다고 한다.

이러한 유물과 유적의 잔존은 마치 수수께끼 같은 것이긴 하지만, 400년 고구려군의 남정과 관련시켜 볼 수 있다고 생각한다. 이도학은 이를 400년 고구려군 남정 이후 이(울주·동래) 근처에 고구려군이 상주한 결과로 본 바 있다.[98] 인정할 수 있는 견해라고 생각한다. 더구나 중원 고구려비의 于伐城[99]을 于火縣[100]으로 본다면[101] 고구려가 군대를 울산에 보낸 구체적 예가 되는 것이다. 울산은 于尸山國으로도 비정되는데,[102] 우벌·우화와 모두 음상사하다. 소국인 우시산국과 新羅代 우화현의 중심지는 울산 중에서도 앞의 적석총과 불상이 출토된 지역인 현 웅촌읍 일대이다.

고구려가 그들의 점령지 혹은 상대국 군사적 거점에 군대를 주둔시킨 사실은 충분히 보여진다. 『三國史記』 朴堤上傳[103]을 위시한 中原

---

98) 李道學, 앞의 논문, 109~110쪽.

99) 『中原 高句麗碑』 좌면 6행 20자~7행 2자, "共軍至于伐城." 석문은 木村誠, 「中原高句麗碑立碑年次の再檢討」, 『朝鮮社會の史的展開と東アジア』, 山川出版社, 1997, 69쪽.

100) 『三國史記』 卷34, 雜志3, 地理1, 良州 東安郡條, "虞風縣 本于火縣 景德王改名 今合屬蔚州".

101) 木村誠, 앞의 논문, 70쪽.

102) 宣石悅, 「『三國史記』 신라본기 초기기록 문제와 신라국가의 성립」, 부산대학교 박사학위논문, 1996, 104쪽.

103) 『三國史記』 卷45, 列傳5, 朴堤上傳, "遂徑入倭國 若判來者 倭王疑之 百濟人前入倭 讒言新羅與高句麗謀侵王國 倭遂遣兵邏戍新羅境外 會高句麗來侵 幷擒殺倭邏人 倭王乃以百濟人言爲實".

高句麗碑[104]에서의 '新羅土內幢主', 『日本書紀』 雄略紀 속에서의 구체적 사실[105] 등은 고구려군이 신라영토 내에 주둔했음을 보여주는 것이다.

본서에서는 울산 웅촌지역에 고구려군이 주둔했을 가능성을 인정함과 함께 이 지역이 고구려 남정의 경로였다는 점을 확인하고 논의를 그친다.

② 경주→모화→울산→웅상(서창)→부산(동래)→김해의 코스에는 앞서 언급한 검단리 유적 외에도 울산 덕계 환호유적(삼한시대),[106] 울산 하대유적, 부산 노포동유적, 부산 복천동유적 등이 있다. 이는 5세기를 전후해서 뿐만 아니라 그 이전부터 이 통로의 주변에는 많은 인간집단이 존재했음을 말해 준다. 아울러 교통로도 발달했었음을 쉽게 짐작할 수 있다. 따라서 고구려군이 울산에서 부산을 거쳐 김해로 가는 코스로 이용했을 것으로 추정한다. 이러한 추정은 광개토왕릉비문상의 임나가라가 남가라임을 더욱 명백히 해 주기도 한다.

3. 浦上八國 地域聯盟體

1) 관계기사의 분석

3세기 중엽 이후 가야 남부지역에 형성된 또 하나의 지역연맹체로는 浦上八國 지역연맹체를 들 수 있다.

관련기사는 『삼국사기』신라본기 내해이사금 14년 추 7월조와, 물계

---

104) 邊太燮, 「中原高句麗碑의 內容과 年代에 대한 檢討」, 『史學志』 13, 1979.

105) 『日本書紀』 卷14, 雄略 8年(464) 春2月條, "八年春二月 遣身狹村主靑 檜隈民使博德使於吳國 自天皇卽位 至于是歲 新羅國背誕 苞苴不入 於今八年 而大懼中國之心 脩好於高麗 由是高麗王遣精兵一百人 守新羅".

106) 1996년 동아대학교박물관 발굴조사. 조사 당시 현장답사에서 발굴 담당자로부터 삼한시대 유적이라는 가르침을 받았다.

자 열전,『삼국유사』물계자전에 나온다.

Ⅲ-⑦ : 포상팔국이 모의하여 加羅를 침략했다. 가라왕자가 와서 구
　　원을 요청하자, (신라)왕이 태자 于老와 이벌찬 利音에게 명하여
　　六部의 군사를 이끌고 가서 加羅를 구하게 했다. 포상팔국의 장군
　　을 쳐서 죽이고 사로 잡혔던 6,000인을 빼앗아 (가라국에)돌려주었
　　다.107)

Ⅲ-⑧ : 勿稽子는 奈解尼師今 때의 사람이다. (중략) 이때 8포상국이
　　같이 모의하여 阿羅國을 쳤다. 아라국의 사자가 (신라에)와서 도움
　　을 청했다. 尼師今이 왕손인 㮡音으로 하여금 인근의 郡 및 六部
　　의 군사를 이끌고 가서 구하게 했다. 팔국의 병사들을 패배시켰다.
　　(중략) 3년 뒤에 骨浦 柒浦 古史浦 삼국 군대가 와서 竭火城을 공
　　격했다. 왕이 군사를 이끌고 가서 구했다. 삼국의 군대를 크게 패
　　배시켰다.108)

Ⅲ-⑨ : 제10대 임금인 奈解王 즉위 17년인 壬申年에 保羅國 古自國
　　[지금(고려 때)의 固城] 史勿國[지금(고려 때)의 泗州] 등 팔국이
　　힘을 합하여 변경지역을 침범해 왔다. 왕이 태자 㮡音과 장군 一伐
　　등에게 명하여 군사를 이끌고 가서 막게 했다. 팔국이 모두 항복했
　　다. (중략) (왕 즉위) 10년인 乙未年에 骨浦國[지금(고려 때) 合浦
　　이다] 등의 삼국 王이 각각 군사를 이끌고 竭火를 공격해 왔다[갈
　　화는 아마도 屈弗일 것이다. 지금(고려 때)의 蔚州이다]. 왕이 친히
　　군대를 이끌고 가서 막았다. 삼국이 모두 패했다.109)

---

107)『三國史記』卷2, 新羅本紀2, 奈解尼師今 14年(209) 秋7月條, "浦上八國 謀
　　侵加羅 加羅王子來請救 王命太子于老 與伊伐湌利音 將六部兵 往救之 擊
　　殺八國將軍 奪所虜六千人 還之".
108)『三國史記』卷48, 列傳8, 勿稽子傳, "勿稽子 奈解尼師今時人也 (중략) 時八
　　浦上國同謀伐阿羅國 阿羅使來請救 尼師今使王孫㮡音率近郡及六部軍往救
　　遂敗八國兵 (중략) 後三年骨浦 柒浦 古史浦三國人來攻竭火城 王率兵出救
　　大敗三國之師".

이 사건이 일어난 시점에 대한 논의는 『三國史記』의 편년을 그대로 따라 3세기 초로 보는 설이 있으며,110) 기년을 그대로 믿을 수 없다는 입장에서 수정하여 4세기 전반으로 보는 설,111) 고구려 남정 전후로 본 견해,112) 김해 가야세력의 멸망 이후 대가야 멸망 이전의 6세기 중엽으로 보는 설,113) 대가야 멸망 이후 7세기 초 무렵으로 보는 설,114) 등이 있다.

사료상의 실제 연대를 그대로 따라 이 사건이 일어난 연대를 3세기 초로 보는 논자들의 경우, 이 사건을 계기로 3세기초에 김해의 가야세력은 약화되었든가,115) 신라의 영향력 아래 놓였다고 보았다.116)

그러나 이러한 논점들은 1990년 이후 부산 경성대학교 박물관에 의해 네 차례 실시된 김해 대성동고분군의 발굴 성과를 보면 성립될 수 없음을 알 수 있다. 대성동고분군의 유물상은 3세기 후반에서 5세기 전반 사이에 있어서, 김해의 남가라 지역연맹체가 신라 및 주변 세력에 비해 결코 뒤지지 않는, 오히려 능가하는 힘을 가진 정치 집단이었음을 알게 해 주는 것이다.117)

---

109) 『三國遺事』 卷5, 避隱8 勿稽子條, "第十奈解王卽位十七年壬辰 保羅國 古自國[今固城] 史勿國[今泗州] 等八國 併力來侵邊境 王命太子㮈音 將軍一伐 等 率兵拒之 八國皆降 (중략) 十年乙未 骨浦國[今合浦也]等三國王 各率兵 來攻竭火[疑屈弗也 今蔚州] 王親率禦之 三國皆敗".

110) 千寬宇, 『加耶史硏究』, 一潮閣, 1991, 16쪽 ; 李賢惠, 앞의 논문, 1988, 166쪽 ; 白承忠, 앞의 논문, 1989, 30쪽 ; 權珠賢, 앞의 논문, 1993, 23쪽.

111) 金泰植, 앞의 논문, 1994, 51쪽.

112) 허재혁, 「5세기대 남부가야의 세력재편-浦上八國 戰爭과 高句麗軍 南征을 중심으로-」, 부산대학교 석사학위논문, 1998, 27쪽.

113) 金廷鶴, 『任那と日本』, 小學館, 1977, 57~58쪽 ; 宣石悅,「三國史記 新羅本紀 加耶關係記事의 檢討-初期記錄의 紀年推定을 중심으로-」, 『釜山史學』 24, 1993, 36~38쪽.

114) 三品彰英, 『日本書紀朝鮮關係記事考證』 上, 吉川弘文館, 1962, 174쪽.

115) 千寬宇, 앞의 책, 18쪽.

116) 白承忠, 앞의 논문, 1989, 30쪽 ; 權珠賢, 앞의 논문, 1993, 24~25쪽.

117) 申敬澈, 「金海大成洞古墳群の發掘調査成果」, 『東アジアの古代文化』 68,

그리고 사건의 시기를 6·7세기로 보는 견해들도 김태식의 비판대로[118] 기존설이나 편년 전체에 대한 검토 없이 갑자기 제시한 가설적인 것이거나, 논거 속에서 자체 모순을 포함하고 있는 것들이 많아 따르기 어렵다.

여러 논자들 가운데 사건이 일어난 시기를 4세기 전반으로 보는 김태식은 포상팔국의 전쟁을 해상교역권과 관련하여 가야세력권내의 내분이 일어난 사건으로 파악한 기존의 연구를[119] 받아들여 낙랑군과 대방군이 소멸되는 시기에 주목한 것이다. 즉 두 郡의 소멸은 한반도 남부에 있어서 급격한 교역체계상의 변동을 초래했을 것으로 보아 이 사건이 그의 영향으로 일어난 것으로 이해하는 것이다. 그리고 500년경 지증왕의 즉위 시기부터 그 이전 代의 왕 및 친족의 출생관계를 逆算하여 내해왕의 즉위 시기를 대략 310년대 후반의 시기로 추정한 姜鍾薰의 연구성과를 참고했음을 밝히고 있다.[120]

비록 상황 논리에 근거한 것이지만, 김태식의 논리가 비교적 타당하다고 여겨진다. 그러나 그가 설정한 남부 지방에 있어 급격한 교역 체계의 변동이란 상황은 2군 소멸 이후인 4세기 전반보다 좀더 소급해서 적용해도 가능하다. 낙랑·대방 二郡의 소멸이 교역체계의 변화를 증폭시킨 원인을 제공한 것만은 분명하지만, 二郡의 소멸 이전에 이미 한반도 남부에서는 교역체계의 다양화가 진행되고 있었기 때문이다.[121]

그리고 사료Ⅲ-⑦에 나오는 于老는 비록 전설적인 인물이라 해

1991 ;「金海大成洞·東萊福泉洞古墳群 點描-金官加耶 이해의 一端-」,『釜大史學』19, 1995.

118) 金泰植, 앞의 논문, 46~51쪽.

119) 李賢惠, 앞의 논문, 1988, 166쪽.

120) 金泰植, 앞의 논문, 52쪽.

121) 최근 한반도 남부 지역의 김해 양동, 대성동, 울주 하대유적 등에서 출토된 비교적 이른 시기의 倭系, 혹은 중국 漢系 유물은 그 방증자료가 된다.

110

도,[122] 『삼국사기』 于老列傳을 통해 그가 활동했던 실제 시기를 추정
해 볼 수 있다. 열전에 의하면 于老와 訖解王은 부자관계로 되어 있
다.[123] 于老는 249년(혹은 253년)에 사망한 것으로 되어있고, 그의 아
들 訖解王은 356년에 죽고 있다. 그러니까 訖解王이 그의 遺腹子라
해도, 訖解王은 107세로 사망한 것이 된다. 그러나 于老列傳에 의하면
그는 유복자도 아니다. 그는 부친이 焚死당했을 때 비록 유약한 몸이
기는 했으나, 于柚(抽)村의 新羅軍 陣營에 있었던 것으로 되어 있
다.[124] 訖解王이 100여 세 이상 장수했을 가능성이 없는 것은 아니지
만, 于老의 활동시기가 『삼국사기』 기록 그대로 따를 수 없음을 전제
로 한다면 1주갑(60년) 정도 인하하여 보면 흘해왕의 나이 문제도 무
리 없이 해결된다. 이러한 추측이 근거를 가진다면 사료Ⅲ-⑦의 실연
대는 269년이 된다. 그러나 포상팔국 전쟁이 일어난 실연대를 269년으
로 볼 수 있으려면 흘해왕의 사망연대가 안정되어야 한다. 본서는 4세
기 중엽 「신라본기」의 기록을 그대로 따르지 않는 입장이다. 이를 포
상팔국 전쟁의 상한시기로만 보고자 한다.

　이상의 논증으로 본서는 포상팔국 전쟁이 일어난 시기를 3세기 후
엽에서 4세기 전반으로 설정한다.

　다음으로 정리의 필요성을 느끼는 것은 전쟁 대상국의 문제이다.

---

122) 李基東, 「于老傳說의 世界」, 『韓國古代國家의 國家와 社會』, 一潮閣, 1985.
123) 『三國史記』 卷45, 列傳5, 昔于老傳, "奈解尼師今之子(或云角干水老之子也)
　　助賁王二年七月 以伊湌爲大將軍 出討甘文國破之 以其地爲郡縣 四年七月
　　倭人來侵 于老逆戰於沙道 乘風縱火 焚賊戰艦 賊溺死且盡 (중략) 七年癸酉
　　倭國使臣葛那古在館 于老主之 與客戲言 早晚以汝王爲鹽奴 王妃爲爨婦 倭
　　王聞之怒 遣將軍于道朱君討我 大王出居于柚村 于老曰 今玆之患 由吾言之
　　不愼 我其當之 遂抵倭軍 謂曰 前日之言戲之耳 豈意興師至於此耶 倭人不
　　答 執之積柴置其上 燒殺之乃去 于老子幼弱不能步 人抱以騎而歸 後爲訖解
　　尼師今 味鄒王時 倭國大臣來聘 于老妻請於國王 私饗倭使臣 及其泥醉 使
　　壯士曳下庭焚之 以報前怨 倭人忿 來攻金城 不克引歸".
124) 李基東, 앞의 논문, 189쪽 참조.

　사료Ⅲ-⑦에서는 포상팔국이 모의하여 加羅國을 공격하는 것으로
되어 있지만 Ⅲ-⑧에서는 阿羅國을 공격하는 것으로 되어 있다. 포상
팔국이 공격한 대상국은 과연 어느 곳일까?

　이 문제에 대해서는 이미 茶山 丁若鏞이『疆域考』에서 '阿羅'를 '柯
羅'로 고쳐125) 列傳의 기사가 잘못되었다고 한 이후, 최근 다수126)가
加羅說을 지지하고 있다. 즉, 사료 Ⅲ-⑧의 阿羅를 加羅의 誤記로 보
고, 포상팔국이 加羅를 공격하는 것으로 보는 것이다(이를 阿羅 誤記
說이라 할 수 있을 것이다).

　阿羅 誤記說을 주장하는 권주현의 경우, 포상팔국 전쟁을 변한제소
국의 주도권을 장악하기 위한 두 세력권의 다툼으로 간주하고, 낙동강
서부지역의 중심세력으로 등장한 안야국이 포상팔국 지역연맹체를 주
도하여 금관가야 중심의 지역연맹체와 실력대결을 벌인 것으로 이해
하였다.127)

　그런데 만약 함안의 안라국이 포상팔국 속에 속했다고 한다면,『三
國志』韓條에 이미 '安邪國'이라는 이름으로 나오는 등, 안라국의 당시
위상으로 보아 포상팔국의 이름을 나열하는 중에 등재되었을 가능성
이 높다. 그러나 사료상에는 安邪國 또는 安羅의 이칭으로 볼만한 어
떠한 國도 보이지 않고 있다.

---

125) 丁若鏞,『疆域考』卷2, 弁辰別考, "勿稽子傳云 浦上八國同謀伐柯羅國 柯羅
　　遣使請救".
126) 千寬宇,「復元加耶史」(상),『文學과 知性』1977-여름호, 1977 ;『加耶史硏
　　究』, 一潮閣, 1991, 16쪽 ; 李賢惠,「4세기 加耶社會의 交易體系의 변천」,『韓
　　國古代史硏究』1, 1988, 165쪽 ; 李永植,「加耶諸國의 國家形成問題-'加耶聯
　　盟說'의 再檢討와 戰爭記事分析을 중심으로-」,『白山學報』32, 1985, 75쪽 ;
　　白承忠,「1~3세기 가야세력의 성격과 그 추이-수로집단의 등장과 浦上八國
　　의 亂을 중심으로- 」,『釜大史學』13, 1989, 30쪽 ; 權珠賢,「阿羅加耶의 成
　　立과 發展」,『啓明史學』4, 1993, 21쪽 ; 金泰植,「咸安 安羅國의 成長과 變
　　遷」,『韓國史硏究』86, 1994, 56~58쪽. 필자도 이를 따른 바 있다. 白承玉,
　　앞의 논문, 1997, 173쪽.
127) 權珠賢, 앞의 논문, 23쪽.

또한 『삼국사기』 찬자에 의해 의도적으로 수정되었을 가능성도 없어 보인다.[128]

그리고 동일 阿羅 誤記說論자인 김태식에 의해서도 이미 비판되었듯이, 『삼국사기』 초기 기록에 나오는 '加耶'는 본래 가야국을 가리킬 수도 있고 가야 계통의 다른 소국을 가리킬 수도 있다는 시각[129]은 따를 수 없다. 만약 이 시각이 옳다면 원사료에는 阿羅國으로 나오는 것을 『삼국사기』 찬자가 국명을 수정하면서 일부는 加羅 또는 加耶로 고치고 일부는 미처 고치지 못해서 위의 차이가 났다고 볼 수 있을 것인데, 그렇다면 오히려 사료Ⅲ-⑧의 열전에 보이는 阿羅國이 더 정확하다고 보아야 할 것이다. 그러나 『삼국사기』에는 위의 기사에 나오는 阿羅國 외에도 召文國·甘文國·押督國·多伐國 등 소국의 이름이 많이 나오고, 그 중에는 金官國·居柒山國·草八國·大加耶國·阿尸良國 등 가야계통 소국들의 이름도 분명히 나오므로, 『삼국사기』 찬자가 의도적으로 수정하였을 가능성은 거의 인정되지 않는다.[130] 역으로 『삼국사기』의 加耶 혹은 加羅는 모든 가야제국에 통칭되었다고 보아 본기의 加羅는 곧 阿羅國으로 볼 수 있다는 시각(이를 加羅 誤記論이라 할 수 있을 것이다)도 인정할 수 없다. 『삼국사기』에 가라, 혹은 가야로 표기된 국들은 김해의 가야세력 아니면 고령의 가야세력을 나타내기 때문이다.[131]

金泰植은 사료Ⅲ-⑧에서의 阿羅國이 加羅의 誤記임을 인정하면서, 浦上八國 중에 위치의 고증이 가능한 骨浦(現 창원·마산), 柒浦(現 칠원), 古史浦=古自國(現 固城), 史勿國(現 사천)의 토기 문화권과 함안 道項里·篁沙里 고분군에서 출토된 筒形高杯의 형식으로 보아 동일 토기 문화권인 점으로 보아 포상팔국이 동일 문화권의 함안의 안

---

128) 金泰植, 앞의 논문, 56쪽.
129) 李永植, 앞의 논문, 1985, 69~74쪽 ; 白承忠, 앞의 논문, 1989, 9쪽.
130) 金泰植, 앞의 논문, 56쪽.
131) 본서 76쪽의 <표 2> 참조.

라국을 쳤다기보다는, 다른 문화권에 속하면서 세력이 큰 김해의 加耶國을 쳤다고 보는 것이 합리적이라고 하였다. 즉 고고학적 증거를 통해서 보아도 포상팔국의 공격 대상은 阿羅國이 아니라 加羅였다는 추정이 보다 타당하다고 하였다.[132] 그리고 이 기사에 '阿羅國'의 국명이 나오는 것은 포상팔국의 난을 지휘한 세력이 함안의 안라국이었기 때문에 誤記되었을 가능성을 제기하고 있다.[133]

김태식의 견해대로라면 공격의 주도국이 공격을 받는 國으로 誤記되었다는 것이다. 불가능한 추정은 아니라 할지라도, 그 가능성을 인정하기 어렵다. 기준 유물에 따라 김해의 南加羅圈도 포상팔국의 문화권과 동일 문화권역으로 볼 수도 있을 것이다. 그리고 함안의 阿羅國 문화권역과 포상팔국 권역을 구분 지울 수 있는 문화적 차별성도 도출 가능할 것이다. 그리고 동일 문화권내에서의 전쟁이 없으란 법도 없다.

한편, 加羅 誤記論자들(공격받는 나라를 함안의 阿羅國으로 보는 논자들)[134]의 경우, 대부분 전쟁의 시기를 6세기 대 이후 남가라 멸망 이후의 사실로 보아 논지를 전개시키고 있기 때문에 본서와 관련하여 특별히 논급할 필요성은 없다.

전쟁의 시기를 3세기 말로 보는 남재우는 포상팔국전쟁기사를 포상팔국이 김해 가라국을 공격한 것이 아니라 농경지 확보를 위해 안라국을 공격한 것으로 해석하고 있다.[135] 전쟁의 시기 및 이유에 대해서는 동감한다. 그러나 사료Ⅲ-⑦ 에 대한 해명이 부족하다. 茶山 丁若鏞이 '柯羅'로 쓴 이유를 추구하여, 阿羅의 誤記라고 설명하고 있다.[136] 그

---

132) 金泰植, 앞의 논문, 57쪽.

133) 金泰植, 앞의 논문, 58쪽.

134) 宣石悅, 앞의 학위논문, 60쪽 ; 三品彰英, 앞의 책, 174쪽 ; 田中俊明,『大加耶 連盟の興亡と'任那'』, 吉川弘文館, 1992, 30쪽.

135) 南在祐,「安羅國의 成長과 對外關係 研究」, 성균관대학교 박사학위논문, 1998, 71~72쪽.

136) 南在祐, 앞의 학위논문, 73쪽.

러나 茶山이 그의 『疆域考』에서 加羅에 대한 표기로서 주로 쓴 迦羅 대신에, 포상팔국 전쟁기사에서는 柯羅를 쓴 것은 同기사에 대한 茶山이 가진 의문의 발로로 보아야 할 것이다.

그러면 앞의 사료Ⅲ-⑦, ⑧, ⑨를 서로 모순 없이 어떻게 해석할 수 있을까?

문제 해결의 관건은 비교적 간단하다. 사료를 자세히 보면, 사료Ⅲ-⑧과 ⑨는 동일 시기 동일사건에 대한 기술이지만, Ⅲ-⑦은 다른 시기 다른 사건에 대한 기술이다. 즉 사료Ⅲ-⑦은 포상팔국이 加羅國을 친 사건을 기록한 것이고, 사료Ⅲ-⑧은 포상팔국이 阿羅國을 친 사건이다. 전쟁 대상국이 각각 다른 것이다.

차이점을 표로 만들어 대조해 보자.

<표 4> 浦上八國戰爭 관계기사 비교 대조표

	전쟁 도발국	대상국	전쟁시기	구원사자	구원군	전쟁의 경과 및 결과	비 고
사료 Ⅲ-⑦	浦上八國	加羅	奈解尼師今 14年	加羅王子	太子 于老와 이벌찬 利音이 거느린 6部兵	포로로 잡힌 6천 인을 빼앗아 돌려줌	
사료 Ⅲ-⑧	八浦上國	阿羅國	奈解尼師今 代	阿羅國의 사신	王孫 㮏音이 이끄는 近郡 및 6部軍	八國兵을 무찌름	3년 후 골포, 칠포, 고사포 삼국이 갈화성을 공격하자 왕이 병사를 이끌고 나아가 대패시킴
사료 Ⅲ-⑨	保羅國, 古自國, 史勿國, 등 八國	邊境	奈解王 17年		太子 㮏音과 將軍 一伐 등이 兵을 이끔	八國이 모두 항복함	奈解王 20년, 골포국 등 삼국왕이 갈화을 공격하자 왕이 직접 출격하여 막음

전쟁 대상국을 加羅로 보는 설은 사료Ⅲ-⑦, ⑧이 기본적으로 동일

구조를 가졌다는 점에서 正史인 『삼국사기』에 중점을 둔 관점으로 여겨진다. 그런데 위의 사료들은 자세히 살펴보면 일정 정도의 차이를 가지고 있어 과연 동일사건에 대한 기술인가 하는 의심을 갖게 한다.

위의 사료Ⅲ-⑧과 ⑨는 동일계통의 원전은 아니라 할지라도 동일사건에 대한 것을 기술한 것으로 보인다. 이는 사건의 내용이나 所載된 곳이 모두 列傳이라는 점에서도 수긍할 수 있을 것이다.

그렇다면 사료Ⅲ-⑧의 전쟁시기는 奈解尼師今 17년으로 볼 수 있다. 반면 사료Ⅲ-⑦의 전쟁시기는 奈解尼師今 14년이다.

사료Ⅲ-⑦에서는 포상팔국과 전쟁을 벌이는 상대국은 加羅이며, 加羅王子가 신라에 청원을 요청하자, 신라왕이 태자 于老와 이벌찬 利音을 보내 加羅를 구원하는 것으로 되어 있다. 사료Ⅲ-⑧에서는 포상팔국이 阿羅를 공격하자 阿羅使가 신라에 구원을 청하자 신라왕이 왕손 㮈音으로 하여금 가서 구원케 하는 것으로 되어 있다. 몇 가지 차이점이 있다. 결정적으로 전쟁의 시기와 상대국이 다르다. 이러한 차이점을 부정하고 오히려 동일 사건으로 보았기 때문에 문제를 복잡하게 만든 것이다. 이제까지의 誤記論자들은 포상팔국과 加羅 혹은 阿羅와의 전쟁으로만 생각해 왔기 때문에 이러한 차이점을 보지 못한 것 같다.

한편, 포상팔국의 위치에 대해서는 대체로 창원 이서 곤양 이동으로 비정[137]할 수 있을 것이다.

이상의 논의를 정리하면 다음과 같다.

내해왕 14년(실연대는 3세기 중·후엽~4세기 전반 사이의 어느 시기)에 포상팔국이 김해의 南加羅를 공격하지만, 구원군으로 온 신라에 의해 패배하고 사로잡았던 가라인 6,000명마저 빼앗긴다. 그로부터 3년 후인 내해왕 17년, 포상팔국은 함안의 阿羅國을 공격한다. 이때에

---

137) 丁若鏞, 『彊域考』 卷2, 弁辰別考, "鏞案 既云浦上不云海中 則今巨濟 南海 不在計也 今浦上之地 東自昌原 西至昆陽 恰爲八邑 而咸安 固城本有加耶 之名 骨浦 漆浦已著新羅之史". 다만, 여기서 咸安도 본래 가야였기 때문에 포상팔국 속의 한나라로 추정한 것은 따르기 어렵다.

116

도 포상팔국은 신라 구원군에 의해 패하게 된다. 내해왕 20년[138]에는 (포상팔국 중의) 骨浦·柒浦·古史浦의 삼국이 竭火城(지금의 울산지역)을 공격하지만 신라왕이 몸소 이끄는 군대에 의해 대패하고 만다.

이상의 사실에서 포상팔국 동맹[139] 즉 지역연맹체는 동남해안을 누비며, 9년 동안 전쟁을 일으킨 것을 알 수 있다. 즉 3세기 중·후엽에서 4세기 전반대에 걸쳐 한반도 남부지방은 전쟁의 혼란기였다고 볼 수 있는 것이다. 그러면 이러한 전쟁은 왜 일어나게 되었을까?

2) 연맹 결성의 목적

그동안 이들 포상팔국의 전쟁기사에 대해서는 가야와 신라간의 교역체계의 변화라는 차원에서 다루어져 왔었다.[140] 이러한 시각은 사료 Ⅲ-⑦에 국한하는 한 타당하다고 여겨진다. 포상팔국과 南加羅는 모두 해상세력으로서 그 성장기반을 교역에 두고 있었다. 두 세력간의 충돌은 당연히 있을 수 있는 것이며, 사료Ⅲ-⑦은 그러한 사실을 뒷받침해 주는 사료인 것이다.

포상팔국 동맹결성의 목적은 전쟁의 발발 시기 및 전쟁의 원인 등과 아울러 생각해 보아야 한다. 한반도 남부지역에서 이러한 사건이 일어날 수 있었던 상황을 보다 다각적인 차원에서 천착해 볼 필요도 있다. 즉 이를 외부 환경의 변화에 의한 결과로 보는 시각도 필요하지만, 포상팔국의 성장과 그를 발판으로 한 새로운 욕구의 충족을 위한 전쟁이라는 시각도 필요한 것이다. 포상팔국은 그 이름에서도 알 수 있듯이 浦口나 해양을 그 존립 근거로 하는 國들이었다. 이러한 國들이 새로

---

138) 『三國遺事』 卷5, 避隱8 勿稽子條의 원문에는 '十年 乙未'로 되어있으나, 이는 '十'字 앞에 '二'字가 탈락된 것으로 보아야 한다. 그래야만 干支 '乙未'도 맞아진다.

139) 白承玉, 앞의 논문, 1997, 176쪽.

140) 李賢惠, 앞의 논문, 1988 ; 白承忠, 앞의 논문, 1989.

운 도약을 위해서는 그들 경쟁국과의 전쟁, 또는 새로운 활로의 모색은 필연적이었을 것이다. 이는 앞에서 논급한 3세기 중엽, 중국 郡縣(樂浪・帶方)과의 전쟁 이후 새롭게 전개되는 삼한사회의 역사적 진행과정과도 무관하지 않은 것이다.

그리고 또 하나 주목해야 할 바는 安羅國과 관련된 사료Ⅲ-⑧이다. 포상팔국이 阿羅國을 친 이유는 이들 공동의 이익을 위해서였을 것이다. 이들이 전쟁을 통해서 추구하고자 했던 것은 그들에게는 없지만 阿羅國은 가지고 있었던 것이었을 것이다.

이에 대한 남재우의 주장은 많은 시사를 준다. 씨는 포상팔국이 阿羅國을 공격한 것은 농경지의 확보와 내륙 지방으로의 진출 모색에 있다고 하였다.[141]

포상팔국은 1~2세기 동안 중국 군현과의 교역관계 등을 통해서 선진적인 문화를 받아들일 수 있었고, 그에 따라 일층 발전된 사회조직에 대한 욕구를 가지게 되었을 것이다. 그러나 포상팔국은 그들이 가지고 있는 입지조건상 지속적인 발전을 이룰 수 있는 객관적인 조건을 갖추고 있지는 못하였다. 해상에 있었기 때문에 교역에는 좋은 조건을 갖추고 있었지만, 대신에 海上으로부터의 왜세 침입에 대비할 수밖에 없는 불리한 조건도 동시에 가지고 있었다.[142] 이러한 조건을 보충하기 위한 노력으로서 그들 주변에 있으면서 호조건을 갖춘 阿羅國은 당연히 그들의 진출 대상지였을 것이다. 포상팔국은 이러한 목적을 달성하기 위해 결성되었던 것이다.

그러나 포상팔국이 의도한 목적은 新羅가 남가라와 안라를 도와줌으로써 번번이 좌절되었다. 이에 내해왕 20년에는 신라의 해외 교역항이자, 남해안으로의 진출기지인 竭火(지금의 울산)를 공격하게 되는 것이다. 그러나 결과는 포상팔국의 패배로 나타났다. 패배의 원인은 비

---

141) 南在祐, 앞의 학위논문, 85쪽.
142) 위와 같음.

118

록 古自國이 중심국[143]이긴 해도 강력한 주도국이 없었다는 점과 결속력의 미약 등을 들 수 있을 것이다. 포상팔국 지역연맹체의 패배는 역으로 戰勝國인 南加羅와 安羅國, 新羅의 약진을 가져오게 되었다.

이상과 같이 논의한 내용을 정리하면 다음과 같다.

245년 魏는 낙랑·대방 2군을 통해 韓 諸國에 대한 분할정책을 시도하지만, 한제국은 당시 주요국들(함안의 安邪國, 김해의 狗邪國 포함)을 중심으로 對二郡전쟁을 감행한다. 이는 당시 韓社會 성장의 한 모습이기도 했다. 대이군전쟁은 대방태수가 전사하는 등 이군측의 피해도 있었지만 韓의 滅로 나타난다. 그러나 滅이란 표현은 중국측으로 볼 때 韓地가 그들의 체제 안에서 벗어났다는 의미이며, 韓의 멸망을 의미하는 것은 아니다. 이는 오히려 韓사회의 성장을 의미하는 것으로 파악했다.

3세기 후반~4세기 전반대 가야 남부지역의 모습은 3개 군의 지역연맹체를 형성하고 있었다. 이들 중 비교적 두각을 보인 것은 김해의 남가라 지역연맹체였다. 그런데 이 김해 남가라 지역연맹체는 고령의 가야세력과 동일한 '加羅'라는 국명을 사용했다. 다만 구별할 필요가 있을 경우 '南加羅'로 별칭했다. 변한 사회체제의 와해 후 새로운 국명, 즉 가라의 탄생을 진정한 가야사의 시작으로 보았으며 그 시기는 3세기 중엽으로 파악했다. 남가라 지역연맹체 내부 구조에 대해서는 수로를 추대한 9간의 성격에 초점을 맞추어 小國이 연맹한 형태로 보았다. 성장기반에 대해서는 구체적 논급을 하지 못했지만, 기존의 연구성과대로[144] 교역에 바탕을 둔 것으로 여긴다. 가야전기 가장 강력한 지역연맹체였던 南加羅가 쇠퇴하기 시작한 시기는 5세기전반 무렵으로 생

---

143) 白承玉, 「固城 古自國의 형성과 변천」, 『韓國古代史硏究』 11, 韓國古代史硏究會編, 1997.
144) 李賢惠, 「4세기 加耶社會의 交易體系의 變遷」, 『韓國古代史硏究』 1, 1988 ; 白承忠, 「1~3세기 가야세력의 성격과 그 추이-수로집단의 성격과 浦上八國의 亂을 중심으로-」, 『釜大史學』 13, 1989.

각된다. 5세기 전반대가 되면 고구려의 세력을 등에 업고 급성장한 신라가 낙동강 하류역의 가야 지역을 蠶食하게 된다. 이때 김해 남가라를 중심으로 한 지역연맹체는 사실상 와해되고 만다. 이후 남가라 지역연맹체는 고대국가로의 성장은 이루지 못한 채, 6세기 전반까지 명맥을 유지하다가 신라에 병합됨으로써 역사의 장에서 사라지게 되는 것이다.

포상팔국 지역연맹체와 관련하여서는 먼저 관계기사를 검토하였다. 그 결과 포상팔국이 동맹하여 동남해안을 누비며, 전쟁을 일으킨 것으로 보았으며, 그 이유는 교역권에 대한 쟁탈, 농경지의 확보와 내륙 지방으로의 진출 모색에 있었던 것으로 보았다. 이렇게 볼 때 포상팔국 지역연맹체는 연맹체의 이익을 위한 목적 달성을 이루기 위해 결성되었다는 것을 알 수 있다. 이 점은 남가라 지역연맹체의 결성과정과 비교해 볼 때 약간의 차이를 인정할 수 있다. 남가라 지역연맹체가 이군과의 전쟁과정에서 형성되고 경제적 동일교역망의 구축과정에서 강화되었다면, 포상팔국지역연맹체는 소국 공동의 이익 추구를 위해 형성되었다가 목적달성을 못하자 해체되는 양상을 보이고 있는 것이다.

Ⅳ. 加耶 諸國의 發展

1. 加羅國

1) 國名과 역사지리적 환경

고령의 加羅國에 대해서는 다각적인 고찰을 담은 단행본[1]까지 나올 정도로 다른 지역에 비해 비교적 많은 연구 성과를 내고 있다.[2] 이는 다른 지역보다는 그나마 풍부하다고 할 수 있는 사료의 잔존과 지산동 고분군, 본관동고분군, 쾌빈동고분군 등의 발굴성과를 비롯한 고고학 적 연구성과 때문으로 생각한다.[3]

---

1) 盧重國 等에 의해 편찬된『加耶史硏究』(慶尙北道, 1995)는 加羅國에 대한 전문연구서이면서 개설서적 성격을 띠고 있다고 할 수 있다.

2) 金泰植,「5세기 후반 大加耶의 발전에 대한 硏究」,『韓國史論』12, 1985 ; 田中俊明,「于勒十二曲と大加耶連盟」,『東洋史硏究』48-4, 1990 ; 白承忠,『加耶의 地域聯盟史 硏究』, 부산대학교 박사학위논문, 1995 ; 李永植,「대가야의 영역과 국제관계」,『伽倻文化』10, (財)伽倻文化硏究院, 1997.

3) 金鍾徹,「大加耶墓制의 編年硏究-高靈 池山洞 古墳群을 中心으로-」,『韓國學論集』9, 1982 ;「北部地域 加耶文化의 考古學的 考察-高靈·星州·大邱 를 中心으로-」,『韓國古代史硏究』1, 한국고대사연구회, 1988 ; 禹枝南,「大伽倻古墳의 編年-土器를 中心으로-」,『三佛金元龍敎授停年退任紀念論叢』 Ⅰ(考古學篇), 1988 ; 定森秀夫,「韓國慶尙北道高靈地域出土陶質土器の檢 討」,『東アジアの考古と歷史』, 岡崎敬先生退官記念論集 (上), 同明舍, 1987 ;藤井和夫,「高靈池山洞古墳群の編年-伽耶地域出土陶質土器編年試案Ⅴ -」,『東北アジアの考古學[天池]』, 六興出版, 1990 ; 李漢祥,「大加耶系 耳飾 의 分類와 編年」,『古代硏究』4, 1995 ; 朴天秀,「대가야의 국가형성과 발전」,

고령지역에 있었던 옛 가야국의 국명은 대가야(국)로 두루 알려져 있다. 『三國史記』 지리지 고령군조[4]에는 '大加耶國'으로, 『三國遺事』 오가야조에는 '大伽耶'로 나오고 있는 데에서 근거한 것이다. 그러나 이는 가야시대 당시의 국명은 아니다. 앞서 살펴본 대로 당시의 고령 가야국명은 '加羅'였다. '大'를 冠稱한 것은 장엄을 표시한 것으로, 가라국이 후기가야제국 중에서 주도적인 국이었다는 점과 진흥왕이 멸망시킨 후 大加耶郡을 둔 점 등으로 보아 加羅國 당시에 붙여졌을 가능성이 높다. 그러나 김해의 남가라국도 실제 국명은 加羅였고, 가야 전기 지역연맹체를 주도하였기 때문에 '大'를 관칭하여 '大加羅'를 칭했을 가능성이 있다. 『三國遺事』 가락국기에 국호를 '大駕洛'이라 했다는 사실이 그를 뒷받침해 준다.[5] 따라서 고령지역에 있었던 가야세력을 대가라, 혹은 대가야로 지칭함은 문제가 있다. 加羅 혹은 加羅國으로 칭함이 타당하다.

그러면 이 加羅라는 국명은 언제부터 칭하게 되었을까? 『日本書紀』 神功紀 49년조 기사를 2주갑 인하하여 369년으로 본다면, 그 기사 속에 加羅가 등장함으로 4세기 중·후엽에는 加羅가 칭해졌을 것으로 볼 수 있다. 그러나 이 기사는 기년과 내용이 사료적 가치면에서 불안한 요소가 많기 때문에 신중할 필요는 있다.

한편, 고령지역에 존재했던 국명에 대한 논란은 加羅國보다는, 그 성립 이전의 小國에 대한 것이었다. 즉 문헌사학계에서는 일찍부터 고령지역에 小國이 존재했었다고 전제하고, 그 小國名에 대하여 두 가지

『석오 윤용진교수 정년퇴임기념논총』, 윤용진교수 정년논총간행위원회, 1996.
4) 『三國史記』 卷34, 雜志3, 康州 高靈郡條, "高靈郡 本大加耶國 自始祖伊珍阿 鼓王[一云內珍朱智] 至道設智王 凡十六世 五百二十年 眞興大王侵滅之 以 其地爲大加耶郡 景德王改名 今因之 領縣二 冶爐縣 本赤火縣 景德王改名 今因之 新復縣 本加尸兮縣 景德王改名 今未詳".
5) 『三國遺事』 卷2, 紀異2, 駕洛國記, "國稱大駕洛 又稱伽耶國 卽六伽耶之一 也".

설이 제기되어 있었다. 하나는『三國志』韓條에 나오는 변한 12국 중의 하나인 弁辰彌烏邪馬國으로 보는 설이며, 또 하나는 弁辰半路國으로 보는 설이다.

彌烏邪馬國으로 보는 설은 任那의 일본어 訓인 미마나(ミマナ)와 연계하여 추론한 것이다. 즉『日本書紀』欽明紀 23년조의 任那 멸망 기사에서의 任那는『三國史記』대가야 멸망기사와 비교해 볼 때, 임나는 고령의 대가라를 지칭함으로 임나의 일본어 訓인 미마나(ミマナ)와 音相似한 변진미오야마국을 고령에 있었던 소국명으로 비정한 것이다.[6] 이 견해에 대해서는 음상사만의 비정이라는 비판은 차치하고서라도 임나에 대한 협의의 지역은 고령지역이 아니라 김해 지역임이 명백한 만큼 이는 따를 수 없다.[7]

金泰植은『日本書紀』에 나오는 伴跛를 고령의 大加耶(羅)로 보는 今西龍의 說[8]을 보완하고, '半路'의 '路'는 '跛'의 誤記로 파악한 吉田東伍, 那珂通世, 李丙燾의 설[9]을 따라 고령 세력의 삼한시대 명칭을 변진반로국으로 보았다.[10]

최근 반로국설이 강세를 보이는 듯하나 이것도 문제가 없는 것이 아

---

6) 韓鎭書,『海東繹史續』卷3, 地理考3, 弁辰條, 1823 ; 李丙燾,「三韓問題의 新考察(六)」,『震檀學報』7, 1937, 128쪽 ; 千寬宇,「辰・弁韓諸國의 位置 試論」,『白山學報』20, 1976, 245쪽/『加耶史硏究』, 一潮閣, 1991, 83쪽.

7) 최근 金泰植은 임나지역을 현 창원지역으로 비정하고, 삼한 시기 창원지역의 소국명이 미오야마국이라 하고 있다.「廣開土王陵碑文의 任那加羅와 '安羅人戍兵'」,『韓國古代史論叢』6, 韓國古代社會硏究所, 1994, 84~86쪽.

8) 今西龍,「加羅疆域考」,『史林』4-3・4, 1919 ;『朝鮮古史の硏究』(復刊), 國書刊行會, 1970, 358~360쪽.

9) 吉田東伍,『日韓古史斷』, 富山房(復刊), 1977, 제2편 제3장 제2절 加耶條 ; 那珂通世,「三韓考(朝鮮古史考 第5章)」,『史學雜誌』6-6, 1895 ; 李丙燾,「三韓問題의 新考察(六)」,『震檀學報』7, 1937/「第5章 三韓의 諸小國問題」,『韓國古代史硏究』, 博英社, 1976, 274쪽. 단, 이들 3인은 모두 半路國을 星州의 옛 이름인 本彼와 연결시켜 半路國을 慶北 星州로 비정하였다.

10) 金泰植, 앞의 책, 97~103쪽.

124

니다.「繼體紀」기사 속의 伴跛는 加羅가 세력 팽창을 해 나가는 과정 중에 새로이 포함된 세력으로 볼 여지가 있다는 점이다.「繼體紀」7년 (513) 11월조의 '伴跛 旣殿奚'와「欽明紀」2년(541) 4월조, 5년 1월조 의 '加羅 上首位 古殿奚'가 동일인임은 인정되지만, 510년대는 독립성 을 가진 伴跛가 540년대에 加羅에 복속되었다면 伴跛人 旣殿奚는 加 羅의 上首位 古殿奚로 바뀌어 표기될 가능성은 충분하다.11) 더구나 6 세기초의 加羅는 토기 분포권 등과 같은 고고학적 양상으로 보아 멀리 河東까지 진출하는 등 왕성한 대외 팽창력을 가진 때이다.12) 그리고 '半路'의 '路'를 '伴跛'의 '跛'가 誤記된 것으로 파악한 점에 대해서는 인정한다고 하더라도 이것이 고령지역 小國名을 半路國으로 보는 사 실상 유일무이한 근거라는 점에서는 여전히 불안하다. 그리고 伴跛= 半路說에 의하면,『日本書紀』13)와『梁職貢圖』14)에서는 6세기 전반대 에 加羅라는 국명 대신 그 전 시대의 국명인 伴跛와 叛波를 사용한 셈 이 되는데, 그 이유에 대한 해명도 필요하다. 김해와 함안 지역의 예로 볼 때, 5~6세기대 그곳을 지칭하는 국명으로 狗邪國이나 安邪國으로 표현한 예가 보이지 않기 때문이다. 또한 伴跛와 加羅는 음상사적 측면 에서 관련성을 찾을 수 없다는 점도 약점으로 지적될 수 있을 것이다.

　이러한 점들을 고려해 볼 때『日本書紀』속에 등장하는 伴跛와『梁 職貢圖』속의 叛波를 고령지역의 加羅로 보고, 半路와의 음상사를 바 탕으로 삼한시대 고령지역에 존재했었던 소국명을 半路國으로 비정하

---

11) 白承忠,「安羅의 移那斯·麻都에 대한 檢討」,『지역과 역사』2, 부산경남역
　　사연구소, 1996, 123쪽.

12) 가라국의 대외팽창과 관련하여 반파의 위치 문제는 아래에서 보다 상세히 살
　　펴볼 것이다.

13)『日本書紀』卷17, 繼體 7년(513) 11월조, 8년 3월조 등의 '伴跛' 혹은 '伴跛
　　國'.

14)『梁職貢圖』, 百濟國使臣圖經, "普通二年(521)其王餘隆遣使奉表云 (중략)
　　旁小國有叛波·卓·多羅·前羅·斯羅·止迷·麻連·上己文·下枕羅等附
　　之".

<그림 3> 고령군 선사시대유적 분포도[15]

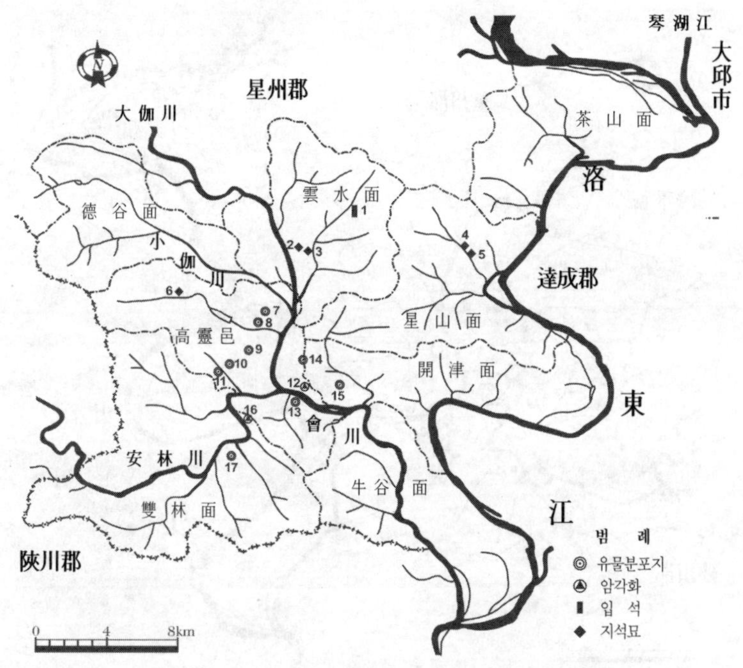

1. 新間里立石　　　　　　2. 鳳坪里支石墓①
3. 鳳坪里支石墓②　　　　4. 朴谷里支石墓群①
5. 朴谷里支石墓群 ②　　　6. 楮田里支石墓
7. 快賓里無文土器分布地①　8. 快賓里無文土器分布地②
9. 延詔里無文土器分布地　　10. 池山里無文土器分布地①
11. 池山里無文土器分布地②　12. 良田洞岩刻畵
13. 內谷里無文土器分布地　　14. 良田里先史遺蹟
15. 盤雲里先史遺蹟　　　　16. 安和里岩刻畵
17. 新谷里無文土器分布地

---

15) 金鍾徹, 앞의 논문, 165쪽에서 전재.

<그림 4> 고령군 삼국시대 유적 분포도[16]

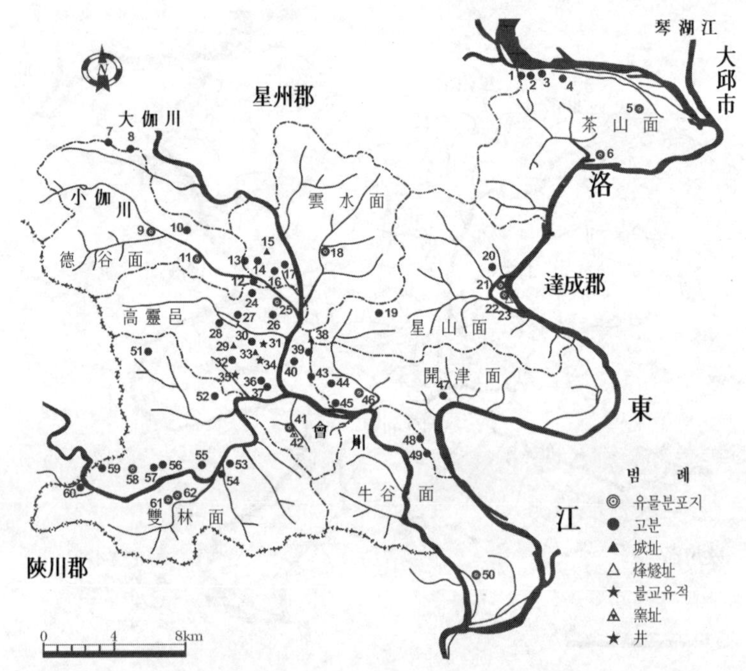

1. 蘆谷里古墳群①　　2. 蘆谷里古墳群②　　3. 蘆谷里古墳群③　　4. 蘆谷里古墳群④
5. 藿村里遺物分布地③　6. 月城里遺物分布地　7. 白里古墳群①　　8. 白里古墳群②
9. 本里里遺物分布地　　10. 禮里古墳群　　11. 盤城里遺物分布地②　12. 後岩里古墳群
13. 月山里古墳群①　　14. 月山里古墳群②　15. 雲羅山城　　16. 月山里古墳群③
17. 月山里古墳群④　　18. 法里遺物分布地　19. 箕山里古墳群　20. 朴谷里古墳群
21. 朴谷里遺物分布地　22. 江亭里遺物分布地　23. 烽火山烽燧址　24. 本館里古墳群
25. 本館里遺物分布地　26. 快賓里古墳群　　27. 中化里古墳群①　28. 中化里古墳群②
29. 主山城　　30. 延詔里古墳群　　31. 延詔里王井　　32. 池山洞古墳群
33. 延詔里推定伽倻宮城址　34. 池山洞幢竿支柱　35. 池山里伽倻時代井　36. 古衙里古墳群
37. 古衙洞壁畵古墳　38. 望山山城　　39. 場基里古墳群①　40. 場基里古墳群②
41. 內谷里土器分布地　42. 內谷里土器窯址　43. 良田里古墳群　44. 盤雲里瓦質土器遺蹟
45. 盤雲里古墳群　　46. 新安里土器分布地　47. 開浦里古墳群　48. 桃津里古墳群①
49. 桃津里古墳群②　50. 蓮里遺物分布地　51. 龍里古墳群　　52. 高谷里古墳群
53. 新谷里古墳群②　54. 新谷里古墳群①　55. 貴院里石槨墓群　56. 松林里石槨墓群①
57. 松林里石槨墓群②　58. 下車里土器分布地①　59. 下車里古墳群　60. 山州里古墳群
61. 合加里土器分布地②　62. 合加里土器分布地①

---

16) 金鍾徹, 앞의 논문, 182쪽에서 전재.

는 설은 문제가 있다고 할 수 있다.

加羅國은 후기 가야시기에는 가야제국을 주도하는 강력한 세력으로 등장하지만 삼한시대에는 변한 12국에도 들지 못한 이름 없는 미미한 소국이었을 가능성도 있기 때문에 무리하게 비정할 필요는 없다고 본다. 사실 이 문제는 小國 名稱에 대한 논의 이전에, 고령지역에 三韓 小國이 존재할 만한 여건을 갖추었는지에 대한 지리고고학적 환경부터 살펴보아야 할 것이다.

고령지역에서는 아직 신석기시대의 토기는 보이지 않고 있으며, 무문토기는 양전동이나 지산동, 쾌빈동 등에서 채집되었다.[17] 따라서 지금까지의 자료로 보아서는 늦어도 청동기 시대 이후부터는 고령지역에 사람이 살기 시작한 것으로 보인다. 양전동 암각화가 현존하고 있고, 또 그 부근에서 무문토기가 출토되었기 때문이다(<그림 3> 참조).

고령지역에 加羅가 등장하기 이전 小國의 모습을 보여주는 고고학적 정황은 불분명하다.

계명대학교 박물관에서는 지산동 고분군 이전 단계의 유구를 찾기 위하여 지산동고분군 인근의 낮은 구릉지대 사면을 집중적으로 조사하였으나 찾지 못하였다.[18] 반면, 삼한시대 木槨墓는 알터 암각화와 무문토기, 마제석기가 출토되고 지석묘도 많이 분포되어 있는 良田里와 開浦里 사이인 盤雲里 야산 사면에서 확인되었다.[19]

유적은 大伽川과 安林川이 합류하는 바로 아래 즉 會川이 시작되는 곳 東岸의 평지 가운데 섬처럼 솟아 있는 해발 127m 야산인 獨山(일명 臥龍山)의 완만한 능선상에 위치하는데, 대부조합우각형파수부장경호, 대부장경호, 爐形土器 등의 와질토기 및 硬質短頸壺와 鐵鎌 등 약간의 鐵器가 수집되었다.[20] 이 유적은 전기 및 후기와질토기가 출토

---

17) 金鍾徹, 「고령군 문화유적에 대한 고고학적 연구」, 『高靈地域의 歷史와 文化』, 高靈文化院·啓明大學校韓國學硏究院, 1997, 164~169쪽.

18) 洪鎭根, 「高靈盤雲里瓦質土器遺蹟」, 『嶺南考古學』 10, 1992.

19) 洪鎭根, 앞의 논문.

128

되는 木棺墓 혹은 木槨墓 유적으로서 구릉 정상부로부터 분묘가 조성되기 시작하여 점차 능선을 따라 내려오면서 시기를 달리하여 유구가 영조되고 있는데, 2~3세기 대가야지역의 분묘유적으로 보고 있다.[21]

고령지역에서 목곽묘 유적이 발견되기는 했지만, 현재까지의 유물 출토 상황만으로 보아서는 삼한시대 고령지역에 小國이 존재했었다고 확언할 수는 없다. 다만 지산동고분군 단계 이전의 중심지는 해당 시기 유적의 분포로 보아 오늘날의 開津面 盤雲里 일대일 가능성이 높다는 점만 지적한다.[22]

그리고 고령지역에서 유일하게 발굴된 목곽묘 자료로서는 쾌빈동고분군이 있다. 쾌빈동 목곽묘는 고령읍내에서 북쪽으로 2km 정도 떨어진 정방마을 뒷산에 위치한다. 이 유적은 산줄기가 뻗어내려 오다가 평지에 닿는 말단에 해당하는 곳으로 능선의 등줄기에는 중형수혈식석실분이 집중 분포하고 그 사면에는 소형석곽묘가 조영되어 있는 가운데 능선의 말단부 사면에 목곽묘가 위치하고 있는 유적이다. 그러나 아파트 건립 공사로 인해 유적의 많은 부분이 이미 파괴되어 목곽묘 3기를 비롯하여 석곽묘 10기만이 발굴 조사되었다.[23] 반운리고분군 이후의 단계로 추정되는 쾌빈동 고분군에서는 폭 280cm의 비교적 대형의 목곽묘가 확인되기도 하였는데, 이 시기 유적이 정식 발굴조사 된 적이 없었던 고령지역에서는 중요한 의미를 가지는 자료이다.

쾌빈동 12호 목곽묘에서는 지산동고분군에서 출토되지 않는 4세기 중반으로 편년되는 양이부호와 노형기대가 출토되었다. 또 1호 목곽묘에서는 고령양식의 발형기대, 장경호, 대호와 뚜껑 등 23점의 토기와

---

20) 金世基,「大伽耶 墓制의 變遷」,『加耶史研究-대가야의 政治와 文化-』, 慶尙北道, 1995, 310쪽.
21) 金世基, 앞의 논문, 310쪽.
22) 이는 지금까지의 자료로 보는 한, 지산동고분군 단계 이전의 고령 정치세력의 중심지는 현재의 연조동 근처가 아니라는 점을 시사한다.
23) 嶺南埋藏文化財研究院,『高靈快賓洞古墳群』, 1996.

유자이기, 철촉 등 30여 점의 철기류가 출토되었으며, 5세기 초로 편년하고 있다.[24]

이 유적은 그 위치로 보아 본관동고분군[25]과 같은 권내로 볼 수 있다. 주위에는 쾌빈동 무문토기 산포지가 있는 것으로 보아 이 지역에는 이미 청동기시대부터 특정 세력이 존재하였을 것이다. 이후 5~6세기대까지 꾸준히 성장 발전해갔을 것인데, 쾌빈동 목곽묘는 고령지역 정치체의 성장과정에 있었던 한 시기의 산물로 보아야 할 것이다. 다만 지산동고분군 축조세력과의 관계에 대해서는, 지산동 쪽의 자료 가운데 목곽묘단계의 것이 없기 때문에 설명이 곤란하다. 그리고 쾌빈동 목곽묘는 일부만 수습 조사한 것이고, 또한 시기도 4세기 중반 이후의 것이기 때문에 삼한시대 고령의 중심지를 논할 자료는 되지 못한다.

2) 성장의 계기와 기반

고령지역이 삼한 소국단계에서 가라로 발전하게 되는 시기는 4세기대로 판단된다. 『日本書紀』 神功 49년 기사에 加羅의 존재가 보이고 있다.[26] 神功紀에 보이는 일련의 가야관계기사는 加耶와 百濟, 倭가 모두 관련된 것이다. 특히 46~49년 기사는 4세기 초 고구려의 낙랑·대방고지 장악으로 인해 百濟와 倭의 서해안 통로를 방해받게 되자 내륙 통로를 개척하고자 하는 의지를 반영하는 것이다.[27]

---

24) 이상의 편년은 金世基, 「고령양식토기의 확산과 대가야문화권의 형성」, 『加耶文化遺蹟調査 및 整備計劃』, 경상북도·가야대학교 부설 가야문화연구소, 1998, 93~94쪽에 의거함.

25) 啓明大學校博物館, 『高靈本館洞古墳群』, 1995.

26) 『日本書紀』 卷9, 神功 攝政 49年 春3月條, "以荒田別·鹿我別爲將軍 則與久氐等 共勒兵而度之 至卓淳國 將襲新羅 時或曰 兵衆少之 不可破新羅 更復 奉上沙白·蓋盧 請增軍士 卽命木羅斤資·沙沙奴跪[是二人 不知其姓人也 但木羅斤資者 百濟將也] 領精兵 與沙白·蓋盧共遣之 俱集于卓淳 擊新羅而破之 因以平定比自炑·南加羅·㖨國·安羅·多羅·卓淳·加羅七國".

130

倭의 對한반도 교섭 목적은 전통적으로 철을 비롯한 선진문물의 도입이었다. 철은 주로 가야지역과 백제를[28] 통해서였고, 그 외 선진문물은 가야·백제를 비롯하여 중국 군현과 본토로부터였다. 그런데 고구려의 낙랑·대방고지의 장악으로 인해 중국과의 통교가 차단되어 선진문물의 구입처를 전통적 우호국인 가야와 백제로 한정할 수밖에 없었다. 그런데 백제와의 교섭에 있어서 400년 이상의 전통적 통로인 서해연안이 대방고지를 장악한 고구려에게 방해받게 되자 새로운 통로를 개척할 필요성이 제기되었던 것이다.

대방고지가 현 황해도 일대라고 할 때 한성 백제의 對外 海路는 고구려에 의해 심각한 방해를 받았을 것으로 생각된다. 서해안의 해류는 힘들이지 않고 전라도 지역 해안까지 남하할 수 있어 대방고지를 장악한 고구려는 백제 해안의 상당 부분을 장악할 수 있었을 것이다.

고령지역은 남해안에서 낙동강을 이용해 거슬러 올라 올 수 있는 지역이다. 그리고 고령을 기점으로 거창, 함양 등의 내륙지역과 통할 수 있으며, 더 나아가 소백산맥을 넘어 무주, 장수, 임실, 남원 등으로도 통할 수 있다. 그리고 북으로는 성주, 김천을 거쳐 추풍령 넘어 황간, 영동으로 나아갈 수 있는 지역이다. 동으로는 낙동강을 건너면 곧 바로 대구로 나아갈 수 있다. 고령지역의 이러한 지리적 이점이 곧 가야 후기의 가장 강력한 國으로 성장할 수 있었던 기반으로 작용하였던 것으로 보인다. 지리적 이점은 교역에 있어서의 이점뿐만 아니라 백제 등을 통한 선진 문물의 흡수에도 기여하였을 것이다.

---

27) 白承玉,「加耶 對外交涉의 展開過程과 그 擔當者들」,『加耶의 對外交涉』, 김해시, 1999, 89쪽 및 본서 4장 참조.

28)『日本書紀』卷9 神功 攝政52年 秋9月條, "久氏等從千熊長彦詣之 則獻七枝刀一口·七子鏡一面 及種種重寶 仍啓曰 臣國以西有水 源出自谷那鐵山 其邈七日行之不及 當飮是水 便取是山鐵 以永奉聖朝 乃謂孫枕流王曰 今我所通 海東貴國 是天所啓 是以 垂天恩 割海西而賜我 由是 國基永固 汝當善脩和好 聚斂土物 奉貢不絶 雖死何恨 自是後 每年相續朝貢焉".

가라국은 이러한 지리적 이점 외에도 외부로부터의 방어에 있어서도 천혜의 입지를 갖추고 있었다. 방어 능력의 우월성은 실질적·정신적 안정을 가져다 준다는 점에서 성장의 주요 기본요소로 생각할 수 있는 것이다. 가라국의 王都가 있었던 고령지역은 가야산에서 발원하는 대가천, 안림천, 회천 등이 만들어 낸 좁고 긴 퇴적평야가 어느 정도 형성되어 있지만, 기본적으로 소백산맥의 지맥인 가야산 줄기가 만들어 낸 산간 분지로 해발 2~3백 미터의 연봉이 좁고 긴 계곡을 이루고 있다. 이러한 지형 특성상 고령지역에는 타지역에 비해 산성들이 크게 발달한 것 같다. 계곡을 따라 열린 동서남북 통행의 교통로 연변에는 이 교통로를 감시 통제할 수 있는 주요 산봉에 가야 당시의 산성들이 축조되어 있어 적의 접근을 겹겹이 차단할 수 있도록 2중 3중의 방어망이 구축되어 있다.

가라국의 궁성지로 추정하는 고령읍 연조리 뒤의 배후산이 主山인데, 이 주산은 현 고령읍을 서쪽에서 남북으로 길게 감싸고 있는 鎭山으로서 그 정상에 주산성이라 불리는 산성이 있다. 사적 제61호로 지정되어 있는 주산성은 해발 310.3m의 정상부와 능선에 축조된 산성으로 내성과 외성으로 이루어져 있는데, 궁성지과의 위치로 보아 가라국 당시 가장 중시되었던 산성으로 보여진다. 고령의 산성들은 이 주산성을 중심으로 서쪽의 미숭산성, 서남쪽의 만대산성, 정남쪽의 소학산성이 주산성의 서·남 배후를 지키고 있고, 고령에서 북쪽으로 수륜을 거쳐 성주로 가는 길목에 본관리 산성, 운라산성, 예리산성, 노고산성 등이 요소 요소에 구축되어 북으로부터의 접근을 철저히 봉쇄하고 있다. 또 운수면을 거쳐 성주 용암으로 가는 동북로에 의봉산성이, 금산재를 거쳐 성산, 대구로 가는 동로에 금산성, 풍곡산성, 무계리산성 등이 요소 요소에 배치되어 있다. 낙동강에서 고령으로 접근할 수 있는 최단로인 개진면 개포리·도진리 일대를 방어하는 도진산성이 구축되어 있어 고령의 동서남북 4방향이 산성으로 철통같은 방어망이 구축되

<그림 5> 고령군 소재 산성 위치도[29]

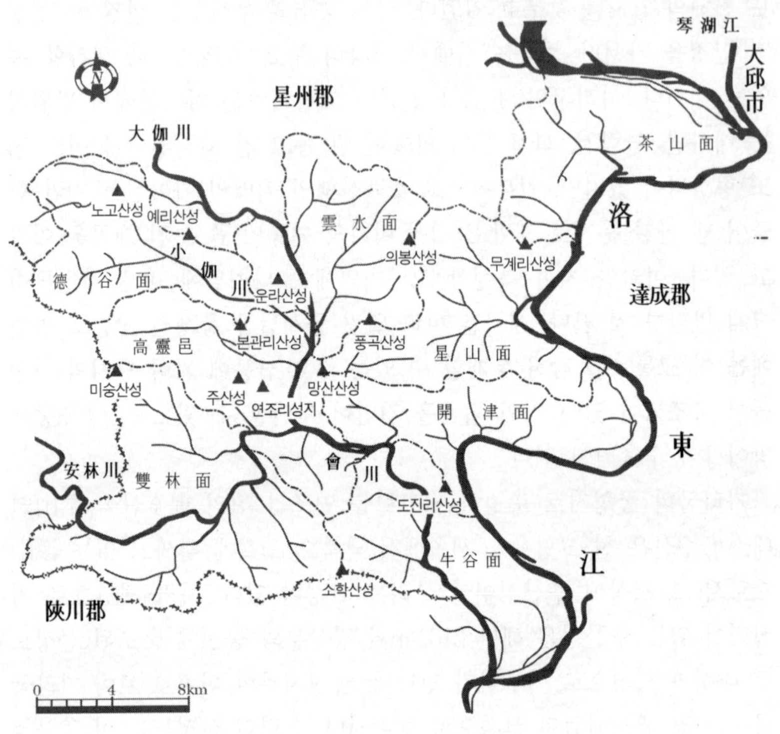

어 있는 셈이다. 이 가운데 국읍에 가장 가까운 것이 주산성이며 그 相
應城은 금산성으로, 이 둘이 각기 서와 동에서 서로 응하며 국읍을 방
어하는 최중요의 산성이라 하겠다.[30]

　이외 고령지역의 성장을 가능하게 한 경제적 요인으로 들 수 있는
것은 철산지의 장악과 안정된 농업생산력이다. 합천 冶爐지역에서 생
산되는 철이 가라국 성장의 주요 바탕을 이루었을 것이란 점은 일반적

---

29) 金鍾徹, 앞의 논문, 170쪽에서 전재.
30) 金鍾徹, 위의 논문, 169~174쪽.

으로 주장하는 바이다. 『世宗實錄』지리지에 의하면 冶爐지역(오늘날 합천군 야로면과 가야면)은 조선시대에도 양질의 철을 歲貢으로 바칠 만큼 철 생산이 풍부한 곳이었다.[31) 그리고 오늘날 합천군 야로면과 가야면 일대에는 대장말뚝·쇠내·쇠똥만디·쇠못 등 製鐵과 관련되는 지명이 많이 남아 있고, 또 가야면 飛鷄山 정상에는 철광이 많이 매장되어 있다.[32)

가야의 철은 이미 삼한시기부터 왜, 마한 및 중국 郡縣 등 주변 각지로 수출되었다.[33) 가라국이 장악하고 있었던 것으로 보이는 야로의 철은 4세기 후엽 倭와의 교역로가 열리자 당시 제철기술이 없었지만, 철의 수요는 급증했던 倭로 수출되었을 것이다. 이를 바탕으로 가라국은 획기적 발전을 구가할 수 있었던 것이다. 이러한 점들이 바로 가라국이 가야후기에 가장 강력한 國으로 대두할 수 있었던 요인이었다.

가라국의 중요 성장기반으로서 들 수 있는 또 하나는 안정된 농업기반이다. 고대의 농업 생산은 谷間을 이용한 농업 생산이 생산력을 높이는 데 유리하였을 것이다. 지역은 다르긴 하나 전남 무안 양장리의 水田 유적 등이 好例를 보여준다. 加羅國의 농업 입지조건은 매우 양호한 곳이다. 大伽川과 安林川으로 흘러드는 小溪谷의 물들은 안정된 농업용수로서 사용되었을 것이다.

이상과 같이 가라국이 가야 후기 강력한 國으로 성장할 수 있었던 기반은 야로지역의 철 산지의 확보 및, 유리한 교역로의 확보를 통한

---

31) 『世宗實錄』卷150, 地理志, 慶尙道 陜川郡條, "冶爐縣本赤火縣 景德王改今名 爲高靈郡領縣 顯宗九年戊午屬陜州任內 (중략) 土産銀口魚松茸沙鐵[産冶爐縣南心妙里有鐵場 歲貢正鐵九千五百斤]". 『新增東國輿地勝覽』, 陜川郡 土産條에도 "鐵[出冶爐縣深妙里]"라 기록하고 있다.

32) 盧重國, 앞의 논문, 1995, 164~165쪽.

33) 『三國志』魏書 東夷傳 韓條, "[변한의] 나라에서는 鐵이 생산되는데, 이웃의 마한과 濊·倭가 모두 와서 사 간다. 시장에서의 모든 매매는 철로 이루어져서 마치 중국에서 돈을 쓰는 것과 같았다. 또 [낙랑과 대방의] 두 郡에도 공급하였다."고 나오고 있어 이러한 사실을 명백히 해주고 있다.

134

철의 수출과 안정된 농업기반에 있었다고 볼 수 있다. 그리고 외부로
부터 그러한 것을 지킬 수 있었던 방어력의 확보에 있었다고 볼 수 있
다. 특히 후자의 경우 인위적인 것보다는 자연 환경적 혜택이 컸다고
할 수 있다. 이는 가야 개별국들이 가지는 한 특징이기도 하다.

3) 영역의 범위와 '部'·'縣'制

(1) 영역의 범위

加羅의 영역 범위를 구체적으로 알려 주는 기록이 없기 때문에 그
범위를 설정해 보기란 쉽지 않다. 기존의 연구 가운데『三國史記』樂
志에 보이는 가야금 관계기사를 바탕으로 大加耶連盟體의 범위를 설
정한 바 있으나,[34] 연맹체의 존재 유무도 문제이지만 연맹의 범위를
곧 加羅國의 영역으로 볼 수도 없기 때문에 그대로 취하기 어렵다. 문
헌자료의 현재상황이 그러하다면 주목할 수 있는 바는 물질자료이다.
즉 고령양식토기의 범위에 주목하는 방법이다. 문화적 양상을 곧 정치
적 상황으로 연결시켜 볼 수 있는가하는 근본적인 문제제기를 할 수
있지만 양자간의 관계를 전혀 무관하다고 볼 수는 없을 것이다. 그리
고 유물의 기종이나 출토상황 등을 충분히 고려한다면 적극적 고찰도
가능할 것이다.

고령양식 토기의 분포권과 그 정치적 의미에 대한 추구는 李熙濬의
논고가 주목된다.[35] 氏는 고령양식 토기가 5세기의 1/4분기에 성립한
후 점차 그 범위를 넓혀 간다고 하였다. 그리고 각 지역에서는 처음에
는 재지계 토기와 공존하다가 나중이 되면 고령양식 일색을 이루는 양
상을 보인다고 하였다.[36] 고령양식 토기가 일색을 이루는 경우, 기종

---

34) 田中俊明,『大加耶連盟の興亡と‘任那’』, 吉川弘文館, 1992, 156~159쪽.
35) 李熙濬,「토기로 본 大伽耶의 圈域과 그 변천」,『加耶史硏究-대가야의 政治
    와 文化-』, 경상북도, 1995.
36) 李熙濬, 위의 논문, 418쪽.

조합 면이나 형태 면에서 거의 고령과 동일하고 또 그러한 현상은 시간이 흘러도 마찬가지라는 점에서, 현지의 匠人집단이 고령지역의 토기제작법을 모방하여 생산하였다고 보기보다는 고령지역에서 공급받거나, 고령 세력이 각 지역의 생산체계를 장악하여 제작한 것으로 보았다.[37] 이러한 지역의 경우 경제적으로 예속된 상태에서 최소한 고령의 간접지배 하에 들어갔거나 직접지배(지역 수장층의 존재를 나타내는 지표라고 할 수 있는 중대형 고총고분이 소멸한 지역)하에 들어간 것으로 파악하였다. 그리고 진주의 수정봉·옥봉, 고성 율대리, 함안지역 고분군 등지와 같이 가라국 권역 밖의 지역이라고 추정되는 지역에서 재지계 토기와 함께 출토되는 고령양식 토기의 경우는 고령으로부터의 직접 반입보다는 지역 거점으로부터 공급되었을 것으로 추측하였다.[38]

氏의 정리에 따르면, 加羅가 5세기 중기에는 황강 유역 및 남강 상류역을 포괄하는 연맹체의 맹주국이 되고, 5세기 말에는 그 대부분 지역을 간접지배하는 영역국가화하였으며, 6세기 대에는 고령에 가까운 지역부터 직접지배하기 시작하여 점차 그 범위를 넓혀 나갔으며, 그와 더불어 대가야의 권역도 꾸준히 확대되어 신라의 낙동강 이서지역으로의 진출에 따른 가야 제국의 연합에 힘입어 가야 전역을 포괄하는 연맹체의 주도국이 되었다고 하였다.[39]

---

37) 李熙濬, 위의 논문, 418~419쪽.

38) 위와 같음.

39) 李熙濬, 위의 논문, 1995, 442~443쪽. 고령양식 토기 출토 분포도와 변천 개념도 참조(416~417쪽). 氏의 이러한 가설은 가라국의 영역확대와 변천과정을 설명하는 데 좋은 모델로 생각한다. 다만 '연맹체'와 '간접지배', '직접지배'에 대한 구체적 개념 규정이 없다는 점은 아쉽다. 신라사에서의 직접지배 방식이란 지방관 파견의 단계임을 염두에 둘 때, 加羅에서 지방관의 존재가 확인되지 않은 상태에서 직접지배란 용어의 채택은 신중해야 할 필요가 있다. 접근방식에 있어서, 혹은 목적 달성의 효율적인 측면에서 볼 때, 모델과 내용 추출에 대한 우선 여부의 문제는 있다. 하지만 구체적 내용의 확인이 어렵다

⑵ '部'·'縣'制의 존재와 성격

① '部'制

고대국가 형성에 있어서 지방제도의 정비는 중요한 한 요소이다. 加羅國이 영역의 팽창만 있었고 그 복속 지역에 대한 아무런 조치가 없었다고는 볼 수 없다.

加羅의 고대국가 형성 문제와 관련해, 경남 합천군 봉산면 저포리의 고분에서 출토된 단경호의 口緣部에 새겨진 "下部思利利"는 매우 주목된다.[40]

보고서에 의하면 토기는 4-1호분의 羨道 좌측에 있는 상단 호석 곁에 옆으로 눕힌 채로 매납되어 있었다고 한다.[41] 이러한 매납 위치로 보아 보고자는 祭祀的인 성격의 유물로 보았다. 6세기 중엽 加羅 멸망 (562년) 전의 대가야계 토기로 보았다.

본 명문에서 '下部'는 部名으로, '思利利'는 인명으로 본다면, '下部 소속의 思利利'로 해석할 수 있을 것이다. 문제는 思利利의 출신지이다. 이에 대해서 김태식은『日本書紀』등에 백제인으로 보이는 '下部某 某'라는 인명 표기가 많다는 점을 근거로 백제의 관료나 기술자로 보 았다.[42] 田中俊明[43]은 百濟 下部人으로 보았으며, 鈴木靖民[44]도 백 제와의 교류 등과 결부하여 백제인으로 보았다.

면 외부 이론을 빌려서라도 개념규정은 필요하다고 생각한다.

40) 蔡尙植,「4號墳 出土 土器의 銘文」,『陜川苧浦里E地區遺蹟』, 慶尙南道·釜 山大學校博物館 1987 ;「陜川 苧浦 4號墳 出土 土器의 銘文」,『伽耶』2, 伽 耶文化社, 1989.

41) 慶尙南道·釜山大學校博物館,『陜川苧浦里E地區遺蹟』, 1987.

42) 金泰植,「가야의 社會發展段階」,『한국 고대국가의 형성』, 한국고대사연구 회, 民音社, 1990, 101쪽.

43) 田中俊明,「大加耶連盟の興亡-加耶の政治的發展-」,『加耶史 研究의 成果 와 展望』, 고려대학교 한국학연구소, 1992, 28쪽.

44) 鈴木靖民,「六世紀の朝鮮三國と伽耶と倭」,『東アジアの古代文化』62, 1990, 7쪽.

　명문에 대한 최초 소개자인 蔡尙植은, 6세기 전후시기에 加羅國은 수도 자체를 행정 구획化할 수 있는 단계로까지 왕권이 크게 성장하지는 못했다고 하더라도 그들의 영향력이 행사될 수 있는 소규모의 집단들에 대해 백제의 영향을 받아 下部라는 部名을 사용토록 할 정도로 전 가야 지역 내에서 선진적이었거나 중심부의 역할을 수행하였다고 하면서, '思利利'의 출신지역도 加羅國의 중심부인 高靈이라기보다는 고분이 소재한 인접지역일 것으로 추측하였다.[45]

　白承忠은 당시 加羅國에 대한 백제의 영향력 행사는 충분히 예상되지만 가야 잠식 이후 기문·대사에서와 같이 백제의 지방관인 '군령·성주'의 파견 등 백제의 下部人이 가야지역에 상주할 만한 적극적인 계기가 찾아지지 않는다는 이유 등으로 가야인으로 보았다.[46]

　토기는 금공품 등에 비해 그 파손의 우려 때문에 상대적으로 이동가능성이 적다. 그리고 명문이 새겨진 토기는 祭儀用일 가능성이 높다는 점에 주목할 필요가 있다. 고대의 祭祀는 외래적인 것보다는 재지의 전통적 의식에 기반했을 가능성이 높다. 祭器인 토기 역시 그와 무관하지 않았을 것이다. 또한 토기는 형식상 조잡한 형태를 가지고 있다. 이 또한 재지계일 가능성을 높여 주는 것으로 볼 수 있다. 蔡尙植의 추정대로 下部는 고분이 소재한 인접지역으로 보고 思利利는 그 소속인으로 봄이 타당할 것이다.

　比斯伐이 있었던 현 창녕 지역에서도 '部'와 관련된 명문있는 大刀가 출토되었다. 1919년 日本人 谷井濟一이 주관하여 발굴한 校洞 古墳群의 11號墳에서 나온 이 칼은 오랜 기간 동안 정리되지 않은 상태로 있다가 1984년 晉州博物館의 전시유물 처리과정에서 칼등에 銘文이 있음을 확인하게 되었다.

---

45) 蔡尙植, 앞의 논문, 1989, 28쪽.
46) 白承忠, 「가야의 정치구조-'부체제' 논의와 관련하여-」, 『韓國古代史硏究』 17, 2000, 332~337쪽.

138

이에 대해 田中俊明은 「乙亥年□扞率□」의 7字로 해독한 바 있으며,[47] 金昌鎬는 '扞率'이 百濟의 官等名인 점을 들어 이 칼이 百濟에서 만들어진 것이거나, 百濟系 유물로 보았다.[48]

한편, X선 촬영을 근거로 한 보고서에서는 銘文을 「上部先人貴□乃(또는 刀)」로 판독하였다.[49] 반론[50]이 없는 것은 아니지만 일단 「上部先人貴□乃(또는 刀)」로 판독함이 옳을 것 같다. 보고자는 先人이 高句麗 官等名이라는 점에서 이 칼이 高句麗系 유물임을 示唆하였다.

昌寧 校洞 11號墳은 공반 유물상으로 보아 축조 연대가 6세기 초로 比定되는데, 圓頭大刀도 동시기의 것으로 볼 수 있을 것이다(傳世되었을 가능성은 고려하지 않음). 이 시기 창녕지역은 고령의 加羅國과 관련성을 보이고 있다. 토기도 6세기 전엽대 이전까지는 慶州系가 보이지 않으며 이입품 중에서는 高靈系가 보이고 있다(<그림 6> 참조). 이러한 점을 염두에 두고 6세기 전반대 加羅國의 팽창력을 고려한다면 大刀의 명문도 加羅國과 관련시켜 생각해 볼 수도 있을 것이다. 특히 5세기 3/4분기에서 6세기 2/4 분기에 걸치는 시기에 출토되는 加耶系環頭大刀가 가야 제국의 지배 상하관계에 의해 분배되었을 것임을 지적한 연구[51]는 음미해 볼 만하다고 여겨진다.

部制와 관련하여 方位部名의 경우 중앙으로부터 우측은 下部이며,

---

47) 田中俊明, 「象嵌銘刀劍」, 『アサヒグラフ』3368號, 1987, 168쪽. 그러나 田中氏는 그 후 '扞率'로 읽는 것을 철회했다(「朝鮮古代の王都を謗ねる」, 『NHK ラジオ안녕하십니까?』 2月號, 1990, 65쪽).

48) 金昌鎬, 「伽耶지역에서 발견된 金石文 자료」, 『鄕土史研究』1, 1989, 38~39쪽.

49) 韓永熙・李相洙, 「昌寧 校洞 11號墳 出土 有銘圓頭大刀」, 『考古學誌』2, 1990.

50) 金昌鎬는 곧 반론을 제기하면서 '上'字와 '部'字의 추독은 따를 수 없다고 하고 마지막 字를 '刀'로 읽어 七支刀의 '七支刀'・'此刀'의 例, 東京博物館 所藏의 '此刀'의 例 등을 들어 여전히 百濟系 칼로 보았다(金昌鎬, 「韓半島 出土의 有銘龍文環頭大刀」, 『伽倻通信』19・20, 1990, 17~18쪽).

51) 町田章, 「加耶의 環頭大刀와 王權」, 『加耶諸國의 王權』, 인제대 가야문화연구소 편, 신서원, 1997, 161쪽과 238쪽의 토론 내용 참조.

<그림 6> 高靈産 土器의 洛東江東岸 분포권52)

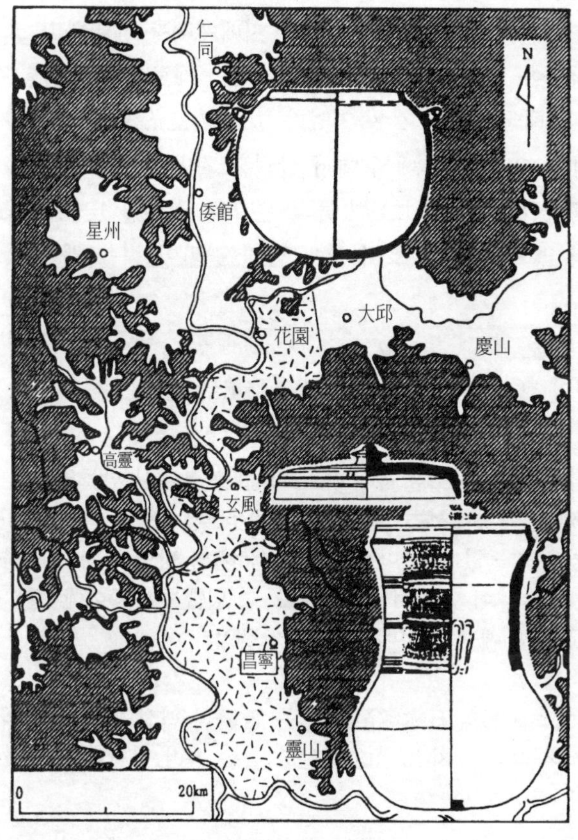

좌측은 上部임을 생각한다면, ‘下部思利利’는 加羅國의 下部 所屬人
思利利로 ‘上部先人’은 加羅國 上部와 관련된 사람으로 해석할 수 있
을 것이다. 加羅國은 영역의 확대와 더불어 지방에 대한 편제도 아울
러 행해졌을 것이다.

　백제는 3세기중엽 고이왕대에 5부 체제를 마련하고53) 신라는 5세기

---

52) 朴天秀,「三國時代 昌寧地域 集團의 性格研究」,『嶺南考古學』13, 1993, 197
　　쪽의 <圖 15 고령산 토기의 반입양상>에서 전재.

중엽에서 후반에 이르는 눌지 및 소지마립간대에 걸쳐 6부 체제를 마련하여[54] 주변 군장사회들의 독립적 지배체제를 제어하고 그 중 유력한 군장세력이 중앙권력에 참여할 수 있는 제도를 공식화함으로써 중앙집권적 고대국가로의 길을 열었다. 加羅國도 5세기 말 6세기 전반대의 팽창력을 고려해 볼 때 위에서 살펴본 지방제도의 정비는 가능하였으리라 생각한다. 다만 加羅人들의 손으로 정리한 史書 등의 자료가 남아 있지 않기 때문에 그 실상이 담긴 편린이 적을 뿐이다.

② '縣'의 존재

加羅國의 縣과 관련된 직·간접적 사료는 다음과 같다.

Ⅳ-1-① : 가야금 또한 중국 樂部의 箏을 본떠서 만들었다. (중략) 신라의 옛 기록에서는 말하였다. 가야국 가실왕이 唐의 악기를 보고 그것을 만들었다. 왕이 말하기를 '諸國의 방언이 각각 성음에 차이가 있으니 어찌 가히 하나로 할 수 있겠는가?' 이에 省熱縣 사람 樂師 于勒에게 명하여 12곡을 만들었다.[55]

Ⅳ-1-② : 任那의 日本縣邑에 있는 百濟의 백성 가운데, 도망해 와서 호적이 끊어진 지 3~4대 되는 자들을 가려 백제로 옮겨 호적에 올리게 하였다.[56]

Ⅳ-1-③ : 백제가 사신을 보내 調를 바쳤다. 별도로 表를 올려 任那의 國, 上哆唎·下哆唎·娑陀·牟婁 四縣을 청했다. 哆唎國에 파

---

53) 盧重國, 『百濟政治史硏究』, 一潮閣, 1988, 94~99쪽.

54) 盧泰敦, 「三國時代의 '部'에 관한 硏究」, 『韓國史論』 2, 19쪽.

55) 『三國史記』 卷32, 雜志1, 樂志, 加耶琴條, "加耶琴 亦法中國樂部箏而爲之 (중략) 羅古記云 加耶國嘉實王 見唐之樂器 而造之 王以謂 諸國方言 各異 聲音 豈可一哉 乃命樂師省熱縣人于勒 造十二曲".

56) 『日本書紀』 卷17, 繼體 3年(509) 2月條, "括出在任那日本縣邑 百濟百姓 浮逃絶貫 三四世者 幷遷百濟附貫也".

견된 사신(守 : 미코토모찌)인 穗積臣押山이 주청해서 말하기를 "이 사현은 백제의 땅에 가깝고 日本에서는 먼 곳입니다. 조석으로 통행하기 쉽고 닭과 개의 주인도 구별하기가 어려울 정도입니다. 지금 백제에게 주어 한 나라로 만들면 보전의 방법이 이것보다 나을 것이 없을 것입니다." (중략) 表에서 청해 올린 대로 任那 4현을 주었다.[57]

Ⅳ-1-④ : ㉠加羅王이 신라 왕녀를 처로 맞아들여 드디어 아이가 있었다. 신라가 처음 왕녀를 보낼 때, 100인을 같이 보내어 女從으로 삼았다. (加羅는) 그들을 받아서 여러 縣에 나누어 두었다. (중략) ㉡드디어 지나가는 길에 刀伽·古跋·布那牟羅 세 성을 함락시켰다. 또한 북쪽 변경의 다섯 성을 함락시켰다.[58]

위의 사료Ⅳ-1-①에 보이는 '加耶國嘉實王'을 김해 南加羅國의 왕으로 보는 견해[59]도 있으나 고령 加羅國으로 봄이 일반적이다.

Ⅳ-1-①은 「新羅本紀」에 보이는 于勒 관계기사[60]와 더불어 그동안 두 가지 측면에서 연구의 대상이 되어 왔다. 하나는 음악사 분야[61] 및

---

57) 『日本書紀』卷17, 繼體 6年(512) 12月條, "百濟遣使貢調 別表請 任那國上哆唎·下哆唎·娑陀·牟婁四縣 哆唎國守 穗積臣押山 奏曰 此四縣 近連百濟 遠隔日本 旦暮易通 鷄犬難別 今賜百濟合爲同國 固存之策 無以過此 (중략) 依表賜任那四縣".

58) 『日本書紀』卷17, 繼體 23年(529) 3月 是月條, "㉠加羅王 娶新羅王女 遂有兒息 新羅初送女時 并遣百人 爲女從 受而散置諸縣 (중략) ㉡遂於所經 拔刀伽·古跋·布那牟羅三城 亦拔北境五城".

59) 今西龍은 南加羅의 鉗知王으로 본다. 今西龍, 「加羅疆域考」, 『史林』4-3·4, 1919/『朝鮮古史の硏究』, 近澤書店, 1937, 337쪽.

60) 『三國史記』卷4, 新羅本紀4, 眞興王 12年(551) 春正月條, "改元開國 三月 王巡守次娘城 聞于勒及其弟子尼文知音樂 特喚之 王駐河臨宮 令奏其樂 二人各製新歌奏之".

61) 張師勛, 『增補韓國音樂史』, 世光音樂出版社, 1994 ; 宋芳松, 『韓國音樂通史』, 一潮閣, 1984 ; 『韓國古代音樂史硏究』, 一志社, 1985 ; 金英云, 「伽倻琴의 淵源에 關한 試論」, 『國樂院論文集』9, 國立國樂院, 1997.

142

예악사상[62]과 관련한 연구들이고, 또 하나는 가야사와 관련한 것들이다. 후자의 경우 문화사적 접근도 시도되고 있으나[63] 주로 우륵이 지은 加耶琴曲 12曲의 정치적 의미와 관련된 해석문제에 초점이 맞추어졌다.[64]

이 경우 우륵이 만든 악곡 12곡은 가야 제국의 국명과 관련된 것이므로, 加羅國이 가야사회의 맹주로서 활약하던 시기에 가야소국들을 통합하기 위한 정치적 목적에서 만들어진 것으로 해석한다. 고대악의 정치적인 기능을 생각할 때, 악곡을 통해 정치적인 의미를 추출해 낸 것은 주목할 만한 연구성과로 평가할 수 있다.

본서에서 주목하고자 하는 바는 于勒의 출신지로 되어 있는 省熱縣이다. 加羅國의 왕이 省熱縣 사람인 于勒에게 명령을 내리고 있는 점으로 미루어 보아 省熱縣은 加羅와 관련된 지역으로 보아야 할 것이다.

사료 Ⅳ-1-②에서는 '任那日本縣邑'이라 나온다. 여기서 '任那日本縣邑'이라 표현된 것은 고대 일본의 천황주의 이데올로기 속에서 왜곡·윤색된 표현으로 文面 그대로 받아들일 수 있는 표현은 아니다.[65] 그러나 이는 가야지역에 있었던 '縣邑'을 표현하고자 했던 것은 분명하다. 다만 이를 加羅國의 영역 범위 안에 있었던 현으로 볼 수 있는

---

62) 李惠求, 「中國禮樂思想이 韓國音樂에 미친 影響」, 『東西文化』 2, 1968 ; 李敏弘, 「伽耶樂舞의 研究-禮樂思想을 중심으로-」, 『大東文化研究』 28, 成均館大 大東文化研究所, 1993 ; 李敏弘, 「民族樂舞와 禮樂思想-古代樂舞를 중심으로-」, 『東洋學』 23, 檀國大學校 東洋學研究所, 1993.

63) 權珠賢, 「于勒과 加耶音樂」, 『加耶文化史 研究』, 계명대학교 박사학위논문, 1998, 164~185쪽.

64) 田中俊明, 「于勒十二曲と大加耶連盟」, 『東洋史研究』 48-4, 1990 ; 『大加耶連盟の興亡と'任那'-加耶琴だけが殘った-』, 吉川弘文館, 1992 ; 白承忠, 「于勒十二曲의 해석문제」, 『韓國古代史論叢』 3, 1992 ; 「加羅國과 于勒十二曲」, 『釜大史學』 19, 1995.

65) 『日本書紀』에 나오는 한반도 관계 사료를 이용할 때 주의할 점에 대해서는 朱甫暾, 「『日本書紀』의 編纂 背景과 任那日本府說의 成立」, 『韓國古代史研究』 15, 1999가 참고된다.

근거는 없다.

사료Ⅳ-1-③에서는 '任那國上哆唎·下哆唎·娑陀·牟婁四縣', '此四縣', '任那四縣' 등의 표현이 보인다. 여기에서의 任那는 협의의 任那를 가리키는 南加羅와는 달리, 광의의 의미로서 쓰여졌다. '任那國上哆唎·下哆唎·娑陀·牟婁四縣'에서『日本書紀』의 주석서들은 任那와 國 사이에 'ノ'를 넣고 있어, '任那의 나라들인 上哆唎·下哆唎·娑陀·牟婁 四縣'으로 해석하고 있다. 이는 上哆唎·下哆唎·娑陀·牟婁가 개별국의 의미보다는 縣으로 표현되고 있음을 알 수 있다. 이들을 '此四縣', '任那四縣' 등으로 표현하고 있음을 보아서도 알 수 있다.

上哆唎·下哆唎·娑陀·牟婁의 구체적 지역이 어디인지에 대해서는 논란의 대상이지만, 6세기전반대 이 지역을 두고 백제와 다투는 가야 세력으로는 加羅國 이외는 상정하기 어려우므로 이들 4현들도 加羅國과 관계가 있다고 할 수 있을 것이다. 그러나 이 기사도 사료Ⅳ-1-②와 마찬가지로『日本書紀』찬자들에 의해 왜곡되었을 가능성이 높은 사료로 판단되어 적극적 사용이 어려운 것이다.

사료Ⅳ-1-④에서도 加羅의 '縣'이 확인된다. 즉 加羅王이 新羅의 왕녀를 맞이하여 혼인을 하였는데, 그 때 왕녀를 따라온 시종 100인을 加羅의 縣에 나누어 살게 하였다. 여기서의 加羅를 김해의 南加羅로 보는 견해66)도 없지는 않으나,『三國史記』法興王 9年(522) 春三月條와『新增東國輿地勝覽』의 관계기사로 보아 고령의 加羅國으로 보아야 할 것이다.67)

---

66) 李根雨,「6世紀代 加耶諸國의 국가구조에 대한 試論-阿利斯等의 己叱己利城을 중심으로-」,『加耶와 新羅』, 김해시 제4회 가야사 학술회의, 1998, 87쪽.

67)『三國史記』法興王 9年(522) 春三月條에는 "加耶國王 遣使請婚 王以伊湌比助夫之妹 送之"라 되어 있고,『新增東國輿地勝覽』所引 崔致遠의 釋順應傳에는 "大伽倻國月光太子 乃正見之十世孫 父曰異腦王 求婚于新羅 迎夷粲比枝輩之女 而生太子"라 되어있다. 여기서 가라왕은 대가라의 異腦王으로 추측된다. 신라왕녀는 이찬 비조부의 女, 혹은 妹이다. 이뇌왕의 재위기간은 대략 520년대로 추정할 수 있을 것 같다.

144

신라 왕녀를 따라 온 시종 100인은 신라 측의 결혼 폐백으로 생각되는데,68) 주목되는 바는 그들을 加羅國의 諸縣에 나누어 살게 했다는 점에서 '縣'이 複數였다는 점이다. 그리고 중앙에서 100인의 신라인을 인위적으로 나누어 지방 단위에 배당했음으로 지방 단위는 중앙의 인위성이 적용되어지는 곳이라고 볼 수 있다. 중앙의 힘이 작용하는 지방의 존재가 확인되는 것이다. 이러한 지방 단위를 『日本書紀』는 '縣'으로 표기한 것으로 보인다.

이 사료는 사료Ⅳ-1-②, ③과 같이 『日本書紀』 기사이지만, 『三國史記』와 『新增東國輿地勝覽』의 동일 사건을 전하는 기사들과 비교해 볼 때 사료로서의 신빙성이 인정되는 기사로 판단된다.

③ '縣'의 분포

이상 살펴본 加羅國 縣의 구체적 위치는 어디일까? 이는 加羅國의 지배 영역과 더불어 新羅, 百濟와의 接境 문제와도 관련되어 있으므로 상세한 논증을 필요로 하다. 본 장에서는 사료Ⅳ-1-①을 중심으로 살펴보기로 한다.

사료Ⅳ-1-①에 보이는 省熱縣을 기존의 연구에서는 『三國史記』 康州 江陽郡 宜桑縣의 옛 이름인 '辛爾縣'에 비정하고, 『日本書紀』 欽明紀 2년(544) 4월조와 5년 11월조, 23년(562) 정월조에 보이는 '斯二岐國'에 해당한다고 하면서, 이는 오늘날의 慶南 宜寧이라고 하였다.69)

이 설은 田中俊明에 의해 補證되고,70) 金泰植,71) 白承忠72) 등도 그를 따랐다.

---

68) 權珠賢, 앞의 학위논문, 110쪽.
69) 末松保和, 『任那興亡史』, 吉川弘文館, 1956, 241~243쪽.
70) 田中俊明, 앞의 책, 1992, 64쪽.
71) 金泰植, 앞의 책, 292쪽, 각주 124.
72) 白承忠, 「加羅國과 于勒十二曲」, 『釜大史學』 19, 1995, 72쪽 ; 앞의 학위논문, 207쪽.

이는 거의 통설로 굳어 가는 듯한데, 이 說(省熱縣＝斯二岐國＝宜寧說)에 문제가 없다면, 加羅國은 가실왕 재위시기에 그 영역을 지금의 의령지역에까지 넓혔던 것으로 볼 수 있다. 그리고 加羅國이 縣을 설치함에 있어 小國 단위로 하였음을 알 수 있는 한 예로 볼 수 있을 것이다. 따라서 이 설의 성립 여부 문제는 가라국의 영역이나 縣의 편성 원리 등과 관련하여 매우 중요하다. 이는 본서가 고찰해 보고자 하는 주제와 직접적으로 관련되는 문제이므로 보다 상세히 살펴볼 필요가 있다.

이 설의 최초 주창자인 末松保和의 주장을 보자.

于勒이 省熱縣人이라고 되어 있지만, 그것은 우륵의 출생지를 나타내는 것이라고 보기보다는 加羅의 樂이 일어났던 곳을 보여주는 것으로서 一考의 가치가 있는 것이다. 省熱縣은 그 문자로 보아서는 地理志의 朔州 奈隄郡의 沙熱伊縣에 가장 가깝지만 樂志의 省熱은 아마도 地理志의 康州 江陽郡(大良·大耶)의 속현의 하나인 辛爾縣에 해당한다고 생각한다. 즉『日本書紀』의 斯二岐國이다. 이 비정이 틀림없다고 보는 것은『三國史記』金庾信 列傳의 善德王 13년(644) 김유신이 백제를 공격하여 加兮城·省熱城·同火城 등의 7城을 빼앗는 것을 기록하고 있는데, 이때의 加兮城은 加尸兮縣(新復), 同火城은 斯同火縣(壽同)이기 때문에 省熱縣을 辛爾縣에 비정하더라도 모두 이치에 합당하다. 즉 3성은 高靈－江陽－星山에 이르는 서로 연속되는 지방이다. 요컨대 신라에 전승된 加羅의 음악이 일어난 곳으로서 전해지던 省熱縣은 加羅의 一國이었지만, 그 이름이 특별히 남은 것은, 그 인근 지방, 즉 大耶州가 가야병합 직후 가야 통치의 중심지였던 것에 기인한 것으로 보인다. (중략)

加羅諸國의 음악은 于勒의 製作에 假託되어 신라에 전해져 존재했다. 그 實證으로서 曲名을 지명으로 해석함이 타당하다고 하는 것은 다른 類例가 있기 때문이다. 즉 별도로 신라악으로 그 이름을 남기고 있는 18곡 가운데 다음의 다섯 곡은 신라가 병합한 소국의 음악이다.

(1) 內知 : 日上郡의 樂(日上은 三國有名未詳地分의 하나로 나오
지만, 日을 吐의 訛僞로 본다면, 강원도 通川의 古名 '吐上'이 된다).
(2) 白實 : 押督郡의 樂(경상북도 慶山＝喙國)
(3) 德思內 : 河西郡의 樂(강원도 江陵)
(4) 石南思內道 : 同伐郡의 樂(同伐＝斯同火＝경상북도 仁同)
(5) 祀中 : 北隈郡의 樂(不明)

新羅樂은 앞의 5種 외에 13종을 열거하고 있다. 그 가운데 하나로
辛熱樂이 있고 다시 舞踊名 9種의 안에 下辛熱舞, 上辛熱舞의 2종
이 있다. 여기에서의 辛熱은 앞에서 본 우륵의 출신지로서 비정된 省
熱이며, 또한 辛爾일 것으로 생각한다.[73]

末松은 省熱＝의령 부림설의 근거로서 省熱과 辛爾의 음상사도 바
탕으로 하고 있지만, 보다 주요한 근거로서는 김유신 열전의 '省熱城'
관계기사와 省熱縣을 加羅樂이 일어난 곳이라는 점을 들고 있다. 특히
후자와 관련하여서는 新羅樂 속의 辛熱樂 및 下·上辛熱舞를 省熱縣
의 音樂이 新羅樂으로 편입된 것으로 파악하고 있다는 점이 주목된다.
아래에서는 末松의 논점을 중심으로 그 타당성을 점검해 보고자 한다.
먼저 '省熱城'의 위치 문제이다.
加羅 省熱縣은『三國史記』地理志에는 보이지 않는 지명인데 列傳
金庾信傳에는 동일지로 볼 수 있는 지명이 보이고 있다.

Ⅳ-1-⑤ : (선덕왕)13년에 蘇判이 되었다. 가을 9월에 왕이 上將軍으
로 삼고, 병사를 이끌고 가서 百濟의 加兮城·省熱城·同火城 등
7城을 쳐서 크게 이기고 加兮의 나루터를 열었다.[74]

Ⅳ-1-⑥ : 왕이 김유신을 大將軍으로 삼아 백제를 치게 했는데 크게

---

73) 末松保和, 앞의 책, 241~243쪽.
74)『三國史記』卷41, 列傳1, 金庾信(上), "十三年爲蘇判 秋九月 王命爲上將軍
使領兵伐百濟加兮城·省熱城·同火城等七城 大克之 因開加兮之津".

이기고 7城을 빼앗았다.75)

　Ⅳ-1-⑦ : (당나라)太宗이 친히 고구려를 정벌하자 선덕왕이 3만의 군대로서 그들을 돕게 했는데, 백제가 허점을 노려 나라 서쪽의 7성을 공격하여 빼앗았다.76)

　Ⅳ-1-⑤기사는 善德王 13년(644)에 加兮城·省熱城·同火城 등 7城을 김유신이 백제로부터 탈환하는 내용이다. 여기에 보이는 省熱城은 樂志의 省熱縣과 同一地로 보아야 할 것이다. 그렇다면 이는 어느 지역인가? 여기에는 단순한 위치 비정만으로 끝나는 문제가 아니라, 당시 가라국의 영역문제와 함께 지방 편성원리와도 관련된 중요한 문제가 내재되어 있다.

　全榮來는 백제 義慈王 2년(642)의 新羅西邊 攻略의 범위를 논하는 가운데, 加兮城을 地理志의 康州 高靈郡 新復縣의 古名인 '加尸兮縣'에 비정하고, 同火城은 星山郡 壽同縣의 古名 '斯同火縣'에 비정한 다음, 省熱城은 解顔縣(大丘의 屬縣)의 古號 '雉省火'의 略稱으로 보았다.77) 이는 당시 羅濟간의 교섭상황(이에 대해서는 후술한다)으로 비추어 보아 타당성 있는 위치 비정으로 보인다. 이를 따른다면 省熱城은 낙동강 이동지역이 된다.

　省熱縣＝斯二岐國＝宜寧郡 富林面說을 주장하는 田中俊明의 경우, 省熱城＝解顔縣說을 따를 수 없는 논리로서 다음과 같이 말하고 있다. "後說(省熱城＝解顔縣 : 大邱市 東區)이라면, 大耶州(지금의 합천)에서 후퇴하여 재건을 도모하기 위해 설치한 押梁州(지금의 慶山)

---

75) 『三國史記』卷5, 新羅本紀5, 善德王 13年(644), "秋九月.王命庚信爲大將軍 領兵伐百濟 大克之 取城七".
76) 『三國史記』卷5, 新羅本紀5, 善德王 14年(645) 夏五月條, "太宗親征高句麗 王發兵三萬以助之 百濟乘虛 襲取國西七城".
77) 全榮來, 「百濟南方境域의 變遷」, 『千寬宇先生還曆紀念 韓國史學論叢』, 1985, 156쪽.

148

의 목전까지 백제가 진출한 것이 된다. 그것보다는 洛東江이 攻防의 최전선이며, 신라가 반격을 하기 위한 돌파구를 앞의 3城(加兮城·省熱城·同火城)을 포함한 7城으로 보는 쪽이 무리가 없다고 생각한다."고 하였다.78)

낙동강이 古今을 통해서 경계의 중요한 구실을 했을 것이라는 점은 인정된다. 그러나 이는 선입견에 불과하다. 근거 없는 선입견보다는 사료에 나타나는 지명의 위치 비정을 가능한 한 충실히 할 필요가 있다.

6세기 중엽부터 신라가 삼국을 통일하는 7세기 후엽까지 고구려, 백제, 신라 삼국은 한강 유역과 옛 가야 지역을 둘러싸고 영토 팽창을 위한 격렬한 항쟁을 벌인다. 특히 옛 가야지역을 둘러싼 羅濟間의 戰線 변화는 낙동강을 넘나드는 상황이었다. 555년 新羅는 比斯伐(현 昌寧)에 州를 설치하고, 562년에는 마침내 加羅國을 멸망시켜 낙동강 이서 지역으로의 본격적 진출을 시도한다. 565년에는 大耶州(현 합천)를 설치한다. 이후 한동안 안정세를 보인다. 그러나 그도 잠시 동안일 뿐이어서 6세기말부터 백제의 반격이 시작되어, 7세기초가 되면 본격적으로 백제의 반격이 시작된다. 이후의 정세는 백제와 고구려의 동시 반격에 대한 신라의 수세적 입장이었다. 신라는 唐에게 꾸준한 구조 요청을 하였지만, 한강 유역은 고구려에게, 옛 가야 지역은 백제에게 대부분 빼앗기게 되었다. 이때 舊加羅國 지역을 중심으로 하는 보다 구체적 정세 변화는 다음의 사료에 의해 살펴볼 수 있다.

IV-1-⑧ : 訥催는 沙梁人으로서 大奈麻 都非의 아들이다. 眞平王 建福 41年 甲申(624년) 겨울 10月에 百濟가 크게 침입하여, 군사를 나누어서 速含·櫻岑·岐岑·烽岑·旗懸·冗柵 등 6城을 포위 공격함으로 왕이 上州·下州·貴幢·法幢·誓幢의 5軍에게 명하

---

78) 田中俊明은 省熱城을 大邱 쪽으로 비정하지 못하는 이유를 이와 같이 설명하고서도 3城 가운데 同火城은 洛東江 以東으로 비정하고 있어 스스로의 矛盾에 빠지고 있다. 田中俊明, 앞의 책, 63쪽의 지도와 64쪽의 설명 참조.

여 가서 이를 구원하게 했다. 군사가 이미 이르렀으나 백제 군사의
진영이 잘 정돈되어 그 강한 선봉을 당해낼 수 없음을 보고 머뭇거
리며 나아가지 않았다. 어떤 사람이 의견을 내어 말했다. "대왕께
서 5군을 여러 장수에게 맡겼으니 나라가 보존되고 멸망됨은 이
한 번 싸움에 달려 있다. (중략) 이때에 百濟 군사들의 침입이 더
욱 가열차게 되자 速含·岐岑·冗柵[冗은 穴일 것이다]의 3성이
혹은 함락되고 혹은 항복했다. 눌최는 성을 굳게 지키다가 5군의
군대가 구원하지 않고 돌아갔다는 말을 듣고 강개하여 눈물을 흘
리며 군사들에게 말했다. (중략) 이때 적군 한 사람이 뒤에서 나와
도끼로써 눌최를 치니 그제야 눌최가 넘어졌다. 종은 되돌아서서
적군과 싸우다가 함께 전사했다. 왕이 이 소식을 듣고 매우 슬퍼했
으며, 눌최에게 급찬 벼슬을 추증했다.79)

Ⅳ-1-⑨ : 百濟의 군사가 와서 速含·櫻岑·岐岑·燧岑·旗懸·穴
柵 등 6城을 포위했다. 이때 3城은 혹은 함락되고 혹은 항복했다.
級飡 訥催가 烽岑·櫻岑·旗懸의 3城의 병사를 합하여 굳게 지켰
으나 이기지 못하고 죽었다.80)

위의 기사는 624년 新羅 領有의 速含·櫻岑·岐岑·烽岑·旗懸·
冗柵 等 6城을 백제가 탈환하는 내용이다.

____

79)『三國史記』卷47, 列傳7 訥催傳, "訥催沙梁人 大奈麻都非之子也 眞平王建
福四十一年甲申冬十月 百濟大擧來侵 分兵圍攻速含·櫻岑·岐岑·烽岑·
旗懸·冗柵等六城[冗 當作穴] 王命上州·下州·貴幢·法幢·誓幢五軍 往
救之 旣到 見百濟兵陣堂堂鋒不可當 盤桓不進 或立議曰 大王以五軍委之諸
將 國之存亡在此一役 (중략) 於是百濟侵攻愈急 速含·岐岑·冗柵三城[冗
當作穴] 或滅或降 訥催以三城固守 及聞五軍不救而還 慷慨流涕 謂士卒曰
(중략) 有一賊出後 以斧擊訥催 乃仆 奴反與鬪俱死 王聞之悲慟 追贈訥催職
級飡".
80)『三國史記』卷4, 新羅本紀4, 眞平王 46年(624) 冬十月, "百濟兵來圍我速含
·櫻岑·岐岑·燧岑·旗懸·穴柵等六城 於是 三城或沒或降 級飡訥催 合
烽岑·櫻岑·旗懸三城兵堅守 不克死之".

이 시기 백제가 신라 지역으로 진출할 경우 다음과 같은 몇 가지 루트를 상정해 볼 수 있다.

①충북 옥천→영동→추풍령→김천→대구 루트.

②전북 무주까지 남하하여 이른바 羅濟通門을 거쳐 김천시 대덕면 관기→경북 성주→대구(하빈면, 다사면)루트.

③전북 장수·남원까지 남하하여 육십령·팔량치→경남 함양→거창 →고령→대구 루트.

④하동까지 남하하여 진주→경남 의령 또는 합천을 거쳐 동진하는 루트이다.

이들 가운데 7세기 2/4분기의 경우 당시 나제간의 공방 지점을 고려하면, ②와 ③의 루트일 가능성이 높다.

624년 백제의 공략 지점 중 확실히 비정이 되는 곳은 速含城이다. 速含城은『三國史記』地理志의 "天嶺郡 本速含郡 景德王改名 今咸陽郡"으로 보아 현 경남 함양으로 비정된다. 나머지 5성은 확실하지 않은데, 616년 무렵 雲峰 지역(현 남원시 아영면 일대)이 백제의 영유권으로 편입되므로[81] 함양 이서 지역으로 생각할 수 있다. 함양에서 신라권역으로의 진출은 남강을 따라 진주 지역으로 나아가는 루트와 (이는 앞 ④루트의 변용이라 할 수 있다) 앞의 ③루트가 있다.[82] 그런데 이후 시기 羅濟간의 接戰 지역과 함께 고대 전쟁의 형태가 敵都 함

---

81)『三國史記』卷4, 新羅本紀4, 眞平王 38年(616) 冬十月條 "百濟來攻母山城" 에서의 母山城은『三國史記』卷34, 地理志 良州 天嶺郡條의 "雲峯縣 本母山縣[或云阿英城 或云阿莫城]"으로 보아 현 남원시 아영면 일대로 비정된다. 616년의 모산성 전투는 그 승자가 확인되지 않는데, 624년에 함양이 백제 수중으로 들어가는 것으로 보아 616년, 혹은 그 이후 어느 시기에 백제 영역화된 것으로 보아야겠다.

82) 전영래는 624년 백제군의 진출 방향을 남강 유역으로 보고 그 일대에서 6성의 위치를 비정하고 있다. 岐岑을 三岐(삼가)에, 冗柵은 闕支(丹城)에, 旗懸은 草八兮(초계)에, 櫻岑은 丹溪의 古號 赤村 등에 비정하고 있으나 따르기 어렵다. 전영래, 앞의 논문, 154쪽.

락이 최종 목표였음을 고려할 때, 624년 당시 백제의 진출은 ③의 루트
였을 것으로 생각한다. 그런데 함양에서 고령 사이에는 거창을 제외하
면 城이 존재할 만한 곳이 없다. 따라서 6성 중 4성 정도는 고령 이동
에 존재했을 가능성이 높다. 이 점과 더불어 앞의 ②, ③루트를 염두에
두고 성주, 고령, 대구 일대에서 음상사한 지명을 살펴보면 岐岑·旗
懸·冗柵이 주목되어진다.

　『高麗史』卷57 地理志11 京山府 加利縣條의 "加利縣本新羅一利郡
景德王改爲星山郡 (중략) 別號岐城"에서의 '岐城'을 岐岑城에 비정할
수 있을 것이다. 岐岑城에서의 '岑'은 '峯'과 동일한 의미이며,[83] 城·
峴을 의미하므로[84] 위의 지명에서 생략 가능한 글자이다. 高麗때의 加
利縣은 新羅 때 一利郡이었는데, 일리군의 속현에는 壽同縣이 있었고,
이 수동현의 옛 이름이 斯同火縣이었다.[85] 이는 현재의 龜尾市 낙동
강 동안 지역(옛 漆谷郡 仁同面)이다.[86] 이는 624년 백제가 낙동강 이
동 지역까지 진출했음을 보여준다. 또한 644년 김유신이 백제로부터
탈환하는 加兮城·省熱城·同火城等 七城이 624년 백제가 점령한 지
역과 겹치는 지역이었을 가능성을 보여준다.

　624년 백제가 낙동강 이동 지역까지 진출했음을 보여주는 예는 旗
懸城의 위치 비정을 통해서도 알 수 있다. '旗'는 '깃발 기'字로 그 訓
은 '발'이다. '발'은 '팔'과 통한다.[87] '懸'의 훈은 '걸다'이다. 이는『三國
史記』卷34 地理志1 良州 壽昌郡條의 '八里縣 本八居里縣'에 대응된
다. '八居里'는 '팔걸이'의 音借이다. 현 칠곡군 칠곡면 일대로 비정된다.

---

83) 『三國史記』卷35, 雜志4 漢州 牛峯郡條, "牛峯郡 本高句麗牛岑郡 景德王改
　　名 今因之".

84) 辛兌鉉,『三國史記地理志의 研究』, 宇鍾社, 1958, 54쪽.

85) 『三國史記』卷34, 雜志3 康州 星山郡條.

86) 仁同面은 1978년 2월 15일 龜尾市에 편입되었다. 龜尾市誌編纂委員會, 1991,
　　『龜尾市誌』, 20쪽.

87) 요즘도 경상도 지역의 年老者들은 '팔'을 '폴' 또는 '볼'이라고 하며, '파리'를
　　'뽀리(포리)'라고 발음한다.

冗柵은 註와 本紀 기록에 의거해 볼 때, 穴柵의 誤記임이 분명하다. '穴'의 訓은 '구멍'이고, '柵'은 '城', '村'과 통한다. 이는 '戊戌塢作碑'(578 建碑)의 '居毛村'에 대응된다. '居毛(kumo)'는 '琴湖(kumho)'와 대응되어[88] 현재의 달성군 多斯面, 河濱面 일대로 비정된다.[89] 이 일대는 낙동강과 금호강이 만나는 곳으로 금호강을 따라 대구 내륙으로 들어가는 입구(구멍)이다. 현재도 들마(들어가는 마을)라는 지명이 있다.

이상의 논증을 통해 624년 백제군은 고령-성주戰線의 낙동강을 넘어 현 대구지역까지 진출하였음을 알 수 있었다. 그런데 보다 남쪽의 창녕-합천戰線에 있는 대야성은 642년에야 장군 윤충에 의해 백제 영역으로 된다. 이는 낙동강을 경계로 나제간의 전선이 일률적으로 형성되고 있지는 않았음을 보여준다. 『通典』의 다음과 같은 기록은 바로 이 시기 삼국의 상황을 설명해 주는 기사로 볼 수 있을 것이다.

Ⅳ-1-⑩ : 드디어 강성하게 되어 加羅와 任那제국을 습격하여 멸망시켰다. 그 서북의 땅은 고구려, 백제의 사이에서 개의 이빨 모양처럼 出入이 심한 상태로 접하고 있었다.[90]

7세기 전반 고령지역에 백제군이 진출하였음을 보여주는 증거로는 고령지역에서 출토된 瓦當이 있다. 高正龍은 고령지역에서 출토된 瓦當을 Ⅰ, Ⅱ, Ⅲ 類瓦로 나누고, Ⅰ 類瓦는 신라계로서 7세기 전반대의 것으로 보았다. Ⅱ 類瓦는 Ⅰ 類瓦를 모방제작한 것으로 보았다. Ⅲ 類瓦는 백제의 것으로, 와당문양으로 보아 제작 시기를 6세기 말~7세기 전반으로 추정하였다.[91]

---

88) 李鉄勳, 『新羅 中古期 村落支配 研究』, 부산대학교 박사학위논문, 1995, 75쪽.
89) 『新增東國輿地勝覽』 卷26, 大丘都護府 屬縣條, "河濱縣[(前略) 別號 琴湖]".
90) 『通典』 卷185, 邊防門1, 東夷上, 新羅國條, "遂致強盛 因襲加羅任那諸國滅之 其西北界犬牙出高麗百濟之間".
91) 高正龍, 「慶北高靈出土 瓦當에 對한 一考察」, 『伽倻通信』 18, 1988, 16쪽.

　이상의 논증은 7세기 전반 당시 나제간의 전선 상황으로 보아 省熱城의 위치가 낙동강 이동에 있어서는 곤란하다는 점을 불식시키기 위함이었다. 624년 당시 백제군은 성주·고령 전선에서 낙동강을 넘어 대구 지역까지 진출하였다. 그리고 그로부터 20년 뒤 신라의 명장 김유신은 그 지역을 다시 탈환한다. 그 중 한 성이 省熱城이다. 이와 같이 볼 때 성열성의 위치를 낙동강 이서 지역에서 국한해서 찾을 필요는 없다. 그리고 위의 논증 과정에서 알 수 있듯이 김유신이 644년 탈환한 城들이 거의 동일 지역일 가능성이 높다. 이 점을 염두에 두고 省熱城의 위치를 찾아보자.

　加兮城은 『三國史記』 地理志의 康州 高靈郡 新復縣의 古名인 '加尸兮縣'에 대응된다.[92] 『三國史記』에서는 '未詳'이라 하였지만, 『大東輿地圖』의 고령지역 지도상에 '新復'이 보인다. 지도상의 '新復'은 會川의 東岸임이 확인되므로 오늘날의 고령군 우곡면 일대로 비정된다.

　同火城은 星山郡 壽同縣의 古名 '斯同火縣'에 대응된다.[93] 高麗·朝鮮시대의 仁同縣에 비정된다.[94] 오늘날 龜尾市의 낙동강 以東 지역인 玉溪洞·仁義洞·眞坪洞·九坪洞·侍美洞 일대로 비정된다.

　省熱城은 『三國史記』 지리지 良州 獐山郡의 領縣인 解顏縣의 古名 '雉省火縣'에 대응된다.[95] '雉省火'에서의 '雉'는 '斯同火'에서의 '斯'가

---

92) 『三國史記』 卷34, 雜志3 康州 高靈郡 領縣條, "新復縣 本加尸兮縣 景德王改名 今未詳".

93) 『三國史記』 卷34, 雜志3 康州 星山郡 領縣條, "壽同縣 本斯同火縣 景德王改名 今未詳".

94) 『高麗史』 卷57, 地理2 仁同縣條, "仁同縣 顯宗九年來屬 恭讓王二年 置監務以若木縣屬之[三國史記云 星山郡領內 壽同顯 本新羅斯同火縣 景德王改名今未詳 今以境土考之疑 壽同改爲仁同也]";『世宗實錄』 卷150, 地理志 慶尙道 仁同縣條, "仁同縣 金富軾新羅地理志 星山郡領縣四壽同縣本新羅斯同火縣 景德王改名今未詳 然今以境土考之疑 壽同改爲仁同也".

95) 『三國史記』 卷34, 雜志3 良州 獐山郡條, "獐山郡 祇味王時 伐取押梁[一作督]小國 置郡 景德王改名 今章山郡 領縣三 解顏縣 本雉省火縣[一云美里] 景德王改名 今因之".

154

‘人’ 촉음차로서 생략되었듯이 동일한 성격으로서 생략될 수 있다. ‘省’
은 ‘省’에 ‘火’는 ‘熱’에 각각 대응된다. 解顔縣은 신라 경덕왕대에 獐山
郡의 領縣이 되었다가, 顯宗 9년(1018)에 慶州 任內로 되는 등 변천을
거듭하다가, 朝鮮 太宗 14년(1414)에 大丘郡의 領縣이 되었다.96) 『大
東輿地圖』 대구 일대 지도상에 ‘解顔’이 보이고 있어 그 위치를 찾을
수 있다. 대구에서 동북쪽으로 금호강을 건넌 곳인데, 현 대구광역시
불로동 일대로 비정된다.

　이상 살펴본 바와 같이 644년 김유신에 의해 수복된 3城은 모두 신
라 서북부 지역 對百濟 接戰지역임을 알 수 있었다. 그리고 그들 城은
낙동강 東西 兩岸에 걸쳐 있었다. 이는 김유신이 이곳을 회복함으로써
신라가 加兮의 津을 열 수 있었다는 표현(‘因開加兮之津’)과도 일치한
다. 강을 건너는 나루터의 경우, 강의 양안을 장악해야만 그 所用가치
가 있는 것이다. 加兮津은 오늘날의 漆谷郡 석적면・왜관일대의 漆津
혹은 高靈郡 開津面 開浦로 비정할 수 있을 것이나 音相似로 보아 후
자 쪽일 가능성이 높다. 開浦나루는 지리적 위치와 낙동강 물 흐름의
이점 때문에97) 近世까지도 낙동강을 건너는 나루터로서 이용되었다.

　한편, 이들 지역이 7세기 후반 신라의 통일 전쟁기에도 주요한 교통
로였음을 알려주는 금석문 자료가 최근 발견되었다. 1999년 3월, 경북
金泉市 남면 彌勒庵에서 발견된 柴將軍 精舍草堂碑는 664~668년 사
이 唐將 柴哲威가 세운 것이다.98) 이는 이 지역이 신라가 백제 및 고

---

96) 『世宗實錄』 卷150, 地理志 慶尙道 大丘郡 解顔縣條, “解顔縣 本雉省火縣
　　 [一云 美里] 景德王 改今名 爲獐山郡領縣 顯宗戊午 皆屬慶州任內 恭讓王
　　 二年庚午 始置壽城解顔兼監務 本朝 太祖三年甲戌 革監務爲大丘任內 歷一
　　 世而還屬慶州 太宗十四年甲午復屬大丘”.
97) 이곳은 그 지형상 낙동강이 달성군 구지면 도동에서 西流하다가 고령군 개진
　　 면 개포에서부터는 다시 南東流하게 된다. 물의 흐름이 역 기역자(┌) 형태
　　 로 흐르는데, 이러한 물의 흐름은 강의 東岸에서 西岸으로 건널 때도, 서안에
　　 서 동안으로 건널 때도 쉽게 건널 수 있게 한다.
98) 張忠植, 「金泉 彌勒庵 柴將軍碑의 調査」, 『韓國古代史硏究』 15, 韓國古代

구려로 통하는 교통의 요지였음을 시사해 준다. 앞의 ①루트에 해당되
는 이 곳은 김천에서 성주 및 경북 칠곡군 약목면으로 통하는 곳이다.
다음은 辛熱樂과 관련된 문제이다. 사료를 보자.

Ⅳ-1-⑪ : 會樂과 辛熱樂은 儒理王 때 만들었다. 突阿樂은 脫解王
때 만들었다. 枝兒樂은 婆娑王 때 만들었다. 思內(혹은 詩惱라고
도 한다)樂은 奈解王 때 만들었다. 笳舞는 奈密王 때 만들었다. 憂
息樂은 訥祇王 때 만들었다. 碓樂은 慈悲王 때 사람 百結先生이
만들었다. 竽引은 智大路王 때 사람 川上郁皆子가 만들었다. 美知
樂은 法興王 때 만들었다. 徒領歌는 眞興王 때 만들었다. 捺絃引
은 眞平王 때 淡水가 만들었다. 思內奇物樂은 原郎徒가 만들었다.
　內知는 日上郡의 樂이다. 白實은 押梁郡의 樂이다. 德思內는
河西郡의 樂이다. 石南思內는 道同伐郡의 樂이다. 祀中은 北限郡
의 樂이다. 이들은 모두 鄕人들이 기쁘고 즐거워서 지었던 것들이
다. 악기의 수효와 노래와 춤의 모양은 후세에 전하지 않는다.
　다만 古記에 政明王 九年(689)에 新村에 행차하여 잔치를 베풀
고 음악을 연주하게 했는데, 笳舞는 監 6명, 笳尺 2명, 舞尺 1명이
었고, 下辛熱舞는 監 4명, 琴尺 1명, 舞尺 2명, 歌尺 3명이었으며,
思內舞는 監 3명 琴尺 1명, 舞尺 2명, 歌尺 2명이었으며, 韓岐舞는
監 3명, 琴尺 1명, 舞尺 2명이었으며, 上辛熱舞는 監 3명, 琴尺 1
명, 舞尺 2명, 歌尺 2명이었다. 小京舞는 監 3명, 琴尺 1명, 舞尺 1
명, 歌尺 3명이었고, 美知舞는 監 4명, 琴尺 1명, 舞尺 2명이었다.[99]

史學會, 1999.

99)『三國史記』卷32, 雜志1 樂志, "會樂及辛熱樂 儒理王時作也 突阿樂 脫解王
時作也 枝兒樂 婆娑王時作也 思內(一作詩惱)樂 奈解王時作也 笳舞 奈密王
時作也 憂息樂訥祇王時作也 碓樂 慈悲王時人百結先生作也 竽引 智大路王
時人川上郁皆子作也 美知樂 法興王時作也 徒領歌 眞興王時作也 捺絃引
眞平王時人淡水作也 思內奇物樂 原郎徒作也 內知 日上郡樂也 白實 押梁
郡樂也 德思內 河西郡樂也 石南思內 道同伐郡樂也 祀中 北限郡樂也 此皆
鄕人喜樂之所由作也 而聲器之數 歌舞之容 不傳於後世 但古記云 政明王九
年 幸新村 設酺奏樂 笳舞 監六人 笳尺二人 舞尺一人 下辛熱舞 監四人 琴

위의 사료를 바탕으로 新羅樂을 표로 정리한 것이 <표 5>이다.

<표 5> 新羅樂·歌·舞의 명칭과 제작시기

	樂·歌·舞의 이름	제작시기	제작자	비고
1	會樂	유리왕대		
2	辛熱樂－上辛熱舞, 下辛熱舞	〃		
3	突阿樂	탈해왕대		
4	枝兒樂	파사왕대		
5	思內樂－思內舞, 思內琴舞	나해왕대		
6	(笳樂)－笳舞	내물왕대		
7	憂息樂	눌지왕대		
8	碓樂－碓琴舞	자비왕대	百結	
9	竿引	지증왕대	川上郁皆子	
10	美知樂	법흥왕대		
11	徒領歌	진흥왕대		
12	捺絃引	진평왕대	淡水	
13	思內奇物樂	〃	原郎徒	
14	內知			日上郡樂
15	白實			押梁郡樂 (경북 경산)
16	德思內			河西郡樂
17	石南思內			都同伐郡樂
18	祀中			北隈郡樂
19	(韓岐樂)－韓岐舞			
20	(小京樂)－小京舞			

이 표에 보이는 新羅樂 가운데 1~13의 것은 제작 연대가 기록되어
있고, 또 碓樂 등 4곡은 작자까지도 기록되어 있다. 이들 음악은 7세기
이전의 것으로 중국의 영향을 받지 않고 순전히 신라인들의 고유한 음
악사상에 의하여 만들어진 것으로 파악되고 있다.[100]

尺一人 舞尺二人 歌尺三人 思內舞 監三人 琴尺一人 舞尺二人 歌尺二人 韓
岐舞 監三人 琴尺一人 舞尺二人 上辛熱舞 監三人 琴尺一人 舞尺二人 歌尺
二人 小京舞 監三人 琴尺一人 舞尺一人 歌尺三人 美知舞 監四人 琴尺一人
舞尺二人".

100) 呂基鉉, 『新羅音樂相과 詞腦歌』, 도서출판 月印, 1999, 47~48쪽.

이들 중 辛熱樂은 會樂과 더불어 신라 초기 儒理王 때에 만들어진 것이다. 설혹 유리왕 때는 아니라 하더라도 신라 초기에 만들어졌음은 인정할 수 있을 것이다. 특히 이들이 신라가 이웃 주변 지역으로의 진출에 의해 수입된 것으로 보이는 14~18의 郡樂들과는 구분되어 표기되고 있다는 사실은 주목된다.

呂基鉉은 14~18의 郡樂들을 상류 귀족사회의 음악문화와는 달리 분류되는 일반백성들이 즐기는 음악문화로 보는 기존설을 반박하고, 이들 郡樂들은 서라벌 주변 小國의 음악으로 서라벌 중심의 신라가 주변의 소국을 정복해가면서 얻은 소국의 음악으로서 신라 궁중 음악, 특히 속악으로 수용한 음악으로 보았다.[101] 이러한 주장은 충분히 찬동된다. 따라서 만약 辛熱樂이 의령 부림면에 존재했던 斯二岐國의 樂이었다면, 郡樂으로 편성되어야 한다. 그리고 그 제작 시기도 신라가 낙동강 이서 지역으로 진출하는 6세기대 이후가 되어야 한다. 그런데 辛熱樂은 유리왕대에 만들어진 것으로 되어 있고, 복속지의 음악과는 구분되는 新羅樂으로 되어 있다. 따라서 樂志의 辛熱樂을 우륵의 출생지인 加羅 省熱縣을 정복한 다음 편입시킨 樂으로 보아 辛熱＝省熱＝辛爾로 보는 설은[102] 근거를 잃게 된다. 이상의 논거들로 보아 于勒의 출생지 省熱縣은 지금의 의령군 부림면이 아니라 대구광역시 불로동으로 비정할 수 있겠다.

사료Ⅳ-1-②에 나오는 ‘任那日本縣邑’이 구체적으로 어디인가는 알 길이 없다. 가야 지역으로 도망 온 백제 백성들이 살던 곳이란 점에서 백제 변경에서 그다지 멀지 않은 가야 지역일 가능성이 높다. 더구나 『三國史記』 百濟本紀 武寧王 10年(510) 1月條의 내용과 아울러 생각해 보면 加羅가 차지하고 있던 지역을 백제가 남진하여 잠식하는 양상

---

101) 呂基鉉, 앞의 책, 53쪽. 그리고 그는 속악의 개념을 신라 본래의 음악(서라벌 중심의 세력이 사용하던 궁중의 음악)에 상대적 개념으로 사용하고 있다(呂基鉉, 앞의 책, 61쪽).
102) 末松保和, 앞의 책, 241~243쪽.

의 일단을 보여주는 기사로 판단된다. 현재 전라도 남원 동부 일대, 서부 경남 일부 지역일 가능성이 높다. 그러나 앞서 지적한 바와 같이 이는 고대일본의 천황주의사관에 의해 왜곡된 표현 중의 하나이기 때문에 적극적 사용은 어렵다.

사료Ⅳ-1-③도 마찬가지이다. 任那 4縣은 일본이 4현을 백제에 양도하는 것처럼 기술되어 있으나, 이는 왜곡에 의한 것이며 가야 지역을 백제가 잠식하는 상황을 나타내는 것이다. 구체적 지명이 명기되어 있으나 설들이 구구하다. 전남 서부라는 종래설103)과 낙동강 중·하류라는 최근설104)이 있으나, 종래설을 따라 섬진강 유역으로 보는 설이 우세하다.105)

사료Ⅳ-1-④의 가라국은 고령 가야세력임이 분명하므로 신라인 100인을 둔 현의 위치도 고령지역에서 가까운 복속 지역으로 보는 것이 타당할 것 같다.

④ '縣'의 성격

사료Ⅳ-1-①과 ④에서 加羅國의 縣을 확인할 수 있었지만 그것이 加羅國 당시의 지방행정 단위였는지, 아니면 후대의 인식이 소급 적용된 것인지를 생각해 보아야 한다. 그리고 후대의 인식이 소급 적용된 것이라면 왜 縣으로 표현했는지도 생각해 보아야 할 것이다.

한반도에는 이미 기원전 2세기대부터 縣에 대한 정보를 접할 수 있었다. 漢은 (衛滿)朝鮮을 멸한 후 四郡을 설치하였다. 그 후 한반도 남부 지역은 중국의 郡縣과 잦은 교섭을 하고 있음이 보인다.106) 縣에

---

103) 末松保和, 앞의 책, 115~123쪽.

104) 千寬宇, 「復元加耶史」(中),『文學과 知性』29, 1977 ;『加耶史硏究』, 一潮閣, 1991, 36~37쪽.

105) 白承忠, 앞의 학위논문, 189~190쪽.

106)『三國志』韓條 魏略 逸文記事(版本은 淸 乾隆 4년 校刊 武英殿本 ; 歷史學會編, 1973『韓國史資料選集』[Ⅰ](古代篇), 一潮閣에 影印 所收), "至王莽地

대한 기사는『三國史記』新羅本紀 초기기록에서부터 보이지만,[107] 이는 후대의 附會로 보는 것이 일반적이다. 縣이나 縣令에 관해서 믿을 만한 최초의 기사는 신라본기 眞平王 33년(611)條이다.[108] 백제가 椴岑城을 공격하여 왔을 때 縣令인 讚德이 이를 사수하다가 성은 함락되고 그는 전사하는 기사이다. 이 기사를 근거로 한다면 新羅 縣制의 수용 시기는 7세기 1/4분기로 볼 수 있다. 그러나 논자들에 따라 다양한 견해들이 제시되어 있어 선뜻 한 견해만을 쫓을 수 없다. 7세기초부터 7세기말 사이에서 논의되므로 7세기대의 어느 시기로 보아 둔다.[109]

高句麗의 경우『翰苑』所引 高麗記,『舊唐書』,『新唐書』 등에 지방통치제와 관련한 사료가 있어 지방장관들의 명칭 등에 대해서는 알 수 있으나, 정작 지방행정 단위가 무엇이었는지는 명료하지 않다.『三國史記』 지리지 2에는 통일신라기의 漢州・朔州・溟州의 신라 군현을 기록하면서 본래의 고구려 군현명을 기록하고 있는데 대부분 某某郡・某某縣으로 기록되어 있다. 이러한 郡과 縣의 칭호가 후대 신라의 郡縣 조직이 소급 부가된 기록이라고 볼 수도 있으나 문제가 그리 간단치 않다. 왜냐하면 郡・縣의 칭호가 보이지 않는 곳도 있고, 또 통일신라에서 郡으로 편제된 곳이 고구려의 명칭으로는 縣으로 나타난 곳도 있기 때문이다. 그리고 지리지 4에서 고구려의 군현명을 별도로 기록하고 있는데, 그 중 異稱은 고구려 토착명으로서 여기에도 縣의 칭

皇時(20~22) 廉斯鑡爲辰韓右渠帥 聞樂浪土地美 人民饒樂 亡欲來降 出其邑落 (중략) 來出詣含資縣 縣言郡”;『三國志』韓條, “桓靈之末 韓濊彊盛 郡縣不能制 民多流入韓國 建安中 公孫康分屯有縣以南荒地爲帶方郡.”

107)『三國史記』卷2, 新羅本紀2, 伐休尼師今 3年(186)條, “三年 春正月 巡幸州郡 觀察風俗 夏五月壬申晦 日有食之 秋七月 南新縣進嘉禾.”

108)『三國史記』卷4, 新羅本紀4 眞平王33년 10月條, “百濟兵來圍椴岑城百日 縣令讚德固守 力竭死之 城沒”.

109) 신라 縣制 수용시기에 대한 논의는 朱甫暾, 「二聖山城 出土의 木簡과 道使」,『慶北史學』14, 1991, 5~9쪽에 상세하다.

호가 부가된 예가 있다. 이러한 예들로 보건대 고구려에서 郡縣의 칭호가 사용되었을 가능성을 무조건 배제하기는 어렵다.110)

　王都 5部制와 지방 5方制로 설명되는 百濟의 경우, 520년·530년 단계에 22檐魯로 되었으며, 6세기 중반 단계에 方, 郡, 城이라는 통치 단위를 갖춘 5方制로서 확립되었다고 보고 있다.111) 그러나 백제도 고구려와 마찬가지로『三國史記』地理志에 백제식 고유지명을 가진 縣名들이 보이고 있어 백제 존립 당시 縣이 존재하였을 가능성(이 경우 城의 또 다른 표현이었을 것이다)을 배제할 수는 없다.

　사료Ⅳ-1-①에서의 縣도 加羅 당시의 표현일 가능성을 전혀 배제할 수는 없다. 그러나 기사 속의 ‘唐’이란 시대 착오적 표현 등으로 보아 (唐의 건국은 618년이다), 후대적 표현일 가능성이 높다. 7세기 이후 신라인의 인식에 의한 것이 아닐까 생각한다. 중요한 점은 비록 후대적 표현이라 하더라도 그들이 가라의 縣으로 표현할 수 있었던 대상이 존재했었다는 점이다. 즉 6세기대 가라에는 중앙의 지배가 미치는 지방이 존재했었음을 알 수 있는 것이다. 상호간의 존재 구조에 대해서는 알 수 없지만 이를 7세기대 신라인의 눈에는 縣的 존재로 비추어졌기 때문에 ‘縣’으로 표현한 것으로 생각된다.

　한편, 사료Ⅳ-1-②·③·④는 모두 7세기 중엽~8세기 전반대 일본 고대 천황주의의 이데올로기에 의해 왜곡된 것들이다. 따라서 이의 내용을 그대로 받아들일 수는 없다. 다만 Ⅳ-1-④의 경우는 당시 倭(日本)와의 직접적 관련성도 적을 뿐만 아니라,『三國史記』등의 우리측 기록들과 일치되는 면이 있으므로 활용이 가능하다.

　『日本書紀』에서의 縣은 神武天皇(B.C. 660~585) 때부터 나오기 시작하여 111회나 등장하고 있다. 대부분 ‘○○縣’, 또는 ‘○○縣主’으로

---

110) 林起煥,「高句麗 執權體制 成立過程의 硏究」, 경희대학교 박사학위논문, 1995, 155쪽 참조.

111) 金英心,「百濟 地方統治體制 硏究-5~7세기를 중심으로-」, 서울대학교 박사 학위논문, 1997.

표현되어 있으며, 일부 '縣邑', '國縣', '郡縣' 등의 모습으로 나오고 있다.

일본학계에서의 이러한 縣에 대한 연구는 이른바 大化前代(6·7세기)의 국가적 성격 문제와 관련하여 그 지배구조를 해명하고자 하는데 초점이 두어졌었다. 그 연구의 연원은 明治시대까지 거슬러 올라간다. 특히 1945년 이후 일본 고대사학계에서는 이에 대한 수많은 연구가 축적되었다. 그러나 '縣'制가 언제, 어떠한 정치적·사회적 배경 속에서 성립되었는가? 그리고 이 시기 部民制 및 國造制와는 어떠한 관계를 가지는가 등, 縣制에 대한 기본적 문제들에 대한 해명은 여전히 논란 중인 상태이다.112)

따라서 『日本書紀』속에 나오는 다른 縣의 용례 분석을 통해, 사료 Ⅳ-1-②·③·④에 보이는 縣들의 성격 파악을 시도하는 작업은 많은 한계가 있다. 그러나 『日本書紀』의 찬자들이 쓴 '縣'의 대략적 의미를 파악하는 데에는 일말의 도움을 얻을 수 있을 것으로 생각한다.

다음의 사료를 보자.

Ⅳ-1-⑫ : 8월 丙申朔 庚子, 東國 등의 國司를 임명하였다. 국사들에 詔하여, "천신의 명하신대로, 지금 처음으로 萬國을 다스리려고 한다. 그대들은 임지에 가서 무릇 국가의 소유인 공민들이나, 대소의 호족이 지배하는 사람들을, 다 호적을 만들고 논밭의 넓이를 조사하라. (중략) 만일 이름을 구하는 자가 있어, 원래의 國造, 伴造, 縣 稻置가 아닌데도 불구하고 허위로 소송하여, '우리 선조 때부터 이 관가를 영유하고, 이 郡縣을 다스렸다'라고 한 것을, 그대 國司는

---

112) 일본 고대국가 형성론과 직접적으로 관련성이 있는 이 문제는 일본고대사 연구와 그 궤적을 같이 하고 있다. 관련된 주요 연구 성과들에는 石母田正, 『日本の古代國家』, 岩波書店, 1971 ; 『石母田正著作集』 3, 岩波書店, 1989 ; 井上光貞, 「國造制의 成立」, 1951 ; 『井上光貞著作集』 3, 岩波書店, 1985 ; 門脇禎二, 『采女』, 中公新書, 1965 ; 平野邦雄, 『大化前代政治過程の研究』, 吉川弘文館, 1985 ; 吉田晶, 『日本古代國家成立史論』, 東京大學出版會, 1973 ; 山尾幸久, 『日本國家の形成』, 岩波新書, 1977 등이 있다.

162

허위대로 조정에 보고하면 안 된다. 상세하게 실정을 살핀 후에 보
고하라. 또 공지에 무기고를 만들고, 國郡의 刀, 甲, 弓, 矢를 수납
하고, 변두리에 가깝게 蝦夷와 접경인 곳에서는, 모두 그 무기를
헤아려 모으고, 전의 주인에게 보관시켜라. 倭의 6縣에 가는 사자
는 호적을 만들고 아울러 전답을 조사하라[墾田의 頃畝 및 민의
戶口, 연령을 검사하는 것을 말한다]. 그대들 國司여, 잘 알고서 퇴
출하라"라고 하였다.113)

이 기사는 中臣鎌足(나중에 藤原鎌足이 된다. 614~669)과 中大兄
皇子(626~671)가 645년 6월에 飛鳥 板蓋宮에서 蘇我入鹿을 죽이고
난 후의 새로운 정권이 실시한 개혁작업 중의 하나이다. 이른바 大化
改新으로 불리우는 일련의 개혁들은 孝德天皇 2년(大化 2, 646) 발표
된 4개조에 달하는 改新의 詔 발표 이전에 실시되고 있었다.

위의 사료에 보이는 것처럼, 東國에 사자를 파견하고(東國國司), 國
造 지배의 실태와 인구·田地을 조사하는 등 새로운 정책을 구체적으
로 시작했던 것이다.

위의 사료에 보이는 '縣稻置', '郡縣', '六縣'에서의 '縣'은 각기 다른
특성을 가진 縣으로 보이고 있는데, 우선 그 읽는 방법부터 차이가 있
다. '縣稻置'는 '코호리노이나키(こほりのいなき)'로 읽어 縣을 '코호리'
로 읽고, '郡縣'은 '코호리(こほり)'로 읽어 두 글자를 합하여 '코호리'로
읽는다. 반면, '六縣'은 '무쓰노아가타(むつのあがた)'로 읽어 縣을 '아
가타'로 읽고 있다.

---

113) 『日本書紀』卷 25, 孝德 大化 元年(645) 8月條, "八月庚申朔庚子 拜東國等
　　國司 仍詔國司等曰 隨天神之所奉寄 方今始將修萬國 凡國家所有公民 大小
　　所領人衆 汝等之任 皆作戶籍 及校田畝 (중략) 若有求名之人 元非國造·伴
　　造·縣稻置 而輒詐訴言 自我祖時 領此官家 治是郡縣 汝等國司 不得隨詐
　　便牒於朝 審得實狀而後可申 又於閑曠之所 起造兵庫 收聚國郡刀甲弓矢 邊
　　國近與蝦夷 接境處者 可盡數集其兵 而猶假授本主 其於倭國六縣被遣使者
　　宜造戶籍 幷校田畝[謂檢覈墾田頃畝及民戶口年紀] 汝等國司 可明聽退".

통설적 견해에 의하면, 고대 일본에서의 '縣'은 (1) 天皇의 直領地라는 설과 (2) 國縣制라는 2단계의 지방구획에 있어서 하급의 그것이라는 설이 있다. (1)은 위의 사료 속에 나오는 六縣이 바로 천황의 직령지라는 점에서 주장되고 있으며, (2)는 成務記(131~190)에 '定賜大國小國之國造 亦定賜國國之堺及大縣小縣之縣主(아가타누시)也'(a)와 成務5년 9月條에 '領諸國以國郡立造長 縣邑置稻置'(b)라고 되어 있는 점과 『隋書』倭國傳에 '有軍尼一百二十人 猶中國牧宰 八十戶置伊尼翼(翼은 冀의 誤記로 본다) 如今里長也 十伊尼翼屬 一軍尼'(c)라고 보이는 것에서 추측하고 있다.

『古事記』와 『日本書紀』의 성립 사정으로 미루어 보아 成務朝 때에 縣이 존재했다고는 볼 수 없지만, 『隋書』가 기록된 7세기 前半에는, 전국적으로 실시된 것은 아니라고 할지라도 國縣制가 실시되었다고 볼 수 있을 것이다. 단, 일본의 연구자들 중에는 『隋書』의 기재가 과장되어 있다고 보는 사람이 많다.114)

일본 고대사의 연구성과와 함께, 위 사료의 예로 보아도 일본 고대에서의 縣은 천황의 직령지로서 (1)과 國縣制에서의 하급 단위로서 (2)가 동시에 존재하고 있었다고 보여진다. 그리고 (1)에 대한 長의 명칭은 '縣主'이고 (2)에 대한 長의 명칭은 '縣稻置'이며, (1)에 대한 '縣'의 古訓은 '아가타(アガタ)'이고, (2)에 대한 古訓은 '코호리(コホリ)'란 점도 인정할 수 있을 것 같다. 이 점에 주의하여 앞의 사료Ⅳ-1-②·③·④의 縣에 대한 古訓을 살펴보자.

사료Ⅳ-1-②에서의 '縣邑'은 '아가타노무라(アガタのムラ)'라고 古訓되어 있으므로 『日本書紀』찬자가 이를 천황의 직령지로 인식하고 기록하였음을 알 수 있다.

사료Ⅳ-1-③에서의 '四縣'은 '요쓰노코호리(ヨツのコホリ)'라고 古訓되어 (2)의 의미로 적고 있음을 알 수 있다.

---

114) 坂本太郎 等 校注, 『日本書紀』下, 岩波書店, 1965, 569쪽 補注 8 참조.

사료Ⅳ-1-④에서의 '諸縣'은 '모로모로노아가타(モロモロのアガタ)' 라고 古訓되어 있다. 이는『日本書紀』찬자가 (1)의 의미로 파악하고 있었음을 알 수 있다.

본서에서 주목하는 것은 加羅國의 縣이다. 사료Ⅳ-1-②·③·④에서 가라국의 현으로 인정할 수 있는 것은 사료Ⅳ-1-④에서의 縣이다. 이를『日本書紀』는 '아가타'로 읽고 있으므로 (2)가 아닌 (1)의 의미로 썼음을 알 수 있다. 이는 가라국의 현이 중층구조를 가진 지방제도로서의 縣이 아니라, 가라국의 직령지로서의 縣이었을 가능성을 시사해 준다. 적어도『日本書紀』편자의 눈에는 그렇게 보였던 것이다.

加羅國이 왜 신라인들을 각 縣에 흩어 살게 했는지는 알 수 없지만, 어떠한 정치적 의도가 담겨 있었을 것이다. 그런데 정치적 의도가 있었다면 縣보다는 그 상위의 州나 郡에 두었을 가능성이 높다. 그런데도 縣에 두었다는 점은 그 상위의 州나 郡은 존재하지 않았다는 점을 시사해 준다. 따라서 이는 國(郡)縣制에서의 하층인 縣일 수 없다.

'縣'의 實在 모습은 신라 중고기 城(村)의 모습과 유사한 것으로 생각된다. 사료Ⅳ-1-①에서 省熱縣의 경우 小國의 중심지였던 적도 없으며, 비록 후대의 상황이지만 郡治가 된 적도 없었다는 점이 이를 시사한다.115) 사료Ⅳ-1-④에 보이는 刀伽·古跛·布那牟羅의 三城과 北境五城 등과 같은 城들이 바로 '縣'으로 표현된 실체였을 것이다. 따라서 가야에도 인근의 신라와 마찬가지로 城·村을 하부단위로 한 말단 지방체제가 있었을 것이다.116)

---

115)『三國史記』卷34, 雜志3 良州 獐山郡條, "獐山郡 祇味王時 伐取押梁[一作督]小國 置郡 景德王改名 今章山郡 領縣三 解顔縣 本雉省火縣[一云美里] 景德王改名 今因之";『世宗實錄』卷150, 地理志 慶尙道 大丘郡 屬縣條, "解顔縣 本雉省火縣[一云 美里] 景德王 改今名 爲獐山郡領縣 顯宗戊午 皆 屬慶州任內 恭讓王二年庚午 始置壽城解顔兼監務 本朝 太祖三年甲戌 革監務爲大丘任內 歷一世而還屬慶州 太宗十四年甲午復屬大丘".

116) 新羅의 지방지배체제에 대해서는 朱甫暾,『新羅 地方統治體制의 整備過程과 村落』, 신서원, 1999가 참고된다.

　이상 加羅國의 성장과 발전에 대해서 알아보았다. 주요 논점들을 정리하면 다음과 같다.

　삼한시대 고령지역 정치체의 위상은 현재까지 나타나는 고고학적 양상 등으로 보아 미미했던 것 같다. 그런데 현 학계에서는 小國의 실체를 인정하고 그 국명에 대해서 彌烏邪馬國, 혹은 半路國으로 칭하고 있다. 그러나 양쪽 모두 그 근거가 약함으로 인정할 수 없었다. 加羅國이 가야후기의 주도국으로 등장하게 된 배경은, 4세기 후반 백제 및 倭가 행한 육로개척이 중요한 것이었다. 이를 기화로 세력권하의 야로 鐵 및 농업 생산물이 加羅國의 성장기반으로 작용하였다.

　加羅國의 팽창은 그 토기 분포권으로 보아 합천, 거창, 함양, 산청, 남원 동부지역, 진주, 하동, 사천, 고성지역까지 이루어진다. 함안권을 제외한 낙동강 이서의 경남지역과 전라도 일부지역이 포함된다. 물론 이들 지역과 가라국과의 관계는 일률적이지는 않았을 것이다.

　또한 史書上 보이는 가야 ‘縣’의 존재를 중시하고, 그 위치와 성격을 고찰해 보았다. 기존의 연구들에서는 省熱縣의 위치를 현 의령군 부림면 일대로 비정해 왔었다. 이를 비판하고 현 대구광역시 불로동 지역으로 비정했다. 이는 가라국이 한때 낙동강 이동 지역인 대구까지 그 영향력을 행사했음을 보여주는 것이다. 그 관계에 대한 보다 구체적 논의는 향후 연구과제로 할 수 있을 것이다.

　加羅國 縣의 정치적 성격은 주변 각국의 현 설치시기와 그 성격을 고려해 볼 때, 郡縣制하의 縣으로 보기 어렵다는 결론을 내렸다. 그 縣의 실체는 城(村)이었을 것으로 판단했다.

　南加羅, 安羅國 등과 같이 대부분의 가야제국이 삼한 소국단계부터 비교적 두각을 나타내면서 성장·발전해 나갔던 것에 비해 加羅國의 경우는 달랐다. 지금까지의 자료로 보는 한 삼한시대 고령지역의 정치세력은 미미한 존재였던 것으로 보인다. 이러한 고령세력이 5세기대 이후부터는 후기 가야제국을 주도하는 세력으로 성장하게 되는 것이다. 그 성장기반에 대해서 본서에서는 철 산지의 확보와 교역로상의 주요 거점 확보 및 안정된 농경지를 들었다. 그러나 이는 다른 가야지역과 비교해 볼 때 그다지 차별성이 인정되지 않는다. 즉 이 정도의 성장기반은 다른 가야 지역에도 있었던 것이다. 5세기대 이후 加羅國이 급성장하게 되는 이유는 본서에서 밝혀내지 못한 또 다른 이유가 있었을 지도 모르겠다. 그러나 수긍할 만한 견해가 나오기 전까지는 이러한 성장과 발달 유형을 가야제국의 성장·발달유형 중의 한 유형으로 설정할 수 있을 것이다.

2. 安羅國

1) 國名과 역사지리적 환경

安羅國에 대한 연구는 김해와 고령 가야세력 중심의 연구 경향을 반성하고, 가야 個別 各國史硏究에 관심을 가지기 시작한 1990년대 이후부터 본격적으로 진행되었다. 權珠賢의 석사학위 논문에서 대략적인 윤곽이 드러난 安羅史는 이후 많은 연구자들에 의해 조명되어졌다. 최근에는 安羅國史를 전론으로 한 박사학위논문까지 제출된 바 있다.117) 고고학적 연구도 활발히 이루어지고 있는데 함안 주변의 대학 박물관과 창원문화재연구소 등이 연구의 중심이 되고 있으며, 개별 연구자들의 성과도 속속 발표되고 있다.118)

---

117) 權珠賢, 「阿羅加耶의 成立과 發展」, 『啓明史學』 4, 1993 ; 「安邪國에 대하여 -3세기를 중심으로-」, 『大丘史學』 50, 1995 ; 金泰植, 「咸安 安羅國의 成長과 變遷」, 『韓國史硏究』 86, 1994 ; 南在祐, 「安羅國의 成長과 對外關係 硏究」, 성균관대학교 박사학위논문, 1998.

118) 김정완, 「함안권역 도질토기의 편년과 분포변화」, 경북대학교 석사학위논문, 1994 ; 이주헌, 「함안지역 고분문화의 조사와 성과」, 『加羅文化』 12, 1995 ; 「토기로 본 安羅와 新羅」, 『加耶와 新羅』, 김해시, 1998 ; 金亨坤, 「阿羅伽耶

이러한 安羅國에 대한 관심과 연구성과는 가야사를 김해와 고령 중심의 연맹체만으로 설명하는 논의에 대한 반성을 촉구하게 되었다고 볼 수 있다. 본절에서는 기존 연구성과를 토대로 安羅의 史的 전개과정을 살펴볼 것이다. 이는 安羅 자체의 역사를 밝혀봄은 물론, 기존 단일연맹체론의 문제점을 상기시키는 계기가 될 것이다.

현 함안지역에 존재했던 小國은 安邪國으로 확인된다.119) 『三國志』韓條에 보이는 諸國의 위치 비정에 대해서는 논란이 많지만 安邪國을 함안지역에 존재했던 소국으로 비정함에는 이견이 없다. 安邪國은 삼한 소국들 중에서도 '加優呼'한 國으로 보이는 만큼,120) 소국에서 지역연맹체단계를 거치면서 주변 소국들을 이끄는 주도국 중의 일국이었던 것으로 판단된다.

이러한 安邪國이 지역연맹체단계를 거쳐 安羅단계로121) 성장하게 되는데, 그 국명은 다양한 형태를 보이고 있다. 『三國史記』地理志에는 阿尸良國과 阿那加耶,122) 列傳 勿稽子傳에는 阿羅國, 『三國遺事』五伽耶條에는 阿羅伽耶, 『日本書紀』에서의 安羅123) 阿羅,124) 등의 모

의 形成過程研究-考古學的 資料를 중심으로-」, 『加羅文化』 12, 1995 등이 있다.

119) 『三國志』韓條.

120) 『三國志』韓條, "(상략) 臣智或加優呼 臣雲遣支報 安邪踧支 濆臣離兒不例 拘邪秦支廉之號".

121) 여기서 安羅단계라함은 安羅 지역연맹체단계에서 보다 진전된 國의 형태를 의미하며, 이 시기부터 安羅라는 國名을 사용했다는 의미는 아니다. 이 단계를 古代國家단계로 볼 수 있는가는 5장에서 별도로 논하기로 한다.

122) 『三國史記』卷34, 雜志3 康州 咸安郡條, "咸安郡 法興王以大兵滅阿尸良國 [一云阿那加耶] 以其地爲郡 景德王改名 今因之 領縣二 玄武縣 本召彡縣 景德王改名 今召彡部曲 宜寧縣 本獐含縣 景德王改名 今因之".

123) 『日本書紀』에 보이는 安羅의 용례는 神功紀 49년조의 이른바 가야 7국 평정 기사 속의 '安羅'를 필두로, 繼體紀에 6회, 欽明紀에 26회(安羅, 安羅日本府, 安羅人, 安羅王, 安羅國 등의 형태로 보임) 등 모두 33예가 보인다. 한편, 광개토왕릉비문 속에서도 '安羅人戍兵'의 형태로 '安羅'가 3회나 보이고 있으나, 이를 국명으로 볼 것인지 하는 문제가 있다.

습으로 확인된다. 『梁職貢圖』의 前羅[125]는 安羅로 보는 설[126]도 있지만, 慶山의 押督國으로 비정하는 설[127]과 김해의 南加羅로 비정하는 설[128] 등이 있어 安羅의 異稱으로 확정하기 어렵다.

이들 중 '某가야'의 형태는 가야연맹 존재 당시의 이름이 아니라 新羅末 高麗初에 생겨난 이름으로 추정한 견해[129]가 타당하다고 인정되며, 阿尸良에서의 '尸'는 古語에 사이시옷 'ㅅ'의 표기로 阿尸良은 '아ㅅ라'를 표기한 것이고, 이는 阿那, 또는 阿羅로도 표기된 것으로 보인다.[130] 따라서, 阿尸良, 阿羅, 阿那, 安羅 등은 모두 '아ㅅ라'라는 國을 표기한 음차 혹은 훈차한 것으로 볼 수 있다. 현대음을 기준하여 볼 때 사이시옷은 'ㄹ'받침의 음가를 나타내는 것이므로 '아ㅅ라'는 '알라'로 읽혀진다.[131] '알라'의 음차자로 가장 가까운 것은 '安羅'로 보여지므로, 현 함안 지역에 있었던 국명으로는 '安羅' 또는 '安羅國'으로 표기함이 가장 적절한 것으로 여겨진다.

함안군의 지형은 南高北低의 분지형이다. 남동쪽으로 해발 500~800m 전후의 산들이 창원, 마산, 진주와 경계를 이루며, 북동쪽으로는 낙동강과 남강이 합류하는 남쪽에 위치하고 있다. 남강으로서 의령군

---

124) 安羅國을 지칭하는 阿羅는 欽明紀에 1회, 推古紀에 1회 보이고 있다.

125) 『梁職貢圖』, 百濟國使臣圖經, "普通二年(521)其王餘隆遣使奉表云 (중략) 旁小國有叛波 卓 多羅 前羅 斯羅 止迷 麻連 上己文 下枕羅等附之".

126) 金泰植, 「6세기 전반 加耶南部諸國의 소멸과정 고찰」, 『韓國古代史硏究』1, 1988, 204쪽, 각주 97.

127) 李弘稙, 「梁 職貢圖 論考-특히 百濟國 使臣 圖經을 중심으로-」, 『高大60周年紀念論文集 (人文科學篇)』, 1965 ;『韓國古代史의 硏究』, 新丘文化社, 1971, 416~417쪽.

128) 武田幸男, 「文獻よりみた伽耶」, 『伽耶文化展』, 東京國立博物館, 1992, 16쪽의 有力伽耶諸國名의 對照表.

129) 金泰植, 「加耶의 社會發展段階」, 『한국 고대국가의 형성』, 한국고대사연구회편, 1990, 55~56쪽 ; 앞의 논문, 32~37쪽.

130) 金廷鶴, 「加耶史의 硏究」, 『史學硏究』 37, 1983, 57쪽.

131) '尸'가 外破의 r, 즉 rV의 표기에 차용됨은 李炳銑, 『韓國古代國名地名硏究』, 螢雪出版社, 1982, 213~223쪽 참조.

과, 낙동강으로서 창녕군과 각각 경계를 이루고 있다. 이러한 지형 조
건은 외부로부터의 방어에 유리했을 것이다.

　남쪽의 산지에서 발원한 크고 작은 溪谷流水를 이용한 곡간평야들
과 남강·낙동강의 배후 저습지를 이용한 농경이 安羅의 기반이 되었
을 것이다. 그리고 낙동강·남강을 이용한 교통로 확보와 교통의 결절
점을 이용한 경제적 이익 등도 安羅의 주요 성장기반이었을 것이다.
자연 지리적 여건으로 볼 때 함안 지역에 존재했었던 安羅는 가야 개
별국의 특성을 잘 보여주고 있다고 할 수 있다.

　安羅國은 『三國志』 韓條의 安邪國이 그 모체가 되었을 것으로 본
다. 『三國志』 韓條의 '臣智或加優呼 臣雲遣支報·安邪踧支·濆臣離
兒不例·狗邪秦支廉之號' 기사로 미루어 보아 당시 변한 사회를 주도
했던 한 세력으로 생각된다. 安邪國 단계의 人口는 大國인 4~5千 家
로 추정할 수 있다.132) 安邪國의 형성시기를 말해주는 자료는 없지만,
남부 지방에 철기보급이 일반화되는 기원전 2세기에서 기원 전후한 시
기로 볼 수 있을 것이다.

　김형곤의 검토에 의하면, 함안지역의 유적분포현황은 ① 함안분지
권, ② 군북권, ③ 칠원권으로 대별해 볼 수 있다고 한다.133) 그리고 함
안분지권을 세분하면, 신석기시대 유적 1개군→청동기시대 5개군→삼
한·가야시대 13개군으로, 군북권은 청동기시대 2개군→삼한·가야시
대 10개군, 칠원군은 청동기시대 4개군→삼한·가야시대 7개군으로 시
기별 유적 분포현황을 알 수 있었고, 이를 함안군 전체로 총괄해 보면
신석기유적 1개군→청동기시대 11개군→삼한·가야시대 30개군으로
파악되어 현재 가야읍의 도항리·말산리·신음리·가야리 일대의 거
대고분군을 형성한 '아라가야' 정치체는 이전 시기의 충실한 문화적 토

---

132) 『三國志』 韓條, "大國四五千家 小國六七百家".
133) 김형곤, 「阿羅伽耶의 形成過程 研究-考古學的 資料를 중심으로-」, 『加羅文
　　化』 12, 경남대학교 가라문화연구소, 1995, 53쪽.

대 위에서 형성된 것으로 파악하였다.[134)

삼한소국 단계의 安邪國은 이후 지역연맹체 단계를 거쳐 고대국가로 발달하고[135) 멸망할 때까지 문헌에서도 꾸준히 등장한다.

2) 성장의 계기와 권역

(1) 성장의 계기

安邪國이 소국 단계에서 지역연맹체로 나아가는 시점은 타 지역연맹체보다 조금 빨랐을 가능성은 있다. 이는 김해의 남가라 지역연맹체의 경우도 마찬가지인데, 이들은 모두 삼한시기부터 두각을 나타냈던 國들이다.[136)

'桓靈之末 韓濊彊盛 郡縣不能制 民多流入韓國'의 기사를 중시한다면, 後漢 말 이미 삼한의 주요 중심국들은 주변 소국과 연맹의 형태를 추진하고 있었던 것으로 볼 수 있을 것이다. 따라서 가야지역에 있어서 지역연맹체의 본격적 형성은 3세기 중·후엽 무렵부터라고 하더라도, 김해와 함안 지역에 있어서는 2세기 말엽경으로 소급시켜 볼 수 있을 것이다.

3장에서 3세기 중·후반에서 4세기초의 한반도 남부지방은 3개군의 지역연맹체가 존재하였다고 하였다.[137) 김해의 남가라 지역연맹체와 古自國을 중심으로 한 浦上八國 지역연맹체, 함안의 安羅 지역연맹체였다.

이 중 남가라 지역연맹체의 경우 동일 토기 문화권으로 그 범위를

---

134) 위와 같음.

135) 이에 대해서는 5장에서 상술한다.

136)『三國志』韓條, "臣智或加優呼 臣雲遣支報 安邪踧支 瀆臣離兒不例 拘邪秦
    支廉之號".

137) 한편 이 시기 북부 가야지역에 대해서는 자료의 결핍으로 잘 알 수가 없다.
    지금까지의 자료로 보는 한, 문헌적으로나 고고학적으로 두드러진 세력이 보
    이지 않는 점으로 미루어 보아 小國 병립의 상태였을 것으로 추정한다.

설정해 보았으며, 영역범위는 김해지역을 중심으로 동북으로는 양산 남쪽의 이른바 황산진을 포함한 양산지역, 부산 복천동, 화명동, 북으로는 남지 남쪽의 낙동강 경계, 서로는 경남 창원을 그 경계로 보았다. 浦上八國은 고성, 사천지역을 중심으로 한 남해안 지역과 진주 주변 지역을 포괄하며, 安羅 지역연맹체의 경우 그 연맹의 범위는 함안 분지권과 군북권을 넘지 않은 것으로 보인다.

安羅가 가야제국 중 비교적 강력한 國으로 성장한 것은 그 영역이 함안분지 정도에 머물러 있다가 浦上八國의 일원이었던 칠원의 柒浦國 등의 병합 및, 진동만을 통한 해안으로의 진출이 가능했기 때문으로 여겨진다. 즉 3세기 중·후엽에서 4세기 전반대의 시기에 일어났던 浦上八國 전쟁의 결과 安羅는 획기적 성장을 이루게 되었던 것이다.

소국 분립 상태(3세기 중엽 이전)에서 지역연맹의 상태로 나아가는 시기인 3세기 중·후엽 4세기 전반대의 시기는 한반도 남부 지방에 있어서 급변기라고 할 수 있다. 연맹체를 결성하여 전쟁을 통해 주변 지역으로의 진출도 시도한 시기였다. 그러한 상황을 잘 보여 주는 것이 浦上八國 지역연맹체가 일으킨 전쟁이었다.

관계기사에 대해서는 3장의 3절 1항에서 검토한 바 있다. 그 결과에 의하면, 『삼국사기』 물계자 열전에 보이는 '阿羅'는 '加羅'에 대한 誤記가 아니라 사료에 있는 그대로 봄이 옳다고 하였다. 즉 安羅는 浦上八國 전쟁을 배후에서 주도한 국으로 볼 수 없으며, 오히려 浦上八國에 의해 공격당한 쪽이었다. 浦上八國이 모의하여 阿羅國을 공격하자 아라국이 신라에 사신을 보내어 구원을 요청하고, 신라는 이에 王孫인 㮈音으로 하여금 近郡 및 六部의 軍隊를 보내어 팔국의 兵을 물리치고 아라국을 구하는 상황으로 해석되는 것이다. 阿羅는 安羅(國)의 異表記로서 이때의 安羅(阿羅)는 지역연맹체단계로 인식된다. 신라의 도움이[138) 있기는 하였으나 결과적으로는 安羅가 승리하였던 것이다. 이

---

138) 신라의 도움을 부정할 수는 없지만, 군대의 규모에 대해서는 알 수 없다. 특

는 安羅가 浦上八國연맹에 대적할 만한 역량이 있었던 것으로 보아야 할 것이다. 그것은 安羅가 소국단계를 벗어난 연맹체단계가 되어야 가능했을 것이기 때문이다.

이후 安羅國 성장의 계기도 이 전쟁에서 구할 수 있을 것 같다. 浦上八國이 전쟁을 일으킨 목적은 安羅지역으로의 진출이었다. 그들이 가지고 있는 입지조건상 교역에는 좋은 조건을 가지고 있었지만, 海上으로부터의 외세 침입에 대비할 수 있는 안전지대와 농경지의 확보, 내륙지역에 대한 교역망의 확보가 필요했던 것이다. 浦上八國은 이러한 조건을 보충하기 위해, 그들 주변에 있으면서 호조건을 갖춘 安羅로 진출하고자 했던 것이다.

그러나 결과는 浦上八國의 패배로 나타났다. 이는 역으로 戰勝國 安羅의 해안으로의 진출과 함께 浦上八國 중의 일부 국이 安羅의 영향권 속에 들어오는 결과를 가져왔다고 보여진다. 3세기 중·후엽~4세기 전반대 安羅의 성장은 이러한 전개 과정 속에서 이루어지게 되었던 것이다. 즉 칠원지역의 장악과 진동만으로의 진출은 安羅가 바다를 통해 해외로 나아갈 수 있는 발판을 마련한 것이다. 이후 安羅國은 이미 확보하고 있던 성장 잠재력 위에 浦上八國이 가지고 있던 장점이 결합됨으로 해서 급속한 성장을 이루는 것으로 보인다.

4세기대 이후 함안지역에서 南加羅圈뿐만 아니라 新羅系 및 倭系 등 외래계 토기문화의 양상이 다양하게 보이는 것도[139] 해상을 통한 교역이 가능했던 까닭이었다. 그리고 지역연맹체에서 고대국가로의 성장은 연맹지역에 대한 장악력의 강화 속에서 이루어졌을 것이다. 安羅의 경우 그 시기는 5세기초 이후로 생각된다. 그 논거는 말이산 고분군의 축조 시점을 기준한 것이다.

히『三國史記』는 신라 위주의 史書라는 점도 상기할 필요가 있다.

139) 이주헌,「阿羅伽耶에 대한 考古學的 檢討」,『가야각국사의 재구성』, 혜안, 2000, 265~283쪽.

安羅國 지배층의 묘역으로서 고총고분군 형성이 갖는 정치 사회적 의미는 크다. 이는 4세기대 이전 함안과 그 외곽지역에서 보이는 묘역의 형성과는 차원을 달리하는 것이다. 피지배층에 대한 지배층의 배타적 이데올로기가 작용한 것이다. 분산되어 있던 권력이 집중화를 보여주는 한 표징이며, 지배자 혹은 권력자 개인의 존재가 아닌 지배계층의 출현을 보여주는 것이다.

(2) 圈域

권역이란 史的전개 과정에 따라 부단히 변화하는 것이므로 시기별로 구분해서 설명할 필요가 있다. 安羅國의 권역도 마찬가지이다. 安羅의 권역에 대해서는 앞에서 부분적으로 설명한 바 있는데 이를 정리하면 다음과 같다.

小國단계에서는 지금의 함안 분지를 그다지 벗어나지 못했을 것으로 보이며, 주변의 칠원권과 鎭東灣으로의 진출은 浦上八國과의 전쟁에서 승리한 후로 보았다. 『日本書紀』의 기록으로 보아 6세기대 安羅國은 동북쪽으로 낙동강을 경계로 신라와 대치하고 있었음을 알 수 있다.140) 그리고 신라의 군현설치가 복속지역의 사정을 고려한 것으로 본다면 咸安郡의 속현으로 편재된 玄武縣과 宜寧縣 지역을 安羅 말기의 권역으로 볼 수 있을 것이다.141) 현무현은 지금의 함안 군북지역이며, 의령현은 지금의 의령읍 일대이다.

기존 연구에서 권역 설정의 잣대로서 사용한 바 있는 山城의 분포 양상이나 토기권의 분포양상 등에 대해서는 사실 문제를 제기할 수 있다. 즉 山城의 축조 연대가 확인되지 않은 상태란 점과 산성은 권역보다는 지형 지물을 이용하여 축성된다는 점 때문에 산성의 위치만으로

---

140) 『日本書紀』 卷19, 欽明 5年(544) 11月條, "竊聞 新羅安羅 兩國之境 有大江水 要害之地也".

141) 『三國史記』 卷34, 雜志3 康州 咸安郡條.

는 권역 설정에 한계가 있다. 토기의 분포상은 문화상과 정치적 양상
이 일치하는가라는 근본적 의문을 제기할 수 있다. 현 고고학계에서는
일반적으로 동일시하는 분위기지만 회의적인 연구자도 있다. 이 문제
는 출토량 및 공반유물 상황을 충분히 고려한 후 결정해야 하지만, 어
느 정도 정치적 양상을 반영한다고 보아도 무방할 것이다.

　5세기대 安羅의 권역을 상정해 볼 수 있는 것은 화염문투창고배의
분포지역이다(<그림 7>). 그리고 이를 토대로 安羅國의 권역을 설정
해 본 것이 <그림 8>이다.

<그림 7> 火焰文透窓高杯 출토지역 분포도[142]

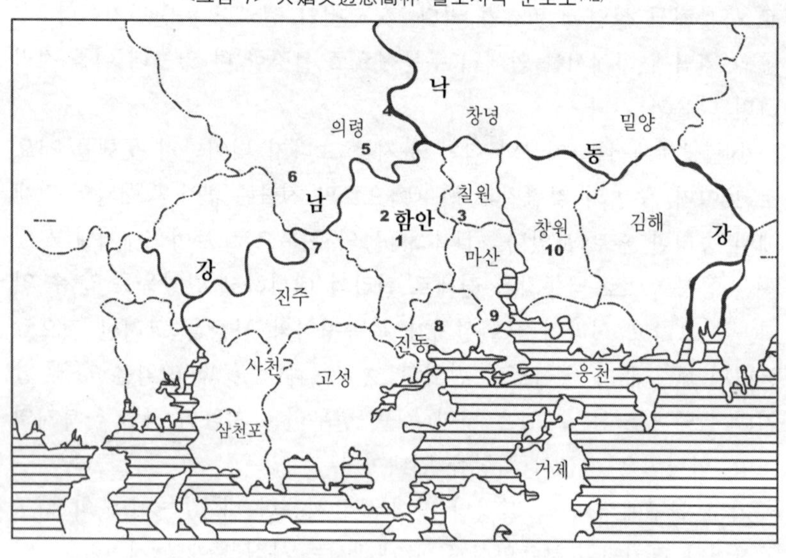

1. 함안 도항리·말산리 고분군　　2. 함안 사내리 고분군
3. 칠원 오곡리 고분군　　　　　　4. 의령 유곡리 고분군
5. 의령 예둔리 고분군　　　　　　6. 의령 봉두리 고분군
7. 진양 암사리 고분군　　　　　　8. 진북 대평리 고분군
9. 마산 현동 고분군　　　　　　　10. 창원 도계동 고분군

---

142) 南在祐, 앞의 학위논문, 138쪽에서 전재.

<그림 8> 安羅國의 圈域

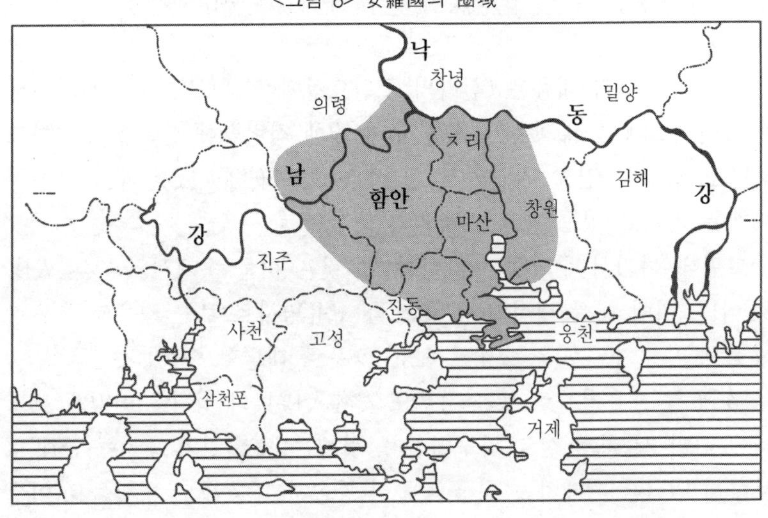

3) 5~6세기대 주변정세와 安羅國

⑴ '安羅人戍兵'에 대한 해석과 安羅國

5세기대 安羅의 모습을 보여주는 사료는 거의 없다. 다만 고구려 광개토왕릉비문상에 '安羅人戍兵'의 모습이 보이고 있어, 여기에서의 '安羅'가 安羅國과 같은 것이라면 5세기초 이후 安羅의 모습을 유추해 볼 수는 있을 것이다. 그러나 먼저 비문 속의 '安羅'가 安羅國을 의미하는 지를 검토해 보아야 할 것이다.

Ⅳ-2-①：十年庚子 敎遣步騎五萬 往救新羅 從男居城 至新羅城 倭滿其中 官軍方至 倭賊退 □□背急追 至任那加羅從拔城 城卽歸服 ⓐ安羅人戍兵 拔新羅城□城 倭寇大潰 城□□□盡□□□ ⓑ安羅人戍兵 新□□□□□其□□□□□□□□□言□□□□□□□□□□□□□□□□□□□□□□□□□□□□辭□□□□□□□□□□□□□□□□潰□□□□ ⓒ安羅人戍兵 昔新羅寐錦 未有身來論事 □國罡上廣

開土境好太王□□□□寐錦□□僕勾□□□□朝貢.[143]

　　기사의 대략적 내용은 (신라의 구원요청에 의해)고구려의 광개토왕은 庚子年(400년)에 步騎五萬을 보내 倭에 점령당한 신라를 구원하고 한반도 남부의 김해 지역까지 진출하며[144] ‘安羅人戍兵’과도 모종의 관계를 가지고 있는 것으로 보인다.

　　그런데 여기서 주의해서 보아야 할 것은 비문 속에서의 ‘安羅人戍兵’이다. 이에 대한 해석에는 ‘安羅’를 고유명사로 보는 경우와 고유명사로 보지 않고 ‘安’을 술어로 보는 경우로 대별할 수 있다.

　　‘安羅’를 고유명사로 보는 경우도 安羅人戍兵의 성격을 어떻게 보느냐에 따라 세 가지 설로 나누어진다. 첫째는 ‘安羅인의 지키는 군대’로 보아서 임나를 지배하는 왜군 장군이 통솔하고, 安羅인 병사들로 이루어진 군대로 보는 경우이다.[145] 이른바 임나일본부설과 관련하여 왜의 임나 통치를 역사적 사실로 보는 일본학계 구설이라 할 수 있다. 둘째는 安羅人戍兵을 함안 安羅인으로 구성된 수비병으로 본다는 점에서는 마찬가지이나 이들을 ‘任那日本府의 傭兵’으로 보지 않고 ‘백제를 돕는 동맹군’으로 보는 견해이다.[146] 셋째는 최근의 신설로 ‘고구려군

---

143) 韓國古代社會硏究所 編,『譯註 韓國古代金石文』제1권, 1992, 12쪽의 判讀文을 참고함.

144) 비문에 나오는 ‘任那加羅’의 위치를 고령의 가야세력으로 볼 경우, 고구려군의 부산·김해지역으로의 진출은 부정될 수 있으나, 본서는 비문 속의 ‘任那加羅’를 당시 부산·김해지역을 중심으로 존재했던 가야로 보는 입장을 갖는다(1장 참조).

145) 管政友,「高麗好太王碑銘考」,『史學雜誌』24(2-11), 1891, 49~50쪽 ; 那珂通世,「高麗古碑考」,『史學雜誌』49(4-12), 1893, 33쪽 ; 末松保和,『任那興亡史』, 吉川弘文館, 1956, 74쪽.

146) 김석형,『초기조일관계연구』, 1966/『고대한일관계사』, 한마당, 1988, 406쪽 ; 千寬宇,「復元加耶史」(중),『文學과 知性』29, 1977/『加耶史硏究』, 一潮閣, 1991, 27쪽 ; 金廷鶴,「加耶史의 硏究」,『史學硏究』37, 1983, 5쪽 ; 李永植,「加耶諸國의 國家形成問題」,『白山學報』32, 1985/앞의 책, 171~172쪽 ; 延

가야의 태동

원형점토대토기단계의 토기들(기원전 4~3세기)

토기 각종(土器 各種, 대구 팔달동)

철제 공구(斧 · 鑿 · 鎌, 대구 팔달동)

원형점토대토기(圓形粘土帶土器, 김해 대청)

삼각형점토대토기(三角形粘土帶土器, 사천 늑도)

남가라국

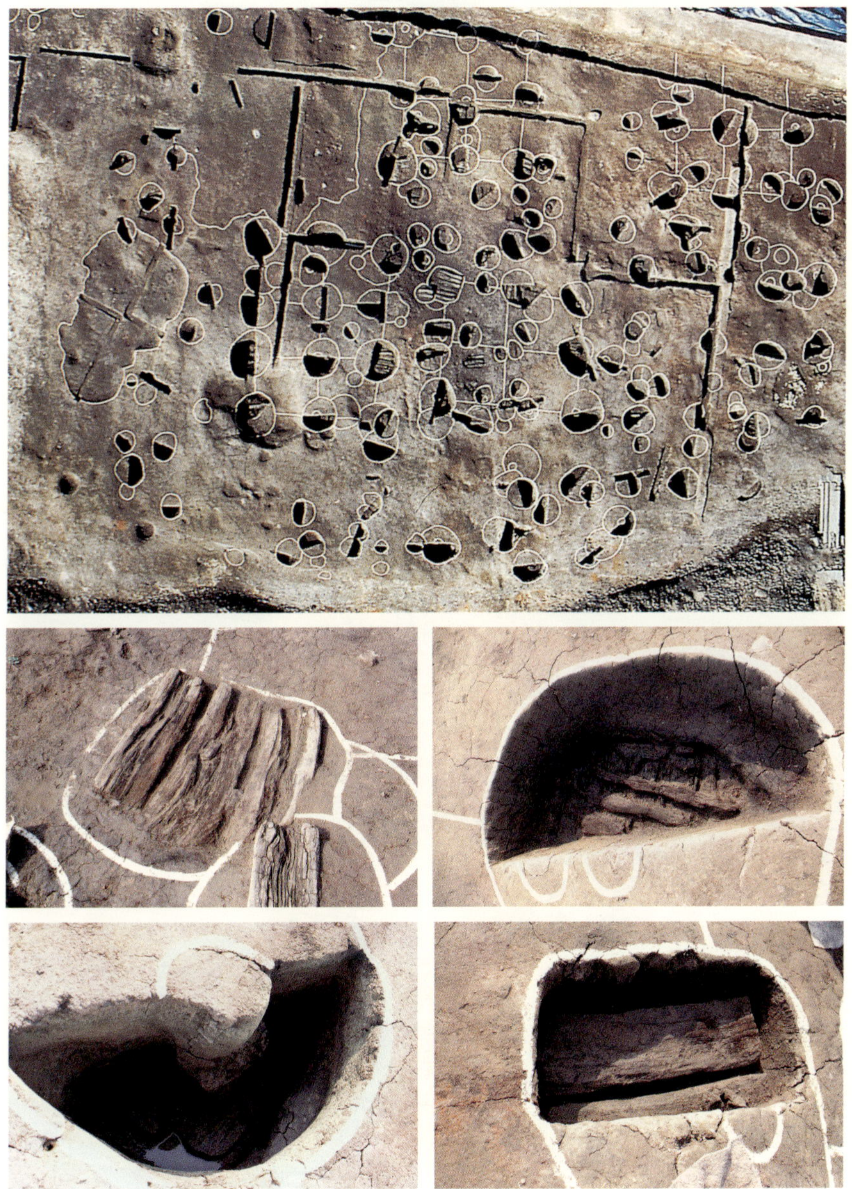

김해 봉황대유적 굴립주 건물군과 세부사진

목곽묘(木槨墓, 김해 대성동 39호분)

통형동기(筒形銅器, 金海 大成洞 39號墳)

그릇받침(器臺, 김해 대성동 1호분)

말투구(馬冑, 부산 복천동 10 · 11호 부곽)

판갑옷(板甲, 김해 두곡 43호분)

가라국

고령 지산동고분군(高靈 池山洞古墳群)

합천 매안리가야비(梅岸里加耶碑)

고령 고아동고분의 벽화(壁畵)

뚜껑있는 굽다리 접시(有蓋高杯, 고령)

고사리문양 손잡이토기(臺附把手壺, 고령)

안라국

함안 말이산고분군(咸安 末伊山古墳群)

함안 묘사리 윗장명 가야토기 가마터(苗沙里 윗長命)

함안 마갑총 출토상태(馬甲塚)

수레바퀴모양토기(함안 말이산 4호분)

투구(함안 도항리 〈文〉36호분)

미늘쇠(함안 도항리 〈慶〉13호분)

단야구(창원 반계동 25호분)

고자국

토기각종(土器各種, 고성 내산리)

발걸이(鐙子, 고성 내산리 34호분)

목걸이(頸飾, 고성 내산리 34호분)

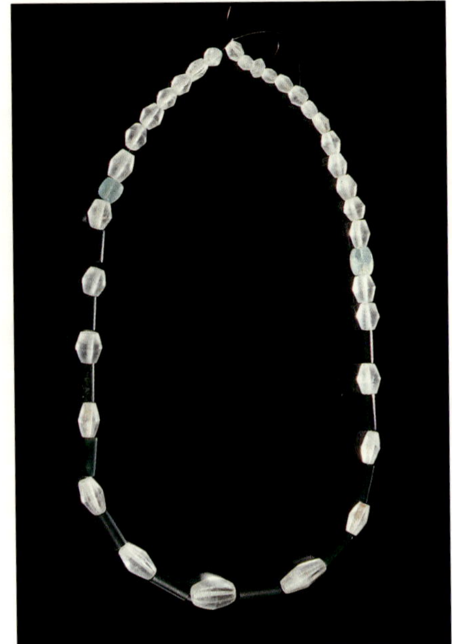

다라국

합천 옥전 M3호분 노출상태

합천 옥전고분군(陜川 玉田古墳群)

토기각종(土器各種, 산청 옥산리)

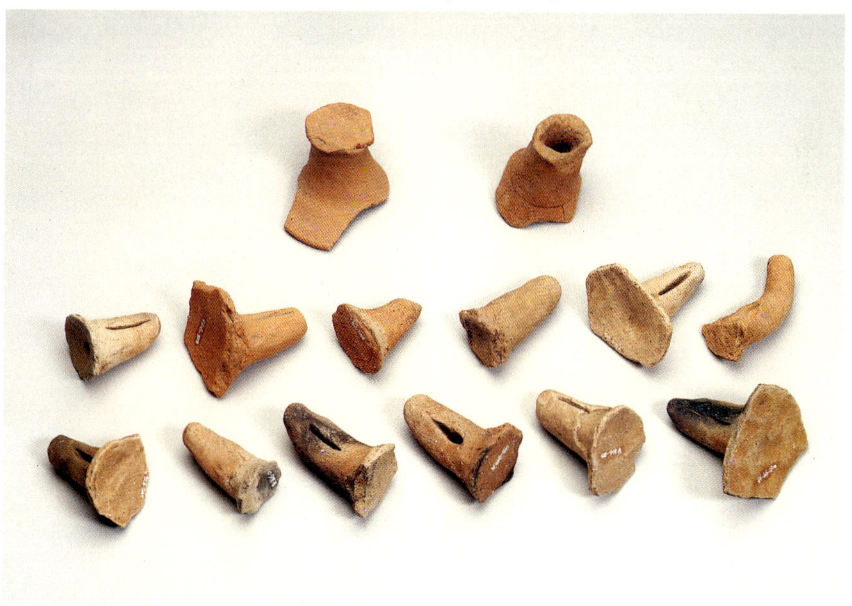

제사토기(산청 옥산리 1−97호분)

산청 중촌리고분(1호분 연도)

을 돕는 동맹군'으로 보는 설이다. 앞의 설들이 모두 고구려 군대에 맞
서는 성격의 군대로 본 것과는 달리 安羅의 군대가 고구려군과 동맹하
여 백제-왜-임나가라군과 싸우는 것으로 해석하는 것이다.[147]

  '安羅人戍兵'에서의 安羅를 함안의 安羅國으로 보는 설을 부정하고
'安'을 술어로 보아 '安'과 '羅人戍兵'을 띄어 읽는 해석의 시초는 중국
의 王健群이 열었다. 그는 과거 일본인 학자들이 '安羅人戍兵'을 임나
일본부의 용병이라고 한 해석을 억측이라 하면서 이 부분의 해석을
'(고구려 군대가 어떤 城을 탈취한 후) 신라인을 안치시켜 戍兵把守했
다.'로 해석하였다.[148] 이러한 해석은 高寬敏[149]에 의해 '(고구려)가 巡
邏軍을 안치하여 지키게 하였다.'로 해석되게 되었으며 최근 김태식의
補證이 있었다.[150]

  그러나 이러한 高寬敏설에 대한 반론도 만만찮아서 최근 延敏洙는
고구려가 자국의 군대를 '羅人'이라는 3인칭적 표기법을 취하지는 않
았을 것이라는 점과 함께, 비문에 의거하는 한 고구려 군대는 王師 또
는 官軍이지 羅人이 아니라는 점 등을 들어 羅人＝高句麗 巡邏兵설
을 반박하였다.[151]

  이 부분에 대한 해석을 文面에 입각해 해석해 보면 '安'을 동사로 해
석하는 것이 순리적으로 보인다.

敏洙, 「廣開土王碑文에 보이는 倭關係 記事의 檢討」, 『東國史學』 21, 1987,
   23쪽 ; 박진석, 『호태왕비와 고대조일관계연구』, 연변대출판사, 1993, 81쪽 ;
   權珠賢, 앞의 논문, 31쪽 ; 金鉉球, 『任那日本府硏究』, 一潮閣, 1993, 99쪽 ;
   白承忠, 「加耶의 地域聯盟史 硏究」, 부산대학교 박사학위논문, 1995, 236쪽.
147) 南在祐, 앞의 학위논문, 96~108쪽.
148) 王健群, 『廣開土王碑硏究』(林東錫譯), 역민사, 1985, 266~268쪽.
149) 高寬敏, 「永樂十年 高句麗廣開土王の新羅救援戰について」, 『朝鮮史硏究會
   論文集』 27, 1990.
150) 金泰植, 「廣開土王陵碑文의 任那加羅와 '安羅人戍兵'」, 『韓國古代史論叢』
   6, 한국고대사회연구소, 1994, 86~105쪽.
151) 延敏洙, 「廣開土王碑文에 보이는 對外關係」, 『韓國古代史硏究』 10, 韓國古
   代史硏究會 編, 1995, 245쪽.

  즉, 安羅人戌兵은 비문에 세 번 나타나는데, ⓑ의 경우는 앞뒤 결락이 심하여 잘 알 수 없지만, ⓐ와 ⓒ의 경우 문장의 끝부분에 위치하고 있음을 알 수 있다. 특히 ⓒ의 경우는 安羅人戌兵 다음 문장이 '昔新羅寐錦 未有身來論事……'로 되어 있기 때문에 ⓒ의 뒷쪽에서 끊어 읽어야만 한다. ⓐ의 경우는 앞쪽과 뒤쪽 어디에 끊어 읽어야 할 지 판단하기 어렵지만, 앞쪽에 끊어 읽으면 '安羅人戌兵'이 주어가 되어 이하의 문장을 이끌게 된다. 그럴 경우 해석은 '安羅人戌兵이 新羅城과 □城을 빼앗고, 倭寇를 크게 궤멸시키고……'로 된다. 이는 매우 어색하다. 왜냐하면 신라성은 이미 고구려군에 의해 왜군이 쫓겨난 상태인데, 다시 安羅國의 군대가 신라성을 뺏는다는 것은 맞지 않다. 그리고 戰線도 경주 근처가 아니라 김해의 임나가라를 지난 상태이다. 따라서 ⓐ는 뒤쪽에서 끊어 읽어야 한다. 그렇다면 ⓐ의 해석은 '(고구려군이) 任那加羅의 從拔城에 이르자 城이 곧 귀복해 오므로 羅人戌兵을 安置하였다.'로 하여야 할 것이다.

  '安'을 동사로 볼 경우, '羅人'을 新羅人으로 볼 것인가, 高句麗人으로 볼 것인가의 문제가 있다. 그런데 5세기대 고구려는 남부 지방에 그들의 군대를 주둔하고 있었음이 확인되어 주목된다.『三國史記』朴堤上傳[152]을 위시한 中原 高句麗碑[153]에서의 '新羅土內幢主',『日本書紀』雄略紀[154] 속에서의 구체적 사실 등은 고구려군이 신라영토 내

---

152)『三國史記』卷45, 列傳5 朴堤上傳, "遂徑入倭國 若叛來者 倭王疑之 百濟人 前入倭 讒言新羅與高句麗謀侵王國 倭遂遣兵邏戌新羅境外 會高句麗來侵 并擒殺倭邏人 倭王乃以百濟人言爲實".

153) 邊太燮,「中原高句麗碑의 內容과 年代에 대한 檢討」,『史學志』13, 1979.

154)『日本書紀』卷14, 雄略 8年(464) 春2月條, "八年春二月 遣身狹村主靑 檜隈 民使博德使於吳國 自天皇卽位 至于是歲 新羅國背誕 苞苴不入 於今八年 而大懼中國之心 脩好於高麗 由是 高麗王 遣精兵一百人守新羅 有頃 高麗 軍士一人 取假歸國 時以新羅人爲典馬[典馬 此云于麻柯比] 而顧謂之曰 汝 國爲吾國所破非久矣[一本云 汝國果成吾土非久矣] 其典馬聞之 陽患其腹 退而在後 遂逃入國 說其所語 於是 新羅王乃知高麗僞守 遣使馳告國人曰

주둔했었음을 보여주는 것이다.

그러면 고구려군이 배치된 곳은 어디일까?

그것은 원칙적으로 사료 Ⅳ-2-①에서 찾아야 하지만 비문의 결락이 심하여 간단한 것은 아니다. 다만 어느 정도의 추정은 가능하다. 사료 Ⅳ-2-①에서 ‘安羅人戌兵’과 관련된 곳이 3곳이다. 하나는 ‘□□背急追 至任那加羅從拔城 城卽歸服 安羅人戌兵’ 부분으로 이곳은 비교적 결락이 심하지 않아 고구려군이 屯治된 곳이 任那加羅의 從拔城임을 알 수 있다. 여기에서도 任那加羅의 위치 문제와 함께 從拔城을 고유명사로 보지 않는 해석의 문제가 있긴 하나 任那加羅를 부산·김해지역에 위치했던 남가라로 보아 고구려군의 주둔지 중의 하나는 이 근처에 있었던 것으로 파악한다. 또 하나는 ‘拔新羅城□城 倭寇大潰 城□□□盡□□□ 安羅人戌兵’ 부분에서 찾아져야 한다. ‘安羅人戌兵’의 앞쪽이 결락되긴 했으나 첫머리의 ‘拔新羅城□城’으로 미루어 보아 당시 신라 영토내, 혹은 경주에서 가까운 지역으로 짐작된다. 마지막 한 곳은 ‘安羅人戌兵’만 명백할 뿐 그 앞뒤의 모두가 결락되어 전혀 짐작할 수 없다. 다만 앞의 ‘安羅人戌兵’과의 사이에는 59字(이 중 판독 가능자는 5字)나 되는 많은 글자가 있는 것으로 보아 고구려의 군사적 활동이 많았음을 짐작할 수 있다. 이 점은 신라 지역 혹은 남가라 지역에서 거리상 비교적 많이 떨어진 곳일 수 있다는 추측도 가능하리라고 본다. 고구려군의 진격로와 관련해 볼 때 남가라국 이서 남해안 지역일 가능성이 있다. 이에 대해서는 본장 4항에서 언급하도록 한다.

이상 살펴본 바에 의하면 광개토왕릉비문에 보이는 ‘安羅人戌兵’에서의 安羅는 安羅國으로 볼 수 없다. 그러나 당시 고구려군은 김해의

人殺家內所養鷄之雄者 國人知意 盡殺國內所有高麗人 惟有遺高麗一人 乘間得脫 逃入其國 皆具爲說之 高麗王卽發軍兵 屯聚筑足流城[或本云 都久斯岐城] 逐歌儛興樂 於是 新羅王 夜聞高麗軍四面歌儛 知賊盡入新羅地 乃使人於任那王曰 高麗王征伐我國 當此之時 若綴旒然 國之危殆 過於累卵 命之脩短 太所不計 伏請救於日本府行軍元帥等”.

196

남가라를 넘어서 그 以西 남해안 지역까지 진출했으므로 함안의 安羅
國도 이에 직·간접적으로 참여했음은 분명하다 하겠다. 그리고 5세기
대 安羅國의 모습을 보여주는 기록은 없지만, 이 시기 安羅國은 그들
지배자 집단의 무덤인 말이산고분군의 웅자를 통해 가늠해 볼 수 있
다.155)

⑵ 6세기대 주변정세와 安羅國

6세기대 安羅國은 남부 가야제국들을 주도해 가면서 東쪽과 西쪽에
서 蠶食해 들어오는 新羅와 百濟에 대하여 군사적 또는 외교적으로
대항하였다. 그리고 倭와도 활발한 외교적 접촉을 하고 있음이 사료에
보인다.

安羅의 대외관계에 대해서는 安邪國 단계의 對二郡 관계, 3세기말
~4세기초에 일어난 것으로 보이는 浦上八國전쟁 기사에서 보이는 주
변 浦上八國과 신라와의 관계, 5세기초 고구려 남정 때의 대외관계 등
간간이 그 면모를 살펴볼 수 있는 자료는 있다. 그러나 5세기대까지의
자료는 그 편린일 뿐 구체적 모습을 엿볼 수 있는 자료는 없다고 보아
야 할 것이다. 그러나 6세기대가 되면 사정이 달라진다.『日本書紀』
繼體·欽明紀에는 가야지역을 둘러싼 주변국들 즉 고구려, 백제, 신라,
왜 등의 제국들이 서로 각축을 벌이는 모습들이 비교적 풍부히 실려
있다. 이른바 任那日本府 관계기사들도 이곳에 집중되어 있음도 주지
의 사실이다.

그러나 비교적 풍부한 사료들이라 할지라도 많은 위험이 내포되어
있는 것이 이 시기 해당사료들이기 때문에 철저한 사료비판을 행하지
않으면 안 된다. 이 시기 사료들이 대부분 百濟三書를 바탕으로 구성
되긴 했으나 8세기 일본의 고대 천황주의사관에 의해 왜곡 윤색되었기
때문이다. 특히 이 시기 사료들에 등장하는 인물들의 성격이나 지명비

---

155) 昌原大學校 博物館,『咸安 阿羅伽耶의 古墳群(Ⅰ)』, 1992.

정을 잘못함으로써 빚어지는 사실 왜곡도 주의해야 할 것이다. 사료에 등장하는 지명·국명의 경우 음상사와 상황 논리에 의해 비정되어지는 경우가 대부분이다. 결정적 자료가 없는 한 어쩔 수 없는 형편이다. 그러나 문제는 지명·국명의 비정에 따라 역사적 사실 해석이 치명적으로 달라진다는 점이다. 여기에서는 구체적 지명 비정 등에 대해서는 專論이 필요할 것이므로 할애를 하고, 安羅에 초점을 맞추어 6세기대 상황을 조명해 보고자 한다.

Ⅳ-2-② : 백제가 사신을 보내 調를 바쳤다. 별도로 表를 올려 任那의 國, 上哆唎·下哆唎·娑陀·牟婁 四縣을 청했다. 哆唎國에 파견된 사신(守 : 미코토모찌)인 穗積臣押山이 주청해서 말하기를 "이 4현은 백제의 땅에 가깝고 日本에서는 먼 곳입니다. 조석으로 통행하기 쉽고 닭과 개의 주인도 구별하기가 어려울 정도입니다. 지금 백제에게 주어 한 나라로 만들면 보전의 책이 이것보다 나을 것이 없을 것입니다." (중략) 表를 올린 대로 임나 4현을 주었다.156)

Ⅳ-2-③ : 백제가 姐彌文貴將軍과 州利卽爾將軍을 穗積臣押山(『百濟本記』에 의하면 '왜의 意斯移麻岐彌'라고 한다)에게 딸려보내 오경박사 段楊爾를 바쳤다. 따로 주청하여 "伴跛國이 신의 나라인 己汶의 땅을 빼앗았습니다. 엎드려 바라건대 천은으로 판단하여 본래의 소속으로 되돌려 주십시오"라고 하였다.157)

---

156) 『日本書紀』卷17, 繼體 6年(512) 12月條, "百濟遣使貢調 別表請任那國上哆唎 下哆唎 娑陀 牟婁 四縣 哆唎國守穗積臣押山奏曰 此四縣 近連百濟 遠隔日本 旦暮易通 鷄犬難別 今賜百濟 合爲同國 固存之策 無以過此 (중략) 依表賜任那四縣".

157) 『日本書紀』卷17, 繼體 7年(513) 6月條, "百濟遣姐彌文貴將軍 州利卽爾將軍 副穗積臣押山[百濟本記云 委意斯移麻岐彌] 貢五經博士段楊爾 別奏云 伴跛國略奪臣國己汶之地 伏願 天恩判還本屬".

Ⅳ-2-④ : 조정에서 백제의 姐彌文貴將軍, 斯羅의 汝得至, 安羅의 辛巳奚, 賁巴委佐, 반파의 既殿奚·竹汶至 등을 나란히 세우고 은 칙을 받들어 선포하고, 己汶·帶沙를 백제국에 주었다. 이 달에 반 파국이 즙지를 보내 珍寶를 바치고 기문의 땅을 달라고 하였으나 끝내 주지 않았다.158)

Ⅳ-2-⑤ : 반파는 子呑·帶沙에 성을 쌓아 滿奚에 연결하고 烽候와 邸閣을 설치하여 일본에 대비했다. 다시 爾列比·麻須比에 성을 쌓아 麻且奚·推封에까지 뻗치고, 사졸과 병기를 모아서 신라를 핍박했다. 자녀를 약취하고 촌읍을 약탈하였다. 흉적이 가는 곳에 남는 것이 드물었다. 무릇 포악하고 사치스럽고 괴롭히고 업신여기 고 살상이 너무 많아 상세히 적을 수가 없었다.159)

Ⅳ-2-⑥ : 近江毛野臣은 무리 6만을 이끌고 임나에 가서 신라에게 파괴된 남가라·탁기탄을 다시 일으켜 임나에 합치려고 하였다.160)

Ⅳ-2-⑦ : 백제왕이 下哆唎國守 穗積押山臣에게 일러 말하였다. "무 릇 조공하러 가는 사자들이 섬의 島曲[바다 가운데 섬의 후미진 崎 岸을 일컫는다. 속칭 美佐祁라고 한다]을 피할 때마다 매번 풍파에 시달립니다. 이로 인하여 가지고 가는 것이 적시고 망가지게 됩니 다. 가라의 多沙津을 신이 조공하는 길로 삼을 것을 청합니다." 압 산신은 그 청을 들은 대로 전하여 주었다. 이 달에 物部伊勢連父

---

158) 『日本書紀』卷17, 繼體 7年(513) 11月條, "於朝廷 引列百濟姐彌文貴將軍 斯 羅汝得至 安羅辛巳奚及賁巴委佐 伴跛既殿奚及竹汶至等 奉宣恩勅 以己汶 帶沙賜百濟國 是月 伴跛國 遣戢支獻珍寶 乞己汶之地 而終不賜".

159) 『日本書紀』卷17, 繼體 8年(514) 3月條, "伴跛築城於子呑帶沙 而連滿奚 置 烽候邸閣 以備日本 復築城於爾列比 麻須比 而絙麻且奚 推封 聚士卒兵器 以逼新羅 駈略子女 剝掠村邑 凶勢所加 罕有遺類 夫暴虐奢侈 惱害侵凌 誅 殺尤多 不可詳載".

160) 『日本書紀』卷17, 繼體 21年(527) 6月條, "近江毛野臣 率衆六萬 欲住任那 爲復興建新羅所破南加羅·喙己呑 而合任那".

根·吉士老 등을 보내 다사진을 백제왕에게 주었다. 이에 가라왕
이 칙사에게 "이 항구는 관가를 둔 이래 신이 조공할 때 기항하는
곳입니다. 어째서 쉽게 이웃 나라에 주십니까 원래 지정한 경계에
어긋나는 것입니다"라고 말하였다. 칙사 부근 등이 이로 인하여 눈
앞에서 주는 것이 어려워서 大島로 물러가고, 따로 錄史를 보내 扶
余(＝百濟)에게 주었다.

　이 때문에 加羅가 신라와 결당하고 일본을 원망하였다. 가라왕
이 신라왕녀를 아내로 맞아들여 드디어 아이를 가졌다. 신라가 처
음 왕녀를 보낼 때 100사람을 함께 보내어 그녀의 從으로 삼았으
므로 받아들여 여러 현에 나누어 두고 신라의 衣冠을 입도록 하였
다. 阿利斯等은 그들이 변복했다며 성내며 사자를 보내 소환시켰
다. 신라는 크게 부끄러워하여 그녀를 돌아오게 하려고 하여 "전에
그대가 장가드는 것을 받아들여 나는 즉시 혼인을 허락하였으나
지금 이와 같이 되었으니 왕녀를 돌려주기 바라오"라고 말하였다.
加羅의 己富利知伽[미상]가 대답하기를 "부부로 짝지어졌는데 어
찌 다시 헤어질 수 있겠소. 또한 아이가 있으니 어찌 그를 버리고
가겠소"라고 말하였다. 결국 지나가는 길에 刀伽·古跛·布那牟
羅 3성을 함락시키고 또한 북경의 5성을 함락시켰다.161)

Ⅳ-2-⑧ : (상략)『百濟本記』의 글을 인용하였기 때문이다. 그 글에
　　　말하기를 太歲 辛亥 三月에 군사가 安羅에 진출하여 乞乇城을 경

---

161)『日本書紀』卷17, 繼體 23年(529) 3月條, "百濟王謂下哆唎國守穗積押山臣
　　曰 夫朝貢使者 恆避嶋曲[謂海中嶋曲崎岸也 俗云美佐祁] 每苦風波 因玆 濕
　　所賷 全壞无色 請以加羅多沙津 爲臣朝貢津路 是以 押山臣爲請聞奏. 是月
　　遣物部伊勢連父根 吉士老等 以津賜百濟王 於是 加羅王謂勅使云 此津 從
　　置官家以來 爲臣朝貢津涉 安得輒改賜隣國 違元所封限地 勅使父根等 因斯
　　難以面賜 却還大嶋 別遣錄史 果賜扶余 由是 加羅結儻新羅 生怨日本 加羅
　　王娶新羅王女 遂有兒息 新羅初送女時 幷遣百人 爲女從 受而散置諸縣 令
　　着新羅衣冠 阿利斯等 嗔其變服 遣使徵還 新羅大羞 飜欲還女曰 前承汝聘
　　吾便許婚 今旣若斯 請還王女 加羅己富利知伽[未詳] 報云配合夫婦 安得更
　　離 亦有息兒 棄之何往 遂於所經 拔刀伽 古跛 布那牟羅三城 亦拔北境五
　　城."

영하였다.162)

  Ⅳ-2-⑨ : 天皇이 新羅가 任那에 침공한 까닭으로 大伴金村大連에
　　　　　詔하여 그 아들 磐과 狹手彥을 보내어 임나를 도우게 하였다.163)

  Ⅳ-2-⑩ : 백제는 安羅의 일본부가 신라와 더불어 통모한다는 말을
　　　　　듣고, 前部 奈率 鼻利莫古, 나솔 宣文, 중부나솔 木刕眛淳, 紀臣奈
　　　　　率 彌麻沙 등을 보내[기신나솔은 아마 기신이 韓의 여자를 얻어
　　　　　낳은 바, 백제에 머물러 나솔이 된 사람이다. 父는 미상. 다른 사람
　　　　　도 이에 따른다], 安羅에 가서 신라에 온 任那의 執事를 소환하여
　　　　　임나를 세울 것을 도모하게 하였다. 따로 安羅日本府의 河內直이
　　　　　신라에 내통한 것을 심하게 꾸짖었다[『百濟本記』에 加不至費直・
　　　　　阿賢移那斯・佐魯麻都 등을 말한다고 하고 있다. 미상이다]. 이에
　　　　　임나(임나의 왕 및 한기들)에 말하기를 옛날 나의 선조 속고왕・구
　　　　　수왕이 당시의 한기들과 더불어 처음으로 화친을 맺고서 형제가
　　　　　되었다. 이에 나는 그대들을 자제로 삼고 그대들은 나를 父兄으로
　　　　　삼았다.164)

  Ⅳ-2-⑪ : 百濟가 中部杆率 掠葉禮 등을 보내 "德率 宣文 등이 조칙
　　　　　을 받들고 신의 나라에 이르러 말하기를 '요청한 구원병은 때에 맞
　　　　　춰 보내주겠답니다'하였으니 삼가 은혜로운 조칙을 받들어 기쁘기

---

162) 『日本書紀』 卷17, 繼體天皇 25年(531) 12月條, " (상략) 取百濟本記爲文 其
　　文云 太歲辛亥三月 軍進至于安羅 營乞乇城".
163) 『日本書紀』 卷18, 宣化 2年(537) 10月條, "天皇 以新羅寇於任那 詔大伴金村
　　大連 遣其子磐與狹手彥 以助任那".
164) 『日本書紀』 卷19, 欽明 2年(541) 7月條, "百濟聞安羅日本府與新羅通計 遣
　　前部奈率鼻利莫古 奈率宣文 中部奈率木刕眛淳 紀臣奈率彌麻沙等[紀臣奈
　　率者 蓋是紀臣娶韓婦所生 因留百濟 爲奈率者也 未詳其父 他皆效此也] 使
　　于安羅 召到新羅任那執事 謨建任那 別以安羅日本府河內直 通計新羅 深責
　　罵之[百濟本記云 加不至費直 阿賢移那斯 佐魯麻都等 未詳也] 乃謂任那曰
　　昔我先祖速古王 貴首王 與故旱岐等 始約和親 式爲兄弟 於是 我以汝爲子
　　弟 汝以我爲父兄".

한량없습니다. 그러나 馬津城 전투[정월 신축에 고려가 무리를 이끌고 마진성을 포위하였다]에서 한 포로가 이르기를 ‘安羅와 일본부가 (고구려에)부르러 와서 (백제를)벌주기를 권하였기 때문입니다.’하였는데 상황에 비추어 볼 때 참으로 그럴 듯 합니다. 그러나 그 말을 자세히 알고자 세 번이나 부르러 보냈어도 함께 오지 않았으니 매우 의심스럽습니다. 엎드려 원하건대 可畏天皇[西蕃은 모두 일본천황을 가외천황이라고 부른다]은 먼저 죄를 취조하시고 (우리가)요청한 구원병은 잠시 머무르게 하고 신이 보내는 보고를 기다리십시오”라고 아뢰었다. 조를 내려 말하기를 “보내온 소식을 듣고 (그대의) 걱정하는 바를 접해 보건대 日本府와 安羅가 이웃의 어려움을 구하지 않음은 짐도 걱정하는 바이오. 그리고 (그들이)고구려에 몰래 사신을 보냈다는 것은 믿기 어렵소. 짐이 명하여야 스스로 보낼 것인데 명하지 않았으니 어찌 할 수 있겠소. 원컨대 왕은 옷깃을 풀고 허리띠를 끌러 편안히 마음을 안정시키고 깊이 의구치 마시오. 마땅히 임나와 함께 지난번 조칙대로 힘을 합하여 북적을 함께 막아 각자 所封地를 지켜야 하오. 짐은 약간의 사람들을 보내 安羅가 도망한 空地를 채울 것이오.165)

Ⅳ-2-⑫ : 고구려왕 平成(양원왕)이 濊와 공모하고 漢北 獨山城을 치니 왕이 사신을 신라에 보내어 구원을 청하였다. 신라왕이 장군 朱珍을 명하여 甲卒 삼천을 거느리고 떠나게 하였다. 주진이 밤낮으로 달려 독산성 아래에 이르러 고구려군과 싸워 크게 격파하였다.166)

---

165)『日本書紀』卷19, 欽明 9년 4월조, “百濟遣中部杆率掠葉禮等奏曰 德率宣文等 奉勅至臣蕃曰 所乞救兵 應時遣送 祗承恩詔 嘉慶無限 然馬津城之役[正月辛丑 高麗率衆圍馬津城] 虜謂之曰 由安羅國與日本府 招來勸罰 以事准況 寔當相似 然三廻欲審其言遣召而並不來 故深勞念 伏願 可畏天皇[西蕃皆稱日本天皇爲 可畏天皇] 先爲勘當 暫停所乞救兵 待臣遣報 詔曰 式聞呈奏 爰觀所憂 日本府與安羅 不救隣難 亦朕所疾也 又復密使于高麗者 不可信也 朕命卽自遣之 不命何容可得 願王 開襟緩帶 恬然自安 勿深疑懼 宜共任那 依前勅 戮刀俱防北敵 各守所封 朕當遣送若干人 充實安羅逃亡空地”.

Ⅳ-2-⑬ : 이 해 百濟 聖明王이 친히 自國과 2國[2國은 新羅와 任那
를 말한다]의 兵士를 이끌고 高句麗를 쳐서 漢城을 되찾고, 또 進
軍하여 平壤을 쳐 모두 6郡의 땅을 회복했다.167)

Ⅳ-2-⑭ : 百濟·加羅·安羅는 中部 德率 木刕今敦과 河內部 阿斯
比多 등을 보내 주하기를, "고려와 신라가 연합하여 세력을 합쳐
臣國과 任那를 멸하려고 합니다. 따라서 구원병을 청하여 기습 공
격하려고 합니다. 병의 多少는 천황 마음대로 하십시오"라고 하였
다. 이에 조하여, "지금 百濟王·安羅王·加羅王·日本府臣 등이
함께 사신을 보내 말한 정상은 잘 들었다. 또한 임나와 마음을 합
하여 힘을 하나로 하라."고 하였다.168)

Ⅳ-2-⑮ : 신라는 久禮叱及伐干을 보내 공물을 헌상하였는데 (중략)
대사가 돌아와 (일본이)말한 바를 아뢰었다. 그런 까닭에 신라가
阿羅波斯山에 성을 쌓고 일본에 대비하였다.169)

사료Ⅳ-2-②로 보아 512년 백제는 가야(任那國)의 上哆唎·下哆
唎·娑陀·牟婁 四縣을 점령한다. 사료에는 마치 倭가 소유하던 영역
을 백제에게 하사하는 식으로 쓰여 있지만 백제의 가야지역으로의 진

---

166)『三國史記』卷26, 百濟本紀4 聖王 26年(548) 正月條, "高句麗王平成與濊謀
　　攻漢北獨山城　王遣使請救於新羅　羅王命將軍朱珍領甲卒三千發之　朱珍日
　　夜兼程　至獨山城下　與麗兵一戰　大破之".
167)『日本書紀』卷19, 欽明 12年(551) 是歲條, "是歲　百濟聖明王　親率衆及二國
　　兵[二國謂新羅任那也] 往伐高麗　獲漢城之地　又進軍討平壤　凡六郡之地　遂
　　復故地".
168)『日本書紀』卷19, 欽明 13年(552) 5月條, "百濟　加羅　安羅　遣中部德率木刕
　　今敦　河內部阿斯比多等奏日　高麗與新羅　通和并勢　謀滅臣國與任那　故謹求
　　請救兵　先攻不意　軍之多少　隨天皇勅　詔日　今百濟王　安羅王　加羅王　與日本
　　府臣等　俱遣使奏狀聞訖　亦宜共任那　并心一力".
169)『日本書紀』卷19, 欽明 22年(561)條, "新羅遣久禮叱及伐干貢調賦 (중략) 大
　　舍還國　告其所言　故新羅築城於阿羅波斯山　以備日本".

출에 다름 아니다.

사료Ⅳ-2-③로 보아 513년에는 伴跛가 己汶지역으로 진출한다. 백제측의 주장을 역사적 사실로 인정하여 己汶지역이 원래 백제 땅이었는데 반파국이 침입하여 일시적으로 영유한 것으로 보는 시각도 있지만,[170] 이는 『百濟本記』나 『日本書紀』적인 주장에 불과하고 백제가 己汶지역으로 진출하기 위한 정당성 확보에 불과한 것이라는 주장이[171] 옳다고 본다. 己汶國은 가야의 한 小國이었을 것이다. 단 기문지역의 위치가 어디냐에 따라, 그리고 가야 지역과의 관계 여부에 따라 가야 소국인지에 대해서는 再考의 여지는 있다. 伴跛는 경북 성주지역에 비정되어 오다가 최근에는 고령 가라국으로 보는 견해가 강세를 보이고 있다.

사료Ⅳ-2-④로 보아 이 해 11월이 되면, 회의의 형식을 띠었는지는 알 수 없지만[172] 백제, 사라(=신라), 안라, 반파의 사신들이 모여 己汶·帶沙 지역을 놓고 의논을 한다. 이 논의의 결과 두 지역은 백제 귀속으로 확정되는 것 같다. 이에 반파는 불만을 품는다. 반파는 倭에

---

170) 金泰植, 『加耶聯盟史』, 一潮閣, 1993, 114~125쪽.

171) 全榮來, 『南原月山里古墳群發掘調査報告』, 圓光大 馬韓百濟文化研究所, 1983, 73~79쪽 ; 延敏洙, 「六世紀前半 加耶諸國을 둘러싼 百濟·新羅의 動向-소위 「任那日本府」 說의 究明을 위한 序章-」, 『新羅文化』 7, 東國大 新羅文化研究所, 1990, 14~15쪽 ; 田中俊明, 『大加耶連盟の興亡と‘任那’』, 吉川弘文館, 1992, 131~134쪽 ; 李永植, 「百濟의 加耶進出過程」, 『韓國古代史論叢』 7, 1995, 211~219쪽 ; 白承忠, 「6세기 전반 백제의 가야진출과정」, 『百濟研究』 31, 2000, 65~67쪽.

172) 『日本書紀』의 표현대로라면, 각국의 사신들이 倭의 조정에서 왜국왕의 조서를 받는 형식이다. 그러나 이는 『日本書紀』의 천황주의 사관에 의해 윤색된 것이고, 그 실상에 대해서는 잘 알 수 없다. 각국의 왜국 駐在館이 존재했을 가능성도 완전히 배제할 수는 없지만, 한반도 남부 지방 내의 모처일 가능성이 높다. 이 기사에 나오는 4국 가운데 어느 일국이라면 安羅일 가능성이 높다. 백제와 반파는 당사국이고, 신라(경주)는 거리상 적합치 않다고 판단되기 때문이다.

(倭뿐만은 아니었을 것이다) 외교적 노력을 하는 등, 두 지역에 대한 미련을 버리지 못하지만 실패로 끝난다. 이 시기에 安羅가 등장하는데 己汶·帶沙지역이 백제화되는 데 암묵적으로 동의한 것 같다. 이는 伴跛세력과는 외교적 노선을 달리한 것으로 풀이된다. 반파는 외교적 노력이 실패로 돌아가자 子呑과 帶沙에 城을 쌓아 滿奚에 연결하고 봉후와 저각을 만들어 전쟁 준비를 한다[사료Ⅳ-2-⑤]. 반파로서는 어쩔 수 없는 선택이라 할 지라도, 신라하고도 적대적 관계(以逼新羅)를 가진다는 점은 주변 제국들과의 관계 속에서 고립되었음을 의미한다. 이런 상황이라면 반파국의 장래는 예견되는 일이다.

신라는 527년 이전에 南加羅·喙己呑 지역에 진출하고 기타 가야지역을 압박하고 있음을 알 수 있다[사료Ⅳ-2-⑥]. 백제 또한 529년에는 加羅 소유의 多沙津에 진출하고 있다. 백제의 다사진 진출은 외교적 노력에 의한 것임을 알 수 있는데, 백제는 倭와 결합하고 加羅는 倭와 결별하고 新羅와 결합하고 있음을 알 수 있다. 그러나 加羅의 경우 이때 新羅와의 결합은 불안전한 것이었고 刀伽·古跛·布那牟羅의 三城과 北境五城을 신라에게 넘겨 줄 수밖에 없는 상황이었다.

이러한 상황 속에서 安羅에서는 이미 신라화된 南加羅·喙己呑지역 문제의 해결을 위한 회의가 열린다[5장의 사료Ⅴ-①]. '安羅會議' 혹은 '安羅 高堂會議'라고도 불리는 이 회의에는 倭, 百濟, 新羅가 참석하고 있으나 백제는 홀대를 받고 있으며, 신라는 소극적으로 임하고 있다[5장의 사료Ⅴ-①].

安羅會議의 성격이 압박해 들어오는 신라와 백제에 대한 安羅 중심의 가야 자구책임을 생각할 때, 이 회의의 결과는 뻔한 것이었다. 급기야 백제는 531년에 安羅지역까지 진출하여 乞乇城을 조영하기까지 한다[사료Ⅳ-2-⑧]. 이를 신라세력의 압박에 대한 安羅의 요청으로 보는 시각도[173] 있으나 그 형식이야 어떻든 백제의 安羅로의 진출 사실은

---

173) 山尾幸久, 白承玉 譯, 「任那日本府에 대하여」, 『加耶史論集』 1, 김해시,

분명한 것이다. 신라 또한 가야지역에로의 잠식은 꾸준하였다[사료Ⅳ
-2-⑨].

　한편 위의 安羅會議에 加羅가 참석하지 않고 있음은 주목되는데,
이는 백제의 多沙津 진출에 대한 安羅의 비협조적 자세에서 빚어진
결과일 것으로 보인다. 또는 이 회의가 反新羅的 성격이 있는 만큼, 加
羅는 新羅와의 관계를 지속시키기 위하여 불참했을 가능성도 있다.174)

　이상이 530년대까지의 사정이라면 540년대의 상황은『日本書紀』欽
明紀에 비교적 상세하다. 5章의 사료Ⅴ-②는 安羅와 加羅를 필두로
한 가야제국들의 대표가 백제에서 聖王과 더불어 이미 신라에 복속된
가야국들의 復建을 위한 회의를 하고 있다. 백제 성왕이 회의를 주도
하고는 있지만 백제와 가야 제국들은 서로 의도하는 바가 달랐던 것
같다. 이때의 백제는 진정 가야제국의 복건을 희망했던 것도 아니었다.
백제는 사비회의 한 달전에 신라에 사신을 보내어 화합을 맺고 있
다.175) 이러한 백제의 이율배반적인 행동은 다분히 북쪽의 고구려 때
문이었을 것이다. 백제의 입장에서는 앞으로 있을 고구려와의 일전을
위해 신라와는 우호적 내지는 동맹관계의 유지가 필요했다.

　따라서 신라의 가야지역으로의 진출 저지는 적극적일 수 없었다. 이
러한 현실은 성왕의 언급에서도 그대로 보인다. 옛적의 일을 운운하면
서 명분만 강조할 뿐 구체적 대안 제시는 하고 있지 못하다. 安羅를 중
심한 가야제국들은 이러한 백제의 의도를 읽었는지, 사료Ⅳ-2-⑩을 보
면 신라와 通計하고 있음을 볼 수 있다. 아마도 백제와 연합해서는 존
속을 보장받지 못할 것이라는 불안감 때문이었을 것이다. 이에 백제는
544년에 다시 2차 사비회의를 개최한다[사료Ⅴ-③]. 이때 백제 성왕은
또 다시 명분과 함께, 이른바 3계책을 내세운다. 그러나 그것도 加耶와

　　1998, 41쪽.
174) 南在祐, 앞의 학위논문, 168쪽.
175) 白承玉, 「新羅·百濟 각축기의 比斯伐加耶」,『釜大史學』15·16, 1992, 311
　　~313쪽.

倭만 내세우고 백제 자신은 뒤에서 물자만 대는 등의 소극적 대책이었다. 그러면서도 백제군의 가야지역 주둔의 필요성은 강조하고 있다[사료V-③]. 그리고 安羅에서 활약하고 있는 친신라계 인사들의 축출을 요구할 뿐이었다. 이에 가야의 회의 참석자들은 안라왕과 가라왕에게 의논하겠다고 하고 물러 나온다.

백제와 신라로부터는 自存의 문제를 보장받지 못한 安羅는 북쪽의 고구려와 연계하고 있음이 사료Ⅳ-2-⑪를 통해 알 수 있다. 그러나 安羅가 기대했던 고구려는 548년 獨山城 전투에서 羅濟 동맹군에게 대패를 당하게 된다[사료Ⅳ-2-⑫].176) 이후 安羅는 다시 백제편에 서게 됨을 사료Ⅳ-2-⑬와 ⑭를 통해 알 수 있다. 이때의 安羅는 백제에 부용적 위치였을 것이다. 그러나 백제는 554년 신라와의 管山城 전투에서 대패함으로써 더 이상 安羅를 비롯한 가야지역에 대한 영향력 행사를 할 수 없었을 것이다. 이러한 상황에서 안라는 신라에 복속되었을 것이다.

安羅지역이 언제 신라에 복속되는가는『삼국사기』지리지 함안군조에는 "법흥왕이 대병을 일으켜 阿尸良國[또는 阿那加耶라 한다]을 멸망시키고 그 땅을 함안군으로 삼았다"라고 하여 安羅國이 신라 법흥왕대(514~539)에 멸망되었던 것으로 전하고 있다. 그런데 위에서 본 바와 같이『일본서기』에 의하면 安羅는 550년대까지는 존재하고 있음을 볼 수 있다. 기존의 연구들에서도『삼국사기』지리지의 기록을 불신하는 입장을 취하고 있다.177)

사료Ⅳ-2-⑮으로 보아 신라는 561년 무렵 일본과 친선을 도모하고

---

176) 이러한 羅濟간의 견고한 동맹은 이후 551년의 한강유역 탈환에까지 이어진다.

177) 李丙燾,『韓國古代史研究』, 博英社, 1976, 70쪽 ; 林炳泰,「新羅小京考」,『歷史學報』35・36, 1967, 95~97쪽 ; 千寬宇,「三韓의 國家形成」下,『韓國學報』3, 1976, 146쪽 ; 朱甫暾,「加耶滅亡問題에 關한 一考察」,『慶北史學』4, 1982, 180~182쪽.

자 하였으나 일본측의 불응으로 실패하고, 安羅(阿羅波斯山) 지역에서 일본에 대비하는 성을 쌓게 된다. 이 시기를 신라의 安羅 지역으로의 진출 시기로 볼 수 있을 것이다. 기존의 견해들에서도 지리지의 기록은 신라의 安羅 통합에 관련된 어떤 전승이 반영된 것으로 보는 한편, 安羅의 신라에로의 통합을 560년에서 561년 사이로 보는 견해가 일반적이다. 즉 560년과 561년[사료Ⅳ-2-⑮]에 있었던 신라의 倭에 대한 이례적인 외교교섭을 신라가 安羅를 통합하였던 사실을 倭에 추인시키고자 한 행동으로 추론하고, 欽明 23년의 임나멸망 기사의 세주에 보이는 欽明 21년 임나 멸망기사를 安羅 멸망기사로 보는 것이다.178)

삼한시대 對二郡과의 전쟁을 통하여 주변국들을 아우르는 지역연맹체를 형성한 安邪國은 3세기 중·후엽에서 4세기 전반 사이에 일어난 것으로 보이는 浦上八國 전쟁을 계기로 급속한 성장을 이룬다. 浦上八國 중 일부 國의 병합과 진동만을 통한 해안으로의 진출이 중요 성장기반이 되었을 것이다. 이 시기부터 국명도 安羅로 바뀌었을 것이다. 고구려 광개토왕릉비문 상의 '安羅人戌兵'에 대한 해석은 고구려 군대를 안치한 것으로 해석하여 安羅와는 직접적 관련이 없는 것으로 보았지만, 5세기대 이후 安羅國은 말이산고분군의 웅자가 보여주듯 고령의 加羅國과 더불어 가야제국을 주도하는 양대 세력 중의 하나로 성장한다.

『日本書紀』의 제기록을 바탕으로 6세기대 安羅와 주변 제국들간의 관계에 대해서도 알아보았다. 6세기대 安羅는 동서 양쪽에서 잠식해 들어오는 신라와 백제세력으로부터 自存하기 위해 외교적 노력을 벌이지만 결국 561년 무렵 신라에 병합된다. 이상과 같이 安羅國은 小國에서 地域聯盟體로 성장하며, 그를 바탕으로 가야 국가체들을 주도하는 정치체로까지 성장하게 된다. 이러한 安羅國의 성장과 발전과정은

---

178) 白承忠, 앞의 학위논문, 275~286쪽 ; 南在祐, 앞의 학위논문, 210~213쪽 ; 李永植, 「六世紀 安羅國史 硏究」, 『國史館論叢』 62, 1995, 129~132쪽.

다른 가야국들과 비교해 보아, 별개의 한 유형으로 분류해 볼 수 있을 것이다.

3. 古自國

1) 國名과 역사지리적 환경

현재 固城지역에서 문헌상 파악되는 최초 정치체의 이름은 '弁辰古資彌凍國'이다.179) 이는 3세기 무렵의 한반도 남부 사정을 기록한『三國志』韓條에 기록되어 있다. 韓條에 보이는 삼한 78개국 모두를 오늘날의 위치에 제대로 비정하기란 거의 불가능한 일이지만 弁辰古資彌凍國을 고성으로 비정하는 데에는 별다른 이견이 없다.

『三國遺事』의 五伽耶條에는 가야제국을 나열하는 중에 지금의 固城지역에 小伽耶라는 가야의 일국이 존재했었음을 명기하고 있다. 최초의 지명인 弁辰古資彌凍國이란 국명은『三國志』에만 한정될 뿐 그외의 史書에는 古自國, 古史浦, 小伽耶, 久嵯, 古嵯 등으로 보이고 있다. 그렇다면 3세기 단계의 고성지역을 지칭하는 국명인 弁辰古資彌凍國과 古自國 등, 다른 국명들과는 어떠한 관계인지, 만약 동일시기 동일집단에 대한 異稱이라고 한다면, 어떠한 명칭으로 부름이 타당할 것인지 등에 대해 생각해보아야 할 것이다.

필자는 동일지역에 대한 三韓 小國名과『三國史記』등의 우리측 사서에 보이는 국명의 이칭은 대부분 동일 집단에 대한 표기방식의 차이에서 온 것이라고 생각한다. 즉 弁辰古資彌凍國에서의 弁辰은 古資彌凍國을 이루고 있는 種族의 계통을 나타내는 것이며, 古資彌凍國은 현 고성지역에 있었던 당시의 정치세력의 이름을 3세기대에 중국식으로 표기한 것으로 보는 것이다.

---

179) 李丙燾,『韓國史』古代篇, 乙酉文化社, 1959, 295쪽.

古自國이란 국명은 12세기 고려인들의 기록인 『三國史記』에 보이는 것이지만, 이는 당시인들이 사용하던 국명이 고려시대까지 그대로 전해졌을 가능성도 있으며, 또한 언어에 대한 사고방식이 동일한 사람들끼리의 표기법이란 점에서 당시인들이 일컬었을 국명과 가장 유사했을 것으로 생각된다. 즉 古自國은 古資彌凍國의 『三國史記』식 표현으로 볼 수 있는 것이다. 久嗟와 古嵯는 『日本書紀』에 보이는 것으로서 8세기대 일본식 표기방법이지만, 『日本書紀』의 한반도 관계기사는 대부분 백제계통의 史書들을 바탕으로 한 것이기 때문에 백제식 표기방법일 가능성이 있다.

『三國遺事』卷1, 紀異2 五伽耶條에 보이는 '小伽耶'란 표기는, 당시인들이 자신들을 작은 加耶라는 의미인 '小伽耶'라고 불렀을 리 만무하며, 또한 '某가야'의 형태는 가야연맹 존재 당시의 이름이 아니라 新羅末 高麗初에 생겨난 이름으로 추정한 견해[180]가 타당하다고 인정되므로 현 고성 지역에 있었던 가야국의 이름으로는 적당하지 않다고 생각한다.

본서에서는 新羅가 정복지에 郡縣을 설치할 때 옛 지명을 중시했음을 감안하여 『三國史記』 卷34, 雜志3, 地理1 康州 固城郡條의 '本古自郡 景德王改名 今因之'에서의 '古自'와 함께 『三國遺事』 卷5, 避隱8 勿稽子條에 '古自國[今固城]'이 보이므로 '古自國'으로 표기한다.

固城은 경남 남부해안에 위치한 지역으로, 東으로는 馬山市와 접해 있으며, 西로는 泗川市, 北으로는 咸安郡, 南으로는 바다와 접해 있다. 이러한 고성의 지리적 위치는 주변 해안세력들과 해로를 통하여 쉽게 통할 수 있는 곳이며, 내륙으로의 통로인 灣과 항구를 장악할 경우, 교역망의 확보에도 유리한 입지조건을 갖춘 곳이다. 그리고 고성의 중심지인 현 고성읍 주위에는 바다와의 거리가 그다지 멀지 않으면서, 비

---

180) 金泰植, 「加耶의 社會發展段階」, 『한국 고대국가의 형성』, 한국고대사연구회 편, 1990, 55~56쪽.

210

교적 넓은 농경지도 있다. 이러한 고성의 지리적 입지는 古代에 있어
서도 정치집단의 형성과 성장에 적합한 조건이었음을 짐작할 수 있다.

가야시기의 고성지역에 대한 고고학적 유적으로는, 1~3세기 유적으
로 파악되는 동외동패총, 4~5세기대의 동외동 제사유적, 5~6세기대
의 송학동, 율대리, 연당리, 내산리 등의 고분유적들이 있다. 이는 1~6
세기 동안, 이 지역에서 정치세력이 간단없이 존재하고 있었음을 말해
주고 있다. 그러나 古代의 이 지역에 대한 문헌기록은 단편적인 기록
만이 『三國史記』 등에 부분적으로 남아 있을 따름이다.

자료의 한계성 때문에 연구상의 많은 독단과 억측이 예상된다. 더구
나 고성 지역을 대상으로 한 기존의 연구도 거의 없으며, 고고학적 발
굴조사 또한 미진한 편이어서[181] 자체 성장을 바탕으로 한 주체적 역
사 서술에는 많은 한계가 따를 수밖에 없다.

古自國의 형성은 小國에서부터 출발하며, 그 시기는 삼한 소국의
일반적 형성 시기와 크게 다르지 않았을 것이다. 소국단계의 고자국,
즉 弁辰古資彌凍國의 중심지로 추정되는 곳은 현 고성읍 일대이다.
그런데 고성읍만을 국한해서 본다면 두드러진 先住在地 세력의 존재
는 확인되지 않는다. 그러나 고성읍 중심지에서 서북쪽으로 약 6Km
떨어진 大可面 일대에는 琴山里, 柳興里, 巖田里 등의 지석묘군이 존
재하며, 동북쪽의 巨流面 일대에는 佳麗里, 巨山里, 甘西里 등의 지석
묘군이 존재한다.[182] 그리고 동외동패총에서 무문토기계열의 문화층이
발견됨으로 해서 철기 소유의 새로운 집단이 先住집단과의 일정한 결

---

181) 고성지역의 고고학적 연구성과로는 金東鎬,「固城地區 古墳發掘調査報告」,
『考古美術』116, 1972 ;「고고학상에서 본 소가야 문화의 제문제」,『嶺南考古
學』1, 1986 ; 權相烈,「固城栗垈里古墳發掘調査」,『韓國考古學報』23, 1989
; 尹貞姫,「小加耶土器의 成立과 展開」, 경남대학교 석사학위논문, 1997 등
이 있다.
182) 慶南大學校博物館・昌原文化財硏究所,『小加耶文化圈遺蹟精密地表調査報
告-先史・古代』, 1994.

합을 통해서 이러한 유구를 낳고 있음을 알 수 있다.

그런데 현재의 자료로 보는 한, 청동기시대 고성지역에 있어서 가장 강력한 세력은 고성읍으로부터 서남쪽으로 직선거리 약 15km떨어진 下二面 石芝里支石墓[183] 축조 집단으로 보인다. 이들과 새로이 도래하는 집단과의 결합 여부는 알 수 없지만, 도래집단이 현 고성읍 일대에 정착했다는 점은, 석지리 보다는 고성읍 쪽이 그들이 추구하는 입지조건에 적합했기 때문이었을 것으로 생각된다. 이러한 점은 새로이 도래하는 집단이 그들의 정착지를 결정할 때, 재지세력의 존재 유무보다는 그들이 추구하는 입지조건의 적합성을 더 중시했음을 보여준다고 할 수 있겠다.

현 고성읍 동외리의 고성 동외동패총은 弁辰古資彌凍國과 직접적으로 관련되는 유적일 것으로 생각한다.[184] 1992년 발간된 국립중앙박물관의 보고서에 의하면 編年에 관해서는 해석을 생략하고 있지만, 출토 토기로 보아 1~3세기를 포함하는 유적임에는 틀림없다.[185] 그리고 1995년 국립진주박물관에 의해 동외동패총이 있는 산구릉 정상부 및 주변부에서 확인된 4~5세기대의 주거지와 제사유구는 弁辰古資彌凍國 및 그 이후 이 지역 정치집단의 일면을 보여주는 것이라 할 수 있

---

183) 下二面 石芝里 일대는 경작지로의 개간 등으로 인하여 많이 훼손되었음에도 불구하고 靑銅器時代의 지석묘가 많이 분포되어 있다. 특히 首路王陵이라 전하는 곳이 이곳에 있는데 지금은 개간되어 논으로 이용되고 있다. 현지 지표조사자의 견해대로 加耶의 王陵이라 보기에는 어렵고 石棺墓 또는 支石墓의 하부구조가 개간작업 중 논 가운데서 발견되어 잘못 전해져 온 것으로 보인다. 東亞大學校博物館, 『伽耶文化圈遺蹟精密調査報告書』 慶南 固城郡, 1984, 65쪽.

184) 1969년과 1970년에는 國立中央博物館에 의해서, 1974년에는 東亞大學校博物館에 의해서 발굴된 바 있는 固城 東外洞 貝塚에서는 硬質無文土器, 赤褐色軟質土器, 瓦質土器, 陶質土器가 층위별로 분포되어 있어 비교적 오랜 기간을 통해서 만들어진 유적임을 알 수 있다. 東亞大學校 博物館, 『上老大島 -固城東外洞貝塚-』, 1984.

185) 金鍾徹 外, 『固城貝塚』, 국립중앙박물관, 1992.

212

다. 최근 조사된 古自國 문화권의 조사에 의하면, 전체 77개의 유적이 조사되었는데, 시대별로는 청동기시대 유적이 42개, 원삼국시대 유적이 4개, 그리고 삼국시대 유적이 31개이다.[186] 아래 표는 이를 각 읍·면별로 내용을 정리한 것이다.

<표 6> 古自國 문화권 조사유적 현황(1994년 12월 현재)

	청동기시대			원삼국시대		삼국시대		비고
	지석묘	주거지	기타	패총	분묘	고분	기타	
회화면	1	1						
구만면	3	1						
개천면	1							
마암면	2			1		3		
대가면	6	1				3		
동해면	1					3		
거류면	4	1	1			1		
고성읍	2	1		2		6		
영오면		1				6		
영현면	1	1	1			2		
상리면						1		
하이면	8	1				3		
하일면	2	1			1	3		
삼산면		(1)						
계	31	9	2	3	1	31		77

2) 성장 기반과 圈域

고성지역 소국의 성장기반 또한 당시 삼한제국들의 일반적인 성장 기반[187]과 무관하지 않을 것이지만, 특히 고성지역의 지리적 특성을 고려해 볼 때 해상을 통한 교역이 중요한 몫을 차지했을 것으로 보인

---

186) 昌原文化財研究所·慶南大學校博物館, 『小伽耶文化圈 遺蹟精密地表調査 報告-先史·古代』, 1994, 3쪽 아래의 표도 이에서 전재.
187) 白承玉, 「比斯伐加耶의 形成과 國家的 性格」, 『韓國文化研究』 7, 釜山大學 校 韓國民族文化研究所, 1995, 103~110쪽 참조.

다. 그리고 그 교역품의 중심은 鐵이었을 것이다.『三國志』弁辰에 대한 서술 부분에서 "나라에서는 鐵이 생산되는데, 韓·濊·倭人들이 모두 와서 사 간다. 시장에서의 모든 매매는 鐵로 이루어져서 마치 中國에서 돈을 쓰는 것과 같으며, 또(樂浪과 帶方의) 두 郡에도 공급하였다."[188]라는 기록은 鐵이 생산되고 해외에까지 널리 보급되었던 사실을 나타내 주는 것이다.

이러한 사실을 직접적으로 뒷받침해 주는 것이 동외동패총에서 발굴된 諸遺構와 遺物들이다. 이 유적에서는 넓이 3m×1.5m, 두께 2mm×5mm 정도의 古代 冶鐵址가 발견되었다.[189] 이는 이 지역에서 철의 생산이 이루어졌음을 보여주는 것이다.[190] 그리고 여러 줄의 縱橫線이 있는 施文用刻板으로 押捺된 文樣이 土器의 全面에 찍혀져 있는 토기편이 발굴되었는데, 보고자는 이를 華南地方의 初期鐵器時代의 '印文陶'로 추정하여 중국 화남지방과의 교류를 시사하고 있다. 이와 아울러 漢鏡의 출토도 그러한 추정을 뒷받침해 주는 자료라 할 수 있겠다. 廣鋒銅鉾와 類似彌生式土器는 이 지역과 倭와의 관계를 보여주는 자료라 할 수 있겠다. 廣鋒銅鉾라는 것은 細形銅劍이 일본으로 전파되어 그것이 儀式用具로 발달함에 따라서 다양해지고 그 형태도 점점 大形化되어서 완전한 儀器로 발달한 것이라고 한다. 이러한 사정은 소국단계의 古自國이 한반도 남해안뿐만 아니라 멀리 중국과 왜와도 통교했음을 알 수 있는 것이다. 동시에 國의 성장기반도 철 등의 교역을 통한 이익 추구에 있었음을 짐작할 수 있다.

이제까지 제시된 국가형성 이론 중 교역설도 한 부분을 차지하고 있

---

188)『三國志』韓條, "國出鐵 韓 濊 倭 皆從取之 諸市買皆用鐵 如中國用錢 又以供給二郡".

189) 東亞大學校博物館, 앞의 보고서, 1984, 368~376쪽. 이하의 유물에 따른 설명도 이에 따름.

190)『新增東國輿地勝覽』, 固城縣 郡名條에 '古自', '固州'와 더불어 '鐵城'이란 이름도 나와 있는데, 鐵과 관련된 이름인 것으로 추측된다.

음을 염두에 둔다면, 교역을 그 성장 기반으로 하는 古自國이 성장을 위해 어떠한 노력을 하며, 또한 그 성취 여부는 어떠한가를 살펴보는 점은 그 국가적 성격을 이해하는 데 유익할 것이다.

3세기 후엽부터 4세기 전반대의 古自國 성장과 관련한 기사들은 이른바 포상팔국전쟁기사들이다. 사료 제시와 관련된 문제에 대해서는 앞에서 상세히 고찰한 바 있으므로 여기에서는 고자국의 성장과 관련된 사항을 중심으로 몇 가지 언급하고자 한다.

포상팔국전쟁은 교역을 주된 경제기반으로 하는 나라들이 동맹하여 다년 간 그들의 성장을 위해 주위의 안라국과 남가라국, 그리고 현재의 울산인 竭火城을 공격하는 사건이다. 3세기 후반에서 4세기 전반의 어느 시기에 일어난 것으로 보이는 이 사건에서 8포상국은 保羅國(위치 미상), 骨浦(現 馬山·昌原), 柒浦(現 漆原), 古史浦＝古自國(現 固城), 史勿國(現 泗川) 등이었다. 대개 현재의 昌原 以西 昆陽 以東으로 비정된다.

그런데 浦上八國 중에서도 유력국은 현 마산·창원의 骨浦와 칠원의 柒浦, 고성의 古自國으로 보인다.[191] 후대의 사실로 미루어 본 것이긴 하나, 이들 삼국 중에서도 古自國이 가장 중심적인 國이었다고 생각된다.[192] 이는 각 지역에서의 고총고분의 존재 유무와 함께 가야

---

191) 權珠賢은 함안의 안라국도 浦上八國 속에 포함시켜, 포상팔국을 주도한 것으로 설명(權珠賢, 앞의 논문, 1993, 23쪽)하고 있으나, 이는 안라국을 강조한 나머지 관계사료들을 확대 해석한 느낌이 든다. 이에 대해서는 앞의 3장 3절 참조.

192) 가야 멸망기 『日本書紀』에 등장하는 卓淳을 현 창원지역으로 비정(金泰植, 「6세기 전반 加耶南部諸國의 소멸과정 고찰」, 『韓國古代史研究』 1, 지식산업사, 1988, 192~205쪽/앞의 책, 173~189쪽)한다면, 骨浦國도 6세기대까지 강력국으로 존재했던 것으로 된다. 그러나 탁순의 창원 비정은 무리가 많음이 지적되었다. 李熙濬, 「토기로 본 大伽耶의 圈域과 그 변천」, 『加耶史研究 -대가야의 政治와 文化-』, 慶尙北道, 1995, 434~438쪽 ; 白承玉, 「'卓淳'의 位置와 性格-『日本書紀』 관계기사 검토를 중심으로-」, 『釜大史學』 19, 1995, 86~91쪽.

멸망기인 6세기대에도 여전히 가야 일국으로 존재하고 있음으로 보아 판단한 것이다. 즉 포상팔국으로 비정되는 지역 가운데 고성지역에만 유일하게 송학동고분군, 내산리고분군 등과 같은 고총고분군이 존재하고 있을 뿐만 아니라, 주변 고분군으로서 栗岱里,[193) 基月里, 蓮塘里 고분군[194) 등이 있다. 이는 물론 서로 비교할 수 있는 3~4세기대의 자료가 없는 상황 하에서 5~6세기대의 고고학적 자료를 가지고 판단한 것이기 때문에 단정할 수는 없다. 그러나 고성지역에는 동외동패총 내에서 3~4세기대의 유적이 확인되고있을 뿐만 아니라 세력의 연속성도 확인되고 있기 때문이다. 따라서 浦上八國을 실질적으로 이끈 주도국을 古自國으로 보아도 무리는 없는 듯 하다.

그동안 이들 포상팔국의 전쟁기사에 대해서는 가야와 신라간의 교역체계의 변화라는 차원에서 다루어져 왔었다.[195) 이러한 시각은 결과론적으로 타당하며 또한 그러한 사실을 뒷받침해 주는 사료들임에는 틀림없다고 보여진다. 그러나 이 사건을 浦上八國간의 내부 단결력의 강화와 함께 이들 공동의 이익을 위해 주변국을 침입한 것으로 볼 여지도 있다고 생각한다. 이러한 점에서 이들을 浦上八國同盟이라 불러도 무방하리라 생각한다.[196) 비록 신라의 입장이 투영된 표현이라 해도 기사 속에서의 '同謀'라는 것도 그러한 사실을 뒷받침해 주는 것이 아닐까한다. 그러나 그들의 모의는 결국 실패로 끝나고 만다.

포상팔국동맹은 처음에 독립된 지역소국 연합으로 출발했을 것이나, 차츰 주도국을 중심으로 지역연맹체를 형성해 나갔을 것이다. 팔국 가

---

193) 權相烈,「固城栗岱里古墳發掘調査」,『韓國考古學報』23, 1989 ; 國立晋州博
　　　物館·固城郡,「固城栗岱里 2號墳」, 1990.
194) 慶南大學校博物館,『固城蓮塘里古墳群』, 1994.
195) 李賢惠, 앞의 논문, 1988 ; 白承忠, 앞의 논문, 1989.
196) 同盟(alliance)이란 '個人이나 단체 또는 국가가 상호 공동의 목적을 이루기
　　　위하여 동일한 행동을 취할 것을 약속하는 것, 또는 그 결과로서 성립된 제휴
　　　관계[조직체]'라고 정의된다(신기철·신용철 著,『새 우리말 큰사전』, 삼성출
　　　판사, 1985).

운데 이름이 보이지 않는 國의 존재는 이른 시기 주변국의 영역으로 복속되었기 때문일 것이다. 포상팔국 중 이후 후기 가야국으로 성장한 국들이 과연 몇이나 되는지는 알 수 없으나, 고자국의 경우는 성장한 것으로 보인다.

한반도 남부에 있어서 3세기 후반 4세기 초의 시기는 이른바 삼한사회에서 삼국시대로 이행하는 시기이다. 이러한 시대의 획기는 생산력 발달을 기초로 한 사회 제반의 변혁을 전제로 하는 것이며, 문화적 양상의 차이도 뚜렷이 보인다. 한반도 남부에서의 대형 목곽묘의 출현은 그 단적인 예로 볼 수 있을 것이다. 아울러 4세기대를 전후하여 토기의 器種과 器形의 분화가 진행되고 각 지역간의 지역성도 본격적으로 나타나는 점[197]과도 무관하지 않을 것으로 본다.

이러한 시기에 고대국가로의 성장에 있어서 중요한 원동력 가운데 하나라고 볼 수 있는 교역권의 상실 및 상대적 약세는 浦上八國의 자체 통합과 함께 보다 강력한 사회로의 발전이 좌절된 하나의 사건으로 볼 수 있는 것이다. 따라서 浦上八國同盟의 좌절이란, 대외 교역권을 바탕으로 꾸준히 성장한 古自國이 더 높은 단계로의 도약을 위해, 주위 세력들에 대한 결속력의 강화와 팽창을 시도했으나 그 꿈이 무산된 것으로 해석될 수 있을 것이다. 좀더 유추하자면 삼한의 諸國들 중 大國의 반열에 들지 않는 소국들 중에서, 한 유력 소국이 중심이 되어 大國化하고자 하였으나 좌절되는 한 예로 보여지는 것이다. 이는 곧 고대국가단계로의 진입 실패로 귀결되는 것이며, 古自國의 국가적 성격을 엿볼 수 있는 것이다.

그러나 古自國이 비록 전체 동맹국을 아우르는 대국으로의 성장에는 실패했지만, 포상팔국동맹의 좌절 이후에도 꾸준히 성장한 것으로 보여진다. 이러한 사실은 6세기대에 들어서서도 단편적이나마 『日本

---

197) 安在晧・宋桂鉉,「古式陶質土器에 관한 약간의 考察-義昌 大坪里出土品의 通하여-」,『嶺南考古學』1, 1986.

書紀』에 그 모습이 꾸준히 보이고 있는 점이라든지,[198] 현 고성군내의 삼국시대 고분군만 하더라도 31개소에 달하는 것 등에서 보아 알 수 있는 일이다.[199]

4세기 대부터 6세기 중엽 멸망 때까지의 고자국은 자료의 부족으로 그 실상을 파악하기가 쉽지 않다. 그러나 같은 시기 토기 분포권 등의 문화적 양상으로 보아 고자국은 의외로 상당히 넓은 지역까지 그 영향력을 미친 것으로 보인다. 이른바 '固城系土器'[200]의 분포권은 고성을 중심으로 하여 남쪽으로는 巨濟, 북쪽으로는 居昌과 南原, 동쪽으로는 鎭東, 서쪽으로는 河東에 이르는 비교적 방대한 권역을 이루고 있는 것이다. 이러한 문화권역이 곧 고자국의 지배권역으로 보기는 어렵지만, 어떠한 형태이던 간에 이들 지역에 영향력을 행사한 증거는 될 수 있을 것으로 생각한다. 그것은 아마도 이전 시기 고자국의 발전 기반 등을 고려해 볼 때, 고자국 중심의 교역권역과 연계해 보는 것이 자연스러울 것 같다.

특히 이 지역은 倭가 가야 서남부지역 및 백제와 통교하는 데 있어서 주요 교역로라는 점을 주목할 필요가 있다. 陜川 鳳溪里 20호분[201] 에서 日本의 須惠器系 高杯가 출토되었는데, 고성의 입지적 조건과 고성계토기의 분포권을 고려해 볼 때, 이의 반입도 古自國을 통해서

---

198) 이에 대해서는 후술한다.

199) 昌原文化財硏究所·慶南大學校博物館,『小伽耶文化圈 遺蹟情密地表調査 報告-先史·古代』, 1994, 3쪽.

200) 固城系土器란 용어는 기존의 泗川·固城式 土器(定森秀夫,「韓國慶尙南道 泗川·固城地域出土陶質土器について」,『角田文衛博士古稀記念古代學叢 論』1983), 혹은 晋州式土器(朴升圭,「慶南 西南部地域 陶質土器에 대한 硏 究」,『慶尙史學』9, 1993)라고 명명하던 것을 말함이다. 朴升圭는 定森의 泗 川·固城式土器를 晋州式이라 함이 옳다 하고, 그 중심지와 분포권을 밝히 고 있다. 그런데, 최근 安在晧의 주장대로 이른바 진주식토기의 중심지는 분 포상을 감안할 때, 그 중심지역은 고성지역으로 보아야 할 것이다. 安在晧, 「鐵鎌의 變化와 劃期」,『伽耶考古學論叢』2, 1997, 87~88쪽.

201) 東亞大學校博物館,『陜川鳳溪里古墳群』, 1986.

이루어진 것으로 추정할 수 있는 것이다.202) 이외에도 宜寧 雲谷里古墳群에203) 보이는 倭的 요소,204) 및 의령 경산리고분군 1호분 횡혈식 석실묘내의 석관 구조205) 등도 이 지역과 倭지역과의 관련성을 시사해 주는 자료들이다.

이러한 상황 속에서 보면, 4세기대에는 이미 古自國의 권역 속으로 편입되었을 것으로 보이는 인근 史勿國(현 사천지역)이 바로 倭가 가야 및 백제와의 교섭에 있어 기착지였다는 주장은206) 더욱 설득력을 갖는다.

『三國史記』地理志에서는 현 泗川이 신라 경덕왕 이전에는 史勿이 었다는 것을 보여 주고 있다.207) 그리고 포상팔국 속에서 '史勿國'208) 이 나오고 있어 이미 3~4세기 단계부터209) 현 사천 지역은 사물로 불렀음을 알 수 있다. 이러한 사물지역은 바로 倭와 가야 및 백제지역과의 연결로의 위치에 있다. 사천 앞 바다를 지나 섬진강을 거슬러 올라가면 하동이다. 하동에서 북상하면 구례이고 구례에서 더 북상하면 전주지역을 거쳐 충청도로 나아가게 된다. 이 루트는 곧 서해 연안과 함

---

202) 安在晧, 위의 논문, 88쪽.

203) 경상대학교 박물관,『宜寧 雲谷里古墳群』, 2000.

204) 雲谷里古墳群 1호분의 이른바 '돌선반'을 말한다. 이에 대한 설명은 경상대학교 박물관, 앞의 보고서, 60~61쪽을 참조.

205) 2000년 6월 현장 설명회 자료 참조.

206) 白承玉, 「3~5세기의 가야남부제국(加耶南部諸國)-'변한'에서 '가라'로의 변화와 고구려 남정(南征)을 중심으로-」,『加耶文化遺蹟 調査 및 整備計劃』, 경상북도·가야대학교 부설 가야문화연구소, 1998, 148~154쪽. 즉 광개토왕릉비문상의 Ⅰ면 9행 13자를 '泗'로 석독하고, 이를 현 泗川으로 비정하여 그 관계에 대해서 고찰한 결과에 의한 것이다.

207)『三國史記』卷34, 雜志3 康州 固城郡條, "固城郡 本古自郡 景德王改名 今因之 領縣三 蚊火良縣 今未詳 泗水縣 本史勿縣 景德王改名 今泗州".

208)『三國遺事』卷5, 避隱8 勿稽子條, "第十奈解王卽位十七年壬辰 保羅國 古自國[今固城] 史勿國[今泗州] 等八國".

209) 앞에서 필자는 포상팔국 전쟁이 3세기 후반에서 4세기 전반대의 사건으로 추정한 바 있다.

께 백제와 왜가 통하기 가장 손쉬운 길이었다. 역으로 하동 등지에서 남해안으로 나아가는 入海處이기도 하다. 즉 당시 사물지역은 전략적 요충지였다.

문화권과 정치적 통치권역이 반드시 일치한다고는 할 수 없지만, 4세기대 이후 고자국의 圈域은 지리적 여건 등의 주변 정황으로 보아 지금의 고성군 서북부 지역의 永吾面 지역과 함께 泗川지역을 포함한 '國'으로 발전한 것으로 보인다.

1991년 12월부터 1992년 1월에 걸쳐, 경남대학교 박물관에 의해 발굴 조사된 固城郡 永吾面 소재의 蓮塘里古墳群[210]은 고자국의 권역 내에 있었던 小政治集團으로 파악된다. 비록 그 지리적 여건이 고성 쪽보다는 南江圈에 속한다고는 하나, 당시 남부가야세력 분포권이 金海·釜山지역의 가야세력과 함안 말이산고분군을 중심으로 하는 安羅國, 고성의 고자국으로 대별되는 만큼, 연당리고분군을 축조한 정치집단은 고성의 고자국과 깊은 관계가 있다고 보아야 할 것이다. 이는 연당리고분군이 고성 읍내 소재의 율대리고분[211]과 그 성격을 같이 하고 있는 점[212]에서도 충분히 추측할 수 있는 것이다.

고자국의 존재기반이 농경보다는 해양무역에 있었던 점을 감안한다면, 그 圈域도 해안의 주요 거점을 연결하는 식이었을 것이다. 해상로를 통해 사천지역을 통할권내에 둔 고자국은 사천의 이웃 지역에 있는 연당리 세력을 그들의 관할권내에 둘 수 있음은 그다지 어려운 일은 아니었을 것이다.

특히, 포상팔국의 일국으로서 일찍부터 고자국과 그 정치적 운명을 같이했던 現 泗川의 史勿國은 고자국과 동일 토기문화권[213]을 형성하고 있는 점으로 보아 포상팔국사건 이후 古自國에 병합되었거나 동일

---

210) 慶南大學校 博物館, 『固城蓮塘里古墳群』, 1994.
211) 國立晋州博物館·固城郡, 『固城栗垈里 2號墳』, 1990.
212) 慶南大學校 博物館, 『固城蓮塘里古墳群』, 1994, 109쪽 참조.
213) 定森秀夫, 앞의 논문, 1983.

운명체적 성격을 가졌을 것으로 보인다.[214]

　5세기 중엽 이후 옛 가야의 고지에서는 이른바 고총고분이 축조되던 시기인데, 고자국의 중심지로 보여지는 현 고성읍에 있어서도 예외는 아니다. 固城 松鶴洞古墳[215]은 유적에 대한 정확한 조사 없이 그 성격에 대한 문제 등의 논란이 많았지만, 최근 동아대학교 박물관에 의해 정식 학술발굴조사가 이루어졌다. 前方後圓墳이 아니라 원분 3개가 연이어 축조된 것으로 밝혀졌다. 어쨌든 송학동고분군은 동해면 내산리고분군과 더불어 고자국의 중심고분으로 여겨진다.

　현재 泗川지역을 장악한 고자국이 사천 북쪽의 남강유역까지 진출했을 가능성은 있지만 현재까지의 자료로서는 속단할 수 없다. 다만 水精峰·玉峰古墳群[216] 세력으로 대표되는 6세기 전반대의 남강유역에는 加耶一國이라 할 만한 독자적인 정치세력이 존재했다고 보기는 어렵다는 점을 지적할 수 있다. 혹 있었다고 하더라도 그 세력은 미미했을 것이다.

　이러한 추정은 두 가지 이유에서 가능하다. 하나는 현 경남 서남부 지역의 중심 세력이 결코 수정봉·옥봉고분의 축조 집단으로 보기에는 어렵다는 점이며,[217] 또 하나는 당시의 정황을 보여주는 『三國史

---

214) 후대의 기록이긴 하나 『三國史記』 地理志에서 현 泗川인 史勿縣이 固城郡의 領縣으로 되어있는 것도 이러한 점을 시사해 주는 것이라고 할 수 있을 것이다.

215) 姜仁求, 『舞妓山과 長鼓山』, 韓國精神文化硏究院, 1987.

216) 水精峰·玉峰古墳群은 현재 행정구역명으로는 慶尙南道 晋州市 玉峰南洞에 소재한다. 이 유적은 1910년 일본인 關野貞에 의해 조사되어 『朝鮮古蹟圖譜』 第三冊(朝鮮總督府, 1916), 277~292쪽에 약식 게재되기도 했으나, 근자에 東京大學總合資料館建築史部門에 소장되어 있는 당시의 유물들이 다시 소개된 바 있다. 定森秀夫·吉井秀夫·內田好昭, 禹順姬 譯, 「韓國慶尙南道 晋州 水精峰2號墳·玉峰7號墳出土遺物-東京大學總合資料館建築史部門所藏資料의 紹介-」, 『伽倻通信』 19·20합집, 1990, 19~51쪽. 이 글은 日本語로 京都文化博物館硏究紀要 『朱雀』 3, 1990, 71~104쪽에 再揭載되기도 했다.

記』와『日本書紀』등에 보이는 기록에서 현 晉州로 비정할 만한 國名
이 보이지 않는다는 점이다. 앞서 언급했듯이 5~6세기대 남부가야의
주요 세력은 金海·釜山지역의 가야세력과 함안 말이산고분군을 중심
으로 하는 安羅國, 고성의 古自國 정도가 그 독자성을 유지한 채 가야
의 일국으로 존재하고 있음을 확인할 수 있다.

그런데, 여기서 주목되는 점은 연당리 고분군에서 보이는 遺構와 遺
物의 성격이다. 5세기말에서 6세기 중엽 무렵에 조성된 것으로 추정되
는 연당리고분군은 묘제와 유물의 양상에 있어서 재지계와 외래계가
시간차를 크게 보이지 않으면서 混在하고 있다.218) 외래계로 보이는
兩袖式 橫穴式石室墳과 재지계로 보이는 竪穴式石室墳이 한 봉토 내
에 공존하는 경우가 있는데, 보고자는 수혈식석곽이 나중에 축조된 것
이라고 하면서, 외래계인 양수식 횡혈식석실분의 원류를 武寧王陵이
나 宋山里 6호분에서 구하여 백제와의 관련성을 추구하고 있다. 출토
유물에 있어서도 재지계와 외래계로 나누면서, 외래계로서 高靈系와
慶州系가 보인다고 하고 있다. 이러한 유적양상으로 보아, 보고자는
연당리고분이 小伽耶219)의 유적인가에 대해서 의문을 제기하면서, 이
고분의 성격을 율대리유적과 마찬가지로 고성지역에 고령 가야세력을
비롯한 주변세력의 영향이 미친 이후나 혹은 그 즈음에 조영된 것으로
보아 순수하게 이 지역의 특징만을 간직하고 있는 시기의 것은 아니라
고 하고 있다.

이러한 설명은 5~6세기대에 백제, 고령의 가야세력, 신라 등이 재지

---

217) 이 주변의 중심 정치집단이 될 수 있는 가능성이 있는 곳으로서 중촌리고분
    군 세력을 주목할 필요가 있으나 전면적 발굴이 이루어지지 않은 단계에서
    미리 판단하기는 어렵다. 부산여자대학교에서 발굴한 부분은 중촌리유적의
    극히 일부에 지나지 않는다(安春培,「山淸 中村里 古墳發掘 槪報」,『韓國考
    古學年報』10, 서울대학교박물관, 1983). 앞으로 이 고분군이 정식발굴조사된
    다면, 경남 서남부 일대의 가야세력을 새롭게 조망해 볼 수 있을 것이다.
218) 慶南大學校, 앞의 보고서, 1994, 108~109쪽 참조.
219) 보고자의 표현을 그대로 씀. 本書의 古自國.

222

세력인 고자국을 둘러싸고 모종의 역사적 사건이 전개되었음을 유추할 수 있게 한다. 어떠한 사건을 계기로 이러한 문화적 양상이 보여지는 것일까? 이 점을 밝히는 것은 5세기대 이후 고자국이 영역적 확대 등에 있어서 더 이상 성장할 수 없었던 원인 해명을 위한 한 단면이 될 수 있을 것이다. 그리고 당시 남부가야제국을 둘러싼 세력관계의 일단을 엿볼 수 있을 것이며, 나아가 전체 가야사를 제대로 복원하는 일부분이 될 수도 있을 것이다. 이러한 문제에 대한 해결을 위해서는 5세기대 고자국을 둘러싼 한반도 남부 해안지역의 상황을 살펴볼 필요가 있다.

3) '高句麗有疾部曲'의 성격과 5～6세기대의 古自國

『高麗史』 地理志의 내용 중에 고구려가 고자국의 권역에 속했다고 보여지는 現 慶南 南海郡의 昌善島[220]에 그들의 部曲을 설치했다고 하는 기사가 있어 주목된다.

> Ⅳ-3-① : (상략) 또 彰善島가 있다[창선도는 본래 高句麗有疾部曲이었다. 高麗 때 지금의 이름으로 고치고 승격시켜 縣으로 하고 州에 소속시켰다. 忠宣王이 즉위하자 避諱하여 다시 興善이라 고쳤다. 후에 倭寇의 침입으로 사람들이 모두 없어지자 直村으로 하였다].[221]

위의 기사는 비록 『高麗史』의 기록이긴 하나 남해안 晋州管下의 섬

---

220) 昌善島가 육지 쪽의 행정관할 하에서 南海郡으로 이관된 것은 1906년이다. 그리고 昌善島라 표기한 것은 『大東輿地圖』에 보이며, 그 이전에는 아래 사료들에서 보이는 것처럼 興善, 彰善 등으로 불렸음을 알 수 있다.
221) 『高麗史』 卷57, 地理2 晋州牧條, "(상략) 又有彰善島[島本高句麗有疾部曲 高麗更今名陞爲縣屬于州 忠宣王卽位避王嫌名改爲興善 後因倭寇人物俱亡 爲直村]".

인 창선도에 고구려의 유질부곡이 있었음을 보여주고 있다. 이러한 『高麗史』의 기록에 대해서 다른 史書들은 남해안에 고구려의 부곡이 존재했다는 점이 믿기 어려운 듯 애매한 태도로서 기술하고 있다. 즉 『慶尙道地理志』에서는 ‘三國時爲有疾部曲’222)라 하여 三國時代의 일인 것만은 인정하면서도 三國 중 어느 나라인지를 밝히지 않고 있고, 『世宗實錄』 地理志에서는 ‘興善島本高麗有疾部曲 後改爲彰善縣’223)라 적고 있어 ‘高麗’가 ‘高句麗’인지 후대의 ‘高麗’인지 애매하게 기록하였다. 또 ‘後改爲’라 하여 고친 시기를 구체적으로 밝히지도 않고 있다. 『新增東國輿地勝覽』에서는 ‘興善島[在州南海中 有牧場]’224)라 하여 沿革에 대해서는 아예 생략하고 있다.

사료Ⅳ-3-①에 대해서 李弘稙은 만약 ‘三國時’라는 사료를 제1의 사료로 존중할 근거가 있다면, 이것은 삼국시대의 문제로서 중요한 문제를 제기하게 될 것이지만 그렇게 볼 수는 없고 편찬자의 과오라고 보았다. 다만 이 사료에 대한 私見이란 小題下에서 이를 고구려의 유민 중 金馬渚에 안치하였던 報德國의 반란 후 생긴 반란민 가운데 일부를 옮긴 것이라는 의견을 피력하였다.225)

그러나 1451년(文宗 1)에 완성하여 1454년(단종 2) 간행에 착수한 『高麗史』가 고려시대의 제기록들을 참고로 하여 편찬됨과 동시에 1424년(세종 6)과 1425년 사이에 편찬된 『慶尙道地理志』와 1454년에 편찬된 『世宗實錄』地理志를 참고로 하여 편찬되어졌음을 생각하면 간단히 편찬자의 과오라고 생각할 수는 없을 것 같다. 즉 가장 먼저 편

---

222) 『慶尙道地理志』, 晋州條, “興善縣 海中島也 三國時爲有疾部曲 高麗時改爲彰善縣 又改興善縣 本朝因之 因倭寇人物全亡 但有土地耳”.

223) 『世宗實錄』卷150, 地理志 晋州牧條, “興善島本高麗有疾部曲 後改爲彰善縣 屬晋州任內 忠宣王初避王嫌名改爲興善 因倭人物全亡 今爲直村 水路十里[人民往來農作]”.

224) 『新增東國輿地勝覽』卷30, 晋州牧山川條.

225) 李弘稙, 「高句麗遺民에 관한 一・二의 史料」, 『史叢』10, 1965 ; 『韓國古代史의 硏究』, 新丘文化社, 1971, 275~285쪽.

찬된『慶尙道地理志』에 '三國時'에 有疾部曲이었다고 한 것에 대한 사료의 계통은 추적할 수 없으나 믿지 못할 어떠한 이유도 없다.[226] 『慶尙道地理志』를 보았을『高麗史』편찬자는『慶尙道地理志』속의 '三國時'라는 文句에 유의했을 것이며, 다른 사료를 통해 삼국 중에서도 고구려 부곡임을 찾아내어 적기했을 것으로 보인다. 이 과정에서 '本高麗有疾部曲'이라 적을 것을 '本高句麗有疾部曲'이라 잘못 기록했다는 것은 인정할 수 없다.『高麗史』를 적으면서 '本高麗……'라는 문구를 쓰지는 않았을 것이기 때문이다. 더구나『高麗史』는 유질부곡을 고려시기에 현으로 승격시켰다는 점을 명백히 함으로써 창선도가 고려시기에는 부곡이 아니었음을 밝히고 있다. 이 점은『慶尙道地理志』가 유질부곡을 三國時의 것이라고 한 점에서도 확인되는 것이다.

　이상과 같은 점은 삼국시기 이 지역과 고구려가 어떠한 관련이 있었을 것임을 시사해 준다. 다음의 사료 또한 사료 IV-3-②를 그냥 흘려보낼 수 없게 한다.

　　IV-3-② : 본래 高麗의 昆明縣이었다. 新羅 때의 칭호는 알 수 없다. 顯宗 대에 晋州에 속했다.[227]

　사료 속의 '高麗'를 '高句麗'가 아닌 후대의 '高麗'로 볼 수 있지 않느냐라는 의문을 제기할 수도 있겠지만,『新增東國輿地勝覽』의 일반적인 서술방식으로 보아 고구려로 봄이 타당할 것 같다.『新增東國輿地勝覽』에서는 지명의 연원을 표기할 때 앞선 시기부터 표기함이 일반적이다.[228] 따라서, 사료 속의 新羅를 통일신라로 보아야 할지, 아니

---

226) 특히『慶尙道地理志』는 중앙 정부의 명을 바탕으로 편찬되었기 때문에 그 사료적 가치는 높이 평가되어야 할 것이다(李成茂,「韓國의 官撰地理志」,『奎章閣』6, 서울대학교 도서관, 1982, 144쪽 참조).

227)『新增東國輿地勝覽』卷31, 昆陽郡 建置沿革條, "本高麗昆明縣 新羅時稱號 未詳 顯宗屬晋州".

면 그 이전 삼국시기의 신라로 보아야 할지는 確言할 수 없지만, 곤명현은 한때 고구려의 현이었다가 후에 신라에 복속되었다고 보아야 할 것 같다고 주장하였다. 그리고 사료 속의 '高麗'를 후대의 高麗로 본다면, '顯宗屬晋州'에서의 顯宗은 高麗의 顯宗이 분명한 만큼 문장 내에서 자체 모순을 갖게 되어 불합리하다.

昆明은 오늘날 慶南 泗川郡 昆陽面이다. 이 지역은 창선도와 마주보면서 진주, 하동 등지의 入海入口로, 그들 지역이 南海로 나아가기 위해선 이 지역을 통과하지 않으면 안 된다. 이러한 이 지역이 삼국시대에 高句麗의 縣이었다는 점은 일반적 통설과는 상당한 괴리를 갖기 때문에 선뜻 받아들이기 어려운 것은 사실이다. 그러나 사료 Ⅳ-3-② 와 더불어, 5세기대의 한반도 남부 상황이 상당히 역동적이었다는 점을 인식한다면 보다 적극적인 자세로 사료를 推究해 볼 여지는 있는 것이다. 한갓 황당한 발상으로만 치부할 수는 없을 것이다.

사료Ⅳ-3-①과 ②가 사실성을 갖기 위해서는 고구려가 이 지역까지 진출할 수 있었던 역사적 계기가 찾아져야 한다. 이와 관련해서 「廣開土王陵碑文」상의 庚子年條가 주목된다.[229]

기사의 대략적 내용은 (신라의 구원요청에 의해) 고구려의 광개토왕은 庚子年(400년)에 步騎五萬을 보내 倭에 점령당한 신라를 구원하고

---

228) 『국역 신증동국여지승람』 4, 민족문화추진회, 1969, 257쪽에서도 원사료의 '高麗'를 '高句麗'로 해석하고 있다.

229) 일찍이 임건상은 삼국시대 부곡제에 대해서 설명하면서 고구려의 부곡으로서 창선도의 유질부곡를 그 예로 들고 있다. 나아가 그는 구체적 검토는 행하지 않았지만, 고구려의 부곡이 남해안에 설치된 이유로서 광개토왕릉비문 상의 고구려군이 남해안까지 진격했을 때 창선도가 일시 고구려의 부곡으로 되었을 것임을 시사했다(임건상, 『조선의 부곡제에 관한 연구』, 과학원 출판사, 1963, 88~89쪽). 이러한 임건상의 견해는 비록 부곡제의 설명 도중 간단한 언급이었지만 본서와 관련하여 매우 중요한 시사를 주었다. 한편, 이도학도 고구려의 가야경영에 관한 논고에서 위의 사료Ⅳ-3-①와 ②에 대해 언급하고 있다(李道學, 「高句麗의 洛東江流域進出과 新羅·伽倻經營」, 『國學研究』 2, 1988, 111~112쪽).

한반도 남부의 김해지역까지 진출하며[230] 그들이 점령한 몇몇 주요 城에는 고구려군을 주둔시킨다.[231]

이때 고구려군이 주둔했던 한 곳이 창선도 혹은 곤양이었다면, 그 흔적이 사료 IV-3-①과 ②로 볼 수 있을 것이다. '步騎五萬'이라는 威勢와 당시 고구려의 南進에 대한 구상이 한반도 남부 전역에 대한 지배체제의 구축이라는 원대한 통일구상[232]을 가졌다는 점을 염두에 둔다면 백제와 왜, 남부가야제국의 이해관계가 첨예한 지역인 낙동강 이서 남부가야지역으로의 진출은 당연한 것으로 볼 수 있는 것이다.

특히, 당시 고구려 남정의 중요한 목적이 안정된 농업생산지의 획득과 함께, 백제에 대한 舊怨의 復讐[233]라는 점을 생각한다면 백제가 참패를 만회하기 위해 倭와 和通하고 있음을 포착한[234] 고구려가 백제와 왜의 교통로[235]인 낙동강 이서 남부가야 해안지역을 그냥 두었을 리 없었을 것이다. 특히 404년에 倭가 帶方界까지 북상[236]하는 경로가 남서부 해안지역을 거쳤을 것임을 생각하면, 낙동강 이서 남부가야 지역에 대한 고구려의 인식은 백제와 왜에 대한 견제를 위해서도 중시되었을 것이다. 더구나 당시 고구려 남정의 의도가 명목적으로는 신라의 구원 요청 때문이지만, 실질적으로는 백제·가야·왜의 삼각동맹 해체

---

230) 비문에 나오는 '任那加羅'의 위치를 고령의 가야세력으로 볼 경우, 고구려군의 부산·김해지역으로의 진출은 부정될 수 있으나, 본서는 비문 속의 '任那加羅'를 당시 부산·김해지역을 중심으로 존재했던 가야로 보는 입장을 갖는다(3장 2절의 관련 내용 참조).

231) 이에 관해서는 4장 2절의 관계 부분 참조.

232) 延敏洙, 위의 논문, 1995, 241쪽 ; 尹明喆, 「廣開土大王의 對外政策과 東亞地中海의 秩序再編」, 『軍史』 30, 1995, 27~49쪽 참조.

233) 朴性鳳, 「廣開土好太王期 高句麗 南進의 性格」, 『韓國史硏究』 27, 1979.

234) 이 점은 「廣開土王碑文」 9年己亥條의 "百殘違誓與倭和通"으로 미루어 보아 알 수 있다.

235) 村上四男, 「百濟の所謂日本通交路について」, 『和歌山大學學藝學部紀要』 人文科學 3, 1953, 155~160쪽.

236) 『廣開土王陵碑文』 14年 甲辰條.

및 신라지역에 대한 지배력 행사의 강화라는 점을 생각한다면 백제의 對倭 및 남부해안 지역으로의 진출입구인 현 창선도는 중요한 전략적 요충지였던 것이다. 이러한 지점에 고구려는 점령 후 그들의 군대를 주둔시켰을 것이며, 그 모습이 후대에 '本高句麗有疾部曲', '本高麗昆明縣'의 형태로 남게 된 것으로 여겨진다.

그런데, 문제는 이 시기에 고구려가 그들의 점령지, 혹은 상대국내의 군사적 요충지에 군대를 주둔시켰지만, 과연 어떠한 형태로 이들 지역을 지배했을 것인가라는 점이다. 즉, 후대의 기록에 '部曲'과 '縣'으로 표기된 것의 원래 모습은 어떠한 것이었을까의 문제이다.

이 문제에 대한 해답은, 고구려의 부곡제 실시 여부에 대한 문제[237] 와 함께 고구려의 지방제도에 대한 이해가 요구된다. 필자는 역량부족으로 이 문제에 대한 해답은 제시하지 못한다. 다만, 여기에서의 部曲은 高麗時代의 부곡을 인식하는 시각에서 보아서는 안될 것이다. 원래 部曲이란 중국 漢代의 군대편성상의 용어로서 部・曲・屯이 있었는데, 部는 大隊, 曲은 中隊, 屯은 小隊를 나타낸다고 한다. 그런데 部曲을 붙여 쓸 때는 兵士의 뜻으로 쓰였다고 하며, 이것이 다시 私兵을 나타내는 말로 되었으며, 後漢末・三國時代가 되면 部曲이란 말은 官兵보다는 私兵의 의미로 많이 사용되었다 한다.[238] 이 점은 고구려를 비롯한 삼국이 중국의 制度, 특히 部曲이라는 용어를 중국으로부터 받아들였을 가능성이 높은 만큼, '高句麗有疾部曲'을 이해하는 데, 중요한 시사를 준다고 할 수 있다.

---

237) 부곡제의 존재시기에 관한 문제는 諸家가 견해를 달리한다. 임건상은 사료Ⅳ-3-①을 가지고 고구려의 부곡제 실시를 인정하고 있는 입장이다. 朴宗基는 신라시대 중앙정부가 지방의 소국을 재편, 국가적인 지배질서를 확립하는 가운데서 향과 부곡이 성립되었다고 보고 있다(朴宗基, 『高麗時代部曲制研究』, 서울대학교 출판부, 1990, 123~134쪽).

238) 濱口重國, 「第二篇 晉書武帝紀에 見えたる部曲將・部曲督と質任」, 『唐王朝の賤人制度』, 1966, 400~404쪽 중에서 何士驥의 說.

　본서에서는, 고구려군이 이 지역까지 진출하여 주둔함으로 해서 남긴 흔적이 바로 사료Ⅳ-3-①과 ② 기사였다고 정리하고자 한다. 그리고『高麗史』地理志에 나오는 '高句麗有疾部曲'이『三國史記』地理志에는 왜 언급이 없는가하는 의문에 대한 해답은,『三國史記』地理志의 편찬 방침에서 구해야 할 것이다.『三國史記』의 찬자 金富軾은 地理志 序文에서 신라의 강역 일반과 九州에 대해서 설명하고 난 뒤, '(이상) 九州가 管轄하는 郡縣은 무려 450이다. 方言으로 이른바 鄕, 部曲 등 雜所는 다시 갖추어 싣지 않는다.'239)라고 하고 있다. 따라서 有疾部曲도 地理志 편찬 당시 신라의 郡縣으로 승격되지 않은 상태였다면, 地理志에 등재되지 않음은 당연하다고 할 수 있는 것이다.

　지금의 창선도와 곤양은 古自國이 존재했던 당시, 모두 그 권역에 포함되는 지역으로 보인다. 따라서 고구려의 남해안으로의 南征과 古自國 권역 내에서의 주둔은 古自國에 있어서도 큰 영향을 미쳤을 것임은 상상하기 어렵지 않다. 그리고 이는 古自國뿐만 아니라, 이 시기 古自國을 둘러싼 남부해안지역의 역학구도를 추측해 볼 수 있게 한다. 그 역학구도란, 신라를 거느린 고구려 세력 對 백제·가야·왜 연합세력의 대결구도로 파악된다. 이러한 정황 속에서 가야의 일원인 古自國은 백제측에 가담하였을 것이다.

　이 점은 이른바 泗沘會議 때에 古自國은 꾸준히 백제와 가야측에서 활동하고 있는 것으로 보아서도 알 수 있다.240) 그러나 5세기초 백제·가야측이 고구려에게 패함으로써 古自國의 국력도 상당히 쇠진하였을 것이다. 따라서 주변세력에 대한 진출 및 통합은 많은 한계를 가질 수밖에 없었을 것이다.

　蓮塘里고분군에서 보이는 복합적 문화 양상도 바로 이러한 당시의

---

239)『三國史記』卷34, 雜志3, 地理1, "九州所管郡縣 無慮四百五十[方言所謂 鄕部曲等雜所 不復具錄]".
240) 이에 대해서는 다음에서 설명한다.

정치 질서와 그 추이 속에서 나타난 것으로 추정할 수 있을 것이다. 즉 연당리고분군의 문화적 양상 가운데 특이한 점은, 외래계 토기양식으로서 高靈系와 慶州系는 보이는데, 지리적으로 인접한 咸安系土器가 보이지 않는다는 점이다. 이는 5~6세기대에 있어서, 固城의 古自國과 咸安의 安羅國이 분명한 차별성을 가지고 있음을 보여주는 증거라고 할 수 있을 것이다. 그러나 그 차별성의 내용과 관계에 대해 추구해 볼 수 있는 자료는 잘 찾아지지 않는다. 차후의 과제로 삼는다.

5세기초 남해까지 진출하여 그들의 군대까지 주둔시킨 고구려는 5세기 말이 되면 후퇴한 것으로 보인다. 이러한 추측은 고구려 문자왕대(492~518) 魏에 사신으로 간 芮悉弗의 말을 통해서 볼 때 가능하다. 예실불은 魏의 世宗(孝文帝)에게 '高句麗가 魏에 朝貢으로 바치던 珂玉(貝類)은 涉羅(濟州道)에서 나는 것이었는데, 涉羅가 百濟에 병탄되므로 해서 더 이상 魏에 조공할 수 없음'을 아뢰고 있다.241) 이는 5세기말 6세기초가 되면 남해안에 백제의 세력이 강하게 미치고 있음을 보여주는 것이다. 남해안으로의 백제 진출은 곧 고구려세력의 후퇴를 말하는 것이다.

그리고 고구려의 남정 이후 곧바로 이어진 後燕과의 총력을 다한 전쟁이 있었던 점242)을 감안한다면, 남해안에서의 고구려군 주둔은 남정군의 주력군이 주둔했을 것 같지는 않다. 그리고 그 숫자도 많은 것은 아니었을 것이다. 확언할 수는 없지만, 5세기 중엽 고구려가 100명의 精兵을 보내어 신라를 지키게 했다는 『日本書紀』의 기록을243) 참고해 보면, 남해안 창선도에서의 고구려 주둔군의 숫자도 100명 정도

---

241) 『三國史記』卷19, 高句麗本紀7 文咨王(492~518) 13年條, "悉弗進曰 小國係誠天極 累葉純誠 地産土毛 無愆王貢 但黃金出自扶餘 珂則涉羅所産 扶餘爲勿吉所逐 涉羅爲百濟所幷 二品所以不登王府 實兩賊是爲".

242) 『三國史記』卷18, 高句麗本紀6 廣開土王 11, 13, 14, 15年條.

243) 『日本書紀』卷14, 雄略 8年(464) 春2月條, "新羅國背誕 苞苴不入 於今八年 而大懼中國之心 脩好於高麗 由是 高麗王 遣精兵一百人守新羅".

230

의 인원이었을 것으로 짐작된다.

고구려의 퇴각으로 인한 남부지역의 세력구도는 재편될 수밖에 없었을 것이다. 6세기대 들어 고구려의 부용에서 벗어난 신라는,[244] 庚子年(400년) 고구려를 따라 가야지역에 발을 내디딘 후 남부해안 가야지역에 대한 영향력을 계속적으로 행사하고자 했을 것이다. 백제는 4세기후반 이후부터 가야서부지역에 가지고 있던 기득권의 유지,[245] 그리고 신라의 가야지역 진출 저지와 함께 倭와의 친선 유지를 위해서도 부단히 노력하고 있음이『日本書紀』의 繼體・欽明紀 등에 보인다.

그리고 가야도 자체 부흥을 꿈꾸며, 함안의 안라국과 고령의 가라국을 중심으로 노력하고 있음이 보인다. 529년 안라에서의 이른바 '高堂會議'[246]도 그 노력의 일환이며, 541년과 544년에 百濟 泗沘에서 열리는 이른바 1・2次 '泗沘會議'[247]도 마찬가지이다.

---

244) 최근 발굴된 慶北 迎日郡 神光面 冷水里古墳에서의 고구려계 요소(고구려계 토기, 側室이 달린 橫穴式石室墳, 천정 받침석의 사용 등)는 군사적 관계 여부에 대해서는 잘 알 수 없지만, 6세기 전반대까지도 이 지역이 고구려의 영향이 미치고 있음을 보여준다. 국립경주박물관,『냉수리 고분』, 1995.

245) 이는『日本書紀』神功紀 49년 기사를 수정론에 입각하여, 주체를 倭가 아닌 百濟로 보는 시각에 의해 내린 결론이다. 白承玉,「新羅・百濟 각축기의 比斯伐加耶」,『釜大史學』15・16, 1992, 305쪽 참조.

246)『日本書紀』卷17, 繼體 23年(529) 春3月(是月)條.

247)『日本書紀』卷19, 欽明 2年(541) 4月, 11月條. 기존에는 泗沘에서 개최된, 백제 성왕 주도의 이 두 차례의 회의를 일반적으로 '任那復興會義'라고 불렀다 (末松保和, 앞의 책, 147~168쪽 ; 田中俊明,『大加耶連盟の興亡と任那』, 吉川弘文館, 1992, 245~255쪽). 최근 白承忠은 529년의 '安羅會議'도 '임나부흥회의'의 범주에 포함시켜 검토하면서, '임나부흥회의'란 오로지 백제와 倭의 의지만이 강조되었을 뿐, 임나부흥의 당사자라고 할 수 있는 加耶諸國의 意志는 없었다고 하여, 실질적인 의미에서는 존재하지 않았다고 하고 있다(白承忠,「'任那復興會議'의 전개와 그 성격」,『釜大史學』17, 1993, 66~75쪽). 金泰植은 백제 사비에서의 회의를 '泗沘會議'로 지칭하고 있다(金泰植, 앞의 책, 262~283쪽). 회의의 성격에 대해서는 논란이 있는 만큼, 장소를 중시하여 本書도 이에 따른다.

이 시기 古自國 주변의 세력 양상은 서부가야지역에 대한 기득권을 가지고 倭와 교섭하려는 百濟, 그리고 고령의 加羅國과 함안의 安羅國을 중심으로 하는 가야 수호세력, 그리고 法興・眞興王의 중흥을 이룩한 신라세력이 서로 혼효된 상태였을 것으로 생각된다. 이러한 상황 속에서 古自國은 자체 세력 신장을 꾀할 수 없었을 것이며, 주변 상황에 따라 자기 이익을 추구하는 부용적 입장을 가질 수밖에 없었을 것이다. 『日本書紀』에 나타나는 古自國은 바로 이러한 모습을 보여준다.

Ⅳ-3-③ : 日本의 吉備臣, 安羅의 下旱岐大不孫・久取柔利, 加羅의 上首位古殿奚, 卒麻의 君, 斯二岐의 君, 散半奚의 君兒, 多羅의 二首位訖乾智, 子他의 旱岐 久嗟의 旱岐 등이 百濟에 갔다.[248]

이 기사는 6세기 전반에 이미 멸망해 버린 가야국들(南加羅, 卓淳, 喙己呑)을 부흥시키고자 백제의 聖王이 회의를 개최하자, 그 회의에 참석하는 참석자들의 면면들이다. 파견자의 직위로 보아 함안의 安羅國과 고령의 加羅國은 가야 제국들 중에서도 비교적 유력국임을 알 수 있으며, 기타의 가야국들은 최고 首長인 旱岐 내지는 그 아들이 회의에 참석하고 있음을 알 수 있다. 이 중에 古自國으로 비정되는 久嗟[249]도 참석하고 있다.

그런데 거의 동일한 성격을 가진 1次 泗沘會議가 3년 전인 541년에

---

248) 『日本書紀』 卷19, 欽明 5年(544) 11月條, "日本吉備臣 安羅下旱岐大不孫 久取柔利 加羅上首位古殿奚 卒麻君 斯二岐君 散半奚君兒 多羅二首位訖乾智 子他旱岐 久嗟旱岐 仍赴百濟".

249) 久嗟의 비정에 대해서는 酒井改藏이 宜寧郡의 古名 '獐舍'을 'コスマル'라고 읽어 久嗟를 의령으로 비정하는 異說(酒井改藏, 「日本書紀の朝鮮地名」, 『親和』 195, 1970, 17쪽)이 있기는 하나, '久'는 일본 上古音에서 'コ'의 音을 나타내며, 『三國史記』勿稽子傳에 보이는 '古史浦', 同書 地理志의 '固城郡 本古自郡'과 연결하여 固城으로 비정한 견해(坂本太郎 等 校注, 『日本書紀』下, 岩波書店, 日本古典文學大系 68, 1965, 88쪽의 頭注 15)가 옳다고 생각한다.

이미 열렸는데,[250] 거기에는 古自國의 모습은 보이지 않고 있다. 이러한 사실은 가야 내부에서의 古自國의 위치를 가늠해 볼 수 있는 것으로 보인다. 즉 가야 일국으로서 존재하고는 있었지만 그 내부에서 그다지 영향력은 발휘하지 못하는 존재로 보이는 것이다. 그러나 古自國의 모습은 『日本書紀』 欽明 23년(562)條[251]의 가야 멸망기사의 加耶諸國 속에 보이고 있어 가야가 최종적으로 멸망하는 6세기 후반까지 존재하고 있었던 것을 알 수 있다.

古自國은 小國에서 출발하여, 한때 小國聯盟을 통하여 발전을 모색하였으나 주변국들과의 대결에서 패함으로써 보다 강력한 집권국가로의 성장은 좌절된다. 그러나 완전히 소멸되는 것은 아니며, 가야 멸망기까지 꾸준히 성장하여 일정 지역을 경영하는 가야국으로 존재하였던 것이다. 이러한 경로를 걸었던 古自國의 경우, 또 하나의 가야국 발전유형으로 설정할 수 있을 것이다.

4. 比斯伐國

比斯伐國은 현 昌寧 지역에 존재했던 가야의 一國이었다. 比斯伐國에 주목한 이유는 다음과 같다.

첫째, 지리적 여건 때문이다. 창녕은 지형적으로 보아 당시 신라의 낙동강 이서쪽으로의 진출요로라는 점에서 전략적 요충지였음이 분명하다. 신라가 낙동강 東岸의 창녕지역을 먼저 편입시키지 않고서는 後期加耶의 가장 강력한 國인 高靈의 加羅를 결코 복속시킬 수 없었을 것이다. 이러한 점은 신라가 555년에 比斯伐에 下州를 설치한 것이라

---

250) 『日本書紀』 卷19, 欽明 2年(541) 4月條.
251) 『日本書紀』 卷19, 欽明 23年(562) 春正月條, "新羅打滅任那官家[一本云 二十一年 任那滅焉 總言任那 別言加羅國 安羅國 斯二岐國 多羅國 卒麻國 古嵯國 子他國 散半下國 乞飡國 稔禮國 合十國".

든지, 561년에 眞興王 巡狩碑가 창녕에 건립되었다는 사실을 보아서
도 알 수 있다.

둘째, 昌寧式土器라고 불리는 독특한 형식의 昌寧土器文化는 그러
한 토기문화를 생성할 만한 독자적인 세력이 존재하고 있었음을 보여
주는 것이다.

셋째, 校洞古墳群과 같은 高塚古墳群이 있다는 것이다. 신라에 멸
망되기 이전의 유적인 교동고분군은 그 유물 상황으로 보아 분명 강력
한 힘을 지닌 집단이 존재했음을 나타내 준다. 이는 각국의 각축기에
있어서 比斯伐國이 戰略的 要衝地로서 先占의 대상이 된 지역이기는
하지만, 5세기 중엽을 그 중심 연대로 하여 꾸준한 자체 발전이 있었음
을 보여준다.

1) 國名과 종족계통

『三國史記』卷34, 地理志 火王郡條을 보면, "火王郡은 본래 比自火
郡이다[比斯伐이라고도 한다]. 진흥왕 16년에 州를 두었는데 이름을
下州라고 했다. (진흥왕) 26년에 주를 廢했다. 경덕왕 때에 (화왕군으
로) 이름을 고쳤다. 지금의 창녕군이다"라고 되어 있다.[252] 그리고 조
선시대 초에 편찬된『高麗史』에 보면, "昌寧郡은 본래 신라 비자화군
이다[比斯伐이라고도 한다]. 진흥왕 16년에 下州를 두었다가 26년에
주를 廢했다. 경덕왕 때에 화왕군으로 이름을 고쳤다. 太祖 23년에 지
금의 이름으로 고쳤다"라고 되어 있다.[253]

이로 미루어 보아 현재의 昌寧이란 지명은 高麗 太祖 23년(940)에
처음 만들어졌음을 알 수 있다. 그리고 統一新羅 景德王 16년(757) 이

---

252)『三國史記』卷34, 雜志3 火王郡條, "火王郡 本比自火郡(一云 比斯伐) 眞興
　　王十六年 置州名下州二十六年州廢 景德王改名 今昌寧郡".
253)『高麗史』卷57, 地理 2, "昌寧郡 本新羅比自火郡[一云 比斯伐] 眞興王十六
　　年置下州 二十六年州廢 景德王改爲火王郡 太祖二十三年更今名".

234

후 940년까지는 火王郡으로, 757년 이전에는 比自火郡, 또는 比斯伐로 불렸음을 알 수 있다. 新羅가 郡을 설치하기 이전, 진흥왕이 창녕지역을 처음으로 복속하고 州를 설치하였다. 州설치의 성격으로 보아 이 지역이 당시에 있어서 중요한 전략적 요충지였음도 알 수 있다.[254] 그러면 신라가 창녕지역에 州를 설치하기 이전에는 어떠한 명칭으로 불리워졌을까. 기록에 따르면 '比斯伐'이라고 불리어졌을 것이다. 『三國史記』 卷4, 新羅本紀 眞興王 16年條에 보면 "16년 정월에 比斯伐에 完山州를 두었다"[255]라는 기사가 보인다. 지리지에서도 '一云 比斯伐'이라고 한 점 등으로 미루어 보아 比斯伐이 곧 신라가 창녕지역을 정복하기 이전의 지명이었음을 알 수 있다. 비록 州의 명칭은 지리지 기록과 본기 기록에서 차이점이 있지만[256] 동시기에 동지역이라는 점을 고려해 볼 때 이 기사들은 믿어도 좋다고 생각한다. 즉 555년 이전에 있어서 창녕지역은 '比斯伐'로 불렸던 것이다.

이외에도 신라에 복속되기 이전의 창녕을 나타내는 명칭으로는 몇 가지가 더 있다. 眞興王巡狩碑에는 '比子伐'로, 『三國遺事』 5伽耶條에는 '非火伽耶'로, 『日本書紀』에는 '比自㶱'[257]로, 『三國志』 韓條 弁辰 記事에는 '不斯國'으로 나와 있는데 모두 昌寧에 대한 異表記들이라고 생각한다.

'比', '不', '非' 등은 모두 '빛(光)'이라는 우리말을 한자화한 것이라고 여겨진다. 그리고 '火'와 '伐'은 삼국시대 城, 村, 邑을 의미하는 신라의 명칭이다.[258] 우리말로는 들판의 의미를 가지는 '벌', '들'을 한자화한

---

254) 이에 대해서는 아래에서 상술한다.
255) 『三國史記』 卷4, 新羅本紀4 眞興王 16年(555)條, "十六年 春正月 置完山州 於比斯伐".
256) 이 문제에 대해서는 白承玉, 「新羅·百濟 각축기의 比斯伐加耶」, 『釜大史學』 15·16, 1992, 307~308쪽 참조.
257) 『日本書紀』 卷9, 神功 攝政 49年 3月條.
258) 朴炳采, 「古代三國의 地名語彙攷」, 『白山學報』 5, 1968, 119쪽.

것으로 추정된다. 따라서 '比斯伐', '比子伐', '非火' 등의 표기는 '빛벌'이라는 순수 우리말을 한자화한 것이라고 생각된다.『삼국유사』의 경우 '非火'라고 표기했는데 이는 '火'의 훈을 빌어서 쓴 것이다.259) '불'이라는 우리말을 訓借한 것인 만큼 '非火'는 본래의 음하고는 맞지 않는 표기인 것이다. 그리고『삼국유사』등에 보이는 '某가야'라고 하는 식의 이름은 신라말·고려초 이후의 것이다.260) '比子伐'이라고 표기한 眞興王巡狩碑의 경우 비록 당시기의 기록이라는 장점이 있지만 이는 다분히 신라적 표기방식이라고 생각한다. 이는『삼국사기』지리지에 신라의 郡으로서 등장하는 '比自火'에서의 '自'와 '子'가 음이 같음을 보아서도 알 수 있는 것이다. '斯', '子', '自' 등은 특별한 뜻이 있는 것이 아니라 일종의 사이 'ㅅ' 역할을 하는 글자라고 생각된다. 따라서 여러 가지 다른 표기들 중에서 그 시기 창녕지역 사람들에 의해 불려졌던 지명의 발음에 가장 가까운 표기가 比斯伐이라고 생각한다. 후대의 개념인 '非火伽耶'보다는 '比斯伐'로 명명하는 것이 바람직하다고 생각한다. 그렇게 본다면 신라가 창녕지역을 복속하고 下州를 설치하기 이전의 창녕지역에는 比斯伐國이 있었다고 정리된다.

이러한 比斯伐國의 형성은 삼한 小國에서부터이다.『三國志』韓條에는 三韓 78餘國의 國名이 일일이 기록되어 있는데, 오늘날 그 위치를 알 수 있는 國名은 많지 않다. 弁辰 24國 중의 一國인 不斯國을 現在의 昌寧지역에 있었던 小國으로 위치지우기도 하나261) 音相似에 의존한 방법일 뿐, 다른 유력한 증거는 없다. 古代에 있어서 音相似한 地名은 대단히 많다. 普通名詞를 地名으로 사용한 경우에 그 地名을 漢

---

259) 이러한 예는 많이 보인다. 그 한 예가 釜山의 荒嶺山이다. 이는 원래 居漆山(거칠메)을 훈차한 것이다.

260) 金泰植,『加耶聯盟史』, 一潮閣, 1993, 71~74쪽.

261) 李丙燾,『韓國史』古代篇, 震檀學會, 1959, 294쪽 ; 梁柱東,『古歌의 研究』, 博文書館, 1960, 122쪽 ; 全榮來,「完山과 比斯伐論」,『馬韓·百濟文化』創刊號, 1975, 239쪽.

字로 표기하는 과정에서 異地同名의 것이 많이 나타날 수 있다. 또한 古代에 있어서 주민이 이동할 경우 예전에 썼던 地名을 新地名에서도 똑같이 사용하는 경우가 많았기 때문이다.[262] 그러나 이러한 音相似에 의한 位置比定의 한계를 인정한다 하더라도 현단계에서는 이 音相似에 의한 방법의 유효성을 인정할 수밖에 없다. 필자는 昌寧지방에서 보이는 考古學的인 증거와, 不斯國과 창녕 지역이 확실한 比斯伐과의 音相似를 들어 韓條 弁辰記事의 不斯國을 삼한시대 昌寧지역에 있었던 小國으로 생각한다. 그런데 기존의 학계에서는 지표상 나타나는 고고학적인 증거와 音相似에도 불구하고 不斯國을 昌寧지역에 존재했던 小國으로 보기를 꺼려했던 것은 다음과 같은 통설에 얽매인 선입관 때문인 듯하다. 즉 "弁辰 24國 중 弁辰(혹은 弁)字가 붙어 있는 일부 국들의 위치비정 결과 洛東江 以西의 加耶지역에 비정되는 점으로 보아 이러한 國들(弁韓 12국)은 후의 加耶로 되고 그 외의 國들(辰韓 12국)은 후의 新羅에 통합된다."[263]는 說이다. 따라서 弁辰字가 붙어있지 않은 不斯國은 후의 加耶세력으로 발전한 것으로 보기는 어렵기 때문에 加耶一國이 확실히 존재했던 昌寧지역에 不斯國을 비정할 수는 없다는 것이다. 이러한 통설에 대하여 그 대체적인 것은 옳다고 생각하나 부분적으로는 再考의 餘地가 있다고 생각한다. 그리고 위와 같은 이유로 해서 不斯國을 比斯伐의 전신으로 보지 않는 것은 문제점이 있다고 생각한다. 이와 관련한 필자의 견해를 不斯國의 種族문제와 결부시켜 피력해 보고자 한다.

『三國志』韓條 弁辰記事의 24國名 앞에 혼재되어 붙어 있는 弁辰(혹은 弁)字의 의미에 대해서는 이미 先學들의 논설이 있었다. 李丙燾는 "弁辰字를 붙이고 아니 붙인 것은 결코 弁韓과 辰韓과를 구별하기

<hr>

262) 金廷鶴, 「加耶 境域 新攷」, 『釜山大學校 論文集』 21, 人文社會科學篇, 1976, 29쪽.

263) 金廷鶴, 「加耶史의 研究」, 『史學研究』 37, 1983, 32쪽 ; 李基白・李基東, 『韓國史 講座』 I (古代篇), 156쪽.

위한 표시가 아니라 단지 그간 정치적 변동으로 인하여 目支國의 辰
王의 지배에서 이탈한 자와 아니한 자에 대한 구별을 표시한 것이다."
라고 하였다.264) 丁仲煥은 "弁韓 또는 弁辰이란 말은 弁을 쓴 韓, 또
는 旱(干)其의 나라"라고 하고 "弁은 漢郡縣과 통교함에 따라 쓰게 된
것"이라고 하였으며, 馬韓이나 辰韓도 漢郡縣과 통교하였을 것인데
하필 弁韓에만 그런 말을 붙이게 된 것은 바다를 통해서 먼 郡縣과 가
장 친밀하게 왕래했기 때문이라고 하였다.265) 金廷鶴은 弁韓과 辰韓
의 國名을 함께 열거하였으므로 양자를 구별하기 위하여 弁韓에 속하
는 나라 이름에는 머리에 弁辰 2자를 첨가하였다고 하였다.266)

　각 논지에 대한 詳論은 그만두고 그 공통점만을 취한다면 弁辰 2자
를 첨가했음은 변한과 진한을 구별하기 위해 쓰여졌다는 것이다. 이병
도의 논지도 그 내용과 표현상의 문제이지 구분을 전제로 함은 인정한
것으로 볼 수 있는 것이다. 사료를 가지고 좀더 논의를 진행시켜 보자.
다음은 『三國志』 韓條 弁辰記事 중의 일부이다.

　Ⅳ-4-① : 已柢國・不斯國・弁辰彌離彌凍國・弁辰接塗國・勤耆國
　　　・難彌離彌凍國・弁辰古資彌凍國・弁辰古淳是國・冉奚國・弁
　　　辰半路國・弁辰樂奴國・軍彌國・弁辰彌烏邪馬國・如湛國・弁
　　　辰甘路國・戶路國・州鮮國・弁辰狗邪國・弁辰走漕馬國・弁辰
　　　安邪國・弁辰瀆盧國・斯盧國・優由國이 있는데, 변한과 진한은
　　　합하여 24국이 된다. (중략) 변진은 진한 사람들과 뒤섞여 살며 성
　　　곽도 있다. 의복과 주택은 진한과 같다. 언어와 법속이 서로 비슷
　　　하지만, 귀신에게 제사지내는 방식은 달라서 문의 서쪽에 모두 竈
　　　神을 모신다. 그 중에서 瀆盧國은 왜와 경계를 접하고 있다. 12국
　　　에도 왕이 있으며 그 사람들의 형체는 모두 장대하다. 의복은 청결

---

264) 李丙燾, 앞의 책, 270쪽.
265) 丁仲煥, 「辰國・三韓 及 加羅의 名稱考」, 『釜山大學校 10周年 기념논문집』,
　　1956 ; 『加羅史硏究』, 혜안, 2000, 280~281쪽.
266) 金廷鶴, 앞의 논문, 1983, 25쪽.

238

하여 장발로 다닌다. 또 폭이 넓은 고운 베를 짜기도 한다. 법규와 관습은 특히 엄준하다.[267]

위의 사료 가운데에서 12國名 앞에 弁辰字를 붙인 것은 선학들이 지적한 대로 弁韓과 辰韓을 구별하기 위한 것으로 보는 것이 타당할 것 같다. 그것은 24國名을 기재하는 데 있어서는 "弁辰瀆盧國"(위의 사료 중 위쪽 밑줄 친 부분)으로 써넣고 있으면서도 그러한 구분을 할 필요가 없는 그 뒤쪽에서는 "其瀆盧國"(위의 사료 중 아래쪽 밑줄 친 부분)이라 표현한 것으로 보아서도 알 수 있다. 그런데 "弁辰은 辰韓 사람들과 뒤섞여 산다."(위의 사료 중 '弁辰如辰韓雜居' 부분)라고 기록한 것으로 보아서 弁韓과 辰韓은 특별한 경계의 획정없이 살았던 것 같은데 왜 국명 앞에 별도로 弁辰字를 붙여 구분을 했을까가 의문이다. 이병도는 정치적인 면에서의 구분을 표시하기 위한 것으로 설명하였지만,[268] 정치적인 구분의 표시보다는 그 國의 주류를 이루고 있는 種族의 계통을 구분해 주기 위한 표시일 것이라고 생각한다.[269] 韓條 앞 부분의 "세 종류가 있으니 하나는 馬韓, 둘째는 辰韓, 셋째는 弁韓이다."[270]라는 기록도 이러한 사실을 잘 나타내 주고 있다고 생각한

---

267) 『三國志』 韓條, "有已抵國 不斯國 弁辰彌離彌凍國 弁辰接塗國 勤耆國 難彌離彌凍國 弁辰古資彌凍國 弁辰古淳是國 冉奚國 弁辰半路國 弁辰樂奴國 軍彌國 弁辰彌烏邪馬國 如湛國 弁辰甘路國 戶路國 州鮮國 馬延國 弁辰拘邪國 弁辰走漕馬國 弁辰安邪國 弁辰瀆盧國 斯盧國 優中國 弁辰韓 合二十四國 (중략) 弁辰如辰韓雜居 亦有城郭 衣服居處如辰韓同 言語法俗相似 祠祭鬼神有異 施竈皆在戶西 其瀆路國如倭接界 十二國亦有王 其人形皆大 衣服潔清 長髮 亦作廣幅細布 法俗特嚴峻".

268) 최근의 논자 중 김태식도 이를 정치적인 면에서의 어떠한 차이를 나타내는 것으로 추측하고 있다. 김태식, 『加耶聯盟史』, 一潮閣, 1993, 29쪽.

269) 權珠賢도 이 문제에 대해 주목하면서 정치적·지역적 구분을 나타내는 것으로 보기는 무리라고 지적한다. 다만 같은 종으로서의 동일감 이상의 어떤 유기적인 관련성을 가지고 있은 것은 인정하고 있다. 權珠賢, 「阿羅加耶의 成立과 發展」, 『啓明史學』 4, 1994, 19쪽.

다. 三韓 3種 중 辰韓은 慶州를 중심으로 한 洛東江 以東지역을 중심
으로 산재해 살았으며, 弁韓은 주로 洛東江 以西 지역을 주무대로 하
여 각각 小國들을 형성해 나갔다고 볼 수 있는 것이다.

그런데 여기서 오해의 소지를 없애기 위해 하나 지적할 문제가 있
다. 즉 위와 같은 구분방식은 변·진한 小國 형성기에 만들어진 것이
지만, 이후 정치상황의 변화가 있었음에도 불구하고 國의 명칭 앞에는
여전히 弁辰을 冠稱했다는 점이다.

이는 변한, 혹은 진한 전체를 묶는 단일연맹체의 존재는 없었음은
물론, 삼한시기부터 결성되기 시작한 연맹체 및 나중의 가야 지역연맹
체의 경우에도 그 연맹 소속국은 혈연을 바탕으로 하는 연맹의 모습은
아니라는 점이다. 아마도 삼한시대 연맹결성은 경제적 교역망이 그 주
요 요인으로 작용했을 것이다.

따라서 변·진한의 경우는 서로 雜居하고 있었기 때문에 연맹의 결
성 또한 변·진한국들이 서로 섞여 결성되는 경우도 있었을 것이다.
한 연맹체 내에 진한국도 변한국도 있었던 것이다. 이러한 양상은
변·진한 소국들의 정치적 발전에 의한 것이다. 小國이 형성될 무렵에
는 혈연적 상관관계가 小國의 성격을 구분짓는 중요 요소로 작용하였
으나, 小國 팽창기나 소국연맹단계에 오면 혈연적 요소는 퇴색되고 정
치적 요소가 그 정치집단의 성격을 좌우하였던 것으로 생각된다.『三
國志』의 기록 자체만 놓고 보더라도 3세기대의 삼한 小國들은 이미
혈연적 메커니즘에 의한 정치체가 아님을 볼 수 있다.

三韓 諸小國들은 각각 발전을 거듭하다가 그 중 慶州 주변의 小國
들은 斯盧國을 중심으로 점차 통합되어 갔으나 그 외의 小國들은 지
역연맹체단계와 같은 부분적 통합은 이루어졌지만 新羅와 같은 강력
한 一國을 중심으로 통합되지는 못한 채 유지되어 나간 것으로 파악된
다. 후자와 같은 경로를 걷는 소국들이 대개 洛東江 이서 지역에 존재

---

270)『三國志』韓條, “有三種 一曰馬韓 二曰辰韓 三曰弁韓”.

했던 國들이었고 그러한 國들의 형성기 種族은 弁韓族이 主였다고 생각한다.

한편, 형성기 種族의 계통도 辰韓族이었고 그 위치도 洛東江 이동에 있었던 小國이라 할지라도 반드시 新羅에 통합되었다고 볼 수는 없다. 慶州의 斯盧세력과 같은 辰韓 계통으로 구성된 小國이라 하더라도 慶州의 斯盧세력으로부터 거리가 비교적 멀 경우 그 당시 斯盧세력의 역량으로는 服屬시킬 수 없었던 小國도 있었을 것이다. 그리고 他小國들에 비해 독자성을 강력히 보존하고 있는 지역이라면 新羅에 통합되지 않고 독자적인 一國으로 발전해 나갔을 것이다.

不斯國이 바로 이러한 경우의 하나였다고 생각한다. 비록 小國 형성기에는 主 種族이 辰韓 계통이었지만 斯盧國에 병합되지 않고 독자적 발전을 계속하여 후의 가야 一國으로 성장하는 것이다. 그런데 不斯國의 경우 처음에는 그 主 種族이 辰韓 계통이었지만 洛東江 연변에 위치해 있었으며, 또한 地理上으로 보아 東쪽으로부터의 교통보다는 강 건너의 現 陝川, 高靈, 咸安 쪽으로부터의 교통이 더 손쉬웠던 까닭에 차츰 弁韓계와의 교류가 많았으리라 생각한다. "弁辰(韓)은 辰韓사람들과 뒤섞여 살며 城郭도 있다. 衣服과 居處는 辰韓과 같다. 言語와 法俗이 서로 비슷했다."271)라는 기사가 가장 잘 적용되는 지역이 바로 不斯國이 있었던 오늘날의 昌寧지역이 아닌가 생각한다.

2) 戰略的 要衝地로서의 比斯伐國

比斯伐國은 자체 발전 가능성도 충분히 내포하고 있는 지형적 특성을 가졌지만, 한편으로는 4~6세기 신라와 백제의 각축기에 양국간의 戰略的 要衝地였음이 분명하다. 地理的으로 보아 昌寧은 太白山脈의

---

271) 『三國志』 韓條, "弁辰如辰韓雜居 亦有城郭 衣服居處如辰韓同 言語法俗相似".

지맥을 등으로 삼고, 서쪽으로는 洛東江 건너편의 高靈・陜川을, 南으로는 靈山・密陽・宜寧・咸安 등 주변 加耶諸地域을 쉽게 제압할 수 있는 要所에 위치해 있다. 이러한 지형적 특성으로 말미암아 이웃 강국들에게 항상 先占의 대상으로 인식되었을 것인데, 따라서 자체 방어의 강력한 힘이 없는 한 주위 강대국들의 세력 균형 속에서 그 위치를 유지할 수밖에 없었을 것이다.

창녕지역이 당시에 전략적 요충지였음은 그 주변에 있는 三國時代 이래의 城들의 분포를 보아서도 알 수 있다. 창녕읍 옥천리 소재의 火旺山(해발 756.6m)에 있는 火旺山城은 『新增東國輿地勝覽』에 "火王山에 돌로 쌓은 古城이 있는데, 둘레가 5,983尺이다. 지금은 廢해졌는데, 城안에는 9개의 샘과 3개의 못이 있다."[272]라고 되어 있는 것으로 보아 朝鮮朝 이전부터 전하여 내려오는 城을 계속 修改築하여 사용한 듯한데, 城內에서 수집된 土器片 중에 加耶土器가 나온 것으로 보아 三國時代 때부터 있었던 城이었음이 틀림없다.[273]

火旺山 서쪽의 牧馬山(해발 472m) 아래에 축조된 包谷式 (또는 山復式) 山城인 牧馬山城은 이에 대한 記錄은 없으나 그 아래 松峴洞, 校洞古墳群에 연결되어 있고 그 위쪽으로는 火旺山城이 위치하는 것으로 보아 역시 삼국시대에 축조된 山城으로 추정된다. 그리고 桂城面 新堂里 소재의 新堂山城 또한 三國時代의 城이라고 보아도 무방하며, 桂城土城, 靈山面 校里의 靈鷲山城, 昌寧 都泉里城址 등이 모두 三國時代의 城들로 알려지고 있다.[274]

古代사회에서 築城의 의미는 단순히 대외적으로 외부의 침입에 대한 방어나 공격을 위한 거점의 확보라는 전쟁행위의 측면만 있는 것이 아니다. 그것은 대내적으로 해당사회의 통치자나 통치집단이 사회구성

---

272) 『新增東國輿地勝覽』 卷27, 昌寧縣 古蹟條.
273) 東亞大學校博物館, 『加耶文化圈遺蹟精密調査 報告書』, 慶南 昌寧郡, 1985, 23쪽.
274) 東亞大學校博物館, 위의 보고서, 57~99쪽.

242

원에 대한 정치적 구속능력, 즉 力役동원능력을 의미하는 것이기도 하다. 그러면 이러한 城들을 쌓은 주체가 과연 比斯伐國이었을까에 대해서 알아 볼 필요가 있다. 동시적인 築城은 아니라 할지라도, 比斯伐國이 그 정도의 축성 능력을 가지고 있었다고는 생각되지 않는다. 특히 직경 10여 km의 영역 안에 5~6개의 城이 존재한다는 것은 그들 城의 축성목적과 城의 위치 등을 고려해 볼 때 比斯伐國이 그들 城을 모두 축조했다고 보기는 어렵다. 필자는 이러한 城들 중 일부는 일시적으로 이 지역에 진출했던 주위세력들에 의해 축성되었던 것으로 파악하며, 또한 比斯伐國이 독자적으로 축성한 것이라 해도 기술적인 측면 등에서 주변국의 영향을 받았을 것으로 생각한다.

예를 들면 山頂式 山城인 火旺山城과 包谷式 山城인 牧馬山城은 각각 독립된 山城이 아니다. 그것은 화왕산성과 목마산성의 위치, 그리고 목마산성이 외곽식 외성벽 모양에 가까운 것으로서 독자적으로는 산성의 역할을 할 수 없다는 점에서 그러하다. 목마산성은 화왕산성의 외성으로서의 작용을 했다고 생각한다. 즉 화왕산성은 외성으로서의 목마산성을 가진 複合式 山城인 것이다. 高正龍은 복합식 산성 중 2개의 내성과 외곽식 외성벽으로 구성된 산성이 주요 가야지역에 존재한다고 하여, 이러한 구성의 산성을 加耶式 山城으로 파악하고 있다. 또한 이러한 가야식 산성은 백제의 영향을 받은 것으로서 백제에서 가야에로의 도입 배경은 6세기 중엽경의 郡令, 城主의 설치라고 하였다.275)

加耶山城이 백제의 영향 하에서 이루어졌다는 설에 동감한다.276) 화왕산성이 가야식 산성의 특징인 2개의 內城으로는 이루어져 있지 않은 것은 火旺山의 지형적 특성 때문이라고 여겨지며, 山城과 王都,

---

275) 高正龍,「伽倻末期 山城 改築에 대한 一考察」(상·하),『伽倻通信』15·16, 17, 1986·1988, 1~17쪽·7~24쪽.
276) 실지로 高靈의 主山城에서는 關野貞씨에 의해 백제계 와당이 발견되기도 하였다. 高正龍, 앞의 논문(상), 11쪽.

王陵級 古墳群과의 위치관계 등이 다른 가야산성들의 위치 선정과 아주 유사한 점 등으로 보아 화왕산성은 가야산성 중의 하나라고 생각한다. 그리고 화왕산성은 百濟式 산성의 영향을 받은 산성으로 추측한다. 이러한 점은 어느 시기, 比斯伐國을 포함해서 高靈의 大加耶, 咸安의 阿羅加耶 등 洛東江 以西 加耶諸國들과 백제와는 어떠한 역사적 관계가 있었다는 점을 암시해 주는 것이라 할 수 있을 것이다.

戰略的 要衝地로서의 창녕의 성격은 신라가 군사조직인 停을 設置한다든가, 군사적=지배거점으로서의 성격이 더 강한 6세기 중엽(555년)에 州 設置를 창녕에 한 것으로 미루어 보아서도 쉽게 알 수 있다.277) 그리고 眞興王 巡狩碑上의 내용을 보아서도 창녕지역이 戰略的 要衝地였음을 알 수 있다.

이러한 사실은 『日本書紀』에서도 확인되는 바이다. 즉 신라와 백제 간에 치열한 쟁탈을 벌이고 있는 久禮山이 바로 창녕에 있는 火旺山이라는 사실이 그것이다. 이러한 사실은 『일본서기』 所傳의 관계자료를 검토함으로써 알 수 있는데, 그동안 잘못 비정되어 왔던 구례산의 위치비정부터 해보도록 하겠다.

이제까지 구례산의 위치비정은 『일본서기』에 나오는 중요 加耶國인 卓淳의 위치비정문제와 같이 다루어져 왔다. 즉 欽明紀 5년 3월조의 기록에 卓淳(欽明紀 2년조에는 喙淳이라고 표기, 어느 것이나 ‘トクジュン’이라는 古訓을 단 것으로 보아 同地名이다)은 구례산과 인접하고 있기 때문에 구례산을 어디에 비정하느냐에 따라 탁순의 위치가 달라졌던 것이다.

다음 <표 7>은 구례산과 탁순에 대한 기왕의 지명비정표이다.

---

277) 新羅의 地方統治策과 관련하여 당시 州의 성격을 파악할 수 있는 많은 論考와 저서들 중 다음의 것들이 참고된다. 姜鳳龍, 「新羅 ‘中古’期 ‘州’制의 형성과 운영」, 『韓國史論』 16, 1987 ; 李鍈勳, 「新羅 中古期 州의 構造와 性格」, 『釜大史學』 12, 1988 ; 주보돈, 『신라 지방통치체제의 정비과정과 촌락』, 신서원, 1999.

<표 7> 久禮山과 卓淳에 대한 기존 지명비정표[278]

연구자＼지명	久禮山	卓淳	참고문헌
鮎貝房之進	玄風 琵瑟山	大邱	『雜攷』 7(上・下), 1937, 93~95쪽.
末松保和	玄風 琵瑟山	大邱	『任那興亡史』(재판), 吉川弘文館, 1956, 46~47, 141~145쪽.
三品彰英	玄風 琵瑟山	大邱	『日本書紀朝鮮關係記事考證』 上卷, 1959, 97, 149쪽.
千寬宇	玄風 琵瑟山	大邱・慶山	『復元加耶史』(上), 『文學과 知性』 28, 1977, 303쪽.
山尾幸久	玄風 琵瑟山	大邱	『日本國家の形成』, 1977.
平野邦雄	玄風 琵瑟山	大邱	「繼體・欽明紀の對外關係記事」, 『古代東アジア史論集』下卷, 126~135쪽.
大山誠一	玄風 琵瑟山	大邱	「所謂「任那日本府」の成立について」(中), 『古代文化』 32-11, 1980, 693쪽.
津田左右吉	昌原 天地山	漆原	「任那彊域考」, 『朝鮮歷史地理研究』 1, 1913；『津田左右吉全集』 11, 1964, 102~108쪽.
今西龍	昌原 鮑德山	昌原	「加羅彊域考」, 『史林』 4-3・4, 1919；1970, 346~352. 362~363쪽.
金廷鶴		昌寧 東南쪽에서 密陽에 걸치는 지역	『任那と日本』, 小學館, 1977, 268, 279쪽.
		昌原	「加耶史의 研究」, 『史學研究』 37, 1983, 48~50쪽.
金泰植	昌原 鮑德山	昌原	「6세기 前半 加耶南部諸國의 消滅過程考察」, 『韓國古代史研究』 1, 1988, 192~205쪽.
李鎔賢	昌寧 火旺山	密陽	「6세기 前半頃 伽倻의 滅亡過程」, 고려대석사학위논문, 1988, 62~74쪽.
白承玉	昌寧 火旺山	大邱	「'卓淳'의 位置와 性格-『日本書紀』관계기사 검토를 중심으로-」, 『釜大史學』 19, 1995.

"新羅는 봄에 喙淳을 취하고 그로 인해 우리(百濟：인용자) 久禮山戍를 물리쳐 쫓아내고 결국 그것을 점유하였다."라는[279] 『일본서기』

---

278) 이 표는 金泰植(「6세기 前半 加耶南部諸國의 消滅過程考察」, 『韓國古代史研究』 1, 1988, 194쪽)의 "卓淳・喙己呑에 대한 기존 지명비정표"를 바탕으로 하고 약간을 보충한 것임.

기록을 바탕으로 卓淳＝大邱說에 짝하는 久禮山＝玄豊 毖瑟山說은 音相似에 바탕을 둔 것인데, 鮎貝房之進 이래 한동안 정설이 되다시피 하였다. 이러한 설에 대하여 金泰植의 논리적이고도 精緻한 비판이 있었다.280) 김태식은 그의 논고에서 『일본서기』 기록을 중심으로 해서 卓淳을 昌原으로 비정하고 있다.281) 그러나 氏는 卓淳의 위치비정에 있어 실마리가 되는 구례산의 위치에 대해서는 별다른 분석 없이 기존의 설에 의거하고 있다. 卓淳의 위치와 아울러 그 주변국의 위치비정은 그 비정의 실마리가 되는 구례산의 위치 비정에 초점이 맞추어져야 될 것이다.

다음은 久禮山과 卓淳의 위치를 추정해 볼 수 있는 관계 사료들이다.

Ⅳ-4-② : 모두 탁순에 모여 신라를 쳐서 깨뜨리고, 比自炑·南加羅·㖨國·安羅·多羅·卓淳·加羅의 칠국을 평정했다.282)

Ⅳ-4-③ : 가라왕이 신라왕녀를 아내로 맞아들여 마침내 아이를 가졌다. 신라가 처음 왕녀를 보낼 때 100사람을 함께 보내어 그녀의 從으로 삼았으므로 받아들여 여러 현에 나누어 두고 신라의 衣冠을 입도록 하였다. 阿利斯等은 그들이 변복했다며 성내며 사자를 보내 소환시켰다. 신라는 크게 부끄러워하여 그녀를 돌아오게 하려고 하여 "전에 그대가 장가드는 것을 받아들여 나는 즉시 혼인을 허락하였으나 지금 이와 같이 되었으니 왕녀를 돌려주기 바라오."라고 말하였다. 加羅의 己富利知伽[미상]가 대답하기를 "부부로 짝지워졌는데 어찌 다시 헤어질 수 있겠소. 또한 아이가 있으니 어찌 그

---

279) 사료Ⅳ-4-⑦의 "新羅春取㖨淳 仍擯出我久禮山戍 而遂有之" 부분.
280) 金泰植, 앞의 논문, 195～200쪽.
281) 金泰植, 위의 논문, 200～205쪽.
282) 『日本書紀』 卷9, 神功 攝政 49年 3月條, "俱集于卓淳 擊新羅而破之 因以平定比自炑 南加羅 㖨國 安羅 多羅 卓淳 加羅七國".

246

를 버리고 가겠소."라고 말하였다. 결국 지나가는 길에 刀伽·古跛·布那牟羅 3성을 함락시키고 또한 북경의 5성을 함락시켰다.283)

Ⅳ-4-④ : 이에 모야신이 熊川[一本에는 임나의 久斯牟羅에 갔다고 한다]에 이르러 신라·백제 두 왕을 불렀다.284)

Ⅳ-4-⑤ : 임나 사신이 상주하여 말했다. "모야신은 드디어 久斯牟羅에 사택을 짓고 두 해 동안 머물러 있으면서[一本에 세 해라고 한 것은 가고 온 햇수를 합한 것이다] (중략) 모야신이 성을 굳게 지키고 움직이지 않으므로 잡을 수 없는 형세였다. 그래서 두 나라는 편한 곳을 도모하여 초승에서 그믐까지 머무르면서 성을 쌓고 돌아갔는데 그것을 이름하여 久禮牟羅城이라고 한다. 돌아갈 때 길에 닿는 騰利只牟羅·布那牟羅·牟雌枳牟羅·阿夫羅·久知波多枳 등 5성을 함락시켰다.285)

Ⅳ-4-⑥ : 그대들은 탁순 등의 화를 불러들일까봐 두렵다고 말하고 있지만 신라가 스스로 강하기 때문에 그럴 수 있었던 것은 아니오. 탁기탄은 가라와 신라 사이에 있어서 매년 공격을 받아 패하는 데도 임나가 구원할 능력이 없었기 때문에 망했소. 남가라는 작고 협소하여 갑자기 준비하지 못하고 의탁할 곳을 몰랐기 때문에 망했

---

283) 『日本書紀』卷17, 繼體 23年(529) 3月條, "加羅王 娶新羅王女 遂有兒息 新羅初送女時 并遣百人 爲女從 受而散置諸縣 今着新羅衣冠 阿利斯等 嗔其變服 遣使徵還 新羅大羞 翻欲還女曰 前承汝聘 吾便許婚 今旣若斯 請還王女 加羅己富利知伽(未詳) 報云配合夫婦 安得更離 亦有息兒 棄之何往 遂於所經 拔刀伽 古跛 布那牟羅三城 亦拔北境五城".

284) 『日本書紀』卷17, 繼體 23年(529) 4月條, "於時 毛野臣 次于熊川(一本云 次于任那久斯牟羅) 召集新羅.百濟二國之王".

285) 『日本書紀』卷17, 繼體 24年(530) 9月條, "任那使奏云 毛野臣 遂於久斯牟羅 起造舍宅 淹留二歲 (一本云 三歲者 連去來歲數也) (중략) 毛野臣嬰城自固 勢不可擒 於是 二國圖度便地 淹留弦晦 築城而還號曰 久禮牟羅城 還時觸路 拔騰利枳牟羅 布那牟羅 牟雌枳牟羅 阿夫羅 久知波多枳 五城".

소. 탁순은 상·하 서로 다른 마음을 품고 있어서 그 國主가 스스로 종속되기를 원하여 신라에 내응했기 때문에 망했소. 이로 보면 세 나라의 패망은 참으로 그 원인이 있었던 것이오.[286]

Ⅳ-4-⑦ : 신라가 봄에 탁순을 취하고, 이어서 우리(백제)의 구례산의 방어를 물리치게 되었습니다. 그래서 안라에 가까운 곳은 안라가 농사를 짓고, 구례산에 가까운 곳은 사라(신라)가 농사짓게 되어 서로 침탈하지 않았습니다.[287]

Ⅳ-4-⑧ : 가만히 들으니(생각해 보니) 신라·안라 두 나라의 경계에 큰 강물이 있는데 요충지오. 나는 이곳에 군대를 두어 6성을 수선하려고 하오. 삼가 천황에게 3천 병사를 청하여 성마다 5백 명씩과 아울러 우리 병사로써 채워 作田을 못하게 하고 핍박하면 구례산 5성은 스스로 병기를 던지고 항복하게 될 것이니 탁순국도 다시 일어나게 될 것이오.[288]

이러한 기록들로 미루어 보건대 다음과 같은 사실들을 발견할 수 있다.

1. 신라가 구례산을 점유하게 되자 당시 親百濟 세력인 安羅와 新羅(斯羅)는 구례산의 사이에서 경계를 이루고 있었다(Ⅳ-4-⑦참조).

2. 欽明紀 5년 당시 신라와 안라의 사이에는 큰 강이 있는데, 당시의 신라 진출상황과 '大江水'라는 점을 고려한다면 洛東江으로 보아야 할

---

286) 『日本書紀』卷19, 欽明 2年(541) 4月條, "別汝所導 恐致卓淳等禍 非新羅自强故 所能爲也 其㖨己呑 居加羅與新羅境際 而被連年攻敗 任那無能救援 由是見亡 其南加羅 最爾狹小 不能卒備 不知所託 由是見亡 其卓淳 上下携貳 主欲自附 內應新羅 由是見亡 因斯而觀 三國之敗 良有以也".

287) 『日本書紀』卷19, 欽明 5年(544) 3月條, "新羅春取㖨淳 仍擯出我久禮山戌 而遂有之 近安羅處 安羅耕種 近久禮山處 斯羅耕種 各自耕之 不相侵奪".

288) 『日本書紀』卷19, 欽明 5年(544) 11月條, "竊聞 新羅安羅 兩國之境 有大江水 要害之地也 吾欲據此 修繕六城 謹請天皇三千兵士 每城充以五百 幷我兵士 勿使作田 而逼惱者 久禮山之五城 庶自投兵降首 卓淳之國 亦復當興".

것이다(Ⅳ-4-⑧참조).

3. 신라와 백제에게 구례산은 전략적으로 상당히 중요시되었으며 또한 축성 가능한 요충지로서 신라, 백제의 쟁탈지였다(Ⅳ-4-⑤, ⑦, ⑧ 참조).

4. 卓淳은 神功紀 49년 3월 조에 나오는 國들(比斯炑, 南加羅, 喙國, 安羅, 多羅, 加羅)과 잘 통할 수 있는 지역이어야 한다(Ⅳ-4-② 참조).

5. 卓淳의 멸망과정으로 보아 탁순의 위치는 신라세력을 쉽게 끌어들일 수 있는 지역이어야 한다(Ⅳ-4-⑥참조).

6. 구례산 근처는 耕種할 수 있는 平野가 있어야 한다. 또한 주변에 5~6개 정도의 城의 흔적이 있어야 한다(Ⅳ-4-⑤, ⑦, ⑧참조).

7. 繼體紀 23년의 기록 중에 "毛野臣次于熊川" 기록만을 중시하여 毛野臣이 2년(혹은 3년)동안 거주한 久斯牟羅를 熊川＝馬山說에 힘입어 昌原 근처라고 보기보다는 "一本云 次于任那久斯牟羅"에[289] 주목하여 繼體紀 24년 9월조의 "還時觸路 拔五城"의 위치를 고려해야 한다. 종래의 연구에 의하면 이 五城의 위치는 각기 玄豊, 大邱, 達城, 慶山地域에 비정되고 있는데,[290] 繼體紀23년 3월조에 따르면 신라와 加羅(高靈 大加耶)의 결혼동맹이 깨지고, 신라가 돌아가는 길에 刀伽, 古跛, 布那牟羅의 3城을 빼앗고 있다. 이로 미루어 보아 9월條에 똑같이 나오는 布那牟羅城은 高靈－慶州사이에 있는 곳임이 틀림없다(Ⅳ-4-③, ④, ⑤ 참조).[291]

이와 같은 사실로 볼 때 구례산을 昌原 근처의 飽德山 내지는 天地山으로 보고, 탁순을 昌原으로 비정하는 설은 2에 어긋나며 4에도 적

---

289) 繼體紀 23년 記錄에 一本云이 특히 많은 것으로 보아 여러 史書가 착종되어 있음을 알 수 있다.
290) 坂本太郎 等 校注, 『日本書紀』下, 日本古典文學大系 68, 1979, 45쪽, 頭注 21 ; 酒井改藏, 「日本書紀의 朝鮮地名」, 『親和』195, 1970, 17쪽.
291) 23년 3월조에 나와 있는 北境의 五城과 24년 9월條의 五城을 같다고 보기도 한다. 坂本太郎 等, 앞의 책, 39쪽의 頭注 19, 45쪽의 頭注 21.

합하지 못하다. 결정적으로는 7에 의해 卓淳＝昌原說은 맞지 않음을
알 수 있다. 즉 久禮牟羅가 昌原쪽이라면 五城을 빼앗은 주체가 신라
든 백제든 맞지 않는다.

　그러면 위와 같은 사실을 모두 만족시켜 주는 구례산의 위치는 어디
일까? 사료Ⅳ-4-⑤의 '久禮牟羅城'과 사료Ⅳ-4-⑦, ⑧에 각기 보이는
'久禮山'은 동일 지역이며 布那牟羅城과는 이웃 지역임이 분명하다.
사료Ⅳ-4-⑧의 安羅는 오늘날 咸安 지역이 틀림없는데, 親百濟 세력
인 安羅와 洛東江을 사이에 두고 서로 마주 보는 戰略的 要衝地로서
는 창녕지역을 꼽을 수 있다. 따라서 구례산도 現 창녕지방의 山으로
比定할 수 있을 것이다. 즉 구례산은 창녕의 火旺山이고 久禮牟羅는
火旺山 서쪽 평지인 現 창녕읍 부근으로 비정될 수 있는 것이다.[292]
실제로 比斯伐의 '比'는 日本音으로 'くり'로 발음되며 '斯'는 比自伐의
'自', 比子伐의 '子', 等과 같이 連辭 ㅅㅈ(S)로서 일본어 'の'(之)의 뜻
이다.『三國遺事』五伽耶條의 非火는 그것이 생략되어 쓰인 것으로
볼 수 있다. 또한 現 昌寧郡 城山面에는 지금도 求禮라는 地名이 남
아 있다.

　百濟 聖王이 "我久禮山戌"라고 표현한 것은 久禮山戌는 신라의 진
출 이전에 백제세력의 직접적 영향력이 미치는 곳이거나, 친백제지역
이었음을 보여 준다. 이 점은 고고학적 자료에 의해서도 추정 가능하
다. 즉 창녕지역의 외래계 토기는 6세기 이전까지는 慶州系가 보이지
않으며 이입품 중에서는 高靈系가 보이고 있다는 것이다.[293] 이러한
것은 신라가 창녕을 점령하기 이전에는 고령과 창녕세력이 밀접한 관
계 혹은 상하관계에 있었을 개연성을 시사한다고 할 수 있다. 즉 성왕
대의 百濟와 加羅國은 우호적 관계였기 때문에 백제의 입장에서는 가

---

292) 논증의 세세한 과정에는 차이가 있으나 李鎔賢도 가야의 분해과정을 고찰하
　　면서 久禮山＝火旺山의 결론을 내리고 있다. 李鎔賢, 앞의 논문, 62~74쪽.
293) 朴天秀,「三國時代 昌寧地域 集團의 性格研究」,『嶺南考古學』13, 1993, 184
　　쪽.

라국의 영향력이 미치는 比斯伐國 久禮山戍를 '우리 구례산수'로 여길 수 있는 것이다.

한편 卓淳은 지리적으로 신라와 쉽게 통하면서도, 창녕으로 진출할 수 있는 지역이어야 한다. 이러한 조건을 만족시키는 지역으로는 大邱 와 密陽지역을 상정할 수 있다. 대구는 신라가 서북쪽으로 진출하기 위해서는 반드시 장악해야 하는 거점인 동시에 현풍을 거쳐 곧바로 창녕으로 진출할 수 있는 곳이다. 밀양은 新羅쪽으로 淸道를 거쳐 청도군 매전면-금천면-운문면을 거쳐 경주시 건천읍의 단석산 북쪽 기슭을 통하여 경주로 이어질 수 있다. 이 경로를 이용한다면 慶州와 密陽간은 그다지 멀지 않은 거리이다. 또한 洛東江 南部의 金海, 咸安과 쉽게 통할 수 있는 지역이며, 北部의 창녕으로 이어지는 靈山과도 접해 있는 지역이다. 卓淳의 위치비정은 앞의 표에서도 볼 수 있는 것처럼 다양한 설이 있다. 이는 『日本書紀』의 해석 문제 등과 관련된다. 필자는 別稿에서 大邱로 비정한 바 있다.[294]

이상의 분석에서 久禮山=火旺山임을 추정함과 동시에 구례산을 둘러싼 羅·濟간의 공방전을 통해서 창녕지방의 성격, 즉 戰略的 要衝地라는 사실을 더욱 명백히 알 수 있었다.

3) 6세기 前半 주변 各國의 政勢와 滅亡過程

(1) 羅·濟의 진출과 그 樣態

창녕지방에 주변세력이 진출하는 최초의 기사는 『三國史記』卷1, 婆娑尼師今 29年(108) 5月條의 "군사를 보내어 比只國, 多伐國, 草八國을 아울렀다"가 그것이다. 이 기사에서 比只는 現 昌寧, 多伐은 現 陜川, 草八은 現 草溪로 비정되는데[295] 신라의 창녕, 합천, 초계방면으

---

294) 白承玉, 「'卓淳'의 位置와 性格-『日本書紀』관계기사 검토를 중심으로-」, 『釜大史學』 19, 1995.

295) 李丙燾 譯註, 『三國史記』上, 乙酉文化社, 1987, 34쪽. 李氏는 多伐에 대해

로의 일시 진출 기사로 판단된다.296) 그러나 그 시기는 불신한다. 왜냐하면『삼국사기』의 기록이 신라 중심의 기록이기도 하지만, 大邱·慶山지역을 검토해 본 바 그 지역으로 신라가 진출한 것은 3세기 중엽 이후로 보이기 때문이다.297) 더구나『삼국사기』기록을 取信한다고 하더라도 신라의 창녕지역으로의 진출경로를 생각할 때 108년에 신라가 창녕지역을 아울렀다고는 볼 수 없다.

신라가 주변 小國으로 진출한 기사를 종합해 볼 때, 그 경로는 크게 세 가지로 나뉘어진다. 첫째는 동해안을 따라 북쪽으로의 진출로이고, 둘째는 경상북도 서북부 쪽이며, 셋째는 형산강지구대를 따른 남쪽 경로이다. 그런데 신라가 2세기대에는 주로 둘째 경로로의 진출을 중시하고 있는 점으로 보아 만약 108년에 창녕지역으로 진출했다면 그 경

서는 大邱로 추정했으나, 陜川 玉田古墳群 발굴 이후부터는 고분군 근처의 多羅里와 관련하여 多伐＝多羅로 보아 陜川郡 쌍책면 일대로 보는 설이 우세하다.

296) 古代의 국가간의 관계는 단순히 우호와 적대만으로 나타나지는 않는다. 우호적인 관계라 하더라도 상호선린의 관계뿐만 아니라 상하지배의 관계도 있을 수 있으며 완전히 滅亡시키지는 않더라도 服屬의 상태로 하는 경우도 있었다고 생각한다. 따라서 기록상에 보이는 모습만을 가지고 그 지역을 직접 지배했다고 보는 것도 무리가 있으며, 고고학적인 유물유적의 성격이 유사하다고 해서 곧 그 지역을 정치적으로 지배했다고 보는 것도 위험한 판단이라 생각한다. ① 일시적 討伐, ② 자기 세력화한 후 상호선린의 동등관계 유지, ③ 자기 세력화한 후 상하관계유지(자치권은 인정, 貢納的 관계), ④ 자치권까지도 박탈하고 자국의 중앙관리파견과 동시에 행정구역상으로의 편입단계를 구분하여 고찰할 필요가 있다고 생각한다. 古代 국가의 지방통치능력의 한계로 인하여 비교적 원거리에 있거나 일시적 굴복은 시켰을지라도 상대의 힘이 강세를 보일 경우 지속적으로 통제를 가하기 어렵게 된다. 따라서 어느 一國이 他一國을 토벌한 기록이 있더라도 토벌한 국가에 대해서 지속적으로 그 영향력을 행사할 수 있었던 것으로 파악해서는 곤란한 것이다. 본서에서는 ③의 단계를 征服의 단계(피정복국가로 보아서는 服屬의 단계)로, ④의 단계를 滅亡의 단계로 설정한다.

297) 이부호,「3~4세기 대구 경산지역의 소국과 신라의 진출」, 한국정신문화연구원 부속대학원 석사학위논문, 42~47쪽에서는 3세기 말경으로 보고 있다.

252

로는 ① 慶州에서 永川을 거쳐 慶山·大邱-玄豊-昌寧의 경로, ②
慶山·大邱에서 淸道-昌寧의 경로, ③ 慶州-淸道-昌寧의 경로를
이용했을 것이다. 그런데 永川(骨伐國)지역은 236년에 신라에 병합되
고 淸道의 伊西國은 297년에 신라의 수도 慶州까지 쳐들어가는 존재
로서 나타나고 있다.[298] 따라서 신라의 昌寧以西로의 진출시기는 아무
리 빨라도 4세기대를 내려오지는 못하는 것으로 보아야 한다. 필자는
108년의 기사를 4세기대 이후 어느 시점에 신라가 창녕지역으로 일시
진출한 기사로 파악한다. 그런데 창녕지역의 유물상으로 보아 창녕지역
은 가야의 다른 지역보다 비교적 이른 시기인 4세기대에 이미 신라와
같은 공동체였다는 견해가[299] 있는데 이는 再考되어야 한다고 본다.

古代는 정치영역권이 같으면 그 문화양상도 대체로 같은 양상을 보
이는 것이 일반적 현상으로 볼 수 있지만 그렇다고 해서 문화권을 정
치권과 곧바로 등식화시켜서는 곤란하다고 생각한다. 더구나 같은 문
화양상이 보인다고 하여 그 우열을 비교하여 支配·服屬의 관계로 위
치 지우는 것은 논리의 비약이라 생각한다.

현재까지 출토된 창녕토기의 검토에 의하면 비록 新羅樣式의 토기
라고 할지라도 창녕 在地의 독특한 昌寧型 土器들이 5세기대까지는
계속되며, 慶州토기가 창녕지역에 보이기 시작하는 것은 6세기대가 되
어서이다.[300] 그런데 창녕 校洞古墳群의 중심연대는 5세기 중엽으로
파악된다.[301] 이들 校洞古墳의 形成은 신라가 小國을 정복한 후 6세
기 州郡制의 全面的 실시 전에, 정복한 小國들을 해체하지 못하고 그

---

298)『三國遺事』卷1, 紀異1 伊西國條.

299) 崔鍾圭,「中期古墳의 性格에 대한 약간의 考察」,『釜大史學』7, 1983, 31~
36쪽.

300) 定森秀夫,「韓國慶尙南道 昌寧地域 出土陶質土器の檢討」,『古代文化』
33-4, 1981, 22~27쪽 ; 朴天秀, 앞의 논문, 184쪽.

301) 부산대학교 고고학과 신경철 교수님과 동국대학교 안재호 교수님의 가르침
에 의함.

들을 지배·통제해 나가는 과정 속에서, 小國의 지도층이 신라와의 관계 속에서 그들의 지배권을 보다 강화시켜나가는 현상으로 파악하기[302]보다는 服屬과는 거리가 먼 小國 자체역량이 극대화된 표상으로 보는 것이 타당하다고 생각한다.

한편,『일본서기』의 4세기 후반 기사 중에 比斯伐로 파악되는 존재가 있어 주목된다.『일본서기』卷9, 神功 攝政 49년 3월조에 보이는 이른바 神功皇后의 任那 7國 평정기사의 7國 중 맨 처음 나오는 "比自㶱"이 그것이다.[303] 종래 이 기사에 대해서 소위 任那日本府說을 주장할 때 4세기 중엽 神功皇后의 任那정벌기사로 파악하거나(肯定論)[304] 또는 후대 사실의 역사적 근거를 부여하기 위한 목적으로 소급 조작한 것이라 하여 아예 부정했다(否定論).[305] 본서에서는 이 기사를 修正論의 입장에서 적극적으로 해석하여 백제의 加耶지역으로의 진출기사로 보고자 한다.[306]

---

302) 全德在,「新羅 州郡制의 成立背景研究」,『韓國史論』22, 1990, 21쪽.

303) 사료Ⅳ-4-②참조.

304) 末松保和,『任那興亡史』, 吉川弘文館, 1956, 46~63쪽. 그러나 末松도 神功紀 46年條의 일부 기사에 대해서는 약간 불합리한 점이 있다고 지적하고 있다.

305) 神功紀 기사를 전반적으로 믿기 어렵다는 부인론은 일찍이 津田左右吉과 池內宏에 의해서 제창된 이래 三品彰英이 이를 부연 설명한 바 있는데, 이들은『日本書記』의 百濟關係 기사의 성격을 전반적으로 추구하는 과정에서 일종의 반영법이라 부를 수 있는 연구방법론을 일본학계에 정착시키는 데에 성공한 듯이 보인다. 이에 의하면, 神功紀의 기사는 후대 사실의 역사적 근거를 부연하기 위한 목적으로 소급 조작한 것이라고 한다. 三品彰英,『日本書紀朝鮮關係記事考證』上卷, 吉川弘文館, 1962, 55~58쪽.

306) 李丙燾는 神功紀가 百濟의 近肖古王대(346~375)에 해당하는 것은 의심의 여지가 없다는 입장에서, 同記事의 49年條는 近肖古王 父子가 지금의 全南地方에 출정하여 馬韓의 나머지 小國들을 경략한 역사적 사실을 설화적으로나마 엿볼 수 있게 해준다고 보고 있다(李丙燾 譯註,『三國史記』(下), 을유문화사, 1987, 34쪽 ;「近肖古王拓境考」,『韓國古代史研究』, 1976, 514쪽). 한편, 千寬宇는 이보다 더욱 적극적인 태도로 神功紀 기사를 수정 해석한다. 즉, 그는『日本書記』에 倭가 任那를 지배한 것처럼 기록한 것은 百濟의 加

254

이 기사에서 그 작전의 주력군을 倭로 본다면 倭의 성격여하를 떠나서 과연 倭가 洛東江 유역과 全南지역을 석권할 수 있는 힘을 가졌을까하는 의문에 봉착된다. 따라서 이 일련의 작전을 주도한 것은 백제로 보아야 한다. 더구나 비교적 그 사료로서의 가치와 신빙성을 인정받고 있는 『일본서기』 欽明紀 기사 중 다음의 기사는 神功紀 49년의 기사가 백제의 加耶지역 일시 진출기사임을 더욱 명백히 하여 준다.

> Ⅳ-4-⑨ : 성명왕이 말하기를 "옛적에 우리 선조 速古王·貴首王의 치세 때에 安羅·加羅·卓淳旱岐 등이 처음으로 사신을 보내고 상통하여 두텁게 친교를 맺어 자제로 삼아 항상 융성하기를 바랬다."[307]

백제 聖王은 加耶의 旱岐들에게 이미 신라에 服屬되어 버린 加耶의 재건책을 말하는 중에 위와 같이 말하고 있다. 이는 百濟史上에 내부치적 뿐만 아니라 영토확장에서도 가장 우세한 업적을 남긴 近肖古王이 洛東江 유역의 加耶지역으로도 진출했음을 보여주는 것이다.

그러면 백제는 이 당시 세력권 안에 넣은 洛東江 주변의 加耶諸地에 대해 과연 어떠한 방법으로 통치해 나갔을까가 궁금해진다. 369년

耶 지배를 왜곡 변조한 것이라고 보는 기본 입장에서 神功紀에 보이는 倭軍의 군사행동은 실은 百濟軍의 행동으로 보아야 할 것으로서, 百濟軍은 369년에 洛東江 일대를 석권했으며, 다시 이 지역을 우회하여 全南海岸에까지 진격했다고 하고 있다(千寬宇, 「復元 加耶史」, (中)『문학과 지성』28, 1977 가을, 916~918쪽/『加耶史研究』, 1991, 23~26쪽). 이러한 수정론에 대해서는 丁仲煥, 李基東도 동의하고 있다. 丁仲煥은 이 기사에 나오는 主動人物들을 분석하여, 新羅를 치고 加羅 7國을 平定한 것은 百濟라고 하였다(丁仲煥, 「日本書紀에 인용된 百濟三書에 대하여」, 『亞細亞 學報』제10집, 1972, 23쪽). 李基東, 「4세기 韓·日關係史 研究의 문제점」, 『한국상고사 연구의 현황과 과제 (1)』, 한국상고사사학회 제1회 학술발표회 발표요지, 1988, 34쪽.
307) 『日本書紀』卷19, 欽明 2年(541) 4月條, "聖明王曰 昔我先祖速古王 貴首王之世 安羅 加羅 卓淳旱岐等 初遣使相通 厚結親好 以爲子第 冀可恒隆".

의 加耶 7國 중 比自㶱은 오늘날의 창녕에 비정되고 南加羅는 金海, 喙國은 慶山지역에, 安羅는 咸安에, 多羅는 陜川에, 卓淳은 大邱에, 加羅는 高靈에 비정한다면 이 모든 지역을 과연 백제가 자기 세력 속으로 넣었겠는가는 당시의 제반 정세로 보아 부정적이다. 사료Ⅳ-4-⑨를 통해 볼 때 백제는 加耶지역에 대하여 강력한 상하 복속의 관계를 강요하지 않고 있음을 볼 수 있다(②의 단계). 그 이유는 백제의 통제력의 미비와 북쪽의 高句麗에 대한 경계 때문이라고 생각된다. 백제 地方統治의 차원에서 지방관이 파견된 중간행정단위의 설정이라는 의미를 갖는 檐魯制도 5세기 중반이 되어서야 나타나며, 완비된 地方統治體制라 할 수 있는 5方制는 6세기 전반이 되어야 비로소 그 틀을 갖추는 것으로 파악된다.308) 특히 광개토왕 비문에 보이는 바와 같이 391년 이후 高句麗는 계속적으로 백제에 압력을 가하고 있음을 알 수 있다. 그런데 사료Ⅳ-4-⑨에는 사료Ⅳ-4-②의 7國 중 安羅(咸安)·加羅(高靈)·卓淳(大邱)만 보이고 比自㶱·南加羅·喙國·多羅에 대한 언급은 없다. 이러한 國들과 백제와의 관계에 대해서는 자료의 결핍으로 구체적으로는 알 길이 없다.

그런데 신라 백제 상호간에 있어서 戰略的 要衝地인 창녕에 대해서는 백제가 유별스런 조치를 취했음을 『삼국사기』를 필두로 하여 그 이후의 諸史書에 보이는 州설치 기사를 분석해 봄으로써 알 수 있다. 다음의 사료들은 比斯伐에 대한 州 置廢 기사들이다.

Ⅳ-4-⑩ : 春正月, 比斯伐에 完山州를 두었다.309)

Ⅳ-4-⑪ : 火王郡은 본래 比自火郡이다[比斯伐이라고도 한다]. 眞興

---

308) 金英心, 「5~6세기 百濟의 地方統治體制」, 『韓國史論』 22(서울大), 1990, 128쪽.
309) 『三國史記』 卷4, 新羅本紀4 眞興王 16(555)年條, "春正月 置完山州於比斯伐".

王16년에 州를 두었는데, 이름을 下州라 하였다. 26년에 주를 廢하였다.[310]

Ⅳ-4-⑫ : 全州는 본래 百濟의 完山이다. 眞興王16년에 州를 두었는데 26년에 廢했다. 神文王 5년에 다시 完山을 두었다. 景德王16년에 이름을 고쳐 지금도 그렇게 부른다.[311]

Ⅳ-4-⑬ : 完山[一云에는 比斯伐이라고도 하고, 一云에는 比自火라고도 한다].[312]

Ⅳ-4-⑭ : 一日 大幢이고 (중략) 六日 完山停이다. 본래 下州停인데, 神文王5년에 下州停을 파하고 完山停을 두었다. 衿色은 白紫이다.[313]

이상의 기록에서 창녕과 全州에 比斯伐(혹은 比自火)이라는 동일한 명칭의 州가 동일시기에 置廢되고 있다는 이상한 점을 발견할 수 있다.[314] 이것은 다음의 사실들로 미루어 보아 분명 어떤 오류나 혼선이 개입되었었다고 볼 수 있다.[315] 첫째, 지금으로서는 백제가 威德王(554~597)을 전후한 시기에 州를 두었다 할 만한 하등의 방증을 찾을

---

310) 『三國史記』 卷34, 雜志3 火王郡條, "火王郡 本比自火郡(一云 比斯伐) 眞興王十六年置州名下州 二十六年州廢".
311) 『三國史記』 卷36, 雜志5 全州條, "全州 本百濟完山 眞興王十六年爲州二十六年州廢 神文王五年 復置完山 景德王十六年 改名今因之".
312) 『三國史記』 卷37, 雜志6 百濟 完山條, "完山[一云 比斯伐 一云 比自火]".
313) 『三國史記』 卷40, 雜志9 職官下 六停條, "一日 大幢 (중략) 六日完山停 本下州停 神文王五年罷下州停 置完山停 衿色白紫".
314) 이 점에 대한 종래의 견해들은 李康來의 논문에 잘 정리되어 있다(李康來, 「百濟「比斯伐」考」, 『崔永禧先生華甲紀念韓國史學論叢』, 探求堂, 1987, 30~32쪽).
315) 이하의 세 가지 지적은 李康來, 위의 논문, 29~30쪽에 잘 설명되고 있으나 논지 전개상 다시 적는다.

수 없으며, 더구나 全州가 이 시기에 百濟史에서 새삼스러이 부각되어야 할 형세도 아니다. 둘째, 眞興王이 555년 全州에 置州하였다는 기록 역시 설득력을 갖지 못한다. 全州는 최소한 三國의 상쟁기 동안에는 항상 백제의 深處로서 羅·濟間의 접경처, 혹은 쟁처로 등장될 만한 소지가 없었기 때문이다. 셋째, 종래의 地理書들은 新羅系 地名에 절대 다수의 특징적 요소인 伐(火)이 夫里계의 백제지명 가운데에서 유독 全州에만 적용되고 있다는 사실은 전혀 고려하지 않고 있다.316)

이러한 문제에 대해 필자는 창녕에 설치되었던 比斯伐州가 신라의 영역팽창에 따른 이동 결과 完山(全州)으로 옮겨갔는데, 이러한 경우 州의 명칭은 옮겨가는 地方의 名號로 개칭되어 갔음을『삼국사기』찬자가 착각, 오기함으로써 혼란이 연유된 것으로 보고, 比斯伐은 창녕의 古號이고 完山은 全州의 古號라고 하는 입장에317) 동의한다.

그런데 신라의 諸州가 끊임없이 移置되고 있는 중에 왜 유독 全州에의 移置상황에서만 그 같은 오류가 발생했는가의 문제를 추구해 볼 때 徙民의 흔적을 볼 수 있는 것이다.318) 즉 백제거점을 중심으로 상주하다가 加耶諸國의 滅亡 때 이 집단들 (加耶化된 백제집단)이 完山을 중심으로 한 지역에 정착하면서 창녕의 古號인 比斯伐 명칭을 그들의 새로운 터전인 全州에 적용시켰다는 것이다. 이러한 추정은 다음의 사료들을 통해 볼 때 더욱 더 분명해진다.

Ⅳ-4-⑮ : 任那의 日本縣邑에 있는 百濟의 백성 가운데, 도망해 와서 호적이 끊어진 지 3, 4대 되는 자들을 백제에 옮겨 호적에 올리게

---

316)『三國史記』地理志에 보이는 삼국의 지명 중 城·村·邑을 의미하는 高句麗의 '忽', 新羅의 '火(伐)', 百濟의 '夫里'에 대한 명칭의 대비와 용례수는 朴炳采, 「古代三國의 地名語彙攷」,『白山學報』5, 1968, 119쪽에 도표로 잘 정리되어 있다.

317) 全榮來, 「完山과 比斯伐論」,『馬韓·百濟文化』創刊號, 1975, 225~234쪽.

318) 이러한 徙民의 가능성은 李康來에 의해 이미 제기된 바 있다(李康來, 앞의 논문, 36~40쪽).

하였다.319)

　Ⅳ-4-⑯ : 영을 내려 提防을 수리하게 하고, 內外遊食者를 몰아 歸農
　케 하였다.320)

　이는 1년이란 기년 차이는 보이지만 백제의 동일정책에 관한 각각
다른 史書에 보이는 기사로 생각된다. ‘任那日本縣邑’이라 표현된 洛
東江유역의 加耶지역 내에서 백제의 이러한 정책 실시 배경에는 신라
의 進出로 인한 백제의 부담감이 작용하고 있었을 것이다. 500년에서
513년까지 재위한 智證王 때에 신라의 장군 異斯夫가 加耶지역으로
진출하여, 어느 加耶國인지는 알 수 없지만 加耶를 병합한 기사가『삼
국사기』에 보인다.321) 이는 곧 이 시기에 신라가 加耶지역으로 진출하
고 있음을 보여주는 것이다.
　이상에서 任那日本縣邑이라 표현된 가야지역이 창녕지역(그 외의
다른 가야지역도 있었을 것이다)임을 쉽게 상정할 수 있다. 따라서 백
제는 창녕지역을 자기 세력화한 후 상호선린의 동등관계를 유지하되
자기세력집단을 이주시켰음을 알 수 있는데 이러한 조치는 창녕지방
의 군사적 중요성을 인식하고 있었기 때문이라고 추측된다. 완전한 지
방통치체제를 갖추지 못한 고대에 원거리 지방에 대한 控制方法의 하
나로서 徙民은 쉽게 볼 수 있는 경우이다.
　그런데 백제는 사료Ⅳ-4-⑦로 보아 비사벌에 수비대를 주둔시켰음
을 알 수 있으나, 6세기초 이전까지는 통제가 강력하게 진행되지는 않
았을 것으로 파악된다.322) 그것은 4세기 중엽을 기점으로 해서 高句麗

---

319)『日本書紀』卷17, 繼體 3年(509) 2月條, “括出在任那日本縣邑 百濟百姓 浮
　　逃絶貫 三四世者 并遷百濟附貫也”.
320)『三國史記』卷26, 百濟本紀4 武寧王 10年(510) 1月條, “下令完固提防 驅內
　　外遊食者歸農”.
321)『三國史記』卷44, 烈傳4 異斯夫傳.
322) 百濟와 新羅가 洛東江유역에서 직접적 충돌이 재개되는 시기는 6세기 중엽

로부터의 압박은 羅·濟間에 외형적으로나마 우호적 관계를 낳게 했으며 백제는 모든 군사력을 북쪽으로 집중시킬 수밖에 없었을 것이다. 따라서 比斯伐은 비록 백제에 부용적이었다 할지라도 비교적 자주성을 가진 독자적인 발전을 지속해 나갔을 것으로 추측되는 것이다. 그러나 정치적으로 상하복속관계를 강요당하지는 않았다 하더라도 백제와 比斯伐國을 포함한 洛東江 以西 加耶諸國과의 관계에는 상호 交易이 중요하게 작용했을 것이다. 이러한 상황이 전개되는 4세기 중엽 이후의 比斯伐國은 자체 발전을 거듭하여, 校洞古墳群의 유물 상으로 보아 5세기 중엽에는 가장 전성기를 이루었던 것으로 생각된다.

⑵ 멸망과정

比斯伐國의 소멸은 당시 한반도 남부를 둘러싼 각국간의 관계 속에서 신라의 팽창에 따른 것이다. 따라서 比斯伐國의 멸망과정은 6세기 전반 한반도 남부를 중심으로 한 주변 각국의 정세 속에서 살펴볼 필요가 있다.

신라는 4세기 중엽 이후 계속되는 고구려의 압력에 못 이겨 5세기 초 고구려 廣開土王의 南征을 전후해 그 부용적인 세력이 되고 만다. 그 후 고구려로부터 벗어나고자 하는 노력은 433년의 이른바 羅·濟同盟 結成과323) 450년 高句麗 邊將 掩殺 事件,324) 468, 470, 471, 473, 474년의 築城325) 등의 기사를 통해 볼 때 꾸준히 시도되고 있음을 알 수 있다. 그런데 고구려는 495년 百濟 雉壤城 戰鬪를326) 전후해서 주

무렵부터이다. 이에 대해서는 아래에서 詳述한다.

323)『三國史記』卷3, 新羅本紀3 訥祇麻立干 17年(433) 7月條, 18年 2月條 ; 卷25, 百濟本紀 毘有王 7年(433) 7月條, 8年 2, 9, 10月條.

324)『三國史記』卷3, 新羅本紀3 訥祇麻立干 34年(450) 7月條.

325)『三國史記』卷3, 新羅本紀3 慈悲麻立干 11年(468) 13, 14, 16, 17年條.

326)『三國史記』卷3, 新羅本紀3 照知麻立干 17年(495) 8月條 ; 卷26, 百濟本紀4 東城王 17年(495) 8月條 ; 卷19, 高句麗本紀7 文咨王 4年(495) 8月條.

공격대상을 백제로 돌리게 된다. 이때를 틈타 신라는 백제와의 약속이 행을 소홀히 하면서 내부기반 다지기에 진력한다. 즉 羅·濟同盟이 유효한 기간이었지만 502, 507, 512, 523, 529년에[327] 각각 고구려가 백제를 공격하지만 신라는 백제에 원군을 전혀 보내지 않고 있다.

500년에 등극한 智證王은 즉위 4년에 國號와 尊號를 정하고 그 다음해에는 喪服法을 제정 반포하였다.[328] 514년에는 신라 중흥의 王이라고 하는 法興王이 왕위에 오른다. 신라는 이때부터 年號를 쓰기 시작하는데 이는 당시 신라의 획기적 발전을 상징하는 것이다. 517년의 兵部設置,[329] 520년의 율령반포와 공복제 실시,[330] 528년[331] 내지 535년[332]의 佛敎 公認 등은 그동안 신라가 내부적으로 쌓은 역량이 비로소 표출된 것으로 보아야 할 것이다.

이러한 신라의 내부역량 축적과 더불어 당시 東北亞의 국제정세도 신라의 가야 진출을 가능케 한 중요한 요소로 작용했던 것 같다. 6세기 초반까지 지켜져 온 동북아 정국의 세력균형 상태와 고구려의 패권은, 531년 安藏王이 시해당하고 544년에는 '大亂'이 일어나는 등 고구려의 내란과[333] 東魏를 계승한 北齊와 활기찬 팽창세를 보이는 突厥로 인해 중대한 압박을 받게 되었다. 고구려와 비록 부용적 관계라 할지라도 인질 등을 통해서 이러한 정세를 일찍부터 읽은 신라는 그동안 고구려 때문에 유보해 두었던 가야로의 진출을 개시하였으며 漢江유역

---

327) 『三國史記』卷26, 百濟本紀4 武寧王 2年(502) 11月條, 7年 10月條, 12年 9月
　　　條와 聖王 1年(523)條, 7年 10月條.
328) 『三國史記』卷4, 新羅本紀4 智證麻立干 4年(503), 5年 4月條.
329) 『三國史記』卷4, 新羅本紀4 法興王 4年(517)條.
330) 『三國史記』卷4, 新羅本紀4 法興王 7年(520)條.
331) 『三國史記』卷4, 新羅本紀4 法興王 15年(528)條. 한편 『삼국유사』에는 법흥
　　　왕 14년에 이차돈이 순교하는 것으로 되어 있다.
332) 李基白, 「新羅 初期佛敎와 貴族勢力」, 『震檀學報』 40, 1976 ; 『新羅時代의
　　　國家佛敎와 儒敎』, 1978, 82~86쪽.
333) 『日本書紀』卷17, 繼體 25年(531)條. 권19, 欽明 6年(544)條.

에서 백제에 대한 힘의 우위를 확인한 뒤에는 洛東江 以西로의 進出
도 감행했던 것이다.334)

　이러한 신라의 洛東江 東端 내지 그 以西 加耶지역으로의 진출에
대해 가야의 대응은 어떠했으며, 또한 백제의 대응은 어떠했을까? 백
제는 4세기 중엽 이후 비록 정치적 상하 예속관계는 아닐지라도 比斯
伐國을 포함한 洛東江 以西 加耶諸國에 대해 기득권을 유지하고 있
었다. 이러한 상황에서 신라의 西進은 백제와의 마찰을 불가피하게 하
였다. 그런데 이 시기 백제의 신라에 대한 인식이 史書上에는 상반되
게 나타나고 있어 주목된다.『三國史記』卷4, 新羅本紀 眞興王 2年條
(541)에는, “百濟遣使請和 許之”로 되어 있어 당시 백제와 신라 사이
는 우호적인 것으로 되어 있다. 그런데 같은 해인『日本書紀』欽明紀
2年條에는, 百濟 聖王의 主宰로 신라에 이미 服屬되어 버린 가야제국
들을 돌이키기 위한 이른바 任那復興會議를 열고 있다. 이 임나부흥회
의는 일종의 作戰會議라고 할 수 있는데 그 적대국은 신라였다. 따라
서『일본서기』기록대로라면 이때의 신라는 백제의 적대국임이 분명
하다.

　이러한 상반된 두 기록을 통해서 당시 백제의 입장을 이해할 수 있
다고 생각한다. 즉『일본서기』의 이 무렵 기사가 내용의 변경, 기록의
윤색이 있다고 하더라도 대세의 흐름 속에서 사건의 추이를 거시적으
로 관망해 본다면 오히려 이를 통하여 당시 백제의 가야에 대한, 또는
신라에 대한 태도를 알아볼 수 있는 자료가 될 수 있는 것이다.

　백제는 加耶諸地에 대한 기득권을 포기할 수는 없었지만, 적극적 대
처는 신라와의 마찰을 초래하기 때문에 가야와 倭를 앞장세워 신라에
대응케 하고, 자신은 배후에서 조정만 함으로써 소기의 목적을 달성하
려 했던 것 같다. 이러한 점은『일본서기』欽明紀 5年(544) 11月條에
보이는 任那復興을 위한 百濟聖王의 세 가지 계책을 통해서 더욱 자

---

334)『三國史記』卷4, 新羅本紀4 眞興王 14年(553), 15年 7月條.

262

세히 알 수 있다. 聖王은 임나부흥을 위해 모인 가야제국의 대표들에
게 다음과 같이 말하고 있다.

　Ⅳ-4-⑰ : 가만히 들으니(생각해 보니) 신라·안라 두 나라의 경계에
　　　큰 강물이 있는데 요충지오. 나는 이곳에 군대를 두어 6성을 수선
　　　하려고 하오. 삼가 천황에게 3천 병사를 청하여 성마다 5백 명씩과
　　　아울러 우리 병사로서 채워 농사를 못하게 하고 핍박하면 구례산 5
　　　성은 스스로 병기를 던지고 항복하게 될 것이니 탁순국도 다시 일
　　　어나게 될 것이오. 청하는 병사는 내가 의복과 식량을 댈 것이다.
　　　이것이 천황에 주상하려고 하는 책략의 첫째이다.335)

　Ⅳ-4-⑱ : 또 남한에 郡領과 城主를 두는 것은 어찌 천황에 위배하여
　　　조공로를 차단하는 것이 될 것인가. 오직 바라는 바는 많은 어려움
　　　을 이겨서 강적(고구려)을 섬멸하려는 것이다. 그 흉당이 누군가와
　　　연합할 것을 도모하지 않을 것인가. 북적(고구려)은 강대하고 우리
　　　는 약하다. 만일 남한에 군령과 성주를 두어 수리하고 방호하지 않
　　　으면 이 강적을 막을 수 없다. 신라도 제압할 수가 없다. 따라서 여
　　　전히 두어 신라를 치고 임나를 보존하려고 하고 있다. 그렇지 않으
　　　면 멸망하여 조공하지 못할까 두려워 천황에게 주상하려는 것이다.
　　　이것이 책략의 둘째이다.336)

　Ⅳ-4-⑲ : 또 吉備臣·河內直·移那斯·麻都가 아직 임나에 있다면
　　　천황이 비록 임나를 세우라고 조서를 내리더라도 안될 것이다. 청
　　　컨대 이 4명을 옮겨 각각 본읍에 돌아가게 하여야 한다. 천황에 주

---

335) "竊聞 新羅安羅 兩國之境 有大江水 要害之地也 吾欲據此 修繕六城 謹請天
　　皇三千兵士 每城充以五百 幷我兵士 勿使作田 而逼惱者 久禮山之五城 庶
　　自投兵降首 卓淳之國 亦復當興 所請兵士 吾給衣粮 欲奏天皇 其策一也".
336) "猶於南韓 置郡令城主者 豈欲違背天皇 遮斷貢調之路 唯庶 剋濟多難 殲撲
　　強敵 凡厥凶黨 誰不謀附 北敵强大 我國微弱 若不置南韓 郡領城主 修理防
　　護 不可以禦此强敵 亦不可以制新羅 故猶置之 攻逼新羅 撫存任那 若不爾
　　者 恐見滅亡 不得朝聘 欲奏天皇 其策二也".

상하려고 하는 책략의 셋째이다.337)

사료Ⅳ-4-⑰에서 聖王은 가야제국의 대표들에게 신라를 막고 卓淳을 부흥하는 계책으로서, 국경지역에 城을 쌓고 제일선에 왜병 3,000을 배치시킬 것을 말하고, 백제는 뒤에서 의복과 양식을 공급하겠다고 말하는 것에서 직접 나서기보다는 제2선에서 조정만 하려고 하는 태도를 볼 수 있다. 그리고 사료Ⅳ-4-⑱에서는 聖王이 백제군대를 가야에 주둔시키려고 하고 있는데 가야는 그동안 백제의 군대주둔을 꺼려 왔었음을 전후 문맥을 통해 알 수 있다. 사료Ⅳ-4-⑲에서는 가야에서의 확고한 기반 확립을 위하여 그동안 親新羅的이었던 재지의 세력가들을 추방하여야 한다는 것이다.『일본서기』欽明紀에 보이는 인물 중에는 佐魯麻都와 같이 신라에 왕래하며 신라의 冠服을 착용하고 通許하는 者가 있는가 하면 위의 吉備臣 등도 親新羅的인 태도를 취하여 백제의 눈총을 받고 있었던 것이다.

이상과 같은 백제의 가야에 대한 기득권 유지와 또 신라에 대한 동맹관계 유지라는 이율배반적인 행동은 사료 Ⅳ-4-⑱에서도 엿볼 수 있는 것과 같이 고구려의 남하 때문이었다. 이러한 백제의 이율배반적인 태도는 신라와 동맹관계에 있던 시기인 501년에 柵을 설치해 신라에 대비하였다는 기록을 통해서도 알 수 있다.338) 고구려에 대한 방어는 신라와의 연합을 불가피하게 하였으므로 신라에 '遣使請和'하는 등 항상 동맹관계를 유지하려 했던 것이다. 따라서 가야지역에서의 직접적 마찰을 피하려고 했던 것은 백제의 현실적 입장이었던 것이다.

이러한 백제의 외교정책은 성공하여 551년에는 가야를 이끌고 신라와 함께 고구려를 쳐서 한강유역의 고지를 탈환하기도 하지만, 이내 신라의 팽창야욕으로 인해 와해되고 만다. 553년에는 551년의 공동작

---

337) "又吉備臣 河內直 移那斯 麻都 猶在任那國者 天皇雖詔建成任那 不可得也 請移此四人 各遣還其本邑 奏於天皇 其策三也".
338)『三國史記』卷26, 百濟本紀4 東城王 23年 7月條.

전을 통해 얻은 백제의 한강유역을 신라가 다시 빼앗는다.[339] 백제는 동맹관계 유지를 위해 노력하지만[340] 실패하고, 554년에는 가야세력을 대동하고 관산성에서 신라와 일대 격전을 벌이지만 聖王이 전사하는 등 참패를 당하고 만다.[341]

한편 이러한 신라와 백제의 각축 속에서 가야제국들의 태도는 어떠했던가? 4세기 중엽 이후 친백제적이었던 比斯伐國을 포함한 洛東江以西의 가야제국은 5세기 후반이 되면 고구려의 압력에 의한 신라와 백제의 對加耶 힘의 공백을 틈타 백제 세력에서 벗어나고자 하는 노력을 보인다. 『三國史記』 卷3, 照知麻立干 18年(496)條에 보이는 "加耶國이 꼬리가 다섯 척 되는 흰 꿩을 보냈다"라는 기사는 당시 가야제국의 주축이었던 高靈의 加羅가 백제 영향력의 일시 공백기를 틈타 신라와 밀착하여 우호관계를 수립함으로써 對百濟 牽制 및 자립책을 꾀한 것으로 볼 수 있으며, 『南齊書』 東南夷傳, 加羅國條에 보이는 "加羅國은 三韓의 한 계통이다. 建元 원년(479년, 신라 照知麻立干 1년)에 국왕 荷知가 사신을 보내와 방물을 바쳤다. 이에 詔書를 내렸다. 널리 헤아려 비로소 (조정에) 올라오니, 멀리 있는 夷가 두루 德에 감화됨이라. 加羅王 荷知는 먼 동쪽 바다 밖에서 폐백을 받들고 관문을 두드렸으니, 輔國將軍本國王의 벼슬을 제수함이 합당하다"라는 대목에서 加羅國王 荷知가 南齊에 入朝하는 것 등을 모두 이러한 노력의 일환으로 볼 수 있을 것이다. 가야제국의 자립책은 『일본서기』의 곳곳에서도 보이고 있다. 繼體紀 23년(529) 3월조에 보이는 "加羅王이 新羅王女를 취하여 장가들었다"라는 기사는 『삼국사기』 522년조의 후속기사로[342] 보이며, 毛野臣 등 加耶에 있는 親新羅的 인물들의 행동도 脫百濟 策으로 보이는 것이다. 그러나 이러한 가야의 노력들은 自主化

---

339) 『三國史記』 卷4, 新羅本紀4 眞興王 14年(553) 7月條.
340) 『三國史記』 卷4, 新羅本紀4 眞興王 14年(553) 10月條.
341) 『三國史記』 卷4, 新羅本紀4 眞興王 15年(554) 7月條.
342) 『三國史記』 卷4, 新羅本紀4 法興王 9年(522) 3月條.

가 아니라 오히려 신라에로의 복속의 방향으로 나아가게 되었다. 이러한 형태의 복속과정이 백제 聖王의 눈으로 볼 때, "그 卓淳은 상하가 화합하지 못하고 의논이 양분되어 있었다. 主가 스스로 종속되기를 원하여 신라에 내응하였기 때문에 망하게"343)된 것으로 비쳤던 것이다.

이렇듯 일부 가야가 신라에 自附하는 복속과정에는 신라의 유도정책도 크게 작용했던 것 같다. 6세기초까지 자주권을 유지하던 加耶國들은 이 시기가 되면 신라 아니면 백제를 택해야 할 운명에 놓이게 되었던 것이고344) 이러한 점을 간파한 신라가 때로는 무력을, 때로는 유화정책을 썼던 것이다. 金官國主 金仇亥가 來降해 오자 그를 眞骨로 대우해 줌과 동시에 上等의 位를 내리고, 특히 本國을 食邑으로 주는 것 등은 주변 他가야제국들이 신라쪽으로 自附하게끔 하는 좋은 전시효과를 발휘할 수 있었던 것이다.345) 그리고 553년 漢江유역에서의 羅·濟대결이 신라의 우세로 결정나자 가야제국의 운명도 결국 신라로 귀속될 수밖에 없었다.

이러한 각국간의 정세 속에서 구체적으로 比斯伐國이 언제 신라에 복속되고 멸망되는지에 대해서 살펴보도록 하자. 다음의 사료들을 통해 比斯伐國의 신라에로의 복속시기를 살펴보자.

Ⅳ-4-⑤ : 임나 사신이 상주하여 말했다. "모야신은 드디어 久斯牟羅에 사택을 짓고 두 해 동안 머물러 있으면서[一本에 세 해라고 한 것은 가고 온 햇수를 합한 것이다] (중략) 모야신이 성을 굳게 지키고 움직이지 않으므로 잡을 수 없는 형세였다. 그래서 두 나라는 편한 곳을 도모하여 초승에서 그믐까지 머무르면서 성을 쌓고 돌아갔는데 그것을 이름하여 久禮牟羅城이라고 한다. 돌아갈 때 길에 닿는 騰利只牟羅·布那牟羅·牟雌枳牟羅·阿夫羅·久知波多

---

343) 『日本書紀』 卷19, 欽明 2年(541) 4月條.
344) 田中俊明, 「于勒十二曲と大加耶連盟」, 『東洋史研究』 48-4, 1990, 28쪽.
345) 朱甫暾, 「加耶滅亡問題에 대한 一考察」, 『慶北史學』 4, 1982, 172~173쪽.

枳 등 5성을 함락시켰다.[346]

IV-4-⑥ : 그대들은 탁순 등의 화를 불러들일까봐 두렵다고 말하고
있지만 신라가 스스로 강하기 때문에 그럴 수 있었던 것은 아니오.
탁기탄은 가라와 신라 사이에 있어서 매년 공격을 받아 패하는 데
도 임나가 구원할 능력이 없었기 때문에 망했소. 남가라는 작고 협
소하여 갑자기 준비하지 못하고 의탁할 곳을 몰랐기 때문에 망했
소. 탁순은 상·하 서로 다른 마음을 품고 있어서 그 國主가 스스
로 종속되기를 원하여 신라에 내응했기 때문에 망했소. 이로 보면
세 나라의 패망은 참으로 그 원인이 있었던 것이오.[347]

IV-4-⑦ : 신라가 봄에 탁순을 취하고, 이어서 우리(백제)의 구례산의
방어를 물리치게 되었습니다. 그래서 안라에 가까운 곳은 안라가
농사를 짓고, 구례산에 가까운 곳은 사라(신라)가 농사짓게 되어
서로 침탈하지 않았습니다.[348]

IV-4-⑳ : 近江毛野臣은 무리 6만을 이끌고 임나에 가서 신라에게
파괴된 남가라·탁기탄을 다시 일으켜 임나에 합치려고 하였다.[349]

이들 기록을 통해 다음과 같은 사실을 알 수 있다.

1. IV-4-⑦은 백제 聖王의 회고 기사이기 때문에 회고의 시점인 541
년 이전에 久禮山 지역은 신라에 복속되었다. 앞에서 久禮山을 현 창
녕 화왕산에 비정하였다. 따라서 창녕 比斯伐國은 541년 이전에는 신
라에 복속되는 것으로 볼 수 있다. 사료 IV-4-⑥도 그러한 사실을 보
충해 준다.

---

346) 『日本書紀』 卷17, 繼體 24年(530) 9月條.
347) 『日本書紀』 卷19, 欽明 2年(541) 4月條.
348) 『日本書紀』 卷19, 欽明 5年(544) 3月條.
349) 『日本書紀』 卷17, 繼體 21年(527) 6月條, "近江毛野臣率衆六萬欲往任那 爲
復興建新羅 所破南加羅喙己呑而合任那".

2. 사료 Ⅳ-4-⑤에 보이는 久禮牟羅는 곧 久禮山이 있는 城 또는 지역이다. '牟羅'는 마을, 城, 村을 나타내는 말이다. 이는 같은 사료 속의 '騰利枳牟羅', '布那牟羅', '牟雌枳牟羅' 등을 '五城'으로 표현한 것으로 보아서도 알 수 있다. 久禮牟羅城에서 牟羅와 城은 이중으로 겹쳐 표현된 것으로 볼 수도 있고, 久禮牟羅 지역의 城이란 의미로 볼 수도 있을 것이다. 이 사료로 보아 久禮牟羅城, 즉 比斯伐國은 530년대까지 존재하고 있다.

3. 사료 Ⅳ-4-⑥에서 喙己呑, 南加羅, 卓淳이 동일시기에 복속된 듯하나 사료 Ⅳ-4-20을 통해 볼 때 喙己呑과 南加羅는 527년 이전에 이미 신라에 복속되었다.

이러한 사실을 종합해 볼 때 金海의 南加羅는 527년 이전에 이미 신라에 복속되었고[350] 比斯伐國은 530~541년 사이의 어느 시점에 신라에 복속되었음을 알 수 있다. 530~541년 사이의 어느 시점에 신라에 복속된 比斯伐國은 그 자치권을 555년까지는 유지한 것으로 생각되며, 555년 신라가 比斯伐國에 下州를 설치하고, 중앙관리를 파견함으로써 완전히 멸망되었던 것이다. 561년 창녕에 세워진 眞興王 巡狩碑는 新羅의 比斯伐 지역 장악을 기념하는 동시에 낙동강 이서로의 진출을 위한 軍事示威的 性格을 가진 것이다.

이상에서 羅·濟간에 공히 전략적 요충지였던 창녕의 比斯伐國은 당시 국제적 역관계 속에서 530~541년 사이의 어느 시점에 신라로 歸服되며, 555년에 완전히 멸망되었음을 알 수 있었다. 이러한 比斯伐國의 멸망은 기본적으로는 신라의 對加耶 병합 야욕 때문이었지만 『일본서기』欽明紀 속에 나오는 백제 聖王의 언급과, 접경지역의 他가야 제국처럼 신라의 내심을 간파하지 못한 채 親新羅정책을 취했던 것도 그 주요한 원인의 하나였다.

---

350) 『三國史記』 卷4, 新羅本紀 法興王 11年(524) 9月條를 근거로 524년에 복속되었을 것으로 본다.

이상 본절에서 논의한 내용들을 정리하면 다음과 같다.

1. 『삼국사기』의 ‘比斯伐’, 『삼국유사』 5伽耶條의 ‘非火’, 眞興王巡狩碑의 ‘比子伐’, 『일본서기』의 ‘比自㶱’, 『삼국지』韓條의 ‘不斯國’을 동일한 지역의 다른 표기로 파악하였다. 이 중에서도 특히 『삼국지』韓條의 ‘不斯國’은 『삼국사기』에 보이는 ‘比斯伐’의 中國式 表記로 생각했으며, 지역 小國段階의 比斯伐國으로 보았다.

2. 이러한 比斯伐國의 초기 주종족 계통은 辰韓族이라고 보았다.

3. 가야시기에 축조된 것으로 보이는 城들의 분포와 『일본서기』에 보이는 久禮山의 위치를 감안할 때 4~6세기 羅·濟間의 각축기에 比斯伐國은 중요한 전략적 요충지 역할을 했음을 알 수 있다.

4. 전략적 요충지로서의 중요성 때문에 백제 근초고왕은 4세기 후반 洛東江유역 경략시에 比斯伐國을 그 선공지로 삼았으며 그 控制方法에도 신경을 썼음을 알 수 있었다. 이러한 결론은 『일본서기』神功紀, 49년조의 이른바 神功皇后의 任那7國 정벌 기사를 수정론에 입각하여 백제의 加耶지역 진출기사로 봄으로써 알 수 있었는데, 이는 比斯伐國을 포함한 洛東江중류 東端지역이 비교적 이른 시기(4세기대)에 신라에 복속되었다고 하는 기존의 시각에 대해 再考를 要한다고 할 수 있다.

5. 가야 지역국가들의 자주성 회복운동에도 불구하고 고구려, 백제, 신라의 역관계 속에서 가야제국은 서서히 붕괴되어 나간다. 比斯伐國도 이러한 상황 속에서 6세기전반경 신라에 귀속되고 555년 신라의 下州 설치로 인해 완전히 멸망된다. 이러한 比斯伐國의 멸망은 古代國家 發展期에 필수적으로 따르는 영토팽창을 위한 전쟁의 와중에서 역량이 열세한 국가가 주위 강대국들에게 복속되어가는 한 과정에 불과하며, 이는 가야제국 전체에 공통적으로 적용되는 멸망과정이라 할 수 있다. 특히 比斯伐國은 그 전략적

요충지로서의 특성 때문에 보다 일찍이 주변국들의 선점 대상이
되었다고 보인다.

Ⅴ. 加耶의 支配構造와 對外交涉

1. 지배층의 분화

본절에서는 가야 '國' 내부의 지배층 분화와 그 의미에 대해서 고찰해 보고자 한다. 다음의 사료들은 6세기대 安羅國 지배층의 분화를 엿볼 수 있는 것들이다.

Ⅴ-① : 이 달에 近江毛野臣을 安羅에 보내 조칙으로 신라에 권하여 南加羅·喙己呑을 다시 건립하도록 했다. 백제는 將軍君尹貴·麻那甲背·麻鹵 등을 보내 안라에 가서 조칙을 듣도록 하였다. 신라는 번국의 관가를 깨뜨린 것을 두려워하여 大人을 보내지 않고 夫知奈麻禮·奚奈麻禮 등을 보내 안라에 가서 조칙을 듣도록 하였다. 이때 안라는 새로이 高堂을 짓고 칙사를 인도하여 올라가는데 國主는 뒤따라 계단을 올라갔고 國內의 大人으로서 미리 당에 오른 사람은 한둘이었으며 백제사신 將軍君 등은 당 아래에 있었다. 무릇 몇 달 동안 두세 번 堂의 위에서 모의했는데 장군군 등은 뜰에 있는 것을 한탄했다.[1]

Ⅴ-② : 安羅의 次旱岐 夷呑奚·大不孫·久取柔利, 加羅의 上首位古殿奚, 卒麻의 旱岐, 散半奚의 旱岐의 兒, 多羅의 下旱岐 夷他, 斯二岐의 旱岐의 兒, 子他의 旱岐 등과 任那日本府 吉備臣[이름

---

1) 『日本書紀』卷17, 繼體 23年(529) 3月條.

자를 잃었다]이 백제에 가서 조서를 들었다. 백제 성명왕은 임나 한기들에게 "일본천황이 말씀한 바는 오로지 임나를 다시 건립하라는 것이오. 이제 어떤 계책을 써서 임나를 일으켜 세울 수 있겠소. 어째서 각자가 충성을 다하여 聖懷를 받들어 펴지 않으시오"라고 말하였다. (중략) 그러나 임나의 경계는 신라에 접해 있으니 탁순과 같은 화를 불러들일까 두렵습니다."라고 하였다[등이라 함은 㖨己呑, 加羅를 말한다. 탁순 등의 나라들은 패망의 禍가 있었음을 말함이다]. 성명왕이 말하기를 "옛적에 우리 선조 速古王·貴首王의 치세 때에 安羅·加羅·卓淳旱岐 등이 처음으로 사신을 보내고 상통하여 두텁게 친교를 맺어 자제로 삼아 항상 융성하기를 바랐다. (중략) 그대들은 탁순과 같은 화를 불러들일까 봐 두렵다고 말하고 있지만 신라가 스스로 강하기 때문에 그럴 수 있었던 것은 아니오. 탁기탄은 가라와 신라 사이에 있어서 매년 공격을 받아 패하는 데도 임나가 구원할 능력이 없었기 때문에 망했소. 남가라는 작고 협소하여 갑자기 준비하지 못하고 의탁할 곳을 몰랐기 때문에 망했소. 탁순은 상·하 서로 다른 마음을 품고 있어서 그 國主가 스스로 종속되기를 원하여 신라에 내응했기 때문에 망했소. 이로 보면 세 나라의 패망은 참으로 그 까닭이 있었던 것이오.[2]

V-③ : 백제가 사자를 보내 日本府臣과 任那執事를 불러 말하기를 "천황에 보내 올린 奈率得文, 許勢奈率 奇麻와 物部奈率 奇非 등이 일본에서 돌아왔다. 지금 일본부의 臣 및 임나국의 집사가 와서 칙언을 받들어 듣고, 같이 임나의 일을 모의하라."고 하였다. 일본의 吉備臣, 安羅의 下旱岐 大不孫과 久取柔利, 加羅의 上首位 古殿奚와 卒麻君과 斯二岐君과 散半奚君의 아들, 多羅의 二首位 訖乾智, 子他의 旱岐, 久嗟의 旱岐가 백제에 갔다. 이에 百濟의 聖明王이 조서를 대략 보이고 말하기를 (중략) 聖明王이 "임나의 나라는 우리 백제와 옛부터 지금까지 자제가 되겠다고 약속하였다. 이제 일본부의 印岐彌[임나에 있던 일본신의 이름이다]가 이미 신라

---

2)『日本書紀』卷19, 欽明 2年(541) 4月條.

를 치고 다시 우리를 치려고 한다. 또 신라의 허망한 거짓말을 즐겨 듣고 있다. 무릇 인기미를 임나에 보낸 것은 본래 그 나라를 침해하려는 것은 아니었다[미상]. 옛부터 신라는 무도하였다. 식언하고 신의를 져버리고 탁순을 멸망시켰으며 고궹의 나라에게 기꺼이 후회를 돌려주려고 한다. 그렇기 때문에 모두 불러오게 하여, 다같이 은혜로운 말씀을 받들고 임나의 나라를 일으키고 계승시켜 오히려 옛날과 같이 길이 형제가 되기를 원하는 것이다. 가만히 들으니 신라·안라 두 나라의 경계에 큰 강물이 있는데 요충지오. 나는 이곳에 근거를 두어 6성을 수선하려고 하오. 삼가 천황에게 3천 병사를 청하여 성마다 5백 명씩과 아울러 우리 병사로써 채워 농사를 짓지 못하게 하고 핍박하면 구례산 5성은 스스로 병기를 던지고 항복하게 될 것이니 탁순국도 다시 일어나게 될 것이오. 청하는 병사는 내가 의복과 식량을 댈 것이다. 이것이 천황에 주상하려고 하는 책략의 첫째이다. 또 남한에 郡領과 城主를 두는 것은 어찌 천황에 위배하여 조공로를 차단하는 것이 될 것인가. 바라는 바는 많은 어려움을 이겨서 강적(고구려)을 타파하려는 것이다. 그 흉당이 누군가와 연합할 것을 도모하지 않을 것인가. 북적(고구려)은 강대하고 우리는 약하다. 만일 남한에 군령과 성주를 두어 수리하고 방호하지 않으면 이 강적을 막을 수 없다. 신라도 막을 수가 없다. 따라서 여전히 두어 신라를 치고 임나를 보존하려고 하고 있다. 그렇지 않으면 멸망하여 조공하지 못할 것이라는 것을 천황에 주상하려는 것이다. 이것이 책략의 둘째이다. 또 吉備臣·河內直·移那斯·麻都가 아직 임나에 있다면 천황은 임나를 세우라고 조서를 내리더라도 안될 것이다. 청컨대 이 4명을 옮겨 각각 본읍에 돌아가게 하여야 한다. 천황에 주상하려고 하는 책략의 셋째이다. 마땅히 일본신·임나한기 등과 함께 삼가 사신을 보내어 천황에게 같이 말씀드려서 은혜로운 조칙 듣기를 청해야 할 것이오.” 이에 길비신과 한기 등이 말하기를 “대왕이 말한 세 계책은 저희 마음에도 듭니다. 그러나 이제 돌아가서 삼가 일본대신[임나에 있는 일본부의 대신을 말한다]·안라왕·가라왕에게 말하여 함께 사신을 보내 천황에게 같이 상주하겠습니다. 이는 실로 천년에 한 번 만날

수 있는 약속이니 깊이 생각하고 헤아리지 않을 수 있겠습니까"라
고 하였다.[3]

　사료Ⅴ-①은 529년 安羅國의 高堂에서 열린 국제회의에 관한 것이
다. 주목하고자 하는 것은 '國主'와 '國內大人'이다.

　白承忠은 '國主'란 백제의 입장에서 '小國'관념에 입각하여 상대적
으로 낮추어 불렀을 가능성이 있다고 하고, 사료Ⅴ-②에서의 '其卓淳
上下携貳 主欲自附 內應新羅 由是見亡'에서의 '主', 『日本書紀』 卷19,
欽明紀 5年(544) 3月條에 보이는 '至於卓淳 亦復然之 假使卓淳國主
不爲內應新羅招寇 豈至滅乎'에서의 '卓淳國主'의 용례와 같이 王을
지칭하는 것으로 보았다.[4] 趙仁成은 國主가 安羅國의 지배자를 가리
키는 것이긴 하지만, 安羅國의 지배자가 王으로 칭하였던 것은 540년
대가 되어서였다고 하였다.[5]

　여기에서의 國主는 白承忠의 견해와 같이 (安羅)王으로 봄이 타당
한 것 같다. 『三國史記』 善德王 16년조에 보이는 '女主'[6]의 경우를 보
더라도 왕권의 성립 여부와는 상관없이 '主'의 사용은 있었다고 보여진
다.

　다음으로 國內大人에 대해서는 가야 남부제국 중 安羅國의 뜻에 동
조하는 나라들로부터 이 회의에 참석한 대표자였을 것으로 추정하는
견해가 있다.[7] 하지만 고당회의에 가야 여러 나라들 중 안라국 외에
또 다른 나라가 참여하였다고 되어 있지 않다는 점을 고려하면 따르기
어렵다.[8] 趙仁成은 고당회의에 참석하였던 백제·신라·왜 등 외국의

---

3) 『日本書紀』 卷19, 欽明 5年(544) 11月條.

4) 白承忠, 「加耶의 地域聯盟史 硏究」, 부산대학교 박사학위논문, 1995, 175쪽.

5) 趙仁成, 「6世紀 阿羅加耶(安羅國)의 支配勢力의 動向과 政治形態」, 『加羅
　 文化』 13, 1996, 110쪽.

6) 『三國史記』 卷5, 新羅本紀5 善德王 16年條.

7) 金泰植, 『加耶聯盟史』, 一潮閣, 1993, 201~202쪽.

8) 白承忠, 앞의 학위논문, 242쪽.

사신들에 대한 것으로 풀이하였다.9) 그러나 문구를 자세히 보면, 倭의 勅使는 高堂에 오르지만, 백제의 사신들은 고당에 오르지 못하고 있다. 그리고 國內大人으로서 高堂에 오른 자가 한둘이었다는 점에서도 따르기 어렵다.

이들은 安羅國 예속 하의 지방 세력으로 보아야 할 것이다. 이들은 안라 지역연맹체 단계에 있어서 연맹체에 속하는 小國 단위의 首長層 (혹은 소속 읍락의 수장층)이었다가, 安羅國이 체제를 정비하는 과정에서 중앙 관료로 편입되거나 자치권을 인정받으면서 중앙의 통제를 받는 등, 보다 결속된 상태로 안라국에 편입되게 되었을 것이다. 이를 國內大人으로 표현한 것으로 보인다. 이러한 추측을 가능케 하는 것으로서는 『三國志』 東沃沮傳의 다음과 같은 기사이다. "東沃沮在高句麗蓋馬大山之東 (중략) 國小迫于大國之間 遂臣屬句麗 句麗復置其中大人爲使者". 이는 물론 3세기대의 사료지만, 安羅國의 국내대인도 이러한 성격과 유사한 것으로 생각한다. 『三國遺事』「駕洛國記」에도 지방 수장층이 중앙관료로 편입되는 과정을 보여 주는 예가 있다.

Ⅴ-④ : 개벽한 후로 이곳에 아직 나라의 이름이 없고 또한 君臣의 칭호도 없더니 이때 我刀干·汝刀干·彼刀干·五刀干·留水干·留天干·五天干·神鬼干 등의 구간이 있어, 이들이 酋長이 되어 인민을 거느리니 (중략) 어느 날 왕이 신하들에게 말했다. '구간들은 여러 관리의 어른인데, 그 지위와 명칭이 모두 소인이나 농부들의 칭호이니 이것은 벼슬 높은 사람의 명칭이 못된다. 만일 외국 사람들이 듣는다면 반드시 웃음거리가 될 것이다.' 이리하여 我刀를 我躬이라 하고, 汝刀를 汝諧라 하고(하략).10)

---

9) 趙仁成, 앞의 논문, 110쪽.

10) 『三國遺事』 卷2, 紀異2 駕洛國記, "開闢之後 此地未有邦國之號 亦無君臣之稱 越有我刀干 汝刀干 彼刀干 五刀干 留水干 留天干 五天干 神鬼干等九干者 是酋長 領總百姓 (중략) 一日上語臣下曰 九干等俱爲庶僚之長 其位與名皆是宵人野夫之號 頓非簪履職位之稱 儻化外傳聞 必有嗤笑之恥 遂改我刀

필자는 앞서 이 기사를 남가라 지역연맹체에 소속된 小國의 主帥들이 맹주국인 남가라국의 관직체계에 편입되어 가는 과정으로 본 바 있는데, 이 사료 또한 후대 자료로서 사료적 한계가 있는 것은 사실이지만, 어느 정도는 역사적 사실을 보여주는 내용이라고 본다. 안라의 국내대인도 읍락의 장이거나 小國의 장으로 보아야 할 것이다. 그들은 사료V-②에 보이는 '次旱岐' 등으로 불리워졌을 것이다. 차한기는 夷呑奚·大不孫·久取柔利가 보이고 있어 安羅國에는 최소 3명 이상의 次旱岐가 존재했음을 알 수 있다. 사료V-③에서는 '安羅下旱岐大不孫·久取柔利'이라고 표현되어 있어 차한기는 하한기로도 불리었음을 알 수 있다. 이러한 차한기(＝하한기)의 위에는 上旱岐의 존재를 인정할 수 있을 것이다. 그런데 기존의 견해 가운데에는 安羅國의 지배층 분화에 대해서 王→上旱岐→次(下)旱岐로 보는 견해11)와 王(上旱岐)→次(下)旱岐로 보는 견해12)가 있다. 안라왕도 원래는 旱岐였을 것이지만 한기 중의 한기가 되면서 上旱岐로 되었을 것이고, 또 왕으로도 칭해졌을 것이다. 6세기 당시 안라국의 경우 왕의 존재는 확인되지만 상한기의 존재 유무는 확인되지 않는다. 왕이 곧 상한기였는지, 왕과 하한기 사이에 상한기의 계층이 있었는지는 좀더 검토를 요하는 문제지만 분명한 것은 한기층의 분화가 있었다는 사실이다.

이러한 한기층의 분화는 단순히 王과 차(하)한기 개인들만의 존재로서가 아니라 그 계층을 아울러 생각해야 되기 때문에 6세기 安羅國의 지배층은 최소한 두 계층 이상 분화되어 있었음을 알 수 있다. 이것은 이 시기 안라국이 비록 맹아적 형태나마 정치적 신분제의 형성(관등제

爲我躬 汝刀爲汝諸(하략)".

11) 白承忠, 앞의 학위논문, 178쪽 ; 南在祐, 「安羅國의 成長과 對外關係 硏究」, 성균관대학교 박사학위논문, 1998, 124~125쪽.

12) 田中俊明, 「加耶諸國の王權に對する私見」, 『加耶諸國의 王權』, 인제대학교 가야문화연구소편, 신서원, 1997, 42쪽. 단 田中俊明의 경우 그 가능성만을 제기하고 있다.

혹은 관직제)을 이루었다는 한 단면을 보여주는 것이라 할 수 있다. 이
는 안라국의 정치·사회적 발전상을 보여주는 것이기도 하다.

2. 지배구조

1) '王·大王'號의 사용

가야국들에 있어서 王權이 성립했는가를 살펴보는 것은 國 내부의
위계화 정도, 나아가 그 사회발전단계의 정도(국가적 성격)와 관련하
여 한 논점이 될 수 있다. 아래에서는 首長칭호의 변화 과정에 주목하
고자 한다.

盧重國은 首長稱號의 변화를 險側 또는 邑借(1세기~3세기 말 내
지 4세기 초까지) → 旱岐(4세기 초~5세기 중엽 이전까지) → 王·大
王(5세기 중엽 이후~6세기 중반경까지)으로 단계지어 보았다. 그리고
그에 따른 加羅國(大伽耶)의 정치발전 단계를 小國단계-地域聯盟단
계-部體制(大伽耶國)단계로 설정하였다.13)

加羅國의 정치발전 단계를 일목요연하게 체계적으로 정리했다는 점
은 돋보이며, 특히 '王'號를 칭한 시기 대가야의 정치적 모습을 고구려
의 5부체제나 麻立干시기의 신라 6부체제와 비슷한 '部體制' 단계로
파악한 점은, 보다 구체적인 내용 검증의 과제가 남아있다고 하더라도
연구의 한 진전으로 볼 수 있을 것 같다. 그러나 너무 단선적인 정리라
는 느낌을 지울 수 없다. 단선적 정리는 旱岐와 王號가 병칭되고 있는
단계에 대한 설명과 합천 梅岸里碑에서 보이는 '四十干支'에 대한 이
해를 방해하고 있다.14)

---

13) 盧重國, 「大伽耶의 政治·社會構造」, 『加耶史硏究-대가야의 政治와 文化
    -』, 慶尙北道, 1995, 153~162쪽.
14) 梅岸里碑의 건비연대로 보이는 辛亥年이 언제든 상관없이 적용되는 문제이

加羅國의 왕으로서 처음 사료에 나타나는 이는 『日本書紀』 神功紀 62년조의 註가 인용하고 있는 「百濟記」에 보이는 '加羅國王己本旱岐'이다. 기존에는 神功紀 기사를 120년 인하하는 바에 따라 이를 382년 대의 가라국왕으로 생각하여 왔으나,[15] 山尾幸久[16]의 검토에 따라 442년 대의 가라국왕으로 봄이 옳다고 본다.[17] 결국 5세기 중엽, 王과 旱岐가 竝稱되어 나오는 예가 되겠다.

1989년 합천군 가야면 매안리에서 발견된 비에는 '四十干支'가 보인다.[18] 결락이 심한 관계로 구체적 의미는 잘 알 수 없지만, '四十干支'의 존재는 반드시 대단위 정치집단의 長만이 干支로 불려졌다고는 볼 수 없음을 시사해 준다. 干支(＝旱岐)는 아마도 村落의 長에서부터 6세기 諸國들의 首長들에게까지 통시대적으로 사용되어졌던 칭호였던 것 같다. 이로 보아 旱岐만으로는 정치발전 단계를 논할 수 없음을 알 수 있다.

다.

15) 노중국도 이를 바탕으로 논지를 전개하고 있다.

16) 山尾幸久, 『古代の日朝關係』, 塙書房, 1989, 113~127쪽. 氏에 의하면 木羅斤資의 아들 木滿致는 『三國史記』 백제본기 개로왕 21년(475)조에 보이는 木刕滿致와 동일한 인물로 보고, 木滿致는 壬午年에 木羅斤資가 결혼하였던 여자와의 사이에서 태어났다고 되어 있으므로 神功紀의 임오년를 2주갑 인하하여 382로 보아서는 곤란하다는 것이다.

17) 그러나 神功紀 기사를 모두 180년 인하한다는 것은 아니다. 神功紀 기사는 여러 가지 기사들이 복잡하게 얽혀있음으로 모두 균일하게 120년 혹은 180년 인하하여 볼 수 없다는 입장이다. 白承玉, 「'卓淳'의 位置와 性格-『日本書紀』관계기사 검토를 중심으로-」, 『釜大史學』 19, 1995, 92~99쪽 참조. 이러한 입장은 田中俊明에 의해 제기된 바 있다(田中俊明, 『大加耶連盟の興亡と'任那'』, 吉川弘文館 1992, 86~87쪽) 한편, 白承忠은 '己本'은 '고호' 혹은 '고호무'(北本)로 발음된다는 점에서 남가라국의 마지막 왕인 구형왕으로 보고, 年代는 임오년이 고령 가라국의 멸망연대라는 점에서 이 기사를 왕명은 남가라국의 것을 취하고 멸망연대는 가라국의 것을 취한 조작된 기사로 파악하였다(白承忠, 「가야의 정치구조-'부체제' 논의와 관련하여-」, 『韓國古代史研究』 17, 2000, 310~311쪽)

18) 金相鉉, 「陝川梅岸里古碑에 대하여」, 『新羅文化』 6, 1989.

문제는 旱岐가 왕으로 칭해지는 단계이다. '加羅國王己本旱岐'의 의미는 加羅國의 왕인 己本旱岐['加羅國의 왕이면서 (가라국이라는)정치집단의 首長인 己本(인명일 것이다)']일 것이다.[19] 이는 旱岐의 신분을 가지면서 동시에 王인 단계의 한 예로 볼 수 있을 것이다. 이를 旱岐와 王號를 병칭하는 단계로 설정한다.

그런데 5세기 후엽(479)의 사실을 말해주는『南齊書』에서의 '國王荷知', '加羅王荷知', '輔國將軍本國王' 등은 어엿한 '王'의 모습을 보이고 있다.[20]

위의 논의와 관련하여『日本書紀』卷17, 繼體 23년(529) 春3월 是月條에는 논의를 좀더 진행시켜 볼 수 있는 기사가 있다. 아래에서 계속 인용될 것임으로 먼저 실어둔다.

> Ⅴ-⑤ : ⓐ加羅王이 신라왕녀를 처로 맞아들여 드디어 아이가 있었다. 신라가 처음 왕녀를 보낼 때, 100인을 같이 보내어 女從으로 삼았다. 加羅는 그들을 받아서 여러 縣에 나누어 두고 그들에게는 新羅의 衣冠을 입게 하였다. ⓑ阿利斯等은 그들이 옷을 바꾸어 입은 것에 노하여 사신을 보내 불러 들었다. ⓒ신라는 크게 수치스럽게 생각하고, 왕녀를 되돌아오게 하려고 말하기를 '전에는 그대의 청혼을 받아들여 내가 곧 혼인을 허락하였으나 지금은 이미 일이 이렇게 되었으니 왕녀를 돌려줄 것을 청한다'고 하였다. ⓓ加羅의 己富利知伽[자세하지 않다]가 대답하기를 '짝을 지어 부부가 되었는데, 어찌 다시 헤어질 수 있겠는가. 또한 아이를 두었으니 그 아이를 버리고 (왕녀가) 어찌 가겠는가?'라고 하였다. ⓔ드디어 지나가

---

19) 노중국은 '加羅國王己本旱岐'에서 王은 후대적 용어가 첨가된 것으로 보고 논의를 진행시키고 있다. 이는 그 기년을 382년으로 설정하였기 때문이 아닌가 생각한다.

20)『南齊書』卷58, 列傳39 東夷傳, "加羅國 三韓種也 建元元年 國王荷知使來獻 詔曰 量廣始登 遠夷洽化 加羅王荷知 款關海外 奉贄東遐 可授輔國將軍 本國王".

280

는 길에 刀伽·古跛·布那牟羅 세 성을 함락시켰다. 또한 북쪽 변
경의 다섯 성을 함락시켰다.21)

　사료 속의 ⓐ에서 加羅王이 보이고 있다. 이는『三國史記』新羅本
紀 法興王 9년(522) 3월조에 보이는 '加耶國王'에 해당하며,『新增東
國輿地勝覽』卷29, 高靈縣 建置沿革條의 註가 인용한 崔致遠의 '釋順
應傳'에 보이는 異腦王과도 동일인이다.『日本書紀』,『三國史記』, '釋
順應傳' 모두 加羅國의 王으로 표현하고 있다. 이로 보아 520년대에는
旱岐 칭호를 탈피한 것으로 볼 수 있을 것이다.
　그런데 한 가지 불안한 요소가 있다.『日本書紀』繼體紀 23년(529)
夏4월조의 '任那王己能末多干岐'의 존재이다. 이를 '己'는 '巳'의 誤記
로 보아 異腦王의 별칭으로 볼 수 있다면(異腦王＝巳能末多干岐),22)
加羅의 王(任那王이란 표현은 加羅王의『日本書紀』적 표현이다)이
이 시기까지 여전히 旱岐와 병칭되고 있는 예가 될 것이기 때문이다.
그러나 이 사료는 매우 불안한 요소를 가지고 있다.『日本書紀』찬자
자신도 자신이 없었든지, 註를 첨가하여 "아마 阿利斯等일 것이다"라
고 하고 있다.23) 이 하나의 예가 위에서 든 여러 사료들에서 보이는 稱
王의 예를 번복할 만한 것은 못 된다고 보여진다. 이는 아마도 稱王
단계에 남겨진 舊例의 하나로 볼 수도 있을 것이다. 稱王 단계로 설정
하지 못하는 증거로는 볼 수 없다. 특히『南齊書』에서의 표현들은 王

---

21)『日本書紀』卷17, 繼體 23年(529) 3月 是月條, "ⓐ加羅王 娶新羅王女 遂有
　　兒息 新羅初送女時 幷遣百人 爲女從 受而散置諸縣 令着新羅衣冠 ⓑ阿利
　　斯等 嗔其變服 遣使徵還 ⓒ新羅大羞 飜欲還女曰 前承汝聘 吾便許婚 今旣
　　若斯 請還王女 ⓓ加羅己富利知伽[未詳] 報云配合夫婦 安得更離 亦有息兒
　　棄之何往 ⓔ遂於所經 拔刀伽·古跛·布那牟羅三城 亦拔北境五城".
22) 田中俊明, 앞의 논문, 64쪽. 金泰植은 이를 창원의 卓淳國王으로 보았다(金
　　泰植, 앞의 책, 194쪽).
23)『日本書紀』卷17, 繼體 23年(529) 夏4月條, "夏四月壬午朔戊子 任那王己能
　　末多干岐來朝[言己能末多者 蓋阿利斯等也]".

權이 성립되었음을 대내외적으로 선포하는 의미도 있는 것인 만큼, 5세기 후반대의 加羅國은 旱岐의 단계를 탈피한 '王'의 단계로 볼 수 있을 것이다. 즉 왕권이 성립된 단계로 보고자 한다.

加羅國의 왕권과 관련하여 또 하나의 검토 대상은 '大王'의 존재이다. 일반적으로 大王의 존재는 王中王이란 의미로서 고대국가 성립의 한 상징처럼 되어 왔다.

충남대학교 박물관 소장의 長頸壺에는 뚜껑과 몸체에 각각 '大王'이라는 글씨가 새겨져 있다. 정확한 출토지의 확인은 어려운 상황이지만, 加羅지역에서 출토된 것으로 알려져 왔으며, 토기의 형태로 보아도 6세기 중엽으로 편년되는 대가야계 토기로 봄에는 異見이 없다.

田中俊明은 大王을 대가야왕으로 보고, 그에 대한 해석을 王中王의 의미가 아니라 왕에 대한 미칭, 또는 존칭으로 보았다. 그리고 대가야왕은 대가야연맹에 속하는 諸國의 왕(首長)들보다 한 단계 높은 존재라고 하였다. 그러나 大王에 대한 칭호의 제도가 있었다고는 보기 어렵다고 하고, 大王은 그러한 실력을 가진 대가야왕을 높여서 부른 것으로 이해하였다.24)

이러한 이해에 기본적으로는 동감한다. 그러나 그가 전제로 하고 있는 대가야연맹 속에서의 諸國 왕들보다 한 단계 높은 존재란 이미 그는 연맹체의 長이 아니다. 대왕의 존재는 연맹체설을 부정하는 중요한 증거가 된다. 가라국은 연맹체 단계를 벗어나 있었던 것이다.

盧重國은 大王號 성립시기를 544년 이후 6세기 중반경으로 보았다. 이는 『日本書紀』 欽明紀 5년(544)조에 加羅國王의 존재가 보인다는 점에서 544년까지는 왕을 칭했을 것이라는 인식에서이다. 그러나 王에서 大王으로의 단계적 측면은 있지만 大王號를 칭하는 시기에도 王의 칭호도 사용되었을 것으로 생각한다. 따라서 544년이 大王號를 칭한 기점으로 볼 수는 없는 것이다.25)

---

24) 田中俊明, 앞의 논문, 43쪽.

282

대왕호와 왕호는 竝用되었으며, 사용 주체의 입장에 의해 달리 사용되었을 것으로 생각한다. 5세기대 倭의 例를 보면 이것의 이해에 도움이 된다.

5세기대 倭王들은 중국 南朝 宋으로부터 倭王으로 지칭된다.[26] 이는 그들 자신이 원했던 것이기도 했다. 그런데 이들 중『日本書紀』의 雄略으로 비정되는 武의 경우 '大王'으로도 지칭되었다. 日本 埼玉縣 埼玉古墳群 稻荷山古墳 출토의 辛亥銘鐵劍銘文의 "乎獲居世世爲杖刀人首奉事來至今 獲加多支鹵大王寺在斯鬼宮時 吾左治天下 今作此百練利刀 記吾奉事根原也" 속에서 '大王'이 보이고, 熊本縣의 江田船山古墳 출토의 劍銘, "治天下獲□□□鹵大王世奉□典曹人名无利弓(十一) 八月中用大錡釜幷四尺廷刀 八十練六十捃"에서도 '大王'이 보인다. 獲加多支鹵大王(＝獲□□□鹵大王)은 'ワカタケル'로 발음되며, 『日本書紀』의 大泊瀨幼武天皇(おほはつせのわかたけのすめらみこと＝雄略天皇)과 동일인물로서『宋書』의 倭王 武로 봄은 이미 정설로 굳어졌다. 이로 보아 雄略이 大王으로 칭해졌음은 분명하다. 다만『日本書紀』에서의 天皇名은 7세기 전반대부터 사용되기 시작한 것으로 위에서는 假託된 것이다.

王號와 大王號의 용례는 시간적 추이에 의한 변화로 보기보다는, 상황의 차이에 의해서 달리 사용되었다고 보아야 할 것이다. 위의 두 금석문에 보이는 '大王'호와 관련하여 좀더 추구해 보고 싶은 것은 同銘文 속에 보이는 '治天下'란 語句이다. 日本 古代史 硏究者인 森田

---

25) 이는 蔚州 川前里書石 乙卯(535)銘에 '法興大王'이 보이지만 여전히 法興王으로도 칭해지고 있음을 보아서도 짐작할 수 있는 것이다.

26)『宋書』卷97, 列傳57 東夷傳 倭國條, " (前略) 讚死弟珍立遣使貢獻自稱使持節都督倭百濟新羅任那秦韓慕韓六國諸軍事安東大將軍倭國王(중략)二十八年加使持節都督倭新羅任那加羅秦韓慕韓六國諸軍事安東將軍如故(중략)興死弟武立自稱使持節都督倭百濟新羅任那加羅秦韓慕韓七國諸軍事安東大將軍倭國王(중략)詔除武使持節都督倭新羅任那加羅秦韓慕韓六國諸軍事安東大將軍倭王".

悌에 의하면, "治天下의 의미는 후대의 御宇(임금이 다스리는 동안. 御世 : 인용자), 馭宇라는 말과 일치하고 君主로서 천하를 다스리는 것을 말한다. 대왕만으로는 왕과 다름없이 단순한 존칭이지만, '治天下'와 결부되면서부터 君主의 칭호로 되었다고 이해해야 할 것이다. (중략) 대왕만으로는 왕족의 존칭이며 君主의 칭호는 아니지만, 治天下를 冠稱하거나 문맥의 전후 사정에 의해 治天下가 생략된 大王은 君主의 칭호로 보아야 할 것이다."[27]라고 하여 治天下을 관칭한 대왕과 그렇지 않은 大王의 차이를 설명하였다.

加羅 토기에 새겨진 '大王'은 물론 治天下를 관칭하고 있는 것은 아니다. 그러나 토기의 절대 연대가 6세기 중엽으로 편년되고, 이 시기 加羅國의 영역 팽창과 그 활동상을 고려한다면, 治天下의 冠稱 여부는 크게 문제될 것이 없다고 생각한다. 加羅國의 대왕은 영역 팽창과 더불어 그를 다스리는 君王으로서의 칭호로 보아 문제없을 것이다. 加羅國에 있어 대왕호의 출현시기는 토기의 제작연대로 본다면, 6세기 중엽 이후부터는 대왕으로 칭해졌을 것이지만 좀더 소급시킬 수 있을 것이다.

이상에서 가야의 國들 가운데 加羅國의 경우, 왕권 성립의 직접적 증거인 '王號'의 사용은 5세기 중엽 旱岐號와 王號 병칭 단계를 거쳐 5세기 후엽에는 행해진 것으로 보았다. 왕의 존재는 그 예속 하 小國의 수장들(旱岐 층)에 대한 편성의 필요성이 제기되었을 것이다. 그들의 모습이 '安羅次旱岐', '加羅上首位古殿奚'[28] '多羅二首位訖乾智'[29] 등으로 보이는 것이다. 왕의 존재는 國 내부 상층구조의 한 단면을 보여주는 것이다.

---

27) 森田悌, 「天皇号と須彌山」, 『天皇号と須彌山』, 高科書店, 1999, 5쪽.
28) 『日本書紀』 卷19, 欽明 2年(541) 4月條.
29) 『日本書紀』 卷19, 欽明 5年(544) 11月條.

2) 官職(等)의 분화

『日本書紀』欽明紀 2년(541) 4월과 5년 11월조에 보이는 이른바 泗沘會議에는 加羅國과 주변 제국의 대표자들이 보이고 있다. 이를 표로 작성한 것이 <표 8>이다.

<표 8> 泗沘會議 참석자 일람[30]

國名	欽明紀 2년(541) 4월	欽明紀 5년(544) 11월
安羅	次旱岐 夷吞奚・大不孫・久取柔利	下旱岐 大不孫・久取柔利
加羅	上首位 古殿奚	上首位 古殿奚
卒麻	旱岐	君
散半奚	旱岐의 兒	君의 兒
多羅	下旱岐 夷他	二首位 訖乾智
斯二岐	旱岐의 兒	君
子他	旱岐	旱岐
久嗟	-	旱岐

표에서 알 수 있듯이 加羅國의 경우 上首位의 존재가 확인되고 있다. '加羅上首位古殿奚'는 加羅國의 上首位(職名)인 古殿奚(人名)로 해석된다. 上首位의 존재는 二首位(혹은 下首位)의 존재를 상정할 수 있어 加羅國에서는 上首位, 下首位의 존재를 확인 할 수 있다.[31] 그런데 上首位 古殿奚는 541년의 泗沘會議에서나 544년 泗沘會議에 모두

---

30) 田中俊明, 앞의 글, 1997, 58쪽에서 全載.
31) 이를 표로 정리한 것이 있어 참조된다(田中俊明, 앞의 논문, 60쪽의 <표-2>에서 轉載).

『日本書紀』欽明紀에 보이는 여러 계층의 존재여부

國名	王	旱岐	次[下]旱岐	上首位	二首位
安羅	○	△	◎	―	―
加羅	○	―	―	◎	△
多羅	―	△	◎	△	◎

○・◎ : 존재가 확실한 것[◎는 회의 참석자]. △ : 존재가 상정 가능한 것.
― : 존재가 확인되지 않은 것. 安羅의 경우, 王=旱岐일 가능성이 있다.

加羅國의 대표로 참가하고 있다. 이는 上首位 古殿奚가 맡은 업무가 對百濟 외교업무이기 때문일 가능성이 있다.

앞의 사료Ⅴ-⑤의 ⓑ와 ⓓ에는 阿利斯等과 加羅己富利知伽가 보인다. 이들의 성격을 분석해 보고 加羅國의 관등과 어떠한 관계가 있는가에 대해서 살펴보고자 한다.

阿利斯等을 창원 卓淳國의 왕으로 보는 설[32]도 있으나 사료의 내용상 加羅國人으로 보아야 할 것이다. 즉 이 기사에서의 阿利斯等은 변복사건의 연결기사 속에서 나오기 때문에 신라와의 결혼 동맹 상대국이 加羅國임이 분명한 이상 가라국과 관련된 인물로 봄이 순리적이다.

한편, 阿利斯等에 관한 기록은 위의 繼體紀 외에도 垂仁紀와 敏達紀에 보이고 있다. 垂仁紀 2년조에는 '意富加羅國王之子 名都怒我阿羅斯等 亦名曰 于斯岐阿利叱智干岐'의 전설 속에서 나오며, 敏達紀 12년 7월조에는 '今在百濟 火葦北國造 阿利斯登子 達率日羅(지금 百濟에 있는 火葦北(ひのあしきた) 國造阿利斯登의 아들 達率 日羅)' 등과 관련된 속에서 나오고 있다. 이 중에서 垂仁紀의 都怒我阿羅斯等(阿利斯等과 동일인임에는 이견이 없다)은 意富加羅國王之子라고 나와 있어 그 출자가 명백히 기록되어 있다. '意富加羅國'에서 意富는 オホ로 읽혀지며 '大'의 뜻이다. 大加羅라고 자칭한 加羅國은 고령의 가라국 밖에 없으므로(김해의 南加羅國에 대해서 '大駕洛'으로 칭한 예가 있지만 이는 가라 당시기 칭호가 아닌 것으로 본다) 意富加羅國은 고령의 加羅國으로 보아야 하며, 阿利斯等은 가라국의 왕자로 해석된다.[33] 그러나 垂仁紀의 기사는 왜곡과 윤색이 심하여 어느 정도를

---

32) 金泰植, 앞의 책, 194쪽.

33) 종전에는 意富加羅國를 김해의 南加羅國으로 본 견해들이 있었다. 이는 이 기사가 南加羅國人으로 추정되는 任那人 蘇那曷叱智 기사에 연속해서 나온다는 점과 垂仁天皇의 치세연대(기원 전 29～기원 후 70) 때문으로 여겨진다. 그러나 蘇那曷叱智 기사와 이 기사는 사료의 계통을 달리하는 등 무관계한 기사로 보여진다. 그리고 垂仁紀의 연대는 치세가 99년이라는 점을 통해

286

사실로 받아들여야 할지 주저된다. 본서에서는 참고사료 정도로 취급한다.

己富利知伽는 앞에 加羅를 冠稱하고 있음으로 加羅人이 틀림없다. 앞뒤 문맥의 내용으로 보면 阿利斯等이 加羅王 또는 그의 이름으로 보이지만,[34) 그 語根을 분석해 보면 고유명사라기보다는 일반명사로 봄이 타당한 것으로 보인다.

白承忠은 阿利斯等(아리시도)은 '아리히토'와 통하여 그 원형은 '알 사람'인데, 혹 '斯'는 '叱'과 통하기 때문에 '아릿·아랫'→'아래'의 음차로서 '下'를 나타내고, '等(도우)'은 '都利=公'으로서 달·들·돌·도(道, 훈으로는 梁)의 음차이기 때문에 '아리사등'은 '아랫도리'가 되어 '下等' 혹은 '下公'으로 표기가 가능하며, '干岐'로도 나오기 때문에 아리사등은 '하한기'로 볼 수 있을 것이라고 하였다.[35)

李根雨는 '阿利'는 阿利水와 같이 '大'의 뜻을 가지며, '斯'는 사이시옷의 음가를 표현하고 있으므로 阿利斯等은 '大等'이라 하여 고유명사가 아니라, 가야제국 중 어느 한 나라의 수장을 뜻하는 일반명사로 보았다.[36)

앞서 垂仁紀는 要注意記事라 하였지만 내용과 상관없이 용어의 讀音과 관련하여 주목할 바가 있다. '都怒我阿羅斯等'이 'つぬがあらしと'로 발음되는 점이다. 'つぬが'는 '角'의 의미로서 '角干'에서의 '角'과 통한다. 신라에서는 伊伐湌을 角干이라고도 하고 혹은 角粲·伊罰干·干伐湌·舒發翰·舒弗邯이라고도 했다.[37)

서도 알 수 있듯이 불안전하다.

34) 末松保和은 加羅王으로 보았다. 末松保和, 『任那興亡史』, 吉川弘文館, 1956, 132쪽.

35) 白承忠, 「가야의 정치구조-'부체제'논의와 관련하여-」, 『한국고대사연구』 17, 한국고대사학회, 2000, 313쪽.

36) 李根雨, 「6世紀代 加耶諸國의 국가구조에 대한 試論」, 『加耶와 新羅』, 김해시 제4회 가야사 학술회의 자료, 1998, 85쪽.

37) 『三國史記』 卷38, 職官 上.

　　이러한 점들로 미루어 보아 阿利斯等은 新羅系 관직의 영향을 받아 만들어진 加羅國의 관직으로 생각해 볼 수 있을 것이다. 앞의 사료 V-⑤의 ⓑ에서 阿利斯等의 역할이 신라와의 갈등관계 속에서 나온다는 점도 이러한 추정을 뒷받침해준다. 이러한 추정에 타당성이 있다면, 角干이 신라의 17관등체계 중 최고위였으며, 眞骨만이 임명될 수 있었다는 점에서, 阿利斯等은 加羅國 내에서 王을 제외한 최고위급 관직일 가능성이 높다. 위의 垂仁紀 기사를 참고한다면, 加羅國의 王子급 정도가 가질 수 있는 관직으로 볼 수 있다.

　　己富利知伽를 阿利斯等과 동일인으로 추정하는 견해[38]가 있으나, 『日本書紀』의 찬자가 동일기사 속의 동일내용을 기록하면서 阿利斯等과는 달리 己富利知伽만을 '未詳'이라고 한 점 등으로 미루어 보아 동일인인 가능성은 없다고 보여진다. 최근 白承忠은 己富利知를 인명으로, '伽'는 지배자 칭호인 '干岐' 혹은 '干'으로 보았다.[39] 李根雨는 繼體紀 24년 9월조의 "背評[背評地名 亦名能備己富里也]"(背評[背評은 지명인데 또한 能備己富里라고도 한다)기사에 주목하고, 背＝能備에 評＝己富里로 보아, 評이 일본에서 縣 혹은 郡에 해당하는 행정단위의 명칭이란 점과, 훈이 '코오리'로 우리말 '고을'에 해당된다고 하여, '己富里'를 코오리 즉 고을이란 뜻으로 보았다. 己富利知伽에서의 知는 수장을 가리키는 용어인 支·智·岐 등과 같은 의미로 보아 評의 수장, 牟羅의 수장 혹은 村主를 뜻하는 것으로 보았다. 伽는 知에 붙는 접미사적인 성격을 가진 것인지 혹은 인명인지 알 수 없으나, 이 용어 자체가 가라왕과 같이 왕으로 불리는 대수장을 뜻하는 용어는 아니라고 하였다.[40]

　　위의 연구성과들을 아울러 생각해 보면 阿利斯等과 己富利知伽는

---

38) 今西龍,『朝鮮古史の硏究』, 國書刊行會(復刊), 1970, 324쪽.
39) 白承忠, 앞의 논문, 314쪽.
40) 李根雨, 앞의 논문, 86쪽.

가라왕이나 인명이 아니라 관직명(혹은 己富利知伽의 경우는 관직명
+인명일 가능성도 있다)으로 파악된다. 그리고 그들은 앞에 제시한
사료의 내용으로 미루어 보아 加羅王을 위해 일하는 모습을 보이고 있
다. 阿利斯等의 경우는 신라인의 변복 사건과 관련하여 활동하고 있음
으로 보아 公服制와 관련된 직책일 가능성이 있다.[41] 己富利知伽의
경우 李根雨의 설명대로 牟羅의 수장, 村主 등으로 본다면 加羅國에
편입된 지방 首長의 한 예가 된다. 그는 가라국왕과 신라 왕녀간의 결
혼 파탄 수습을 위해 노력하고 있다. 對新羅 외교관계의 책무를 담당
하고 있었을 가능성이 있다.

이상에서 6세기대 加羅國에는 王 이외에도 上首位, 二首位(예상),
阿利斯等, 己富利知伽 등의 관직이 분화되어 있었음을 알 수 있었다.
이를 표로 정리하면 <표 9>와 같다.

<표 9> 6세기대 加羅國의 관직 (* 표는 추정)

官職	人名	담당업무	出典
王	嘉悉(嘉實)		『三國史記』 卷4 진흥왕 12年條, 卷32 樂志 가야금조
	道設智		『新增東國輿地勝覽』 卷29 高靈縣 建置沿革
	異腦		上同書 所引 '釋順應傳'
上首位	古殿奚	외교 (對百濟)	『日本書紀』 欽明紀 2年(541) 4月과 5年 11月條
*二首位			〃
阿利斯等		公服制	『日本書紀』 卷17, 繼體天皇 23年(529) 3月 是月條
己富利知(伽)	*伽	외교 (對新羅)	〃

3) 身分制의 정비

---

41) 李根雨는 阿利斯等을 가야제국 중 어느 한 나라의 수장일 것으로 추정했다
(위의 글). 이 견해를 존중한다면, 阿利斯等은 加羅國의 왕자이면서, 加羅國
복속 아래에 있는 한 정치집단의 首長이며, 加羅國의 官職체제 속에 편입된
고위관료(아래에서 설명)인 셈이다.

『三國史記』卷33 色服條에는 "사람은 上·下가 있고, 地位는 尊·卑가 있어, 명칭과 法式이 같지 않고 衣服도 다르다. (중략) 이에 옛법에 따라 嚴命을 베푸는 것이니, 그래도 만일 일부러 범하는 자가 있으면 國法을 시행할 것이다."[42]라는 부분이 있다. 고대인들은 철저한 신분제 속에서 신분에 따라 부르는 명칭과 法式, 그리고 그들이 입는 옷의 색깔도 달랐음을 말해 준다.

고대국가에서는 통치의 편리 또는 기득권체제의 유지를 위해 신분제를 실시하고 신분제의 체계화를 위해 제반 규정을 두었다. 제반 규정의 法式화가 곧 律令이라고 할 수 있다. 이 점에서 율령제는 고대국가의 상징으로도 볼 수 있을 것이다. 여기서 公服制(衣冠制)의 존재 유무를 살펴보고자 함도, 그것이 단순히 신분의 구별 차원을 넘어, 국가적 규모에 있어서 정치적 집단의 신분적 편성을 의미한다고 보기 때문이다. 즉, 공복제의 실시여부는 곧 그 정치집단에 있어 신분제의 실시 여부를 말해 주는 것이다. 그리고 이는 국가적 성격과 관련시켜 볼 수도 있을 것이다.

앞의 사료 Ⅴ-⑤에서의 ⓐ와 ⓑ는 가라국의 公服制와 관련하여 주목할 수 있는 부분이다. 설명의 편의를 위해 관련 부분을 다시 적기한다.

> 신라가 처음 왕녀를 보낼 때, 100인을 같이 보내어 女從으로 삼았다. 加羅는 그들을 받아서 여러 縣에 나누어 두고 그들에게는 新羅의 衣冠을 입게 하였다. 阿利斯等은 그들이 옷을 바꾸어 입은 것에 노하여 사신을 보내 불러들였다.[43]

---

42) 『三國史記』卷33, 雜志2 色服條, "人有上下 位有尊卑 名例不同 衣服亦異 (중략) 敢率舊章 以申明命 苟或故犯 國有常刑". 이 구절은 興德王 9年(834)에 풍속이 각박해 지고, 백성들이 사치·호화를 일삼자 왕이 내린 下敎의 일부분이다. 본서에서 논하고자 하는 시기와는 시기 차가 있지만 고대인들의 신분과 의복에 대한 생각이 잘 담겨져 있다고 생각되어 인용한다.

43) 『日本書紀』卷17, 繼體 23年(529) 3月 是月條, "新羅初送女時 幷遣百人 爲女從 受而散置諸縣 令着新羅衣冠 阿利斯等 嗔其變服 遣使徵還".

이 사건에 대해서 논란이 되는 부분은 신라왕녀를 따라온 100인이 어떤 옷을 어떤 옷으로 變服한 것인가의 문제였다. 末松保和는 신라 옷을 가야 옷으로 變服하였다고 한 반면,[44] 池內宏 등[45]은 신라 옷을 固守한 것이라고 하였다. 武田幸男은 가야 옷을 신라 옷으로 변복한 것이라 하고 해당 문구를 補足하여([ ]부분이 氏의 補足부분) 다음과 같이 해석하였다.

> 新羅는 처음에 [加羅에] 女를 보낼 때에, 100인을 아울러 보내 女의 從者로 삼았다. [加羅측에서는 女의 從者들을] 받아들여, 諸縣에 散置하였다. 新羅의 衣冠을 입도록 하였다. 阿利斯等은 그 복장을 바꾼 것에 화를 내어 使臣을 보내어 [女의 從者들을] 徵還시켰다.[46]

武田의 해석은 다분히 법흥왕 7년(520) 실시된 신라의 공복제도 제정[47]을 염두에 둔 것인데, 原文의 문맥과는 많은 차이가 있어 그대로 따르기 어렵다.

'令着新羅衣冠' 부분의 주어는 앞 문장 '受而散置諸縣'과 동일하다. 따라서 '令着新羅衣冠'의 주어도 加羅國으로 보아야 한다. 加羅國은 신라왕녀가 加羅國에 시집올 때 따라온 신라인 100인을 加羅國의 여러 縣에 나누어 살게 하였으며, 또한 그들은 신라의 의관을 착용하게 하였다. 그런데 그들이 옷을 바꾸어 입은 까닭에 (가라의)阿利斯等은 震怒하고 있다. 變服에 대해서 阿利斯等은 왜 화를 냈을까하는 문제는 할애를 하고 여기서 주목해 볼 점은 變服의 문제가 중요한 정치적

---

44) 末松保和, 앞의 책, 132쪽.

45) 池內宏, 『日本上代史の一研究』, 中央公論美術出版, 1947, 253~254쪽 ; 坂本太郎 등 校注, 『日本書紀』 下, 岩波書店, 1965, 548쪽의 補注 25.

46) 武田幸男, 「新羅·法興王代の律令と衣冠制」, 『古代朝鮮と日本』朝鮮史研究會編, 龍溪書舍, 1974, 97~98쪽.

47) 『三國史記』 卷4, 新羅本紀4 法興王 7年(520) 春正月條, "頒示律令 始制百官公服 朱紫之秩".

시빗거리가 되었다는 점이다. 이는 가라국에서도 공복제가 실시되고 있었다는 점을 시사해 준다.

이때의 여종들은 단순한 노비가 아니라 신라 公服제도상의 복식을 입을 수 있었다는 점에서 일정한 관직을 가지는 공식적인 신라왕실 내의 호위병 및 侍從이었을 것인데,[48] 이들이 加羅國에 와서 어떠한 복색을 따르느냐는 고대인들의 관념으로서는 중요한 것이었다. 加羅國도 新羅와 같이 공복제도가 실시되고 있었기 때문에 변복의 문제가 쟁점화 되었을 것이다.

신라는 법흥왕대(514~540)의 비약적 발전을 바탕으로 王 4년에 兵部를 설치하고, 7년에는 律令을 반포하고, 8년에는 중국의 南朝 梁에 遣使하고, 12년에는 지금의 尙州인 沙伐州에 軍主를 두고, 14년에는 佛敎를 공인하는 등 대대적인 제도 정비를 행하였다. 공복제의 실시는 왕 7년(520)에 반포한 율령의 한 부분이었다.

加羅國의 公服制 실시가 新羅의 영향으로 인한 것인지에 대해서는 적극적 추정이 어렵지만, 新羅와의 결혼동맹을 맺은 시기가 신라 율령 시행 2년 후라는 점은 그 가능성을 높게 한다. 그 이전부터 원시적 형태의 공복제가 존재했을 가능성을 생각하더라도 522년 신라와의 관계는 자신들이 갖고 있던 기존 제도를 재정비하는 계기가 되었을 것임은 짐작할 수 있다. 이른바 변복사건도 이러한 제도의 정비과정에서 빚은 정치적 갈등의 한 모습이라 할 수 있을 것이다.

공복제는 신분에 따라 복색 등을 달리하는 것이므로, 이는 곧 신분제와 관등제의 실시도 아울러 이루어졌음을 미루어 짐작할 수 있는 것이다.

3. 대외교섭

---

48) 金泰植, 앞의 책, 193쪽.

對外關係가 일반적으로 한 국가의 다른 국가들과의 관계를 총칭하는 말이며, 역사적으로 볼 때 국가간의 관계는 대립·투쟁관계와 우호·교섭관계의 둘로 크게 나누어 볼 수 있다면,[49] 對外交涉은 후자의 범주에 속한다고 볼 수 있다. 즉, 對外交涉이란 한 정치집단이 다른 정치집단과의 관계 속에서 전쟁과 같은 적대적 대립 상황을 제외한 통상적 우호관계를 말한다. 평화적 관계 추구를 위한 외교 활동이나, 경제적 이익 추구를 위한 교역 등이 교섭의 주요 내용이 될 것이다.

그런데 전쟁과 같은 대립 상황도 일반적으로 평화적 관계의 限界에서 말미암는다는 점에서 양자는 연속성과 인과성을 가진다. 따라서 연속성과 인과성을 바탕으로 한 총체적 파악이 사적 고찰의 목표라는 점을 생각한다면, 대외관계와 교섭을 분리시켜 고찰할 필요성이 그다지 찾아지지 않는다. 다만 전쟁과 같은 대립 상황이 양자, 혹은 복수 집단 간의 특수 상황이라면, 교섭은 통상적이면서도 일상적 상황이라는 점에서 한 정치집단의 통상적·일상적 특질을 잘 반영해 주는 것이 그 집단의 대외교섭이란 점에서 별도 고찰의 의의는 있다.

그런데 문헌학의 경우 집단간의 대외교섭관계를 고찰함에 있어서 어려움이 많다. 그것은 연구의 자료로 활용하는 문헌이 대부분 양 집단간의 특수상황을 기록으로 남길 뿐, 일반적이면서도 통상적 관계에 대한 기록은 그다지 남기지 않는 특성 때문이다.

이런 이유 때문인지 문헌학에서 '가야 대외교섭사'란 제목으로 발표된 기존의 글은 거의 찾아 볼 수 없고 대부분 대외관계사란 제목 속에서 연구가 진행되었다.

가야 대외관계사 연구는 가야를 주체로 한 연구와 관계의 상대국으로서 고찰된 경우로 나누어 볼 수 있다. 전자의 경우, 對倭(日本)관계사가 주류를 이루었지만,[50] 최근에는 주변 제국을 아우르는 관계사 연

---

49) 李文基, 「大伽耶의 對外關係」, 『加耶史硏究』, 慶尙北道, 1995, 193쪽.
50) 金廷鶴, 『任那と日本』, 小學館 1977 ; 李永植, 『加耶諸國と任那日本府』, 吉

구가 진행되고 있다.[51] 후자의 경우도 중국 및 한반도 삼국(고구려·
백제·신라)과의 관계 상대국으로 고찰된 것[52] 보다는 所謂 任那日本
府 문제와 관련하여 일본의 관계 상대국으로서의 연구가 주류를 이루
며 그 결과 연구성과의 양적인 면에서도 상당한 축적이 이루어져 왔
다. 특히 所謂 任那日本府說이 어느 정도 극복된 단계에서도 일본 고
대국가성립의 문제와 관련하여, 혹은 이른바 '동아시아적 시각 속에서
의 일본사 추구'라는 1970년대 이후 일본 사학계 내에서의 분위기와
관련하여 가야사는 일본 고대사학계 내에서 계속적인 관심의 대상이
되어 왔다.[53]

　그런데 기존 가야사 연구의 경우, 사료 자체가 가야의 내부적 발전
과정을 보여주는 예는 거의 없고 대부분이 주변 여러 나라들과의 관계
를 전하는 것이기 때문에, 그 대부분이 대외관계를 중심축으로 삼아
이루어졌다는 지적[54]은 올바른 것으로 생각된다. 그러나 기존의 연구

　　弘文館, 1993 ; 高寬敏, 『古代朝鮮諸國と倭國』, 雄山閣出版, 1997 ; 延敏洙,
　　『고대한일관계사』, 혜안, 1998.

51)　田中俊明, 「加耶をめぐる國際環境」, 『アジアからみた古代日本』(新版[古代
　　の日本) 2, 角川書店, 1992 ; 金鉉球, 「4세기 가야와 백제·야마토왜의 관계」,
　　『韓國古代史論叢』 6, 한국고대사회연구소, 1994 ; 李文基, 「大伽耶의 對外關
　　係」, 『加耶史研究-대가야의 政治와 文化-』, 慶尙北道, 1995 ; 白承忠, 「문헌
　　에서 본 가야·삼국과 왜」, 『韓國民族文化』 12, 부산대학교 한국민족문화연
　　구소, 1998.

52)　李永植, 「百濟의 加耶進出過程」, 『韓國古代史論叢』 7, 1995 ; 金泰植, 「百濟
　　의 加耶地域 關係史 : 交涉과 征服」, 『百濟의 中央과 地方』, 忠南大學校百
　　濟硏究所, 1997.

53)　井上秀雄, 『任那日本府と倭』, 東出版, 1973 ; 鬼頭淸明, 『日本古代國家の形
　　成と東アジア』, 校倉書房, 1976 ; 坂元義種, 『古代東アジアの日本と朝鮮』,
　　吉川弘文館, 1978 ; 鈴木靖民, 『古代對外關係史の硏究』, 吉川弘文館, 1985
　　; 山尾幸久, 『古代の日朝關係』, 塙書房, 1989 ; 鈴木英夫, 『古代の倭國と朝
　　鮮諸國』, 靑木書店, 1996 ; 李成市, 『古代東アジアの民族と國家』, 岩波書店,
　　1998.

54)　李文基, 앞의 논문, 194쪽.

성과를 바탕으로 재정리할 필요성은 있는 것이며, 그러한 정리를 바탕으로 새로운 연구의 地平座標를 구하는 길이 열릴 것으로 생각한다.

본절에서 주목하고자 하는 점은 크게 3가지이다. 첫째는 가야의 대외교섭을 특징짓는 가장 중요한 요소가 가야를 둘러싼 국제환경이라는 점에 주목하여, 그 변화 양상을 시기별로 살펴보았다. 小國단계부터 살펴보았는데, 이는 대외교섭의 특징과 성격을 체계적으로 이해하기 위해서이다. 둘째는 대외교섭을 담당했던 사람들에 주목하였다. 그들의 역할과 함께 소속 사회에서의 위치 등을 고찰해 보았다. 셋째는, 대외교섭 담당자들의 변화양상을 국가발달과정과 연계시켜 고찰해 보았다. 고대사회에서의 대외교섭은 물자교류라는 단순한 차원을 넘어 문화변천의 주요변수임과 동시에 정치권력의 성장과도 깊은 관계가 있다. 이 점에 착안하여, 그를 담당한 사람들의 분화과정을 국가형성과정의 한 현상으로 보았다.

1) 국제환경과 대외교섭의 전개

한 사회의 대외교섭은 그 사회가 내부적으로 가지고 있는 정치·사회·경제·문화적인 제반 양상과 더불어 그 사회의 주변 정세에 의해 규정지어진다. 더구나 가야의 경우 당시 동북아 정세를 주도할 만한 정치적 입장은 아니어서 주변 정세의 변동 여부에 그 交涉像이 좌우되었을 가능성이 높다. 먼저 가야를 둘러싼 국제환경과 함께 대외교섭의 전개과정을 시기별로 서술하고자 한다. 단 필자가 견지하는 가야사의 시기구분법에 따라 나눈 뒤, 대내외적 상황의 추이에 따라 순차적으로 살펴보고자 한다.

(1) 三韓時代의 대외교섭

한반도 남부지역의 韓이 史書上 처음 보이는 곳은 衛滿 세력에 밀려 南奔한 準王이 韓王이 되었다는 기사에서이다(B.C. 194).55) 『史記』
와 『漢書』 朝鮮傳에 보이는 '衆國(혹은 辰國)'56) 중에는 한반도 남부
의 정치세력이 포함되었을 것인데, 그들이 중국 본토와 교섭하려고 하
였으나 衛滿 세력에 의해 방해받고 있음이 사서에 보인다("眞番旁衆
國 欲上書見天子 又擁閼不通"). 이는 漢郡縣 설치 이전에도 한반도
남부 지역과 서북부 지역간의 교섭은 이루어지고 있었음을 보여준다.
그리고 衛滿政權의 수립 후, 중국 본토와의 교섭이 衛滿세력에 의해
방해받고 있다는 점은 그 이전에는 중국 본토와의 교섭이 있었을 가능
성이 높다. 곧, 대중교섭이 위만세력에 의해 통제받던 시기에 한반도
남부 사정은 衆國으로 표현되는 小정치 집단들이 이미 형성되어 있었
다고 보인다.

　漢郡縣 설치 후부터 前漢 武帝 崩年(B.C. 88)까지는 漢이 군현을
통해 동방무역을 장악한 시기로 안정된 체계 속에서 교외교섭이 이루
어지고 있었을 것으로 추측된다. 韓의 입장에서 보면 강화된 통제 속
에서의 안정된 교섭이라는 측면이 있다.

　漢은 (衛滿)朝鮮을 정복한 武帝의 시대(B.C. 141～B.C. 88)를 절정
으로 그 이후 국세가 기울어져 갔다. 이 시기 漢은 燕王 旦의 謀反 등
제후국의 반란, 匈奴, 西南夷 등의 叛으로 인해 급격히 쇠락해 갔으며,

---

55) 『三國志』 韓條, "侯準旣僭號稱王 爲燕亡人衛滿所攻奪 將其左右宮人走入
　　海 居韓地 自號韓王".

56) 漢 武帝 때에 司馬遷에 의해 편찬된, 『史記』 朝鮮傳에는 "眞番旁衆國 欲上
　　書見天子 又擁閼不通"이라 하여 '衆國'으로, 後漢代 班固 편찬의 『漢書』 朝
　　鮮傳에는 "眞番 辰國 欲上書見天子 又擁閼弗通"이라 하여 '辰國'으로 되어
　　있다. 『漢書』의 註에는 "師古曰 辰爲辰韓之國也"라 하여 辰國은 곧 辰韓이
　　라고 하고 있다. 師古의 註는 『三國志』 韓條의 "辰韓者 古之辰國也"라고 한
　　데서 의거한 것으로 보인다. 이 衆國과 辰國의 문제는 그 위치와 성격 등에
　　관한 구구한 설이 많다. 본서는 丁仲煥의 설을 따라 '辰國'이란 單數칭호가
　　아니고 복수칭호로 보아, '辰國'과 '衆國'은 내용에 있어서 동일한 것으로 파
　　악한다. 丁仲煥, 「辰國・三韓 及 加羅의 名稱考」, 『釜山大學校 十周年 記念
　　論文集』, 부산대학교, 1956/『加羅史硏究』, 혜안, 2000, 265쪽.

296

급기야 A.D. 8년에는 황제의 외척(元帝 皇后의 조카) 王莽이 황위를 찬탈하여 新을 건국한다. 新은 15년 만에 망하고, 천하는 다시 혼란에 빠진다. 前漢 武帝가 설치했던 4郡도 漢의 쇠퇴와 함께 축소되어 玄菟·樂浪 이군만 남아 있었지만 현토군은 압록강 상류의 동북측에 위치하여, 한반도에는 낙랑만이 존재하고 있었다. 이 시기 漢은 낙랑에 신경을 쓸 수 없어, 동방정책은 낙랑 자율에 맡겨졌을 가능성이 높다. 특히 왕망의 新 건국 후 後漢 초까지의 전란기에 있어서 낙랑군은 중국과의 관계를 끊고 일시 독립된 상태였다. 이때 韓은 낙랑을 상대로 매우 활발한 교섭을 행하고 있었음이 확인된다. 辰韓 右渠帥 廉斯鑡가 활약하는 때(20~23)가 바로 이 시기이다.

왕망이 죽은 후 2년 뒤인 기원후 25년, 光武帝에 의해 漢은 재건되었다. 이것이 後漢이다. 광무제가 정권을 안정시킨 후에는 중국 세력이 다시 낙랑에 그 영향력을 미쳤다. 建武 8년(32)에는 고구려가 후한에 조공하고, 建武 20년(44)에 韓이 무리를 이끌고 낙랑에 나아가 內附하고,[57] 建武 25년(49)에는 내몽고 동부의 烏桓이 조공하는 등 後漢의 동방 제족이 줄줄이 遣使 入朝하고 있다. 이는 後漢의 동방에 대한 압력이 높아져 갔음을 보여주는 것이다. 멀리 바다 건너 倭도 建武 中元 2년(57) 사자를 後漢의 수도인 洛陽에 보내는 데,[58] 이도 이러한 국제 정세 속에서 나온 행동으로 볼 수 있다. 倭는 前漢 武帝가 朝鮮을 멸한 이후부터 漢과 통하고 있었음으로, 그 중간 길목이 되는 韓과도 최소한 기원전 2세기를 하한으로 하여 그 시기 이후부터는 통교하고 있었음을 알 수 있다.[59]

後漢의 성립 후부터 후한 말까지는 漢의 강력한 통제 속에서 대외

---

57) 『後漢書』 卷1 下 光武帝紀 第1下 建武20年, "東夷韓國人 率衆詣樂浪內附 [東夷有辰韓 卞韓 馬韓 謂之三韓國也]".
58) 『後漢書』 東夷傳 倭條. 福岡市 志賀島에서 발견된 金印('漢委奴國王')으로 서도 倭의 奴國이 漢과 교섭하고 있었음이 확인된다.
59) 『後漢書』 倭條, "自武帝滅朝鮮 使驛通於漢者三十許國".

교섭이 행해지던 시기로 성격 지울 수 있겠다. 이때는 낙랑군과 요동군을 매개로 東夷의 諸族들이 중국 본토와 직접 교섭이 이루어지기도 하였다.60) 蘇馬諟 等이 樂浪에 나아가 貢獻하고, 光武帝로부터 韓廉斯邑君에 봉해지는 때도 이 시기이다.61)

　　그런데 後漢 말이 되면 사정이 달라진다. 桓帝(146～167)·靈帝(167～189) 말기에 韓과 濊가 강성하여 군현이 제어할 수 없어, 많은 (군현의)백성들이 韓國으로 유입되었다는 기사는62) 이를 단적으로 보여준다. 후한 말부터 요동의 공손씨 정권이 韓地에 대한 원활한 장악을 위해 대방군을 설치하기 전까지는 韓 소국들이 독자성을 가지고 대외교섭을 활발히 진행하였던 시기라 할 수 있다. 활발한 대외교섭은 韓 사회 내부 발전이 그 바탕이 되었을 것이다.

　　한편, 후한 말 각 지방 호족과 군벌들이 독자의 세력을 구축하는 정세에서 189년 요동태수가 된 公孫度는 자립하여 遼東侯 平州牧을 칭하고 요동에 자신의 세력권을 구축하였다. 이때에 이미 낙랑군에 대한 영향력을 발휘했던 것으로 보이지만, 보다 적극적인 기지화 정책을 편 것은 公孫康 때였다. 公孫康은 建安中(196～220)에 낙랑군의 둔유현 이남에 대방군을 두고 韓과 濊를 정벌한 다음 통제 하에 두었다.63)

　　대방군 설치 이후 공손씨 정권의 韓地에 대한 대응 방식을 보면 '興兵伐韓濊 舊民稍出' 등과 같이 군사력을 동반하는 적극적인 방식이었음이 유의된다. 이는 역으로 韓濊의 강성이 단순히 樂浪郡을 중심으로 전개되었던 교섭·교역체계와 관련된 것이 아니라 군사적 압박을 통

---

60) 『後漢書』 卷85, 東夷列傳 韓條, "於是 東夷始通上京".
61) 『後漢書』 韓條, "建武二十年 韓人廉斯[廉斯邑名]人蘇馬諟等 詣樂浪貢獻 光武封蘇馬諟爲韓廉斯邑君 使屬樂浪郡 四時朝謁". 이는 光武帝紀 建武 20년조의 기사와 동일한 사건으로 볼 수 있을 것이다.
62) 『三國志』 韓條, "桓靈之末 韓濊彊盛 郡縣不能制 民多流入韓國".
63) 『三國志』 韓條, "建安中 公孫康分屯有縣以南荒地爲帶方郡 遣公孫模張敞 等收集遺民 興兵伐韓濊 舊民稍出 是後倭韓遂屬帶方".

하여 郡縣의 영역을 잠식하는 상황으로 전개되었음을 시사한다.[64]

公孫氏 정권은 景初 2년(238), 魏의 太尉司馬宣王에 의해 토벌되고 낙랑, 대방 2군도 魏의 관할 하에 들어간다. 이후 魏의 韓地에 대한 정책은 신지들에게 읍군의 인수를 주는 등 유화적이었으며, 韓人들도 조공 무역을 통한 교섭을 행하고 있었던 것으로 보인다.[65] 이러한 점은 公孫氏 정권의 對韓 정책과는 비교된다.

그런데 郡의 部從事吳林이 辰韓 8國을 낙랑에 편입시키려는 것에 대해 韓의 신지들이 반발하여 마침내 韓과 2郡과의 전쟁으로까지 비화된다.[66] 이 전쟁으로 인해 한 사회 내부는 크게 변화되어 이전의 소국 병립 상태를 벗어나 大國 중심의 결합이 가속화되었다. 즉 지역연맹체의 등장이다. 이 시기를 弁韓社會에서 加羅社會로의 이행기로 생각한다.[67]

(2) 前期 加耶의 대외교섭

3세기 중엽 이후 동아시아 국제질서는 급변기라고 할 수 있다. 중국은 東晉과 5胡 16國으로 분열된 극심한 혼란기였다. 따라서 그들의 동방정책은 적극적일 수는 없었다. 이는 상대적으로 중국 동북부지역과 한반도 제국의 역관계에 의해 가야 주변의 국제환경이 조성되어간 시

---

64) 林起煥, 「3세기~4세기초 魏·晉의 동방정책-낙랑군·대방군을 중심으로-」, 『역사와 현실』36, 2000, 7쪽.

65) 『三國志』韓條, "景初中 明帝密遣 帶方太守劉昕 樂浪太守鮮于嗣 越海定二郡 諸韓國臣智加賜邑君印綬 其次與邑長. 其俗好衣幘 下戶詣郡朝謁 皆假衣幘 自服印綬衣幘 千有餘人".

66) 『三國志』韓條, "部從事吳林 以樂浪本統韓國 分割辰韓八國 以與樂浪 吏譯轉有異同 臣智激韓忿 攻帶方郡崎離營 時太守弓遵 樂浪太守劉茂 興兵伐之 遵戰死 二郡遂滅韓".

67) 白承玉, 「3~5세기의 加耶南部諸國-'변한'에서 '가라'로의 변화와 고구려 南征을 중심으로-」, 『加耶文化遺蹟 調査 및 整備計劃』, 경상북도·가야대학교 부설 가야문화연구소, 1998, 129쪽 ; 본서의 3장 1절 참조.

기라고 볼 수 있다.

245년 二郡(樂浪·帶方)과의 전쟁 결과,『三國志』의 찬자 陳壽는 '韓滅'로 표현했지만 이는 中國측 입장에서의 滅일 뿐이고, 韓측에서 보면 滅이 아니라 새로운 도약을 의미하는 것이다.[68] 중국에서는 266년 魏가 亡하고 晉이 들어서는데, 東夷諸族이 晉과 통교하는 기사는 『晉書』에 보이고 있다. 그런데 삼한 가운데 마한과 진한의 경우는 晉과 활발히 교섭하고 있는 모습이 보이지만,[69] 변한은 보이지 않는다. 변한의 경우, 진한에 포함되어 있다고 보는 견해[70]도 있으나, 이는『晉書』四夷列傳(東夷列傳)의 편찬 특성을 고려해 볼 때, 달리 생각해 볼 바도 있다고 생각한다.

『晉書』의 東夷列傳은 唐代의 世界觀의 영향을 받아 체제나 형식에 있어서는 四夷列傳으로 체계화되었으나, 서술의 구체적 내용은 대체로『三國志』와『後漢書』의 내용을 축약하고 晉과의 통교사실만 추가되었다.[71] 이 점을 고려하면『三國志』와『後漢書』에 각각 구분하여 쓰고 있는 진한과 변한을 晉代에 혼용하였다고 보기보다는 이 시기 변한은 晉과 통교하지 않았다고 보는 것이 옳을 것이다.

그러면 이 시기 弁韓이[72] 晉과 통교하지 않은 이유는 무엇이었을까. 이 질문에 대한 답변을 구하기 위해서는 3세기 중·후엽 변한지역에서 주도권을 잡는 새로운 정치집단의 성격에 주목해 볼 필요가 있다. 문헌상에는 보이지 않지만, 이들은 곧 대성동고분군을 축조했던 집단이다. 대성동고분군을 축조했던 집단은 전기가야를 주도한 南加羅의 지

---

68) 白承玉, 앞의 논문, 128~129쪽.

69) 辰韓지역이 晉과 교섭하고 있었음을 보여주는 실물 자료로서는 慶北 迎日郡 新光面 馬助里에서 출토된, "晉率善穢佰長"銅印이 있다. 梅原末治,「晉率善 穢佰長 銅印」,『考古美術』8-1, 1967, 2쪽.

70) 宣石悅,「3세기 後半 弁·辰 勢力圈의 變化」,『加羅文化』13, 1996, 87쪽.

71) 國史編纂委員會,『中國正史 朝鮮傳 譯註 一』, 1987, 322쪽.

72) 이때는 南加羅가 성립한 후로 생각되므로, 南加羅가 그 중심지였을 것이다.

300

배층으로 보아 틀림없을 것이다. 그런데 그들은 무덤에서 보이는 遺物像으로 보아 북방적 문화요소를 지닌 집단이다.73) 그러한 현상이 북방계가 남하하여 지배집단을 이룬 결과인지, 아니면 기존의 선주집단이 북방계와의 교섭 속에서 나타난 결과인지에 대해서는 속단할 수 없다.74) 다만 당시 南加羅의 지배집단이 북방계와 관계가 있었다는 점은 명확하다. 이 점은 당시 북방유목민들과 대립·경쟁상태에 있던 晉과 3세기 중·후엽 김해 중심의 가야집단(南加羅)이 통교하지 않은 이유로서 설명 가능하다.

『晉書』가 東夷列傳을 편찬할 때 자국과 경쟁·대립 관계에 있었던 國은 입전에서 제외시켰다는 점은 고구려가 입전되어 있지 않은 점에서도 엿볼 수 있다. 고구려의 세력이나 역할로 보아 당연히 입전되어야 할 것이지만 당시 고구려는 晉과 대립·경쟁 상태에 있었던 까닭에 입전되지 않았던 것이다.

중국의 동방교섭 거점이었던 樂浪·帶方二郡이 고구려에 접수되고 난 뒤부터 고구려군 남정때까지 가야지역의 대외교섭 상황은 2주갑 인하한 『日本書紀』의 神功紀 46(366)~49(369)년조 기사를 통해서 엿볼 수 있다. 이들 기사는 종래 倭의 任那지배의 시원으로서, 혹은 백제의 가야지역 진출과 관련하여 검토되어 왔다.

이 기사 속에는 백제와 왜가 통교함에 있어 가야의 一國인 卓淳이 양국을 중개하는 역할을 맡고 있다. 백제가 왜와 쉽게 통할 수 있어야 한다는 점에서 탁순의 위치를 남해안에 인접한 창원에서 구하는 견해가 있으나 따를 수 없다.75)

---

73) 慶星大學校博物館, 『金海大成洞古墳群Ⅰ』, 2000 ; 『金海大成洞古墳群Ⅱ』, 2000.

74) 申敬澈은 부여족이 남하하여 기존세력을 정복하고, 南加羅(金官伽耶)의 지배층을 형성한 것으로 보고 있다. 申敬澈, 「金官加耶의 成立과 對外關係」, 『伽耶와 東아시아』, 金海市, 1992 ; 「金海大成洞·東萊福泉洞古墳群 點描-官加耶 이해의 一端-」, 『釜大史學』 19, 1995.

倭의 對한반도 교섭 목적은 전통적으로 鐵을 비롯한 선진문물의 도입이었다. 철은 주로 가야지역과 백제를[76] 통해서였고, 그 외 선진문물은 가야·백제를 비롯하여 중국 군현과 본토로부터였다. 그런데 고구려의 낙랑·대방고지의 장악으로 인해 중국과의 통교가 차단되어 선진문물의 구입처를 전통적 우호국인 가야와 백제로 한정할 수밖에 없었다. 그런데 백제와의 교섭에 있어서 400년 이상의 전통적 통로인 서해연안이 帶方故地를 장악한 고구려로부터 방해받게 되자 새로운 통로를 개척할 필요성이 있었던 것이다.

대방고지가 현 황해도 일대라 할 때 한성 백제의 對外 海路는 고구려에 의해 심각한 방해를 받았을 것으로 생각된다. 서해안의 해류는 힘들이지 않고 전라도 지역 해안까지 남하할 수 있어 대방고지를 장악한 고구려는 백제 해안의 상당 부분을 장악할 수 있었을 것이다.

卓淳의 위치와 이 시기 가야지역의 對外交涉像은 이러한 국제정세 속에서 고찰되어야 한다. 탁순의 위치는 내륙 쪽에서 전략적 요충지이면서 한성 백제와 통할 수 있는 지역이어야 한다. 대구지역은 바로 이러한 요건을 충족시켜주는 지역이다.

백제의 경우는 고구려와의 결전을 위해 후방 지역에 대한 안전성이 담보되어야 했다. 371년 고구려와의 결전을 위해 倭를 포함해 가야와의 교섭을 통해 그 배후를 튼튼히 하려는 의도에서 나온 행동이『日本

---

75) 今西龍의 견해를 발전적으로 계승한 金泰植의 견해가 대표적이다(金泰植, 『加耶聯盟史』, 一潮閣, 1993). 이 설에 대한 문제점은 李熙濬과 白承玉에 의해 지적된 바 있다(李熙濬, 「토기로 본 大伽耶의 圈과 그 변천」, 『加耶史硏究-대가야의 政治와 文化-』, 慶尙北道, 1995 ; 白承玉, 「'卓淳'의 位置와 性格-『日本書紀』관계기사 검토를 중심으로-」, 『釜大史學』19, 1995).

76)『日本書紀』卷9, 神功 攝政 52年 秋9月條, "久氐等從千熊長彦詣之 則獻七枝刀一口·七子鏡一面 及種種重寶 仍啓曰 臣國以西有水 源出自谷那鐵山 其邈七日行之不及 當飮是水 便取是山鐵 以永奉聖朝 乃謂孫枕流王曰 今我所通 海東貴國 是天所啓 是以 垂天恩 割海西而賜我 由是 國基永固 汝當善脩和好 聚斂土物 奉貢不絶 雖死何恨 自是後 每年相續朝貢焉".

書紀』의 神功紀에 왜곡·윤색된 형태로 남아 있는 것이다. 神功紀 46, 49년조의 기사는 백제와 왜 모두의 교섭 필요성에 의해 이루어진 것이며, 가야지역은 그 중개지로서 역할을 하면서 자기이익 추구를 했던 것이다. 고령의 加羅國이 후기가야의 강대국으로 부상하는 기반도 이러한 국제적 배경에서 구해야 할 것이다.

고구려는 4세기 전반 樂浪·帶方故地를 확보하는 성과를 거두었지만 성장과 팽창 일변도의 시기만은 아니었다. 342년에는 前燕에게 수도 丸都를 함락당하고, 371년 대백제전에서 故國原王이 戰死하는 쓰라린 패배를 맛보기도 하였다. 그러나 소수림왕대에는 내부체제를 정비하고, 광개토왕·장수왕대에는 이를 바탕으로 대외적인 재도약을 이룩하게 된다. 4세기대 고구려사는 흔히 성공에 이은 좌절 또는 西進 실패에 따른 南進으로의 선회로 설명하기도 한다.[77]

400년 고구려 광개토왕군의 남정 이후 가야지역에서는 세력 재편이 진행되어 가고, 각지에서는 기존 세력을 바탕으로 독립국들이 지역색을 보이기 시작한다. 이 시기 정국의 구도는 신라를 부용화한 고구려와, 백제·가야·倭를 한편으로 하는 것이었다. 고구려는 현 경북 북부 지역과 경상남도 일부 지역에 그들의 군사거점을 두기까지 하였다. 이 시기 특징 중의 하나는 김해 남가라국이 기존의 역할, 즉 대외교섭 센터로서의 기능을 상실하였다는 점이다.

倭는 266년의 견사를 끝으로 단절되었던 중국과의 관계를 413년에 재개한다.[78] 무려 150여 년간이나 중국과의 국교가 단절되어 있었는데, 이는 왜와 중국과의 관계를 중개하고 있었던 낙랑·대방군의 몰락과 그들을 멸망시킨 고구려의 방해 때문이었을 것이다.[79]

---

77) 4세기 대 국제질서와 고구려의 대외정책에 대해서는 余昊奎, 「4세기 동아시아 국제질서와 고구려 대외정책의 변화-對前燕關係를 중심으로-」, 『역사와 현실』 36, 2000, 35~70쪽 참조.

78) 栗原朋信, 『上代日本對外關係の研究』, 吉川弘文館, 1978, 134~136쪽.

79) 金鉉球, 「가야의 대외관계」, 『한국사』 7, 국사편찬위원회, 1997, 381쪽.

⑶ 後期 加耶의 대외교섭

　5세기 중엽 이후 가야지역의 사정은 고령의 加羅國이 획기적 발전을 구가하는 시기임과 동시에, 가야를 둘러싼 주위의 백제와 신라가 가야로의 적극적 진출을 시도 한 때이다. 고구려는 427년 환도성에서 평양으로 수도를 옮긴 후 475년 한성을 공격하여 함락시킨다. 이러한 고구려의 남진책에 대해 신라와 백제는 433년 이른바 羅・濟동맹을 결성한다. 고령 加羅國의 급격한 성장은 이러한 주위 정세와 무관하지 않았을 것이다. 加羅國은 주변 가야제국으로 진출하여 가야의 결속을 위해 노력하였다. 479년 중국 남제와의 교섭은 加羅國 성장의 증거이다.[80]

　고구려는 495년 百濟 雉壤城 戰鬪를[81] 전후해서 주 공격대상을 신라에서 백제로 돌리게 된다. 이때를 틈타 신라는 백제와의 약속 이행을 소홀히 하면서 내부기반 다지기에 진력한다. 즉 羅・濟同盟이 유효한 기간이었지만 502, 507, 512, 523, 529년에[82] 각각 고구려가 백제를 공격하지만 신라는 백제에 원군을 전혀 보내지 않고 있다.

　6세기전엽 고구려는 내분이 이어졌으며,[83] 대외적으로는 東魏를 계승한 北齊와 활기찬 팽창세를 보이는 突厥로 인해 중대한 압박을 받게 되었다. 고구려와 비록 부용적 관계라 할지라도 인질 등을 통해서 이러한 정세를 일찍부터 읽은 신라는 가야로의 진출을 개시하였다. 漢江유역에서 백제에 대한 힘의 우위를 확인한 뒤에는 洛東江 以西로의 進出도 감행했던 것이다.[84]

---

80) 『南齊書』卷58, 列傳39 東夷傳, “加羅國 三韓種也 建元元年 國王荷知使來獻 詔曰 量廣始登 遠夷洽化 加羅王荷知 款關海外 奉贄東遷 可授輔國將軍 本國王”.

81) 『三國史記』卷3, 新羅本紀3 照知麻立干 17年(495) 8月條 ; 卷26, 百濟本紀4 東城王 17年(495) 8月條 ; 卷19, 高句麗本紀7 文咨王 4年(495) 8月條.

82) 『三國史記』卷26, 百濟本紀4 武寧王 2年(502) 11月條, 7年 10月條, 12年 9月條와 聖王 1年(523)條, 7年 10月條.

83) 『日本書紀』卷17, 繼體 25年(531)條. 卷19, 欽明 6年(544)條.

304

백제는 4세기 중엽 이후 비록 정치적 상하예속관계는 아닐지라도 洛東江 以西 加耶諸國에 대해 기득권을 유지하고 있었다. 이러한 상황에서 신라의 西進은 백제와의 마찰을 불가피하게 하였다.

백제는 加耶諸地에 대한 기득권을 포기할 수는 없었지만, 적극적 대처는 신라와의 마찰을 초래하기 때문에 가야와 倭를 앞장세워 신라에 대응케 하고, 자신은 배후에서 조정만 함으로써 소기의 목적을 달성하려 했던 것 같다.[85] 이러한 점은『日本書紀』欽明紀 5년(544) 11월조에 보이는 任那復興을 위한 百濟聖王의 세 가지 계책을 통해서도 알 수 있다.

백제는 513년 加羅와 경쟁하여 섬진강 하구 유역을 차지하고,[86] 531년에는 그들의 군대를 安羅에 진주시켰다.[87] 加羅가 新羅에 청혼하여 결혼동맹을 맺은 것도[88] 이러한 백제의 가야 잠식 때문이었을 것이다. 그러나 신라의 가야지역으로의 진출 야욕도 백제 못지 않았다. 新羅는 529년 이전에 이미 김해의 南加羅를 점령하고 남부가야 지역에서 百濟와 대치하고 있는 상황이었다. 기록에 보이는 532년의 南加羅 항복은 이미 복속시킨 지역의 왕족에 대한 新羅의 우대 정책이 실시된 모습을 전하는 것으로 해석할 수 있을 것이다. 이는 이 시기 新羅가 가야 지역을 두고 백제와 대치한 상황에서 나온 정책인데, 이후 많은 효과

---

84)『三國史記』卷4, 新羅本紀 眞興王 14年(553), 15年 7月條

85) 白承玉,「新羅·百濟 각축기의 比斯伐加耶」,『釜大史學』15·16, 1992, 311
　　~312쪽.

86)『日本書紀』卷17, 繼體天皇 7年(513)條, "冬十一月辛亥朔乙卯 於朝廷 引列
　　百濟姐彌文貴將軍 斯羅汶得至 安羅辛巳奚及賁巴委佐 伴跛旣殿奚及竹汶
　　至等 奉宣恩勅 以己汶滯沙 賜百濟國 是月 伴跛國 遣戢支獻珍寶 乞己汶之
　　地 而終不賜".

87)『日本書紀』卷17, 繼體 25年(531) 12月條, "[取百濟本記爲文 其文云 太歲辛
　　亥三月 軍進至于安羅 營乞乇城]".

88)『三國史記』卷4, 新羅本紀4 法興王 9年(522) 春三月條, "加耶國王 遣使請婚
　　王以伊湌比助夫之妹 送之".

를 보고 있다.

이 시기 고령의 加羅國은 529년 결혼동맹 결렬[89] 이후 신라와도 대립적 상황이었으며, 섬진강 유역을 둘러싼 쟁탈전 이후 백제와도 우호적이지는 않았다. 남부 가야지역에서는 安羅國이, 북부 가야지역에서는 加羅國이 중심이 되긴 했으나 가야제국은 전체적 통합을 이루지 못한 채 각각 분리되어 있었다. 이들은 이미 신라에 복속된 가야 지역을 회복하기 위한 부흥회의에 참여는 하고 있지만 수동적이었다. 이러한 상황 속에서 가야제국은 멸망되고 마는 것이다.

2) 대외교섭 담당자들의 성격변화

『三國志』魏書 東夷傳 韓條 弁辰記事에는 "國出鐵 韓濊倭皆從取之 諸市買皆用鐵 如中國用錢 又以供給二郡"이라는 유명한 기사가 있다. 이는 변진(변한)에는 철이 많이 생산되었으며, 이 철을 매개로 교역을 행했으며, 그 대상은 주변의 마한은 물론 중국의 군현과 바다 건너 倭에까지 미쳤음을 보여 주고 있다.

기존의 연구들에서는 이 구절을 바탕으로 변한의 주요 생산 기반이 철을 바탕으로 한 교역에 있었음을 논해 왔다.

위의 구절에서 한 걸음 더 나아가 생각해 볼 수 있는 것은 물건을 사고 파는 장소로서의 市場과 그것을 관리하는 담당자 및 기관의 존재를 상정해 볼 수 있다. 市場이란 어떠한 商業的 財貨 交換을 전제로 하고, 그것이 계속적으로 행해질 수 있는 공간을 확보한 다음, 그것을 운영해 나가는 것이라고 할 수 있다. 그런데 고대사회일수록 이러한 시장이 약탈이나 부정의 개입을 막을 수 있는 장치가 필수적이었을 것이다. 변한과 가야의 경우 원거리 무역이 활발했던 만큼, 國의 차원에서 시장관리가 이루어졌을 것임은 쉽게 짐작할 수 있다.

---

89) 『日本書紀』 卷17, 繼體 23年(529) 3月條.

306

그리고 중국 郡縣과 倭 등과 같이 각기 다른 언어를 사용하는 지역
과의 교섭을 위해서는 통역자가 필요했을 것이다. 통역의 경우 단순히
언어의 소통뿐만 아니라 상대의 문화 습속에 대해서도 해박해야 하는
만큼 엘리트계층이었을 것이다.

  V-⑥ : 부종사 오림은 낙랑이 본래 한국을 통할했다는 이유로, 진한
    의 8개국을 분할하여 낙랑에 주려고 하였다. 이때 통역을 담당하는
    관리가 말을 옮기는 도중에 같고 다름이 있어 신지가 한인들을 격
    분시켜 대방군의 기리영을 공격케 하였다. 이때 (대방태수 : 인용
    자)궁준과 낙랑태수 유무가 군사를 일으켜 그들을 토벌하였다. 궁
    준은 전사하였으나 이군은 마침내 한을 멸망시켰다.[90]

  여기서 주목되는 곳은 吏譯이다.[91] 삼한 사회 전체가 참가하고 二
郡 측도 막대한 피해를 입게 되는 전쟁의 원인이 吏譯의 잘못으로 나
타나 있다. 사료 상에는 이 吏譯이 '轉有異同(말을 옮기는 도중에 같
고 다름이 있어)'했다고 되어 있지만, 통역의 전문가였을 그가 단순한
통역상의 오류를 범했기 때문에 전쟁이 일어났다고는 보기 어렵다.
  이해를 돕기 위하여 帶方郡 설치를 전후한 당시 상황을 살펴보자.
漢四郡 설치 이후 동북아의 질서는 중국의 중화사상에 의해 편성되어
갔다. 이른바 책봉체제이다. 그런데 2세기 후반 중국에는 외민족의 침
입과 공격이 심해지고, 後漢의 靈帝가 죽는 189년에는 朝廷의 환관들

---

90) 『三國志』 韓條, "部從事吳林 以樂浪本統韓國 分割辰韓八國 以與樂浪 吏譯
    轉有異同 臣智激韓忿 攻帶方郡崎離營 時太守弓遵 樂浪太守劉茂 興兵伐之
    遵戰死 二郡遂滅韓".
91) 필자가 吏譯에 관심을 갖게 된 것은 日本人 學者 水野祐가 그의 저작집을
    내면서 기존의 彌生時代란 시대명 대신에 "使譯時代"란 시대명을 씀에 암시
    를 받고 난 이후부터이다. 水野祐, 『通論 日本古代史(Ⅲ)-使譯時代篇-』, 水
    野祐著作集9, 早稻田大學出版部, 1998. "使譯"이란 『三國志』 倭條에 "漢時
    有朝見者 今使譯所通三十國"의 형태로 보인다.

이 袁紹에 의해 대학살되는 사건이 일어나기도 하였다. 그리고 수도 洛陽이 불타는 등 동란의 시대가 시작되었다. 魏·蜀·吳 群雄割據의 이른바 삼국분립의 시대가 시작되었다. 220년 後漢은 멸망하였다. 이러한 어지러움을 틈타 遼東郡의 태수였던 公孫度는 190년 후한으로부터 독립하여 公孫氏가 정권을 세우고 樂浪郡을 그의 지배 하에 넣었다. 그의 아들 公孫康은 3세기초 樂浪郡의 남쪽에 대방군을 新設하고 韓地에 대한 지배체제를 강화했다.

대방군의 신설로 인해 이제까지 낙랑군의 관할하에 있었던 濊·韓·倭 중에서 韓과 倭는 대방군의 관할로 되게 되었다. 公孫氏 정권은 경초 연간(237~239)에 魏의 명제가 보낸 군대에 의해 멸망된다. 이후 魏는 韓地에 대해 무력이나 강압보다는 읍군과 읍장들에게 인수나 의책 등을 주는 회유책을 썼던 것 같다. 이러한 회유책은 韓의 이익에도 맞았는지 위의 사료에서 보이는 전쟁의 시기까지 6~7년 간은 평화로운 관계를 유지했던 것 같다.

여기서 주목해야 할 바는 군현을 매개로 한 경제적 교섭 부분이다. 인수나 의책 등을 받으면서 중국의 책봉체제 하에 들어가는 것은 의제적 관계일 뿐, 실질적인 측면은 경제적 교섭에 있었던 것이다.

이러한 점을 생각한다면 위의 기사에서 진한 8국을 대방군에서 낙랑군으로 재편시키는 이유와 목적도 경제적 교역관계와 연관이 있었을 것으로 봄이 자연스럽다. 특히 二郡은 모두 魏의 하부 군현이므로, 분쟁의 원인은 군현측의 이해 여부보다 韓의 이해관계에서 비롯되었을 것이다.

이러한 상황 속에서 吏譯의 역할을 조명해 보아야 할 것이다. 吏譯은 통역을 담당하는 관리로 보인다. 통역 자체가 중요한 대외교섭의 한 역할이지만, 위 사료 속의 吏譯은 그가 전쟁을 발발시킨 실질적 원인 제공자란 점에서 볼 때, 단지 통역만 담당했을 것으로 보이지는 않는다. 통역자 이상의 중요한 대외교섭 담당자로 보아야 할 것이다. 그런데 위의 사료에 보이는 吏譯이 군현측의 관리였는지, 아니면 韓측의 관리였는지는 명확하지 않다. 다만 어느 측의 吏譯이든지 간에 그 상대자로서의 吏譯의 존재를 상정할 수는 있을 것이다.

다음의 사료는 韓사회에서의 吏譯의 존재를 추구해 볼 수 있게 한다.

V-⑦ : 王莽의 地皇年間(20~22년)에 廉斯金齒가 辰韓의 右渠帥가 되어 낙랑의 토지가 비옥하여 사람들의 생활이 풍요하고, 안락하다는 소식을 듣고 도망가서 항복하기로 작정하였다. (중략) 그리하여 鑡는 戶來를 데리고 출발하여 含資縣으로 갔다. 함자현에서 郡에 연락하자 군은 치를 통역으로 삼아 芩中으로부터 큰배를 타고 진한에 들어가서 호래의 무리를 맞이하여 데려갔다. (중략) 진한 사람 1만 5천 명과 牟[弁]韓布 1만 5천 필을 내어놓았다. 치는 그것을 거두어 가지고 곧바로 돌아갔다. 군에서는 치의 功과 義를 표창하고, 冠幘과 田宅을 주었다. 그의 자손은 여러 대를 지나 安帝 延光 4년(125)에 이르러서는 그(선조의 공)로 인하여 부역을 면제받았다.92)

이 기사에서 辰韓의 右渠帥인 염사치는 원거리를 넘나들면서 혹은 무역의 담당자로서 활약하고 있다. 특히 주목되는 것은 그가 통역자로서 활약하고 있다는 점이다(以鑡爲譯). 또 그는 관책을 받았으며, 그의 후손들까지도 혜택을 받는 특권층으로서 존재하고 있었다. 이 점에서

92) 『三國志』 韓條, "至王莽地皇時 廉斯鑡爲辰韓右渠帥 聞樂浪土地美 人民饒樂 亡欲來降 出其邑落 見田中驅雀男子一人 其語非韓人 問之 男子曰 我等漢人 名戶來 我等輩千五百人伐材木 爲韓所擊得 皆斷髮爲奴 積三年矣 鑡曰 我當降漢樂浪 汝欲去不 戶來曰可 辰鑡因將戶來 來出詣含資縣 縣言郡 郡卽以鑡爲譯 從芩中乘大船入辰韓 逆取戶來降伴輩 尙得千人 其五百人已死 鑡時曉謂辰韓 汝還五百人 若不者 樂浪當遣萬兵 乘船來擊汝 辰韓曰 五百人已死 我當出贖直耳 乃出辰韓萬五千人 牟(弁)韓布萬五千匹 鑡收取直還 郡表鑡功義 賜冠幘田宅 子孫數世 至安帝延光四年時 故受復除".

그는 吏譯의 始原을 보여주는 한 존재였다고 볼 수 있다. 이 점에 동의한다면 우리는 이의 기사에서 吏譯의 존재를 좀더 구체적으로 추구해 볼 수 있다.

우선 그가 '廉斯鑡爲辰韓右渠帥'의 신분이라는 점이다. 여기서 廉斯는 邑名이며,[93] 鑡는 큰치, 한치와 통하는 首長의 의미이다. 즉 한 공동체(정치 집단)의 長이 진한의 우거수가 되었다는 점이다.[94] 이를 참고로 할 때, 吏譯은 한 공동체의 장이면서 연맹체의 대외교섭을 담당했던 관리로 보아도 될 것이다. 즉 吏譯은 통역뿐만 아니라, 무역의 담당자로서 존재했던 것이다.

Ⅴ-⑧ : 音汁伐國과 悉直谷國이 강역을 다투다가 왕에게 와서 판결을 청하였다. 왕이 처리하기 난처하여 말하기를 金官國 首露王이 연로하여 아는 것이 많을 것이다 하고 불러서 물었더니 수로가 의견을 내어 다투던 땅을 음즙벌국에 속하게 하였다. 이때 왕이 6부에 명하여 함께 모여 수로왕을 대접하게 하였다. 5부는 모두 伊湌으로서 주관케하였는데 오직 漢祇部만은 직위가 낮은 자로써 주관케 하였다. 수로가 성을 내어 그의 奴 耽下里를 시켜 한기부의 主 保齊를 죽이게 하고 돌아갔다. 그 노가 도망하여 음즙벌의 主 陁鄒干의 집에 의탁하니 왕이 사람을 시켜 그 노를 찾았으나 타추가 돌려보내지 않았다. 왕이 노하여 군사로 음즙벌국을 치니 그 주가 무리를 데리고 자진 항복하였다. 실직 압독의 두 나라 왕이 항복해 왔다.[95]

---

93) 『後漢書』 韓傳, "建武二十年 韓人廉斯[廉斯邑名]人蘇馬諟等 詣樂浪貢獻 光武封蘇馬諟爲韓廉斯邑君 使屬樂浪郡 四時朝謁".

94) 辰韓右渠帥를 辰韓의 오른쪽에 있는 渠帥, 즉 변한의 거수로 볼 수 있다면 (白承忠, 「弁韓의 成立과 發展」, 『三韓의 社會와 文化』, 韓國古代史硏究會, 1995, 161~162쪽), 그는 한 집단의 長이면서 弁韓의 渠帥인 셈이다.

95) 『三國史記』 卷1, 新羅本紀1 婆娑尼師今 23年 秋8月條, "音汁伐國與悉直谷國爭疆 詣王請決 王難之謂 金官國首露王 年老 多智識 召問之 首露立議 以所爭之地 屬音汁伐國 於是 王命六部 會饗首露王 五部皆以伊湌爲主 唯漢

이 기사는 南加羅國의 首露王이 新羅王의 요청을 받아 音汁伐國과 悉直谷國의 爭疆을 해결해 주는 모습을 그린 것이다. 수로왕이 외교활동을 벌이는 한 모습이라 할 수 있는데, 왕이 직접 나서서 대외교섭을 벌이고 있는 모습이 주목된다. 이때 왕을 수행한 것으로 보이는 ‘耽下里’는 奴로 표현되고 있어 일정한 관직을 가지지 않은 것으로 보인다. 婆娑尼師今 23년(102)의 기록이나 그대로 신빙할 수는 없다.

V-⑨ : 斯摩宿禰를 탁순국[斯摩宿禰는 무슨 姓의 사람인지 모른다]에 보냈다. 이때에 卓淳王 末錦旱岐는 斯摩宿禰에 고하여 말하기를 “甲子年의 칠월 중에 百濟人 久氏와 彌州流, 莫古 3인이 우리 땅에 와서 ‘백제왕은 東方에 日本이라는 貴國이 있다는 것을 듣고, 신들을 보내 그 貴國에 가게 하였습니다. 고로 길을 찾아서 그 나라에 가고자 합니다. 만일 신들에게 길을 가르쳐 통하게 하시면, 우리 왕은 반드시 군왕의 덕으로 생각할 것입니다.’라고 하였다.” (중략) 그래서 斯摩宿禰는 종자인 爾波移와 卓淳人 過古 둘을 百濟國에 보내어 그 왕을 위로하게 하였다. 백제의 肖古王은 기뻐하고 후대하였다. 오색의 綵絹 각 한필, 角弓箭과 아울러 鐵鋌 사십매를 이파이에게 주었다. 또 보물창고의 문을 열어, 각종의 진기한 물건을 보이며 “이 진보가 우리나라에 많이 있다. 貴國에 공상하려 해도 길을 모른다. 뜻은 있어도 따르지 못한다. 그러나 지금 사자에게 부탁하여 공헌하겠다”라고 말하였다. 이때 爾波移는 받아가지고 돌아와 志摩宿禰에게 고하였다. 그리고 卓淳에서 돌아왔다.[96]

祇部 以位卑者主之 首露怒 命奴耽下里 殺漢祇部主保齊而歸 奴逃依音汁伐主陁鄒干家 王使人索其奴 陁鄒不送 王怒 以兵伐音汁伐國 其主與衆自降 悉直 押督二國王來降”.

96) 『日本書紀』卷9, 神功 攝政 46年(246＋120＝366) 春3月條, “遣斯摩宿禰于卓淳國[斯麻宿禰者 不知何姓人也] 於是 卓淳王末錦旱岐 告斯摩宿禰曰 甲子年 七月中 百濟人 久氏・彌州流・莫古三人 到於我土曰 百濟王 聞東方有日本貴國 而遣臣等 令朝其貴國 故求道路 以至于斯土 若能教臣等 令通道路 則我王必深德君王 (중략) 爰斯摩宿禰卽以傔人爾波移與卓淳人過古二人 遣于百濟國慰勞其王 時百濟肖古王 深之歡喜 而厚遇焉 仍以五色綵絹各一

2주갑 인하하면 4세기 후엽에 일어난 사건으로 볼 수 있다. 백제와 倭는 고구려의 대방고지 장악으로 인해 양국간의 전통적 교섭로인 해로를 방해받자 낙동강 수로를 이용한 육로 개척에 나서게 된다. 이에 그 교섭의 중간지점으로서 가야의 일국인 卓淳이 개입하고 있는 사정이다.

이때 교섭 중개인으로서 직접 나서는 이는 卓淳王이지만, 백제에 파견되는 이는 왕이 아니라 '過古'이다. '過古'의 신분을 정확히 알 수는 없지만, 관직명이 冠稱되고 있지 않은 점과, 같이 파견되는 倭人이 傔人(시중드는 하인 : 인명은 爾波移)인 점으로 미루어 보아 조직화된 관료 신분은 아닌 것으로 보인다.

> Ⅴ-⑩ : 신라가 조회를 하지 않았다. 이 해에 襲津彦을 보내어 신라를 치게 하였다[百濟記에는 壬午年에 新羅가 貴國에 奉上하지 않으므로 貴國이 沙至比跪로 하여금 토벌하게 하였다. 신라인은 미녀 2인을 단장시켜 항구에서 마중하여 유혹하였다. 사지비궤는 그 미녀를 받고서는 도리어 加羅國을 쳤다. 加羅國王 己本旱岐 및 그 아들 百久至·阿首至·國沙利·伊羅麻酒·爾汶至 등이 그 인민을 거느리고 百濟로 도망왔다. 百濟는 그들을 후하게 대접하였다. 加羅國王의 여동생 旣殿至가 大倭를 향해 가서 아뢰기를 "天皇은 沙至比跪를 보내서 新羅를 치게 하셨습니다. 그런데 신라의 미녀를 받고는 버려서 치지 않고 오히려 우리나라를 멸망시켰습니다. 형제 인민이 모두 유랑하였습니다. 근심을 이기지 못하여 와서 여쭙니다"라고 하였다. 천황이 크게 노하여 곧 木羅斤資를 보내어 하여금 加羅에 이르러 그 사직을 되돌렸다(하략)].[97]

矼 及角弓箭 幷鐵鋌四十枚 幣爾波移 便復開寶藏 以示諸珍異曰 吾國多有 是珍寶 欲貢貴國 不知道路 有志無從 然猶今付使者 尋貢獻耳 於是 爾波移 奉事而還 告志摩宿禰 便自卓淳還之也".

97) 『日本書紀』卷9, 神功 攝政 62年(262＋120＝382, 262＋180＝442) 春3月條, "新羅不朝 卽年 遣襲津彦擊新羅[百濟記云 壬午年 新羅不奉貴國 貴國遣沙至比跪令討之 新羅人莊飾美女二人 迎誘於津 沙至比跪 受其美女 反伐加羅

倭將 沙至比跪가 新羅의 미녀 작전에 의해 加羅國을 치자, 加羅國王은 왕자들을 이끌고 백제로 피난한다. 백제왕이 후하게 대접했다는 것과 加羅國王의 여동생인 旣殿至가 倭로 가서 실상을 알리자 倭王이 木羅斤資를 보내어 加羅를 구원했다는 내용이다.

『日本書紀』의 찬자가 「百濟記」를 인용한 문구여서 완전한 허구로는 볼 수 없다. 다만 「百濟記」 찬자와 『日本書紀』 찬자에 의한 이중의 윤색이 가해진 것이어서 실상 파악에 주의를 요한다.

여기서 주목하고자 하는 것은 '加羅國王妹旣殿至'이다. 그녀는 국난이 있자 倭에 가서 구원 외교를 벌인다. 비록 여자지만 그녀는 왕의 동생이다. 이 점은 이전 시기 외교 담당자들과는 일정한 차별성이 엿보인다.

이 기사의 연대는 2주갑 인하하여 382년으로 보는 통설과, 신설인 3주갑 인하설(442)이 제기되어 있는데[98] 후자쪽이 보다 자연스럽다. 이 기사에 등장하는 木羅斤資는 新羅토벌 때 그 나라의 여인을 취하여 木滿致를 낳았다.[99] 이 木滿致는 『三國史記』 百濟本記 蓋鹵王 21년(475)조에 보이는 木刕滿致[100]와 동일인으로 보이기 때문이다.

> V-⑪ : 이 해에 紀生磐宿禰는 임나를 점거하여 高麗에 교통하고, 서쪽에서 삼한의 왕이 되려고 하여 관부를 정비하고, 스스로 神聖이

國 加羅國王己本旱岐 及兒百久至·阿首至·國沙利·伊羅麻酒·爾汶至等 將其人民 來奔百濟 百濟厚遇之 加羅國王妹旣殿至 向大倭啓云 天皇遣沙至比跪 以討新羅 而納新羅美女 捨而不討 反滅我國 兄弟人民 皆爲流沈 不任憂思 故以來啓 天皇大怒 卽遣木羅斤資 領兵衆來集加羅 復其社稷 (하략)]".

98) 山尾幸久, 『古代の日朝關係』, 塙選書, 1989, 119~125쪽 ; 田中俊明, 「가야제국의 왕권에 대하여」, 『加耶諸國의 王權』, 신서원, 63쪽. 단 山尾幸久는 神功紀 49년조도 3주갑 인하설을 주장한다.

99) 『日本書紀』 卷10, 應神 25年(294＋180＝474)條.

100) 『三國史記』 卷25, 百濟本紀3 蓋鹵王 21年(475)條, "文周乃與木刕滿致 祖彌桀取(木刕祖彌皆複姓 隋書以木刕爲二姓 未知孰是) 南行焉".

라 칭하였다. 任那佐魯那奇他甲背 등의 계책을 써서 백제의 適莫爾解를 爾林[이림은 고려의 땅이다]에서 죽였으며, 帶山城을 쌓고 동쪽 길을 막아 지켜서 양곡을 운반하는 나루를 차단하여 軍을 굶어 지치게 하였다. 백제왕은 크게 노하여 領軍 古爾解와 內頭 莫古解 등을 파견하여 무리를 이끌고 帶山에 모여 공격하였다. 이에 生磐宿禰는 군대를 내보내 맞받아 쳤는데, 담기가 더욱 왕성해져서 향하는 곳마다 모두 격파하고, 한 사람이 백 사람을 당했다. 그러나 시간이 지나자 병사가 다하고 힘이 지쳐서 일이 성취되지 못함을 알고, 임나로부터 돌아왔다. 그리하여 백제국은 佐魯那奇他甲背 등 300여 명을 죽였다.[101]

이 기사는 상당히 난해한 것으로 紀生磐宿禰의 정체, 爾林과 帶山城의 위치 등 논란이 많은 곳이다. 『日本書紀』찬자가 「百濟本記」를 바탕으로 紀生磐宿禰의 가계전승을 결합시켜 만든 것으로 보인다.

위의 기사에서 주목하고자 하는 곳은 任那人 左魯那奇他甲背이다. 아래의 사료와 같이 고찰해 보자.

Ⅴ-⑫ : 따로 河內直[㉮백제본기에는 河內直과 이나사와 마도로 되어 있다. 그러나 말이 변하는 것이 심하여 올바른 것은 미상이다]에게 말하여, ㉯"옛적부터 지금에 이르기까지는 다만 그대의 나쁜 것만 들어왔다. 그대의 선조들도[백제본기에는, 그대의 선조, 那干陀甲背, 加獵直岐甲背라고 한다. 또 那奇陀甲背 鷹奇岐彌라 한다. 말이 변한 것이 심하여 미상이다], 다같이 흉계를 품고 거짓을 말하였다. 爲哥可君[백제본기에 爲奇岐彌, 이름은 有非岐라 하였다]

---

101) 『日本書紀』卷15, 顯宗3年(487) 是歲條, "是歲 紀生磐宿禰 跨據任那 交通高麗 將西王三韓 整脩官府 自稱神聖 用任那左魯那奇他甲背等計 殺百濟適莫爾解於爾林[爾林高麗地也] 築帶山城距守東道 斷運糧津 令軍飢困 百濟王大怒遣領軍古爾解 內頭莫古解等 率衆趣于帶山攻 於是 生磐宿禰進軍逆擊 膽氣益壯 所向皆破 以一當百 俄而兵盡力竭 知事不濟 自任那歸 由是百濟國 殺左魯那奇他甲背等三百餘人".

314

이 그 말을 믿고 국난을 걱정하지 않았다. 내 뜻에 배반하여 자기 마음대로 포악한 일을 하였다. 이 때문에 쫓겨났다. 주로 그대 때문이다. 그대들이 임나에 와서 살면서 항상 나쁜 짓을 한다. 임나가 나날이 손해를 보는 것은 주로 그대 때문이다.[102]

이 기사는 安羅에 있는 반백제 친신라계 인사인 河內直에게 백제 성왕이 그 잘못을 나무라는 내용이다. 그런데 그 대상은 「百濟本記」에서 말하는 바와 같이 河內直·移那斯·麻都 3인이다(㉮부분). 이들의 잘못이란 반백제적인 외교활동이었다. 그런데 이들의 反 백제적 활동은 그들의 선조인 那干陀甲背 加獵直岐甲背(亦云 那奇陀甲背 鷹奇岐彌) 때부터 시작되었음을 말하고 있다(㉯부분).
那干陀甲背는 위 사료Ⅴ-⑪에 보이는 任那人 左魯那奇他甲背에서의 那奇他甲背와 동일인으로 보인다. 기존 연구들을 바탕으로 위의 사료에 보이는 인물들을 계보화해 보면 다음과 같다.[103]

祖父 : 那干陀甲背 ----- 父 : 加獵直岐甲背(＝鷹奇岐彌) ----- 河
　內直 移那斯 麻都

---

102) 『日本書紀』 卷19, 欽明 5年(544) 2月條, "別謂河內直[㉮百濟本記云 河內直 移那斯 麻都 而語訛未詳其正也] ㉯自昔迄今唯聞汝惡 汝先祖等[百濟本記 云 汝先那干陀甲背 加獵直岐甲背 亦云 那奇陀甲背 鷹奇岐彌 語訛未詳] 俱懷奸僞 誘說 爲哥可君[百濟本記云 爲奇岐彌 名有非岐]專信其言不憂國難 乖背吾心縱肆暴虐 由是見逐 職汝之由 汝等來住任那 恒行不善 任那日損 職汝之由".

103) 白承忠의 연구에 의하면, 河內直은 그의 父인 加獵直岐甲背가 왜로 건너가서 倭女와의 사이에 태어난 인물로서 성인이 되어 '安羅駐在倭臣'으로 활동하게 되고, 移那斯 麻都는 그의 부가 己汶·帶沙의 女와 관계하여 하동군 화개와 적량에서 태어난 인물로 보았다. 移那斯 麻都는 安羅에서 '안라주재 왜신'을 조종하며 반백제, 친신라적 외교정책을 주도한 것으로 보았다. 白承忠, 「安羅의 移那斯·麻都에 대한 검토」, 『지역과 역사』 2, 부산경남역사연구소, 1996.

河內直은 '安羅駐在倭臣'으로 보이며, 移那斯 麻都는 安羅에 있으면서 당시 가야의 외교를 주도하는 인물들로 보인다. 移那斯는 잘 알수 없고, 麻都는 奈麻라는 신라계 관직일 가능성이 있어 관직을 가진대외교섭 담당자로 볼 수 있다. 그들의 조부가 이미 甲背라는 백제식고유의 관직을 띠고 있다. 欽明紀 5년 3월조에는 移那斯 麻都의 신분이 미천한 것으로 묘사되어 있지만 이는 백제측의 힐난에 불과하고,그들은 실제로 安羅의 외교정책을 주도하면서 '안라주재왜신'들을 직접 조종할 위치에 있었다.[104]

이 외에도 앞의 사료Ⅴ-⑤에 보이는 己富利知伽가 있다. 그는 신라와의 결혼파탄을 회복하고자 노력하는 가라국의 인물로 보인다. 己富利知伽를 牟羅의 수장, 村主 등으로 볼 수 있다면,[105] 加羅國에 편입된 지방 首長의 한 예가 된다. 그는 앞서 보았듯이 가라국왕과 신라 왕녀간의 결혼 파탄 수습을 위해 노력하고 있다는 점에서, 對新羅 외교관계의 책무를 담당하고 있는 가라국의 관리로 볼 수 있다.

이상에서 가야를 둘러싼 국제환경의 변화에 따른 대외교섭상과 그속에서 교섭을 직접 담당한 인물들에 대해서 살펴보았다. 대외교섭 담당자들의 성격 변화와 관련하여 가야의 국가적 성격에 대해서 생각해보고자 한다.

가야의 전단계인 삼한시대 대외교섭의 담당자였던 한 인물로서 염사치가 있었다. 그는 한 공동체의 長으로서 대외교섭을 활발히 전개한인물이었다. 그는 진한 연맹체의 소속원으로 보이지만 독자성을 가지고 행동하고 있었다. 이는 그를 통제할 만한 권력이 존재하지 않았음을 보여주는 것이다. 1세기대 변·진한사회의 모습이었다.

3세기 중엽 삼한사회 대외교섭의 담당자는 吏譯으로 표현된 인물이

---

104) 白承忠, 앞의 논문, 125쪽.
105) 李根雨, 「6世紀代 加耶諸國의 국가구조에 대한 試論-阿利斯等의 己叱己利
     城을 중심으로-」, 『加耶와 新羅』, 金海市, 1998, 86쪽.

316

었다. 그런데 吏譯은 그 자체가 직명으로 보이지는 않고 다른 고유 관직명이 있었을 것이다. 韓사회의 경우 이러한 역할을 직접 담당했던 관리의 이름이 사서상 직접 등장하지는 않는다. 그러나 이 시기 倭의 경우 대외교섭 담당자로 보이는 관리자의 직명과 이름이 보이고 있어 변한의 사정을 참고하는 데 도움이 된다. 특히 倭는 중국 동방무역의 중심지 역할을 했던 漢郡縣 설치 이후 3세기 초 公孫康의 帶方郡 설치에 이르기까지 삼한 사회와 동일 시장체계 속에 속했던 만큼,106) 사정이 유사했을 것임을 전제로 한다면 他山之石으로서의 가치는 있다고 생각한다.

　『三國志』魏書 倭人傳에는 市場을 감독하는 ‘大倭’의 존재와 諸國의 감찰기구로서 ‘一大率’ 등의 모습이 보인다.107) 이러한 모습들은 邪馬台國이 諸國의 시장을 감독하고 伊都國에 一大率을 두어 교역을 감시한 것으로 전하는데, 아마 대방군 譯官들이 다니는 30여 국을 중심으로 ‘대내·대외교역’의 구심체 역할을 한 것으로 추정된다.

　한편, 왜인전에서 또 하나 주목되는 바는 ‘都市’108)의 존재이다.

　都市는 ‘市’를 관장하는 관리로 해석되며, 그는 國들간의 市를 총감독하는 것으로 都市로 이해되고 있다.109) 그런데 都市牛利는 倭王卑

---

106)『三國志』韓條, “桓靈之末(중략)是後倭韓逐屬帶方”.

107)『三國志』卷30, 魏書 東夷傳 倭人條, “① 國들에는 市場이 있고 물자를 교환하는데, 大倭에 명하여 市場을 감독하게 한다. ② 女王國은 自國으로부터 북쪽에 있는 諸國에 대해서는 특별하게 一大率을 두어 감찰하였는데, 國들은 一大率을 두려워하고 꺼린다. 一大率은 항상 伊都國에 두었는데 中國의 刺史와 같다. ③ 女王이 使者를 파견하여 王都·帶方郡 또는 韓에 갈 때라든지 郡의 사자가 倭에 보내질 때 使者 모두는 (伊都國의) 항구에서 文書 및 賜物을 점검, 확인하고 女王에 바치는 데 하나도 틀림이 없어야 한다”.

108)『三國志』卷30, 魏書 東夷傳 倭人條, “景初二年(238)六月 倭女王遣 大夫難升米等 詣郡求詣天子朝獻 太守劉夏遣吏 將送詣京都 其年十二月 詔書報倭女王曰 制詔親魏倭王卑彌呼帶方太守劉夏遣使 送汝大夫難升米 次使都市牛利 奉汝所獻男生口四人女生口六人 班布二匹二丈 以到汝所在踰遠乃遣使貢獻 是汝之忠孝”.

彌呼에 의해 통제되고 있어 廉斯鑡와는 비교된다. 廉斯鑡가 20~22년 사이에 활약했던 인물임을 감안하면 차이를 보임은 당연하다 할 수 있을 것이다. 다만 都市의 시원이 廉斯鑡와 같은 인물이었을 것으로 추측해 볼 수는 있을 것이다.

韓사회도 市場은 존재하였을 것이고, 이를 담당하는 자도 생겨났을 것이다. 국가권력은 이들을 통제해 가는 과정 속에서 고대국가로 성장해 갔을 것이다. 廉斯鑡의 예로 보아 1세기대 韓사회의 시장 통제 능력은 3세기대 邪馬台國의 시장 통제 능력에 미치지 못했음을 알 수 있었다. 韓과 倭사회는 史的 발달 조건이 달랐기 때문에 韓사회의 3세기대 상황이 같은 시기 倭와 동등하였을 것으로 볼 수는 없을 것이다.

신라의 경우, 6세기초가 되면 東市典(智證王 9년 : 508 설치)·西市典·南市典 등을 설치하여 국가적 차원에서 시장을 통제하고 관리한 예를 보여주고 있는데,[110] 시장에 대한 꾸준한 국가권력의 행사 속에서 이루어진 것으로 보아야 할 것이다.

가야전기 대외교섭은 首露王과 卓淳國王의 경우처럼 王이 직접 담당했던 것으로 보인다. 다만 수로왕의 경우 국외까지 직접 가서 외교활동을 펼치는 반면, 탁순국왕의 경우 국외로 나가지는 않고 있다. 5세기 중엽의 일로 보이는 加羅國王의 妹인 '旣殿至'의 외교활동은 왕의 측근이 대외교섭의 담당자로 나서고 있음을 보여준다. 5세기 말 任那人 左魯那奇他甲背의 외교활동은 관직을 가진 전문 외교인의 등장을 말해 준다. 그리고 이들은 대를 이어가며 대외교섭의 담당자로 활약하였다.

그런데 가야제국의 경우 일률적이지 않고 국의 발달 정도에 따라 대외교섭의 담당자는 달리 나타나고 있었다. 『日本書紀』 欽明紀 2년(541) 4월과 5년 11월에 보이는 이른바 任那復興會議에는 加羅國과

---

109) 吉田孝, 「魏志倭人傳의 '都市'」, 『日本歷史』 567, 1995, 65쪽.
110) 『三國史記』 卷38, 雜志7 職官 上.

주변 제국의 대표자들이 보이고 있다. 이들은 곧 각국의 대외교섭 담당자로 볼 수 있으며, 그들은 각국의 형편에 따라 국의 旱岐층이 참가하기도 하고 旱岐의 아들, 혹은 上首位 혹은 次旱岐 등이 참가하고 있는 것이다.

5세기말 6세기 전반대의 加羅國과 安羅國의 경우, 조직화된 관료의 존재가 확인되고 그 속에 대외교섭 담당 관리도 있었음이 확인된다. 이는 이들 國들이 고대국가 단계로 진입했다고 볼 수 있는 한 성격으로 간주할 수 있을 것이다.

Ⅵ. 결 론

1

　본서는 加耶 各國間의 정치형태를 연맹체로 보는 시각에 대한 반성에서부터 출발하였다.

　가야 각국 간의 정치형태를 연맹체로 본 기존의 연구는『三國遺事』「五伽耶條」와 「駕洛國記」에 보이는 加耶史像에 기인한 바가 컸었다. 보다 구체적으로 말하자면 羅末 麗初期에 다시 그려낸 가야 인식에 현혹되었던 것이다. 그리고 서양의 문화인류학적 시각에 입각하여 가야의 사회발전단계를 고대국가 성립 이전의 연맹체단계로 설정한 1960~1970년대 연구 또한 가야연맹체설의 고착을 받침하였다. 이때의 연구는 가야의 사회발전단계를 규정짓는 개념으로 연맹체란 용어를 사용한 것이지만 이후 연구자들이 가야 각국 간의 관계를 설명하는 것으로 혼용함으로써 가야사의 실상에 대한 혼란을 가중시켰다. 1980~1990년대의 연구에서는 주로 가야의 정치형태를 중심으로 연맹체설이 전개되었다. 고고학 자료나『日本書紀』의 적극적 활용 등, 자료의 활용이나 연구 방법론상 이전보다 세련된 것이 사실이다. 그러나『日本書紀』에 보이는 任那像은 7세기후엽~8세기전엽의 日本古代 天皇主義史觀에 의해 왜곡 윤색된 것으로서 가야제국들의 실상을 그대로 보여주는 것이 아니다. 즉『日本書紀』는 가야를 야마토정권에 의해 통치받는 蕃國으로 설정하고 있기 때문에 가야 전지역을 그들의 통치지역으로 서술하고 있는 것이다. 따라서 이 점을 간과하면서『日本書紀』에 보이는 任那觀에 입각하여 성립한 연맹체설은 수정되어야 마땅하다.

『日本書紀』에 보이는 가야관계기사 가운데 중시되어야 할 것은 오히려 가야 각국의 국명이 온존한 채로 보인다는 사실이다. 또한 國들 간의 관계도 分立한 모습이지 어떠한 조직원리에 의해 결합되어 있지는 않다. 그리고 가야지역에 보이는 고고학적 양상이다. 5세기 전·중엽 이후 가야 각지에서 축조된 고총고분은 바로 그 지역을 중심으로 하는 독자적 정치세력의 존재를 말해 주는 것이다. 토기 등에 보이는 문화적 양상도 이를 뒷받침한다. 가야 각국들간의 관계는 가야제국의 관계사로 설명되어져야 하며, 일시적 연합 혹은 동맹은 인정할 수 있지만 가야지역 전체를 통괄하는 恒存的 연맹체는 존재하지 않았다.

이러한 기본 시각에서 본서는 그를 확인하는 작업으로서 가야 각지에 존재하였던 加耶 개별 國들의 성장과 전개과정을 살펴보았다. 요약하면 아래와 같다.

2.

2장에서는 가야제국 형성의 시원이 되는 小國에 대해서 살펴보았다. 씨족사회가 성장하여 부족을 이루고 그를 바탕으로 삼한 小國이 형성되는 것으로 설명하였다. 韓사회 형성의 시원은 기원전 3세기까지 소급해 볼 수 있지만 '國'이라 칭할 수 있는 단계는 1세기 중엽 무렵으로 보았다. 內的 생산력의 提高와 외부로부터의 충격은 小國의 성장과 팽창으로 이어졌다. 小國의 기반과 내부구조에 대해서는 기존 연구성과를 중심으로 간략히 언급하였다.

3장에서는 小國이 결합된 정치체인 地域聯盟體에 대해 서술하였다.

가야 地域聯盟體의 결성은 3세기前半代부터지만, 3세기중엽 낙랑·대방 2군과의 전쟁이후에 본격화되는 것으로 보았다. 가야지역 전체를 통괄하는 중심국은 보이지 않지만 소연맹체로서의 地域聯盟體는 보인다. 그 중 3세기 말~4세기대 남부 가야지역에서 두각을 보인 것은 南加羅 地域聯盟體와 安羅 地域聯盟體, 浦上八國 地域聯盟體 등이다. 小國간의 결합은 일상적 관계 속에서 합의에 의해서도 이루어지겠지만, 대부분 외부세력에 대한 공격이나 방어의 목적을 위해서 이루어지는 것으로 보았다. 위의 세 地域聯盟體 모두는 그런 목적 때문에 결성된 것이었다.

南加羅 지역연맹체는 5세기 전반 와해되고 그 맹주국이었던 南加羅는 6세기 전반대까지 존속하지만 주도적 가야국으로 성장하지는 못하였다. 포상팔국 연맹체도 와해되고 그 내부 소속국들 중 일부는 가야一國으로 성장하지만 柒浦國(지금의 칠원지역), 骨浦國(지금의 마산 합포구지역) 등 대부분은 주변국에 병합되었다. 安羅 지역연맹체는 이후 후기 가야 주요국으로 성장하게 되는데 주변 포상팔국 지역연맹체와의 전쟁에서 승리한 것이 요인이었다.

4장에서는 가야 各國의 史的 전개과정에 대해 살펴보았다. 加羅, 安羅國 등과 같이 대부분의 가야제국이 삼한 소국단계부터 비교적 두각을 나타내면서 성장·발전해 나감에 비해 加羅國의 경우는 달랐다. 지금까지의 자료로 보는 한 삼한시대 고령지역의 정치세력은 미미한 존재였던 것으로 보인다. 이러한 고령 세력이 5세기대 이후부터는 후기 가야제국 가운데 가장 강력한 一國으로 성장하게 되는 것이다. 그 성장기반에 대해서 본서에서는 철 산지의 확보와 교역로상의 주요 거점 확보 및 안정된 농경지를 들었다. 그러나 이는 다른 가야지역과 비교해 볼 때 차별성이 인정되지 않는다. 즉 이 정도의 성장기반은 다른 가야지역에도 있었던 것이다. 5세기대 이후 加羅國이 급성장하게 되는 이유는 본서에서 밝혀내지 못한 또 다른 이유가 있었을 지도 모르겠다. 그러나 수긍할 만한 견해가 나오기 전까지는 이러한 성장과 발달 유형을 가야제국의 성장·발달유형 중의 한 유형으로 설정할 수 있을 것이다.

삼한시대 對二郡과의 전쟁을 통하여 주변국들을 아우르는 지역연맹체를 형성한 安邪國은 3세기 중·후엽에서 4세기 전반 사이에 일어난 것으로 보이는 포상팔국전쟁을 계기로 급속한 성장을 이룬다. 포상팔국 중 일부 國의 병합과 진동만을 통한 해안으로의 진출이 주요 성장 기반이 되었을 것이다. 5세기대 이후 安羅國은 말이산고분군의 웅자가 보여주듯 고령의 加羅國과 더불어 가야제국을 주도하는 양대 세력 중의 하나로 성장한다. 이러한 安羅國의 史的 전개과정의 특징은 小國에서 地域聯盟體로 성장하며, 그를 바탕으로 고대국가단계까지 발전하였다는 것이다.

古自國의 경우는 小國에서 출발하여, 한때 小國聯盟을 통하여 발전을 모색했으나 주변국들과의 대결에서 패함으로써 보다 강력한 집권국가로의 성장은 좌절된다. 그러나 그렇다고 완전히 소멸되는 것은 아니며, 가야 멸망기까지 꾸준히 존속하여 일정 지역을 경영하는 가야국으로 발전하였던 것이다. 이와 비슷한 경로를 걸었던 國이 古自國이었다.

한편, 新羅와 加耶의 경계문제, 그리고 가야제국의 멸망과정과 관련하여 주목되는 지역이 창녕의 比斯伐國이었다. 경계의 문제는 가야의 개념과 더불어 생각해 보아야 할 것이다. 比斯伐國의 멸망은 古代國家 發展期에 필수적으로 따르는 영토팽창을 위한 전쟁의 와중에서 역량이 열세한 국가가 주변 강대국들에게 복속되어 가는 한 과정에 불과하며, 이는 가야제국 전체에 공통적으로 적용되는 멸망과정이라 할 수 있다. 특히 比斯伐國은 그 전략적 요충지로서의 특성 때문에 보다 일찍이 주변국들의 선점 대상이 되었다.

5장에서는 가야 國들의 내부 지배구조와 대외관계를 살펴봄으로써 가야 제국의 사회발전단계를 살펴보려 하였다. 단 자료상의 한계로 인해 安羅와 加羅를 중심으로 검토하고 나머지 國들은 그로부터 추정해 볼 수밖에 없었다.

529년 安羅에서 개최된 이른바 高堂會議에 참가한 國內大人을 安

羅 예속하의 지방세력으로 보았다. 이들은 安羅地域聯盟體 단계에 있어서 연맹체에 속하는 小國 단위의 首長層 혹은 소속 邑落의 首長層이었다가, 安羅의 성장 발전에 의해 중앙 관료로 편입되거나 자치권을 인정받으면서 중앙의 통제를 받는 등, 보다 결속된 상태로 安羅에 편입되게 되었는데, 이를 국내대인으로 표현한 것으로 보았다. 지방 수장층이 중앙관료로 편입되는 과정을 보여 주는 예인 것이다. 이들이 곧 '安羅下旱岐'로 표현되는 인물들이었을 것이다. 이는 한기층의 분화를 보여 주는 것이다. 또한 이는 단순히 王과 次(下)旱岐 개인들만의 존재로서가 아니라 그 계층을 아울러 생각해야 되기 때문에, 6세기 安羅의 지배층은 최소한 두 계층 이상 분화되어 있었음을 보여 주는 것이다.

　首長 칭호의 변화과정에 주목하여 언제 왕권이 성립하였는가를 고찰해 보았다. 가야국들에 있어서 王權이 성립했는가를 살펴보는 것은 國 내부의 위계화 정도, 나아가 그 사회발전단계의 정도(국가적 성격)와 관련하여 한 논점이 될 수 있다고 보았기 때문이다. 그 결과 加羅의 경우, 왕권 성립의 직접적 증거인 '王號'의 사용은, 5세기 중엽 旱岐號와 王號 병칭 단계를 거쳐 5세기 후엽에는 되어졌던 것으로 보았다. 왕의 존재는 그 예속 하 지역소국의 수장들(旱岐層)에 대한 편성의 필요성이 제기되었을 것이다. 그들의 모습이 '安羅次旱岐', '加羅上首位古殿奚', '多羅二首位訖乾智'인 것으로 보았다. 왕의 존재는 國 내부 상층구조의 한 단면을 보여 주는 것이라 할 수 있다.

　『日本書紀』欽明紀 2년(541) 4월과 5년 11월에 보이는 이른바 泗沘會議에 참가한 가야 각국의 대표자들에 대한 분석을 통하여, 6세기대 加羅에는 王 이외에도 上首位, 二首位(예상), 阿利斯等, 己富利知伽 등의 官職이 분화되어 있었음을 알 수 있었다.

　『日本書紀』繼體紀 23년(529) 3월 是月條에 보이는 이른바 加羅와 新羅간의 결혼동맹기사의 분석을 통해, 加羅에도 원시적 형태의 公服制가 존재한 것으로 보았다. 공복제는 신분에 따라 복색 등을 달리하는 것이므로, 이는 곧 신분제와 관등제도 아울러 이루어졌음을 미루어 짐작할 수 있는 것이다.

2절에서는 가야 제국들을 둘러싼 국제환경의 변화에 따른 대외교섭의 전개과정과 그 속에서 교섭을 직접 담당한 인물들에 대해서 살펴보았다. 대외교섭 담당자들의 성격 변화와 관련하여서는 가야의 국가적 성격에 대해서도 아울러 고찰해 보았다.

지역연맹체단계의 대외교섭은 首露王과 卓淳國王의 경우처럼 王이 직접 담당하였던 것으로 보인다. 다만 수로왕의 경우 국외까지 직접 가서 외교활동을 펼치는 반면, 탁순국왕의 경우 국외로 나가지는 않고 있다. 5세기 중엽의 일로 보이는 加羅王의 妹인 '旣殿至'의 외교활동은 왕의 측근이 대외교섭의 담당자로 나서고 있음을 보여 준다. 5세기 말 任那人 左魯那奇他甲背의 외교활동은 관직을 가진 전문 외교인의 등장을 말해 준다. 그리고 이들은 대를 이어가며 대외교섭의 담당자로서 활약하였다.

그런데 가야제국의 경우 일률적이지 않고 국의 발달 정도에 따라 대외교섭의 담당자는 달리 나타나고 있었다. 이른바 泗沘會議에는 加羅와 주변 제국의 대표자들이 보이고 있다. 이들은 곧 각국의 대외교섭 담당자로 볼 수 있으며, 그들은 각국의 형편에 따라 국의 旱岐層이 참가하기도 하고 旱岐의 아들, 혹은 上首位 혹은 次旱岐 등이 참가하고 있는 것이다.

지방 수장층의 중앙관료로의 편입과 官職의 분화, 시원적 '部・縣'制의 존재, 왕권의 성립, 身分制의 실시 등의 현상을 보이는 정치체는 고대국가 단계에 다다른 國이라고 볼 수 있을 것이다. 따라서 6세기 전반대의 加羅와 安羅의 경우에는 고대국가 단계에 진입한 것으로 본다. 이상의 논의 결과를 시기구분하여 표로 정리한 것이 아래 <표 10>이다.

<표 10> 시기변화에 따른 加耶 各國의 存在形態

시기구분	前史(三韓時代)		前期	後期
	前期	後期		
서력기원	B.C. 3C~A.D. 1C 중엽	1C중엽~3C중엽	3C중엽~5C중엽	5C중엽~6C중엽
國의 존재형태	小國의 始原的 모습	小國竝立	地域聯盟體의 형성과 강화	古代國家로의 발전
주요 근거	衆國의 존재, 朝鮮 遺民의 남하	廉斯邑君의 존재, 韓濊 彊盛 기사	『三國志』 韓條의 韓滅 기사=韓國의 독자적 성장	加羅·安羅의 국가적 성격
문화적 양상	목관묘 단계. 전기 와질토기 단계	목곽묘 등장. 후기 와질토기 단계	도질토기의 등장과 성행	高塚古墳의 등장과 지역색을 띤 토기문화의 등장
비고	衆國(辰國)	『三國志』의 小國 竝立. 狗邪國, 安邪國	韓에서 加羅로의 이행. 南加羅, 浦上八國, 安羅 등	加羅, 安羅, 比斯伐, 古自國, 多羅, 卓淳 등

위의 표에서 주의해서 보아야 할 것은 가야 후기 國의 존재형태이다. 이로 보아서는 후기 가야제국들이 모두 고대국가로 발전한 것으로 오해할 수 있기 때문이다. 5장에서 논한 바와 같이 후기 가야 각국들 중 加羅와 安羅는 고대국가로의 성장에 성공한 것으로 판단되지만 다른 國들의 경우는 부정적이다. 이 점 때문에 후기 加耶諸國을 설명하는 논리로 고대국가라 할 수도 없다.

즉 가야제국간의 정치형태를 설명할 때, 가야 전체 역사 중 일시적·지역적으로 연맹체의 존재가 확인된다고 하여 가야전체사를 연맹체로 설명할 수 없듯이, 古代國家論도 가야 전체사를 대표할 수 있는 논리는 되지 못하는 것이다.

가야제국들 간의 정치형태를 어떻게 이해할 것인가는 가야사의 전체 틀을 이해하는 관건이라 할 수 있다. 정치형태의 실상을 제대로 보기 위한 시각으로서 두 가지 점에 유의해야 할 것 같다.

첫째, 가야는 일시적 그리고 지역적 聯合이나 同盟은 존재했으나 전체를 아우르는 恒存的 단일연맹체는 존재하지 않았다. 그리고 新羅,

百濟 이외는 모두 加耶라는 認識이 後代의 歷史認識일 뿐, 가야제국이 존재했던 당 시기의 역사적 실상이 아니다.

둘째, 가야제국은 그 존재기간 동안 변화 발전을 계속하였다는 점이다. 가야사에서 연맹체가 사회발전단계로서의 연맹체이든, 정치형태상에서의 연맹체이든 간에 史的 전개에 따라 꾸준히 변화 발전하였을 것이라는 점을 염두에 두어야 한다. 가야제국이 멸망하는 6세기 중엽의 모습과 그들 국들이 형성된 초기 소국 형태의 모습이 사회발전단계에 있어서나 정치형태에 있어서 일관된 모습으로 유지되었다라고 보기는 어려운 것이다.

앞에서 설명한 바와 같이 한반도 남부지방에서의 최초 '國'의 존재는 삼한 제소국이다. 기존 통설에 따르면 이들 소국은 씨족공동체간의 통합이 이루어지면서 형성되었을 것이다. 삼한 소국들은 형성 후 小國 병립의 상태로 있다가, 점차 小國들 가운데 비교적 大國을 중심으로 연합 혹은 연맹의 형태로 연맹체를 형성한다. 각 지역별로 형성된 연맹체는 성장 발전을 거듭하여 일부는 중앙집권화가 보다 강화된 국가체를 이룬다.

가야 전체사를 설명하는 논리로서는 이러한 가야사회의 전 발전과정을 포괄할 수 있는 것이어야 할 것이다. 그리고 국들간의 관계도 상황에 따라 변했음을 염두에 두어야 한다. 이러한 점을 생각하더라도 가야사를 연맹체설로 설명하는 것은 전체 가야사 가운데 한 시기만을 설명하는 데에는 유용할 수 있으나 가야 전체사를 설명하는 데에는 부적절함을 알 수 있다. 그것이 사회발전단계를 의미하는 말이든, 각국들간의 관계를 설명하는 논리이든 마찬가지이다. 그리고 '부족국가(초기국가)설' 및 '고대국가설'도 같은 논리로 취할 수 없다.

3.

본서에서는 이러한 점들을 감안하고 가야 전체사를 설명할 수 있는

틀로서 가야 '地域國家'論을 제기하고자 한다.[1] 가야 '지역국가'론의
제기는 기존설의 한계을 극복하고 가야사가 가지는 가장 큰 특징을 요
약 대변할 수 있는 논리란 무엇인가라는 점에서 출발한다.

가야 '지역국가'론 제기의 필요성을 요약하면 다음과 같다.

첫째, 가야제국은 일시적, 지역적 연맹의 결성은 있었으나 대부분 개
별 지역단위로 존재하다가 끝내 통일된 국가체를 이루지 못하고 주변
강국들에 의해 각개 격파 당하였다. 恒存的 聯盟體의 부정이다. 辰韓
일부 지역을 포함한 변한 12국이 훗날 가야제국으로 성장 발전하는데,
『日本書紀』에 의하면 가야는 멸망기까지 13여 개 국이 존재하고 있었
음을 알 수 있다. 변・진한의 경우『三國志』에 명기된 24개 국 이외의
'諸小別邑'이 존재하였다 하더라도, 小別邑이 중심이 되어 성장했다기
보다는 대부분 國邑 중심의 성장이 일반적이었을 것이다. 이러한 점은
國 내부적 성장・발전은 있었으나 國의 영역적 통합은 활발히 이루어
지지 않았음을 증명해 준다.

둘째, 가야 각국들의 존재 양상은 지리적 환경에 따라 크게 좌우되
었다. 현재 가야 각국들 가운데 그 실체를 확인할 수 있는 대부분의 국
들은, 다소간의 출입은 있었다 하더라도, '地域'이라 칭할 수 있는 단위
가 그 중심지였다. 그리고 사전적 의미에 국한해서 보더라도 '地域'의
의미는 '地方'과는 달리 상대되는 개념으로서의 '中央'의 존재를 설정

---

1) '地域國家'란 용어는 鄭澄元・洪潽植,「釜山地域의 古墳文化-墓制와 高杯
를 중심으로-」,『釜大史學』18, 1994, 346쪽에서 쓴 적이 있다. 그러나 이에서
는 개념 정리를 하고 있지 않아 그 구체적 모습은 알 수 없다. 한편, 日本에
서도 '地域國家'란 용어를 쓴 적이 있다(門脇禎二,「古代社會論」,『岩波講座
日本歷史』2, 古代 2, 岩波書店, 1975). 이는 日本古代 律令國家 형성전의 모
습을 설명하기 위한 모델인데 그다지 호응을 받고 있는 것 같지는 않다. 현재
이 시기를 설명하는 일본학계의 이론으로는 부분적인 비판도 있지만, 前方後
圓墳 체제에 입각한 都出比呂志의 '初期國家論'(都出比呂志,「日本古代の國
家形成論序說-前方後圓墳體制の提唱-」,『日本史研究』343, 1991-3)이 강세
를 보이는 것 같다.

할 필요가 없다.

셋째, 삼한 소국단계와 소국 연맹체 단계(지역연맹체)를 '지역국가'의 형성과정으로 파악할 수 있기 때문에 가야 전체사를 동일한 개념을 통하여 볼 수 있다.

이러한 '지역국가'의 형성과정을 설명하면 다음과 같다.

소국 연맹인 지역연맹체의 형성은 지리적 연계성, 경제적 교역관계, 군사적 필요성 등의 요구에 따라 이루어지며, 구성 소국은 대체로 정치적 독자성을 유지하되 경제적 교환, 군사동원 등에 있어서 맹주국에 대한 일정한 의무를 지니고 있었다고 보여진다. 지역연맹체에서 '지역국가'로의 이행 시기 또한 각 지역마다 차이가 있겠지만, 대체로 5세기 중엽 무렵으로 볼 수 있을 것이다. 기준을 삼은 것은 고총고분군의 형성과 이른바 (신식)도질토기의 지역색에 두었다. 단, 모든 '소국'이 '지역연맹체' 단계로 이행한 것으로는 보지 않으며 다양한 유형을 상정할 수 있을 것이다.

완성기 '지역국가' 단계의 중요한 표징은 왕권의 성립과 내부 지배체제의 확립, 지방제도의 존재 등이다. 그리고 가야 각지에 보이는 高塚古墳群도 표징의 하나로 볼 수 있을 것이다. 지배층 집단의 묘역으로서 고총고분군의 형성이 갖는 정치·사회적 의미는 크다. 이는 피지배층에 대한 지배층의 배타적인 이데올로기가 작용한 것으로 권력의 집중화를 보여주는 한 표징이며, 지배자 혹은 권력자 개인의 존재가 아닌 지배계층의 출현을 보여주는 것이다. 이는 문화적 양상에 불과하지만, 그 배후에는 지배계층의 최정점에 왕의 존재, 즉 왕권의 성립을 예상할 수 있다.

그리고 각 '지역국가'가 존재했던 곳에는 5세기전반대가 되면 지역마다의 독특한 지역색을 띤 토기문화가 존재한다. 예를 들면 고령양식토기의 형성(5세기중엽), 화염형투창고배로 대표되는 함안양식토기(5세기전반대), 고배 뚜껑이 독특한 창녕형식의 토기(5세기전반대), 고성계 토기(5세기전반대) 등의 존재이다. 이러한 문화가 창출될 수 있었던 것은 각 지역별로 집권력을 갖춘 정치체가 존재하였음을 암시해 주는 것이다. 이를 포함하여 본서에서 제창하는 가야 '지역국가'의 특징으로는 다음과 같은 점들을 들 수 있다.

첫째, 대부분의 가야국들은 하천유역의 盆地나 河谷에 그 중심지를 두면서, 많은 水陸交通路가 수렴되는 結節地, 즉 교통의 요로에 자리잡고 있었다. 水陸交通의 요지는 각 지역 산물이 集散되는 교역의 중심지가 되므로, 이는 이들 國의 중요한 성장기반이 되기도 하였다. 그리고 가야국 사이 혹은 주변 국가들간에 있어서 전략적 요충지이기도 하였다.

둘째, 외부로의 진출보다는 수세적 입장에서의 방어를 더욱 중요시하였다. 이는 자연 지리적 환경에 안주하려는 경향이 강하였다는 것인데, 가야 각국이 존재하였던 일반적 입지나 주위의 山城 배치를 보아서 알 수 있다.

셋째, 旱岐 또는 王이 존재하였다. 고총고분군은 바로 그들 지배층의 무덤이며, 그들의 권력을 상징하는 것이기도 하다.

넷째, 중앙과 지방을 분리할 수 있을 정도의 영역 팽창이나, 지방제도의 정비가 이루어지지는 않았다. 단 加羅, 安羅와 같은 國의 경우는 초보적 단계의 지방제도가 존재하였던 것으로 보여진다.

'지역국가'란 가야제국의 존재형태에 중점을 둔 개념이면서도 사회발달단계를 염두에 둔 개념이다. 즉, 소국 → 지역연맹체 → '지역국가'로의 단계적 성장과정을 중시하고, 또한 '지역국가'에 대한 국가적 성격을 살펴봄으로써 '지역국가'의 고대국가단계로의 진입 여부를 가늠해 볼 수도 있는 것이다.

'지역국가론'은 기존의 연맹체론과 고대국가론이 갖는 한계의 극복뿐만 아니라, 앞으로의 연구와 관련하여서도 가야사를 보다 다양한 시각으로 볼 수 있는 틀이란 장점이 있다고 생각한다. 옛 가야지역에는 아직도 그 성격을 정확히 알 수 없는 정치집단이 많이 존재한다. 그들 중에는 상당한 정도의 국가적 성격을 가진 집단도 있었을 것이다. 본서에서 다루었던 國들은 그나마 두드러진 자료가 있었다는 점 때문이었다. 아직도 우리들 앞에 모습을 드러내지 않고 있는, 그러나 가야 당시에는 엄연히 존재했던 各國들을 加耶史上에 끌어내기 위해서는 가야사에 대한 보다 탄력적이고 수용적인 틀을 제시할 필요가 있는 것이다. 이런 측면에서 가야 '지역국가'론은 유용한 문제제기라 할 수 있다. 앞으로 내재되어 있는 한계점을 보충해 나가면 한국 고대국가론과 발달단계의 모델링화에도 일조할 수 있을 것으로 기대한다.

참고문헌

1. 문헌사료

『三國史記』	『三國遺事』	『高麗史』
『日本書紀』	『古事記』	『續日本紀』
『新撰姓氏錄』	『史記』	『漢書』
『後漢書』	『三國志』	『晉書』
『宋書』	『南齊書』	『舊唐書』
『新唐書』	『隋書』	『冊府元龜』
『通典』	『翰苑』	『慶尙道地理志』
『世宗實錄』	『新增東國輿地勝覽』	『輿地圖書』
『東國地理志』	『彊域考』	『海東譯史續』
『大東輿地圖』	『輿地集成』	『朝鮮金石總覽』
『韓國金石遺文』	『韓國金石全文』	

2. 발굴보고서(도록 및 보고 성격의 논문 포함)

慶南考古學硏究所,『雨水里 小加耶墳墓群』, 1999.

慶南大學校博物館,『金海 德山里遺蹟』, 1995.

慶北大學校博物館,『仁同・不老洞・高靈古衙古墳發掘調查報告』, 1966.

慶北大學校博物館,『大邱伏賢洞古墳群Ⅰ』, 1989.

慶北大學校博物館,『慶州市月城路古墳群』, 1990.

慶北大學校博物館,『原三國時代 文物展』, 1990.

慶尙南道,『昌寧桂城古墳群發掘調查報告』, 1977.

慶尙南道,『金海수가리貝塚發掘調查報告』, 1981.

慶尙大學校博物館,『陜川中磻溪古墳群』, 1987.
慶尙大學校博物館,『陜川玉田古墳群Ⅰ(木棺墓)』, 1988.
慶尙大學校博物館,『晋州加佐洞古墳群』, 1989.
慶尙大學校博物館,『河東 古梨里 遺蹟』, 1990.
慶尙大學校博物館,『陜川玉田古墳群Ⅱ-M3號墳-』, 1990.
慶尙大學校博物館,『陜川玉田古墳群Ⅲ-M1・M2號墳-』, 1992.
慶尙大學校博物館,『陜川玉田古墳群Ⅳ-M4・M6・M7號墳-』, 1993.
慶尙大學校博物館,『陜川玉田古墳群Ⅴ』, 1995.
慶尙大學校博物館,『陜川玉田古墳群Ⅵ』, 1997.
慶尙大學校博物館,『陜川玉田古墳群Ⅶ』, 1998.
慶尙大學校博物館,『陜川玉田古墳群Ⅷ』, 1999.
慶尙大學校博物館,『咸安篁沙里墳墓群』, 1994.
慶尙大學校博物館,『宜寧禮屯里墳墓群』, 1994.
慶尙大學校博物館,『宜寧中洞里古墳群』, 1994.
慶尙大學校博物館,『泗川月城里古墳群』, 1998.
慶尙大學校博物館,『宜寧雲谷里古墳群』, 2000.
慶尙大學校博物館,『진주대평리옥방2지구선사유적』, 1999.
경상북도,『가야문화도록』, 1998.
慶星大學校博物館,『金海七山洞古墳群Ⅰ』, 1989.
慶星大學校博物館,『伽倻文化圈遺蹟情密調査報告書』, 1989.
慶星大學校博物館,『金海大成洞古墳群 周邊地域 試掘調査』, 2000.
慶星大學校博物館,『김해구지로분묘군』, 2000.
慶星大學校博物館,『金海大成洞古墳群Ⅰ』, 2000.
慶星大學校博物館,『金海大成洞古墳群Ⅱ』, 2000.
慶星大學校博物館,『金海花木洞遺蹟』, 2000.
啓明大學校博物館,『高靈池山洞古墳群』, 1981.
啓明大學校博物館,『高靈古衙洞壁畵古墳實測調査報告』, 1984.
啓明大學校博物館,『高靈本館洞古墳群』, 1995.
高靈郡,『大伽耶古墳發掘調査報告書』, 1979.
공주대학교박물관,『濟・羅會盟址 就利山』, 1998.
國立慶州博物館,『盈德 愧市里16號墳』, 1999.
國立慶州博物館,『玉城里 古墳群-'가'地區 發掘調査報告-』Ⅰ~Ⅲ, 2000.
國立慶州博物館・慶州市,『慶州市月城路古墳群』, 1990.

國立光州博物館, 『咸平草浦里遺蹟』, 1988.
國立光州博物館, 『光州 新昌洞 低濕地 遺蹟 I 』, 1997.
國立金海博物館, 『가야의 그릇받침』, 1999.
國立金海博物館, 『고고학이 찾은 선사와 가야』, 2000.
國立大邱博物館, 『主山城地表調査報告書』, 1996.
國立全州博物館, 『夫餘 竹幕洞 祭祀遺蹟』, 1994.
國立中央博物館, 『朝島貝塚』, 1976.
國立中央博物館, 『국립박물관고적조사보고』 제17책, 1985.
國立中央博物館, 『神秘의 古代王國 伽耶』, 1991.
國立中央博物館, 『固城貝塚』, 1992.
國立中央博物館, 『동래 낙민동패총』, 1998.
國立中央博物館, 『光復以前調査遺蹟遺物未公開圖面』 I ~ II, 1998.
國立晋州博物館, 『陜川磻溪堤古墳群』, 1987.
國立晋州博物館, 『가야토기특별전』, 1988.
國立晋州博物館, 『欲知島』, 1989.
國立晋州博物館, 『固城 栗垈里 2號墳』, 1990.
國立晋州博物館, 『昌寧 余草里 기와 가마터』, 1991.
國立晋州博物館, 『昌寧 余草里 토기 가마터(I)』, 1992.
國立晋州博物館, 『고대의 소리』, 1992.
國立晋州博物館, 『煙臺島 I 』, 1993.
國立晋州博物館, 『晋陽 武村里 加耶墓』, 1994.
國立晋州博物館, 『昌寧 余草里 토기 가마터(II)』, 1995.
국립창원문화재연구소, 『함안 도항리 고분군 II』, 1999.
金東鎬, 「固城地區古墳發掘調査報告」, 『考古美術』 116, 1972.
金東鎬, 「釜山漆山洞第一號古墳發掘調査報告」, 『文化財』 6, 1972.
金斗喆, 「金海 가달遺蹟 地表調査報告」, 『伽倻通信』 15・16合輯, 1986.
金世基, 「星州星山洞古墳 發掘調査槪報-星山洞 第38・39・57・58・59號墳
        -」, 『嶺南考古學』 3, 1987.
金龍基・鄭澄元, 「城山貝塚發掘調査報告」, 『釜大史學』 2, 1971.
金宰佑, 「金海 大成洞遺蹟 第3次 發掘調査」, 『第35回 全國歷史學大會 論文
        및 發表要旨』, 1992.
金廷鶴, 「熊川貝塚硏究」, 『亞細亞學報』 X -4, 高麗大 亞細亞問題研究所,
        1969.

金廷鶴, 「金海內洞支石墓群調査豫報」, 『月刊考古學ジャナル』 No.128, 1976.10.

김해시, 『盆山城地表調査報告書』, 1999.

金賢植, 「陜川盈倉里 遺蹟 槪報」, 『考古學으로 본 弁・辰韓과 倭』 嶺南・九州考古學會 제4회 합동고고학대회 발표요지, 2000.

金亨坤, 「咸安 일원 古墳出土 土器類」, 『伽倻通信』 19・20合輯, 1990.

東亞大學校博物館, 『東萊福泉洞第一號古墳發掘調査報告』, 1971.

東亞大學校博物館, 『咸陽上栢里古墳群發掘調査報告』, 1972.

東亞大學校博物館, 『固城 松川里 솔섬 石棺墓』, 1977.

東亞大學校博物館, 『泗川禮樹里古墳群發掘調査報告書』, 1978.

東亞大學校博物館, 『金海府院洞遺蹟』, 1981.

東亞大學校博物館, 『陜川三嘉古墳群』, 1982.

東亞大學校博物館, 『陜川鳳溪里古墳群』, 1986.

東亞大學校博物館, 『陜川倉里古墳群』, 1987.

東亞大學校博物館, 『梁山 金鳥塚・夫婦塚』, 1991.

東亞大學校博物館, 『梁山 下北亭遺蹟』, 1992.

東亞大學校博物館, 『昌寧 校洞古墳群』, 1992.

東亞大學校博物館, 『문화유적분포지도-김해시-』, 1998.

東亞大學校博物館, 『남강 유역 문화유적 발굴도록』, 1999.

東亞大學校博物館, 『金海龜山洞遺蹟』, 1999.

東亞大學校博物館, 『梁山勿禁遺蹟』, 2000.

東義大學校博物館, 『居昌・陜川 큰돌무덤』, 1987.

東義大學校博物館, 『大也里住居址Ⅰ』, 1988.

東義大學校博物館, 『大也里住居址Ⅱ』, 1989.

東義大學校博物館, 『昌原道溪洞古墳群』, 1996.

東義大學校博物館, 『산청 사월리유적』, 1999.

東義大學校博物館, 『金海良洞里古墳文化』, 2000.

大邱敎大博物館, 『淸道 蓴池里D地區 新羅墳墓群 發掘調査報告書』, 1994.

大邱大學校博物館, 『독용산성동문지 정밀지표조사』, 1999.

大邱大學校博物館, 『대구 팔거산성 지표조사보고서』, 1999.

文化財管理局, 『馬山外洞城山貝塚發掘調査報告』, 1976.

文化財管理局, 『慶州皇南洞98號古墳(南墳)略報告』, 1976.

文化財管理局・계명대학교, 『문화유적분포지도-고령군-』, 1997.

文化財硏究所,『皇南大塚』, 1985.

文化財硏究所,『順興邑內里壁畵古墳』, 1986.

文化財硏究所,『김해양동리고분발굴보고서』, 1989.

민족문화사 편집부,『楡樹老河深』, 문물출판사, 1987.

朴敬源,「金海地方出土 靑銅遺物」,『考古美術』106·107合輯, 1970.

부경대학교박물관,『김해 대성동 소성유적』, 1998.

부경대학교박물관,『山淸沙月里環濠遺蹟』, 1998.

釜山大學校博物館,『五倫臺古墳群發掘調査報告』, 1973.

釜山大學校博物館,『釜山華明洞古墳群』, 1979.

釜山大學校博物館,『東萊福泉洞古墳群Ⅰ』, 1983.

釜山大學校博物館,『蔚州華山里古墳群』, 1983.

釜山大學校博物館,『釜山堂甘洞古墳群』, 1984.

釜山大學校博物館,『金海禮安里古墳群Ⅰ』, 1985.

釜山大學校博物館,『蔚州良洞遺蹟調査報告』, 1985.

釜山大學校博物館,『咸陽白川里1號墳』, 1986.

釜山大學校博物館,『釜山老圃洞遺蹟』, 1988.

釜山大學校博物館,『勒島住居地』, 1989.

釜山大學校博物館,「東萊福泉洞古墳群 第2次 調査槪報」,『嶺南考古學』6,
        1989.

釜山大學校博物館,「東萊福泉洞古墳群 第3次 調査槪報」,『嶺南考古學』7,
        1990.

釜山大學校博物館,『東萊福泉洞古墳群Ⅱ』, 1990.

釜山大學校博物館,『金海禮安里古墳群Ⅱ』, 1993.

釜山大學校博物館,『昌寧 桂城古墳群』, 1995.

釜山大學校博物館,『東萊福泉洞古墳群Ⅲ』, 1996.

釜山大學校博物館,『蔚山下垈遺蹟-古墳Ⅰ』, 1997.

釜山大學校博物館,『咸陽 白川里 遺蹟』, 1998.

釜山大學校博物館·慶尙南道,『陜川苧浦里E地區遺蹟』, 1987.

釜山女子大學校博物館,『昌原三東洞甕棺墓』, 1984.

釜山女子大學校博物館,『居昌壬佛里天德寺址(附 陜川界山里古墳群)』, 1987.

釜山女子大學校博物館,『加德島 文化遺蹟 地表調査 報告書』, 1992.

釜山女子大學校博物館,『山淸郡 文化遺蹟 精密地表調査 報告書』, 1993.

釜山直轄市立博物館,『釜山德川洞古墳』, 1983.

釜山直轄市立博物館,『釜山老圃洞古墳』, 1985.

釜山直轄市立博物館,『釜山老圃洞遺蹟Ⅱ』, 1988.

釜山直轄市立博物館,『東萊福泉洞53號墳』, 1992.

釜山廣域市立博物館,『釜山의 三韓時代 遺蹟과 遺物Ⅰ- 東萊貝塚』, 1997.

釜山廣域市立博物館,『釜山의 三韓時代 遺蹟과 遺物Ⅱ』, 1998.

釜山廣域市立博物館,『機張淸江里古墳群』, 1998.

釜山市立복천분관,『부산의 역사와 복천동고분군』, 1996.

釜山市立복천분관,『유물에 새겨진 古代文字』, 1997.

釜山市立복천분관,『삼국시대의 동물원』, 1997.

釜山市立복천분관,『釜山의 先史遺蹟과 遺物』, 1997.

釜山市立복천분관,『釜山의 三韓時代 遺蹟과 遺物Ⅰ-東萊貝塚-』, 1997.

釜山市立복천분관,『東萊福泉洞93·95號墳』, 1997.

釜山市立복천분관,『東萊福泉洞古墳群-第5次發掘調査 99~109號-』, 1997.

釜山市立복천분관,『晋州貴谷洞대촌遺蹟』, 1998.

釜山市立복천분관,『釜山의 三國時代 遺蹟과 遺構』, 2000.

釜山市立복천분관,『鼎冠宅地開發事業地區 文化遺蹟 地表調査報告書』,
     2000.

釜山市立복천분관, 『東萊福泉洞古墳群-第6次發掘調査141~153號·朝鮮時
     代遺構-』, 2000.

釜山市立복천분관,『釜山五倫臺遺蹟』, 2000.

白石太一郎 等,『伽耶および日本の古墳出土遺物の比較研究』國立歷史民俗
     博物館, 1994.

濱田耕作·梅原末治, 「慶尙北道高靈郡古墳」, 『大正七年度古蹟調査報告』
     第一冊, 1918.

成均館大學校博物館,『金海退來里遺蹟』, 1989.

宋桂鉉,「東萊福泉洞 52~54號墳 發掘調査 概要」,『年報』12 釜山直轄市立
     博物館, 1989.

沈奉謹,「慶南地方出土 靑銅遺物의 新例」,『釜山史學』4, 1980.

아라가야향토사연구회,『安羅古墳群』, 1998.

安春培,「山淸中村里古墳發掘槪報」,『韓國考古學年報』10, 1983.

嶺南大學校博物館,『陜川苧浦A古墳發掘調査報告』, 1987.

嶺南大學校博物館,『昌寧 桂城里 古墳群-桂南1·4號墳-』, 1991.

嶺南大學校博物館·韓國土地公社,『慶山 林堂地域 古墳群Ⅳ-造永 CⅠ·Ⅱ

號墳-』, 1999.

영남매장문화재연구원, 『高靈快賓洞古墳群』, 1996.

영남매장문화재연구원, 『慶山 埋藏文化財 地表調査 報告書』, 1997.

영남매장문화재연구원, 『宜寧泉谷里古墳群』Ⅰ～Ⅱ, 1997.

영남매장문화재연구원, 『高靈池山洞30號墳』, 1998.

영남매장문화재연구원, 『상주 유곡리 고분군』, 1999.

영남매장문화재연구원, 『대구 시지지구 생활유적 Ⅰ 본문』, 1999.

영남매장문화재연구원, 『慶州舍羅里遺蹟Ⅰ-積石木槨墓・石槨墓-』, 1999.

영남매장문화재연구원, 『慶山林堂洞遺蹟Ⅰ-F, H地區 및 土城-』, 1999.

영남매장문화재연구원, 『大邱八達洞遺蹟Ⅰ』, 2000.

禹順姬, 「金海郡酒村面良洞里遺蹟地表調査報告」, 『伽倻通信』 11・12合輯,
　　　　1985.

울산대학교박물관, 『蔚山中垈古墳群』, 1997.

尹德香, 「南原 乾芝里遺蹟 調査概報」, 『三佛金元龍敎授停年退任紀念論叢』
　　　　Ⅰ(考古學篇), 1987.

尹容鎭, 「大邱達城城壁調査」, 『考古美術』 100, 1968.

李健茂 外 3人, 「義昌茶戶里遺蹟發掘進展報告(Ⅰ)」, 『考古學志』 1, 韓國考
　　　　古美術硏究所, 1989.

李海蓮, 「金海 大成洞 古墳群 第2次發掘調査報告」, 『第34回 全國歷史學大
　　　　會 論文 및 發表要旨』, 1991.

任孝澤, 「金海 良洞里 古墳群 發掘調査槪報」, 『第35回 全國歷史學大會 論
　　　　文 및 發表要旨』, 1992.

全南大學校博物館, 『長城 鈴泉里石室墳』, 1990.

全南大學校博物館, 『伏岩里古墳群』, 1999.

全榮來, 「任實 金城里 石槨墓群」, 『全北遺蹟調査報告』제3집, 全羅北道博物
　　　　館, 1974.

全榮來, 『南原月山里古墳群發掘調査報告』, 圓光大 馬韓百濟文化硏究所,
　　　　1983.

全州市立博物館, 『南原草村里古墳群發掘調査報告書』, 1981.

定森秀夫・吉井秀夫・内田好昭, 「韓國慶尙南道晋州水精峰2號墳・玉峰7號
　　　　墳出土遺物-東京大學綜合資料館建築史部門所藏資料의紹介-」,
　　　　『伽倻通信』19・20合輯, 1990.

鄭澄元, 「慶南地方의 靑銅器遺蹟과 遺物」, 『韓國考古學報』 12, 1982.

鄭澄元,「密陽地域의 先史~三國時代 遺蹟遺物地名表」,『韓國文化研究』創刊號, 釜山大 韓國文化研究所, 1988.

鄭澄元·安在晧,「蔚州檢丹里遺跡」,『考古學研究』37-2, 1990.

趙詳紀,「淸州 松節洞 古墳 發掘調査 報告」,『第36回 全國歷史學大會 論文 및 發表要旨』, 1993.

朝鮮總督府,『大正六年度古蹟調査報告』, 1917.

朝鮮總督府,『大正七年度古蹟調査報告』, 1918.

朝鮮總督府,『大正九年度古蹟調査報告』, 1920.

朝鮮總督府,『大正十一年度古蹟調査報告』第一·二·三冊, 1922·1922·1922.

朝鮮總督府,『大正十二年度古蹟調査報告』第一冊, 1923.

朝鮮總督府,『朝鮮寶物古蹟調査資料』, 1942.

趙由典,『慶南地方의 先史文化研究-晋陽 大坪里遺蹟을 中心으로-』文化財研究所, 1979.

昌原大學校博物館,『昌原道溪洞古墳群Ⅰ』, 1987.

昌原大學校博物館,『陜川苧浦里B古墳群』, 1988.

昌原大學校博物館,『馬山縣洞遺蹟』, 1990.

昌原大學校博物館,『咸安阿羅伽耶의 古墳群(Ⅰ)』, 1992.

昌原大學校博物館,『昌原市 文化遺蹟 精密地表調査報告書』, 1995.

昌原大學校博物館,『蔚山市 文化遺蹟原簿(埋藏文化財)』, 1997.

昌原大學校博物館,『咸安 梧谷里遺蹟』, 1995.

昌原大學校博物館,『阿羅伽耶文化圈 遺蹟 精密地表調査報告』, 1995.

昌原大學校博物館,『昌原 南山遺蹟 試掘調査報告』, 1996.

昌原大學校博物館,『南海 高速道路 擴張豫定區間 文化遺蹟地表調査報告』, 1996.

昌原大學校博物館,『釜山-大邱·大田-晋州線高速道路豫定區間文化遺蹟地表調査報告』, 1996.

昌原大學校博物館,『蔚山 日山洞古墳群』, 1998.

昌原大學校博物館,『蔚山 茶雲洞 雲谷遺蹟』, 1998.

昌原大學校博物館,『가야·신라의 역사와 문화-발굴유물특별전』, 1999.

昌原文化財研究所,『金官加耶圈遺蹟精密地表調査報告』, 1993.

昌原文化財研究所,『小加耶文化圈遺蹟精密地表調査報告』, 1994.

昌原文化財研究所,『大伽耶文化圈遺蹟精密地表調査報告』, 1996.

昌原文化財硏究所, 『咸安岩刻畵古墳』, 1996.

昌原文化財硏究所, 『咸安道項里古墳群 I 』, 1997.

昌原文化財硏究所, 『咸安 城山山城』, 1998.

昌原文化財硏究所, 『咸安道項里古墳群 II 』, 1999.

昌原文化財硏究所, 『昌原上南支石墓群』, 1999.

昌原文化財硏究所·昌原大學校博物館, 『阿羅伽耶文化圈遺蹟精密調査報告書』, 1995.

崔鍾圭, 「慶州朝陽洞古墳群二次調査 發掘槪報」, 『博物館新聞』 100號, 1979.

崔鍾圭, 「慶州九政洞一帶發掘調査」, 『博物館新聞』 139號, 1983.

崔鍾圭, 「慶州市朝陽洞遺蹟發掘調査槪要とその成果」, 『古代文化』 35-8, 1983.

崔鍾圭·禹枝南, 「咸安郡 郡北面 사도리 出土品 紹介」, 『年報』 5, 釜山直轄市立博物館, 1982.

秋淵植, 「咸安道項里伽耶古墳群發掘調査豫報」, 『嶺南考古學』 3, 1987.

忠北大學校博物館, 『鎭川松頭里遺蹟發掘調査報告書』, 1991.

忠北大學校博物館, 『中原 薔薇山城』, 1992.

河仁秀, 「東萊福泉洞 內城遺蹟 發掘調査槪要」, 『年報』 12, 釜山直轄市立博物館, 1989.

한국문화재보호재단, 『慶山 林堂遺蹟-本文·圖面·版』 I ~ VI, 1998.

한국문화재보호재단, 『尙州 靑里遺蹟()』 I ~ XI, 1998~1999.

한국문화재보호재단, 『尙州新上里古墳群』, 1998.

韓炳三, 「星州出土 一括 瓦質土器」, 『尹武炳博士回甲紀念論叢』, 1984.

韓永熙·李相洙, 「昌寧 校洞 11號墳 出土 有銘圓頭大刀」, 『考古學志』 2, 韓國考古美術硏究所, 1990.

호암미술관, 『昌寧桂城古墳群(上)』, 2000.

호암미술관, 『昌寧桂城古墳群(下)』, 2000.

洪鎭根, 「高靈 盤雲里 瓦質土器 遺蹟」, 『嶺南考古學』 10, 1992.

曉星女大博物館, 『陜川苧浦里C·D地區遺蹟』, 1987.

3. 단행본

國內

權五重, 『樂浪郡硏究』, 一潮閣, 1992.

金基雄,『伽耶の古墳』, 學生社, 1978.

김석형,『초기조일관계연구』, 사회과학원출판사, 1966.

김석형,『초기조일관계사(하)』, 사회과학출판사, 1988.

金龍星,『新羅의 高塚과 地域集團-大邱·慶山의 例-』, 춘추각, 1998.

金元龍,『韓國考古學槪說』(제3판), 一志社, 1986.

金元龍,『韓國考古學硏究』, 一志社, 1987.

金貞培,『韓國民族文化의 起源』, 高麗大出版部, 1973.

金貞培,『韓國古代의 國家起源과 形成』, 高麗大出版部, 1986.

金廷鶴,『任那と日本』, 小學館, 1977.

金廷鶴,『百濟と倭國』, 六興出版, 1981.

金廷鶴,『韓國上古史硏究』, 汎友社, 1990.

金廷鶴 編,『韓國の考古學』, 河出書房新社, 1972.

金廷鶴 編,『日韓古代國家の起源』, 六興出版, 1980.

金哲埈,『韓國古代社會硏究』, 知識産業社, 1975.

金泰植,『加耶聯盟史』, 一潮閣, 1993.

金鉉球,『大和政權의 對外關係硏究』, 吉川弘文館, 1985.

金鉉球,『任那日本府硏究-韓半島南部經營論批判-』, 一潮閣, 1993.

金海文化院,『김해의 설화』, 1998.

金海市,『金海의 古墳文化』, 1998.

金海市,『加耶史論集 1-加耶와 古代日本』, 1998.

盧重國 等,『加耶史硏究-대가야의 政治와 文化-』, 慶尙北道, 1995.

盧重國,『百濟政治史硏究』, 一潮閣, 1988.

림건상,『조선의 부곡제에 관한 연구』, 과학원출판사, 1963.

목포대박물관,『羅州地域의 古代社會의 性格』, 1999.

文昌魯,『三韓時代의 邑落과 社會』, 신서원, 2000.

박진욱,『조선고고학전서(고대편)』, 과학백과사전종합출판사, 1988.

부산경남역사연구소 엮음,『시민을 위한 가야사』, 집문당, 1996.

부산대학교 한국민족문화연구소·가야사 정책연구위원회,『가야각국사의 재
　　　　구성』, 혜안, 2000.

부산대학교 한국민족문화연구소·가야사 정책연구위원회,『한국 고대사 속의
　　　　가야』, 혜안, 2001.

부산대학교 한국민족문화연구소·가야사 정책연구위원회,『학교교육과 사회
　　　　교육으로서의 가야사』, 혜안, 2002.

부산시립박물관복천분관,『弁·辰韓의 世界』, 1998.

白南雲,『朝鮮社會經濟史』, 개조社, 1933.

申采浩,『朝鮮史研究草』, 1925.

梁柱東,『增訂 古歌研究』, 一潮閣, 1965.

영남고고학회,『삼한의 마을과 무덤-제9회 영남고고학회 학술발표회』, 2000.

尹錫曉,『伽耶史』, 민족문화사, 1990.

李德星,『朝鮮古代社會研究』, 正音社, 1949.

李丙燾,『韓國古代史研究』, 博英社, 1976.

李炳銑,『韓國古代國名地名研究』, 螢雪出版社, 1982.

李盛周,『新羅·伽倻社會의 起源과 成長』, 學研文化社, 1998.

李永植,『加耶諸國と任那日本府』, 吉川弘文館, 1993.

李 玉,『高句麗 民族形成과 社會』, 敎保文庫, 1984.

李鍾旭,『新羅國家形成史研究』, 一潮閣, 1987.

李鍾旭,『한국 초기국가 발전론』, 새문사, 1999.

李賢惠,『三韓社會形成過程研究』, 一潮閣, 1984.

李賢惠,『韓國 古代의 생산과 교역』, 一潮閣, 1998.

李弘稙,『韓國古代史의 研究』, 新丘文化社, 1971.

이희진,『加耶政治史研究』, 學研文化社, 1998.

全基雄,『羅末麗初의 政治社會와 文人知識層』, 혜안, 1996.

全海宗,『東夷傳의 文獻的研究』, 一潮閣, 1980.

鄭求福 等,『三國史記의 原典 檢討』, 韓國精神文化研究院, 1995.

鄭寅普,『朝鮮史研究』(上)·(下), 서울신문사, 1947.

丁仲煥,『加羅史草』, 釜山大 韓日文化研究所, 1962.

丁仲煥,『加羅史研究』, 혜안, 2000.

鄭孝雲,『古代 韓日 政治交涉史 研究』, 學研文化社, 1995.

조희승,『가야사연구』, 사회과학원, 1994.

朱甫暾,『新羅 地方統治體制의 整備過程과 村落』, 신서원, 1999.

(財)韓日文化交流基金 編著,『韓日古代文化의 連繫』, 도서출판서울프레스,
        1994.

창원대학교,『영·호남의 고대 지방사회』, 1999.

충남대학교백제연구소,『한국의 전방후원분』, 2000.

蔡尙植,『高麗後期佛敎史研究』, 一潮閣, 1991.

千寬宇,『古朝鮮史·三韓史研究』, 一潮閣, 1989.

千寬宇, 『加耶史研究』, 一潮閣, 1991.
崔秉鉉, 『新羅古墳研究』, 一志社, 1992.
崔夢龍・崔盛洛 편저, 『韓國古代國家形成論』, 서울대학교출판부, 1997.
崔盛洛, 『韓國原三國文化研究』, 학연문화사, 1995.
崔盛洛 편저, 『榮山江流域의 古代社會』, 學研文化社, 1999.
崔鍾圭, 『三韓考古學研究』, 서경문화사, 1995.

國外

岡內三眞 編, 『韓國の前方後圓形墳-早稻田大學韓國考古學學術調査硏修報
　　　　告-』, 1996.
江上波夫, 『騎馬民族國家』, 中公新書, 1967.
江上波夫 等, 『幻の加耶と古代日本』, 文藝春秋, 1994.
高久健二, 『樂浪古墳文化研究』, 학연문화사, 1995.
高寬敏, 『古代朝鮮諸國と倭國』, 雄山閣, 1997.
鬼頭淸明, 『日本古代國家の形成と東アジア』, 校倉書房, 1976.
今西龍, 『朝鮮古史の研究』, 1937.
今西龍, 『百濟史研究』, 1937.
吉田東伍, 『日韓古史斷』, 1893.
吉田晶, 『日本古代國家成立史論-國造制を中心として-』, 東京大學出版會,
　　　　1973.
都出比呂志, 『古墳時代首長系譜變動パターンの比較研究』, 1999.
東京國立博物館, 『伽耶文化展』, 1992.
東潮・田中俊明, 『韓國の古代遺跡』 2(百濟・加耶篇), 吉川弘文館, 1989.
末松保和, 『任那興亡史』, 大八洲出版, 1949 ; 재판, 吉川弘文館, 1956.
末松保和, 『新羅史の諸問題』, 東洋文庫, 1954.
末松保和, 『古代の日本と朝鮮』, 吉川弘文館, 末松保和朝鮮史著作集4, 1996.
武光誠, 『律令制成立過程の研究』, 雄山閣, 1998.
武田幸男, 『高句麗史と東アジア-‘廣開土王碑’研究序說』, 岩波書店, 1989.
梅原末治, 『朝鮮古代の墓制』, 座右寶刊行會, 1946.
梅原末治・藤田亮策, 『朝鮮古文化綜鑑』 第一卷, 1947.
山尾幸久, 『日本古代王權形成史論』, 岩波書店, 1983.
山尾幸久, 『日本古代の國家形成』, 大和書房, 1986.
山尾幸久, 『古代の日朝關係』, 塙書房, 1989.

山尾幸久,『筑紫君磐井の戰爭』, 新日本出版社, 1999.

三品彰英,『日本書紀朝鮮關係記事考証』(上卷), 吉川弘文館, 1959.

三品彰英(遺撰),『三國遺事考証』(上)・(中), 塙書房, 1975・1979.

上田正昭 編,『古代の日本と東アジア』, 小學館, 1991.

石母田正,『日本の古代國家』, 岩波書店 1971 ;『石母田正著作集』第3卷, 岩波書店, 1989

植木 武 編著,『國家の形成』, 三一書房, 1996.

鈴木靖民,『增補古代國家史研究の歩み-邪馬台國から大和政權まで-』, 新人物往來社, 1983.

鈴木靖民,『古代對外關係史の研究』, 吉川弘文館, 1985.

鈴木靖民 等,『東アジアの古代文化』62(伽耶はなぜほろんだか 特輯号), 1990・冬 ;『增補改訂版 伽耶はなぜほろんだか』, 大和書房, 1998.

王健群,『廣開土王碑研究』(林東錫 譯), 역민사, 1985.

田中俊明,『大加耶連盟の興亡と‘任那’』, 吉川弘文館, 1992.

田村晃一/鈴木靖民 編集, 『アジアからみた古代日本』(新版[古代の日本]2), 角川書店, 1992.

井上秀雄 編著,『セミナ-日朝關係史1』, 櫻楓社, 1969.

井上秀雄,『任那日本府と倭』, 東出版, 1973.

井上秀雄,『新羅史基礎研究』, 東出版, 1974.

井上秀雄,『古代朝鮮史序說-王者と宗敎-』, 寧樂社, 1978.

窪田藏郎,『鐵の考古學』, 1973.

鮎貝房之進,『雜攷』7(上・下), 1937.

佐賀縣立名護屋城博物館,『倭國と加耶』, 1999.

池內宏,『滿鮮史研究』上世第一冊 吉川弘文館, 1951.

池內宏,『日本上代史の一研究』中央公論美術出版(復刊), 1970.

津田左右吉,『津田左右吉全集』11, 1964.

村上四男,『朝鮮古代史研究』, 開明書院, 1978.

坂元義種,『古代東アジアの日本と朝鮮』, 吉川弘文館, 1978.

平野邦雄,『大和前代政治過程の研究』, 吉川弘文館, 1985.

平野邦雄 編,『古代を考える邪馬台國』, 吉川弘文館, 1998.

Jonathan Hass, 최몽룡 옮김,『원시국가의 진화』, 민음사, 1989.

Morgan, L. H., *Ancient Society*/최달곤・정동호 공역,『고대사회』, 현암사, 1978.

Engels, F., *The Origin of Family, Private, and State*/김대웅 옮김, 『가족의 기원』, 아침, 1985.
빅터 에렌버그, 김진경 옮김, 『그리스 국가』, 民音社, 1991.

4. 연구논문

1) 문헌

國內

姜鳳遠, 「加耶의 政治的 發展과 經濟的 背景에 관한 小考」, 『慶熙史學』 12·13合輯, 1986.
權五榮, 「三韓 國邑의 기능과 내부 구조」, 『釜山史學』 28, 1995.
權五榮, 「三韓의 ‘國’에 대한 硏究」, 서울대학교 박사학위논문, 1996.
權五重, 「樂浪郡과 그 周邊의 官府」, 『東亞史의 比較硏究』, 1987.
權珠賢, 「阿羅加耶의 成立과 發展」, 『啓明史學』 4, 1993.
權珠賢, 「安邪國에 대하여」, 『大邱史學』 50, 1995.
權珠賢, 「‘加耶’の槪念とその範圍」(上)·(下), 『國學院雜誌』 99-2·3号, 1998年 2·3月.
權珠賢, 「加耶文化史 硏究」, 계명대학교 박사학위논문, 1998.
金東旭, 「‘于勒十二曲’에 대하여」, 『新羅伽倻文化』 1, 1966.
金杜珍, 「三韓 別邑의 蘇塗信仰」, 『韓國古代의 國家와 社會』, 一潮閣, 1985.
金杜珍, 「新羅建國神話의 神聖族槪念」, 『韓國學論叢』 11, 1988.
金杜珍, 「百濟始祖 溫祚神話의 形成과 그 傳承」, 『韓國學論叢』 13, 1990.
金杜珍, 「伽耶 建國神話의 成立과 그 變化」, 『韓國學論叢』 19, 1996.
金福順, 「大伽耶의 불교」, 『加耶史硏究-대가야의 政治와 文化-』, 慶尙北道, 1995.
金庠基, 「建國說話」, 『學術誌』 5, 建國大, 1964.
金相潡, 「新羅末 舊加耶圈의 金海 豪族勢力」, 『震檀學報』 82, 1996.
金相鉉, 「萬波息笛說話의 形成과 意義」, 『韓國史硏究』 34, 1981.
金相鉉, 「『三國遺事』의 刊行과 流通」, 『韓國史硏究』 38, 1982-9.
金相鉉, 「陜川梅岸里古碑에 대하여」, 『新羅文化』 6, 1989.
김석형, 「삼한삼국의 일본열도내 분국에 대하여」, 『력사과학』, 1963. 1.
金煐泰, 「駕洛佛教의 傳來와 그 展開」, 『佛教學報』 27, 1991.

金煐泰, 「伽耶의 國名과 佛敎와의 관계」, 『伽倻文化』6, (財)伽倻文化硏究院, 1993.

金煐泰, 「伽倻佛敎의 史的 考察」, 『伽倻文化』11, (財)伽倻文化硏究院, 1998.

金瑛河, 「廣開土王碑와 倭-신묘년기사의 결자보입을 중심으로-」, 『弘益史學』1, 1984.

金龍善, 「朴堤上 小考」, 『全海宗博士華甲紀念史學論叢』, 1979.

金恩淑, 「『日本書紀』의 백제관계기사의 기초적 검토-「百濟三書」를 중심으로-」, 『百濟硏究』21. 1990.

金恩淑, 「『新撰姓氏錄』의 加耶系 氏族」, 『韓國古代史論叢』2, 韓國古代社會硏究所, 1991.

김은택, 「『일본서기』의 임나국관계기사 비판」, 『력사과학론문집』13, 과학백과사전종합출판사, 1988.

金一權, 「고구려 고분벽화의 天文 관념 체계 연구」, 『震檀學報』82, 1996.

金貞培, 「辰國과 韓에 관한 고찰」, 『史叢』12·13합, 1968.

金貞培, 「準王 및 辰國과 三韓正統論의 諸問題」, 『韓國史硏究』13, 1976.

金貞培, 「衛滿朝鮮의 國家的 性格」, 『史叢』21·22合輯, 1977.

金貞培, 「韓民族의 起源과 國家形成의 諸問題」, 『國史館論叢』1, 1989.

金貞淑, 「大伽耶의 성립과 발전」, 『加耶史硏究-대가야의 政治와 文化-』, 慶尙北道, 1995.

金廷鶴, 「加耶境域新考」, 『釜山大學校論文集』21, 1976.

金廷鶴, 「古代國家의 發達(伽耶)」, 『韓國考古學報』12, 1982.

金廷鶴, 「加耶史의 硏究」, 『史學硏究』37, 1983.

金廷鶴, 「加耶의 國家形成段階」, 『정신문화연구』32, 1987.

金昌鎬, 「伽倻지역에서 발견된 金石文 자료」, 『鄕土史硏究』1, 韓國鄕土史硏究全國協議會, 1989.

金昌鎬, 「六世紀 新羅 金石文의 釋讀과 그 分析」, 慶北大學校 博士學位論文, 1994.

金哲埈, 「新羅上代社會의 Dual organization」, 『歷史學報』1·2合輯, 1952.

金哲埈, 「高句麗·新羅의 官階組織의 成立過程」, 『李丙燾博士華甲記念論叢』, 1956.

金哲埈, 「新羅上古世系와 그 紀年」, 『歷史學報』17·18合輯, 1962.

金哲埈, 「韓國古代國家發達史」, 『韓國文化史大系』I(民族·國家史), 高大民族文化研究所, 1964.

金哲埈, 「高麗中期의 文化意識과 史學의 性格」, 『韓國史研究』 9, 1973.

金泰植, 「5세기 후반 大加耶의 발전에 대한 研究」, 『韓國史論』 12(서울大), 1985.

金泰植, 「後期加耶諸國의 성장기반 고찰」, 『釜山史學』 11, 1986.

金泰植, 「6세기 전반 加耶南部諸國의 소멸과정 고찰」, 『韓國古代史研究』 1, 한국고대사연구회, 1988.

金泰植, 「加耶史 연구의 제문제」, 『한국상고사-연구현황과 과제』, 民音社, 1989.

金泰植, 「加耶의 社會發展段階」, 『한국고대국가의 형성』, 한국고대사연구회, 民音社, 1990.

金泰植, 「가야사연구의 시간적·공간적 범위」, 『韓國古代史論叢』 2, 韓國古代社會研究所, 1991.

金泰植, 「530년대 安羅의 '日本府' 經營에 대하여」, 『蔚山史學』 4, 1991.

金泰植, 「6세기 중엽 加耶의 멸망에 대한 研究」, 『韓國古代史論叢』 4, 韓國古代社會研究所, 1992.

金泰植, 「廣開土王陵碑文의 任那加羅와 '安羅人戍兵'」, 『韓國古代史論叢』 6, 韓國古代社會研究所, 1994.

金泰植, 「咸安 安羅國의 成長과 變遷」, 『韓國史研究』 86, 1994.

金泰植, 「百濟의 加耶地域 關係史 : 交涉과 征服」, 『百濟研究論叢』 5, 忠南大學校百濟研究所, 1997.

金泰植, 「加耶聯盟의 諸槪念 比較」, 『加耶諸國의 王權』, 仁濟大 加耶文化研究所, 1997.

金泰植, 「駕洛國記 所載 許王后 說話의 性格」, 『韓國史研究』 102, 1998-9.

金泰植, 「加耶聯盟體의 部體制 成立與否에 대한 小論」, 『韓國古代史研究』 17, 2000.

金泰植, 「加耶聯盟體의 性格 再論」, 『韓國古代史論叢』 10, 2000.

金和經, 「首露王 神話의 研究」, 『震檀學報』 67, 1989.

金鉉球, 「'신공기'加羅七國 平定기사에 관한 일고찰」, 『史叢』 39, 고려대사학회, 1991.

金鉉球, 「4세기 가야와 백제·야마토왜의 관계」, 『韓國古代史論叢』 6, 한국고대사회연구소, 1994.

金鉉球, 「가야의 대외관계」, 『한국사 ; 삼국의 정치와 사회Ⅲ-신라·가야』 7, 국사편찬위원회, 1997.

南在祐, 「加耶史에서의 ‘聯盟’의 의미」, 『昌原史學』 2, 1995.

南在祐, 「安羅國의 成長과 對外關係 研究」, 成均館大學校 文學博士 學位論文, 1998.

盧重國, 「高句麗·百濟·新羅 사이의 力關係에 대한 一考察」, 『東方學志』 28, 1981.

盧重國, 「韓國古代의 邑落의 構造와 性格-國家形成過程과 관련하여-」, 『大丘史學』 38, 1989.

盧重國, 「大伽耶의 政治·社會構造」, 『加耶史研究-대가야의 政治와 文化-』, 慶尙北道, 1995.

盧泰敦, 「三國時代의 「部」에 關한 研究」, 『韓國史論』 2 (서울大), 1975.

盧泰敦, 「高句麗의 漢水流域 喪失의 原因에 대하여」, 『韓國史研究』 13, 1976.

盧泰敦, 「三韓에 대한 認識의 變遷」, 『韓國史研究』 38, 1982-9.

盧泰敦, 「5세기 金石文에 보이는 高句麗人의 天下觀」, 『韓國史論』 19(서울大), 1988.

文暻鉉, 「辰韓의 鐵産과 新羅의 强盛」, 『大丘史學』 7·8合輯, 1973.

文暻鉉, 「伽耶史의 新考察-大加耶問題를 中心으로-」, 『大丘史學』 9, 1975.

文暻鉉, 「加耶聯盟形成의 經濟的 考察」, 『大丘史學』 12·13合輯, 1977.

문성렵, 「가야금의 전신악기와 우륵의 음악활동」, 『력사과학』, 1990. 1.

朴宗基, 「高麗 太祖 23년 郡縣改編에 관한 研究」, 『韓國史論』 19(서울大), 1988.

白南郁, 「三國志 韓傳의 ‘國’에 관한 問題」, 『白山學報』 26, 1981.

白南郁, 「삼한사회의 國에 관한 연구」, 건국대학교 박사학위논문, 1989.

白承玉, 「新羅·百濟 각축기의 比斯伐加耶」, 『釜大史學』 15·16合輯, 1992.

白承玉, 「比斯伐加耶의 形成과 國家的 性格」, 『韓國文化研究』 7, 1995.

白承玉, 「‘卓淳’의 位置와 性格-『日本書紀』관계기사 검토를 중심으로-」, 『釜大史學』 19, 1995.

白承玉, 「固城 古自國의 형성과 변천」, 『韓國 古代社會의 地方支配』, 韓國古代史研究會編, 신서원, 1997.

白承玉, 「3~5세기의 가야남부제국(加耶南部諸國)-‘변한’에서 ‘가라’로의 변화와 고구려 남정(南征)을 중심으로-」, 『加耶文化遺蹟 調査 및 整備計劃』경상북도·가야대학교 부설 가야문화연구소, 1998.

白承玉, 「加耶 對外交涉의 展開過程과 그 擔當者들」, 『加耶의 對外交涉』, 김해시, 1999.

白承玉, 「加羅 擬制縣의 존재와 그 정치적 성격-국가적 성격 논의와 관련하여-」, 『伽倻文化』 12, (財)伽倻文化研究院, 1999.

白承玉, 「경남과 가야사·가야문화」, 『慶南文化研究』 22, 경상대학교 경남문화연구소, 2000.

白承玉, 「문헌자료를 통해 본 가야시기의 창녕지방」, 『가야시기 경남지방의 역사·고고학적 성격』, 국립창원문화재연구소, 2001.

白承玉, 「전기 가야 小國의 성립과 발전」, 『한국 고대사 속의 가야』, 혜안, 2001.

白承玉, 「加羅國과 주변 加耶諸國」, 『大加耶와 周邊諸國』, 高靈郡·韓國上古史學會, 2002.

白承玉, 「가야사 연구성과를 통하여 본 부산의 고대사」, 『港都釜山』 18, 2002.

白承玉, 「廣開土王陵碑文과 加耶」, 『加耶와 廣開土大王』, 김해시, 2003.

白承忠, 「1~3세기 가야세력의 성격과 그 추이-수로집단의 성격과 浦上八國의 亂을 중심으로-」, 『釜大史學』 13, 1989.

白承忠, 「3~4세기 한반도 남부지방의 제세력 동향-초기가야세력권의 변화를 중심으로-」, 『釜山史學』 18, 1990.

白承忠, 「'加耶'의 用例 및 時期別 분포상황」, 『釜山史學』 22, 1992.

白承忠, 「于勒十二曲의 해석문제」, 『韓國古代史論叢』 3, 韓國古代社會研究所, 1992.

白承忠, 「'任那復興會議'의 전개와 그 성격」, 『釜大史學』 17, 1993.

白承忠, 「加耶의 地域聯盟史 研究」 釜山大學敎 文學博士 學位論文, 1995.

白承忠, 「加羅國과 于勒十二曲」, 『釜大史學』 19, 1995.

白承忠, 「弁韓의 成立과 發展」, 『三韓의 社會와 文化』, 韓國古代史研究會, 1995.

白承忠, 「安羅의 移那斯·麻都에 대한 檢討」, 『지역과 역사』 2, 부산경남역사연구소, 1996.

白承忠, 「문헌에서 본 가야·삼국과 왜」, 『韓國民族文化』 12, 부산대학교 한국민족문화연구소, 1998.

白承忠, 「가야의 개국설화에 대한 검토」, 『역사와 현실』 33, 한국역사연구회, 1999.9.

白承忠, 「가야의 정치구조-'부체제'논의와 관련하여-」, 『한국고대사연구』 17, 한국고대사학회, 2000.3.

白承忠, 「6세기 전반 백제의 가야진출과정」, 『百濟研究』 31, 충남대학교백제

연구소, 2000.

宣石悅, 「迎日冷水里新羅碑에 보이는 官等·官職問題」, 『韓國古代史研究』 3, 한국고대사연구회, 1990.

宣石悅, 「新羅 官等體系의 成立」, 『釜山史學』 20, 1991.

宣石悅, 「『三國史記』「新羅本紀」 加耶關係記事의 檢討」, 『釜山史學』 24, 1993.

宣石悅, 「『三國史記』新羅本紀 初期記錄 問題와 新羅國家의 成立」, 釜山大學校 文學博士 學位論文, 1996.

宣石悅, 「浦上八國의 阿羅國 침입에 대한 考察-6세기 중엽 남부가야제국의 동향과 관련하여」, 『加羅文化』 14, 1997.

孫兌鉉·李永澤, 「遣使航運時代에 關한 研究」, 『韓國海洋大學校論文集』 16, 1981.

梁起錫, 「熊津時代의 百濟支配層研究」, 『史學志』 14, 1980.

신채호, 「朝鮮上古文化史」, 『단재전집』(上), 형설출판사, 1972.

延敏洙, 「六世紀前半 加耶諸國을 둘러싼 百濟·新羅의 動向-소위 「任那日本府」說의 究明을 위한 序章-」, 『新羅文化』 7, 東國大 新羅文化研究所, 1990.

延敏洙, 「任那日本府論-소위 日本府官人의 出自를 중심으로- 」, 『東國史學』 24, 1990.

延敏洙, 「倭의 五王時代의 對外關係-對宋外交와 韓半島問題-」, 『芝邨金甲周教授華甲紀念史學論叢』, 1995.

尹乃鉉, 「加耶의 건국과 성장에 대한 再考察」, 『史學志』 30, 檀國史學會, 1997.

尹錫曉, 「加耶의 倭地進出에 대한 一研究」, 『白山學報』 28, 1984.

尹錫曉, 「本伽耶의 史的 研究」, 『論文集』 9, 漢城大學, 1985.

尹錫曉, 「伽耶의 軍事制度에 대하여」, 『朴性鳳教授回甲紀念論叢』, 1987.

尹錫曉, 「阿羅伽耶에 關한 研究」, 『漢城史學』 8, 1996.

李根雨, 「日本書紀 任那關係 記事에 관하여」, 『淸溪史學』 2, 1985.

李根雨, 「任那日本府說과 繼體天皇의 出自」, 『論文集』 2, 한국정신문화연구원, 1988.

李根雨, 「百濟本記와 任那問題」, 『加羅文化』 8, 慶南大 加羅文化研究所, 1990.

李根雨, 「『百濟記』의 主役」, 『古代の日本と東アジア』, 小學館, 1991.

李根雨, 「『日本書紀』에 引用된 百濟三書에 관한 研究」, 한국정신문화연구원 박사학위논문, 1994.

李根雨, 「6世紀代 加耶諸國의 국가구조에 대한 試論」, 『加耶와 新羅』, 김해시 제4회 가야사 학술회의 자료, 1998.

李基東, 「于老傳說의 世界-新羅史上의 英雄時代-」, 『韓國古代의 國家와 社會』, 一潮閣, 1985.

李基白, 「强首와 그의 思想」, 『文化批評』 3, 1969.

李基白, 「熊津時代 百濟의 貴族勢力」, 『百濟研究』 9, 1978.

李道學, 「高句麗의 洛東江下流域進出과 新羅·加耶經營」, 『國學研究』 2, 1988.

李萬烈, 「高麗慶源李氏家門의 展開過程」, 『韓國學報』 21, 1980(겨울).

李文基, 「蔚珍鳳坪新羅碑와 中古期의 六部問題」, 『韓國古代史研究』 2, 1989.

李文基, 「新羅 上古期의 統治組織과 國家形成 問題」, 『한국고대국가의 형성』 한국고대사연구회, 民音社, 1990.

李文基, 「大伽耶의 對外關係」, 『加耶史研究-대가야의 政治와 文化-』, 慶尙北道, 1995.

李明植, 「大伽耶의 歷史·地理的 環境과 境域」, 『加耶史研究-대가야의 政治와 文化-』, 慶尙北道, 1995.

李丙燾, 「三韓問題의 新考察(六)」, 『震檀學報』 7, 1937.

李炳銑, 「駕洛國의 國名·王名·姓氏名·人名의 表記와 金海地名攷」, 『釜山大學校論文集』 15(人文·社會科學篇), 1973.

李銖勳, 「新羅 中古期 郡의 形態와 城(村)」, 『古代研究』 1, 古代研究會, 1988.

李銖勳, 「新羅 中古期 村落支配 研究」, 釜山大學校 文學博士 學位論文, 1995.

李永植, 「伽倻諸國의 國家形成問題-「伽倻聯盟說」의 再檢討와 戰爭記事分析을 中心으로-」, 『白山學報』 32, 1985.

李永植, 「6세기 중엽의 加耶와 倭」, 『加耶史論』, 고려대학교 한국학연구소, 1993.

李永植, 「昌寧 校洞 11號墳 出土 環頭大刀銘」, 『宋甲鎬敎授停年退任紀念論文集』, 1993.

李永植, 「九干社會와 駕洛國의 成立」, 『伽倻文化』 7, 1994.

李永植, 「加耶諸國의 外交形式」, 『新羅末高麗初의 政治·社會變動』, 韓國古

代史研究會, 1994.

李永植, 「百濟의 加耶進出過程」, 『韓國古代史論叢』 7, 1995.

李永植, 「六世紀 安羅國史研究」, 『國史館論叢』 62, 1995.

李永植, 「加耶와 國際關係」, 『加耶史의 새로운 이해』, 韓國古代史研究會, 1996.

李永植, 「대가야의 영역과 국제관계」, 『伽倻文化』 10, (財)伽倻文化研究院, 1997.

李永植, 「가야불교의 전래와 문제점」, 『伽倻文化』 11, (財)伽倻文化研究院, 1998.

李永植, 「古代의 戰爭과 國家形成」, 『韓國古代史研究』 16, 1999.

李 玉, 「首露王 神話」, 『崔虎鎭博士華甲記念 韓國經濟史學論叢』, 瑞文堂, 1982.

李龍範, 「高句麗의 成長과 鐵」, 『白山學報』 1, 1966.

李鎔賢, 「6世紀 前半頃 伽倻의 滅亡過程」, 高麗大學校 文學碩士 學位論文, 1988.

李鎔賢, 「五世紀末における加耶の高句麗接近と挫折-顯宗三年紀是歲條の檢討-」, 『東アジアの古代文化』 90, 1997·冬.

李鎔賢, 「加耶諸國の權力構造-'任那'復興會議を中心に一」, 『國史學』 164, 1998.

李鎔賢, 「加耶의 姓氏와 '金官國'」, 『史叢』 48, 1998.

李賢惠, 「三韓의 「國邑」과 그 成長에 대하여」, 『歷史學報』 69, 1976.

李賢惠, 「4세기 加耶社會의 交易體系의 變遷」, 『韓國古代史研究』 1, 1988.

李賢惠, 「馬韓 伯濟國의 形成과 支配集團의 出自」, 『百濟研究』 22, 1991.

李賢惠, 「金海地域의 古代 聚落과 城」, 『韓國古代史論叢』 8, 1996.

李炯基, 「非火伽耶에 對한 一考察」, 영남대학교 석사학위논문, 1994.

李炯基, 「小伽耶聯盟體의 成立과 그 推移」, 『民族文化論叢』 17, 영남대학교 민족문화연구소, 1997

李炯基, 「星山伽耶聯盟體의 成立과 그 推移」, 『民族文化論叢』 18·19合輯, 영남대학교 민족문화연구소, 1998.

李炯基, 「阿羅伽耶聯盟體의 成立과 그 推移」, 『史學研究』 57, 한국사학회, 1999.

李炯基, 「大加耶의 聯盟構造에 대한 試論」, 『韓國古代史研究』 18, 2000.

李炯佑, 「大伽耶의 멸망 과정」, 『加耶史研究-대가야의 政治와 文化-』, 慶尙

北道, 1995.

李弘稙, 「任那問題を中心とする欽明紀の整理-主要關係人物の硏究-」, 『靑丘學叢』 25, 1936.

李弘稙, 「日本書紀 所載 高句麗關係記事考」, 『東方學志』 1・3, 1954・1957.

李弘稙, 「梁職貢圖 論考-특히 百濟國使臣圖經을 中心으로-」, 『高大60周年紀念論文集・人文科學篇』, 1965.

李弘稙, 「羅末의 戰亂과 緇軍」, 『史叢』 12・13合輯, 1968.

李熙眞, 「加耶의 消滅過程을 통해 본 加耶-百濟-新羅關係」, 『歷史學報』 141, 1994.

林炳泰, 「新羅小京考」, 『歷史學報』 35・36合輯, 1967.

全京秀, 「신진화론과 국가형성론」, 『韓國史論』 19(서울大), 1988.

全榮來, 「百濟 南方境域의 變遷」, 『千寬宇先生還歷紀念韓國史學論叢』, 1985.

全虎兒, 「고구려의 오행사상과 사신도」, 『국사관논총』 48, 1993.

鄭容淑, 「고려건국기의 지방사회와 부산」, 『釜山市史』 第1卷, 1989.

鄭再敎, 「新羅의 國家的 成長과 神宮」, 『釜大史學』 11, 1987.

丁仲煥, 「辰國・三韓 及 加羅의 名稱考」, 『釜山大學校十周年記念論文集』, 1956.

丁仲煥, 「加羅史硏究」, 『東亞論叢』 4(東亞大), 1967.

丁仲煥, 「瀆盧國考」, 『白山學報』 8, 1970.

丁仲煥, 「廉斯金齒 說話考-加羅前史의 試考로서-」, 『大丘史學』 7・8合輯, 1973.

丁仲煥, 「日本書紀에 引用된 百濟三書에 대하여」, 『亞細亞學報』 10, 1973.

丁仲煥, 「日本書紀 繼體・欽明紀의 加羅關係記事硏究」, 『釜山史學』 2, 1978.

丁仲煥, 「三國遺事와 日本書紀에 보이는 祓禊思想」, 『東國史學』 15・16合輯, 1981.

丁仲煥, 「駕洛國記의 文獻學的考察」, 『伽倻文化』 3, 伽倻文化硏究院, 1990.

曺瑛君, 「5~6世紀 大加耶의 政治的 位相」, 梨花女子大學校 文學碩士 學位論文, 1996.

趙仁成, 「崔致遠의 歷史敍述」, 『歷史學報』 94・95合輯, 1982.

趙仁成, 「6世紀 阿羅加耶(安羅國)의 支配勢力의 動向과 政治形態」, 『加羅文化』 13, 1996.

朱甫暾, 「加耶滅亡問題에 대한 一考察-新羅의 膨脹과 關聯하여-」, 『慶北史

學』4, 1982.

朱甫暾, 「蔚珍鳳坪新羅碑와 法興王代 律令」, 『韓國古代史研究』2, 한국고대
　　　사연구회, 1989.

朱甫暾, 「韓國 古代國家 形成에 대한 연구사적 검토」, 『한국고대국가의 형
　　　성』, 民音社, 1990.

朱甫暾, 「序說-加耶史의 새로운 定立을 위하여」, 『加耶史研究-대가야의 政
　　　治와 文化-』, 慶尙北道, 1995.

朱甫暾, 「韓國 古代의 土器銘文」, 『유물에 새겨진 古代文字』, 부산광역시립
　　　박물관 복천분관, 1997.

朱甫暾, 「『日本書紀』의 編纂 背景과 任那日本府說의 成立」, 『韓國古代史研
　　　究』15, 1999. 5.

蔡尙植, 「至元15年(1278) 仁興社刊 『歷代年表』와 『三國遺事』」, 『高麗史의
　　　諸問題』, 三英社, 1986.

蔡尙植, 「4號墳 出土 土器의 銘文」, 『陜川苧浦里E地區遺蹟』, 慶尙南道·釜
　　　山大學校博物館, 1987.

蔡尙植, 「陜川 苧浦 4號墳 出土 土器의 銘文」, 『伽耶』2, 伽耶文化社, 1989.

蔡雄錫, 「高麗後期 社會構造와 本貫制」, 『高麗史의 諸問題』, 三英社, 1986.

千寬宇, 「三韓의 成立過程」, 『史學研究』26, 1975.

千寬宇, 「『三國志』 韓傳의 再檢討」, 『震檀學報』41, 1976.

千寬宇, 「三韓의 國家形成」(上)『韓國學報』2, 1976.

千寬宇, 「辰·弁韓諸國의 位置試論」, 『白山學報』20, 1976.

千寬宇, 「復元加耶史」(上)(中)(下)『文學과 知性』28·29·31, 1977·1978.

崔光植, 「古代國家形成에 對한 理論的 檢討」, 『新羅文化』3·4합집, 동국대
　　　학교 신라문화연구소, 1987.

崔光植, 「蔚珍鳳坪新羅碑의 釋文과 解析」, 『韓國古代史研究』2, 한국고대사
　　　연구회, 1989.

崔光植, 「大伽耶의 信仰과 祭儀」, 『加耶史研究-대가야의 政治와 文化-』, 慶
　　　尙北道, 1995.

崔柄憲, 「新羅末 金海地方의 豪族勢力과 禪宗」, 『韓國史論』4(서울大), 1978.

최복홍, 「『삼국유사』에 실려있는 고조선과 가락국 건국신화의 불교관계자료
　　　에 대한 고찰」, 『력사과학』, 1986. 4.

許萬成, 「伽倻初期 對新羅關係에서 본 境域에 대한 考察」, 『釜山史學』28,
　　　1995.

354

허재혁, 「5세기대 남부가야의 세력재편-浦上八國 戰爭과 高句麗軍 南征을
　　　중심으로- 」, 부산대학교 석사학위논문, 1998.
洪潤植, 「伽倻佛敎에 대한 諸問題와 그 史的 意義」, 『伽耶考古學論叢』 1,
　　　(財)駕洛國史蹟開發硏究院, 1992.

　　國外

高寬敏, 「『三國史記』新羅本紀の倭關係記事」, 『古代の日本と東アジア』, 小
　　　學館, 1991.
高寬敏, 「『日本書紀』繼體紀・近江毛野臣朝鮮派兵記事の檢討」, 『年報』 4,
　　　大阪經濟法科大學アジア硏究所, 1993.
鬼頭淸明, 「加耶諸國の史的發展について」, 『朝鮮史硏究會論文集』 11, 1974.
鬼頭淸明, 「‘任那日本府’の檢討」, 『日本古代國家の形成と東アジア』, 1976.
鬼頭淸明, 「所謂「任那日本府」の再檢討」, 『東洋大學文學部紀要』 45(史學科
　　　篇) 17, 1991.
今西龍, 「加羅疆域考」, 『史林』 4-3・4, 1919.
今西龍, 「加羅疆域考補遺」, 『史林』 5-1, 1920.
今西龍, 「己汶伴跛考」, 『史林』 7-4, 1922.
吉田晶, 「古代國家の形成」, 『岩波講座 日本歷史』 2(古代2), 岩波書店, 1975.
那珂通世, 「三韓考」, 『史學雜誌』 6-6, 1895.
那珂通世, 「加羅考」, 『史學雜誌』 7-3・5, 1896.
大谷光男, 「朝鮮における中國から冊封された官印について-古代より淸に至
　　　る-」, 『中吉先生喜壽記念 朝鮮の古文化論讚』, 國書刊行會, 1987.
大山誠一, 「所謂「任那日本府」の成立について」(上)(中)(下), 『古代文化』 32-
　　　9・11・12, 1980.
牧健二, 「魏志倭人伝行程記事の解讀」, 『西田先生頌壽記念日本古代史論叢』,
　　　吉川弘文館, 1960.
木下禮仁, 「『日本書紀』にみえる「百濟史料」の史料的價値について」, 『朝鮮學
　　　報』 21・22合輯, 1961.
武田幸男, 「新羅・法興王代の律令と衣冠制」, 『古代朝鮮と日本』, 1974.
武田幸男, 「六世紀における朝鮮三國の國家體制」, 『東アジア世界における日
　　　本古代史講座』 4(朝鮮三國と倭), 1980.
武田幸男, 「伽耶～新羅の桂城‘大干’-昌寧・桂城古墳群出土土器の銘文につ
　　　いて-」, 『朝鮮文化硏究』 1, 東京大學 文學部 朝鮮文化 硏究室,

1994.

門脇禎二,「古代社會論」,『岩波講座日本歷史』2(古代 2), 岩波書店, 1975.

山尾幸久,「朝鮮三國の軍事組織」,『古代朝鮮と日本』, 龍溪書舍, 1974.

山尾幸久,「任那に關する一試論」,『古代東アジア史論集』(下), 吉川弘文館, 1978.

山尾幸久,「百濟三書と日本書紀」,『朝鮮史研究會論文集』15, 1978.

山尾幸久,「任那日本府에 대하여」,『加耶史論集』1, 김해시, 1998.

三品彰英,「百濟記・百濟新撰・百濟本記について」,『朝鮮學報』24, 1962.

三品彰英,「上代における吉備氏の朝鮮經營」,『朝鮮學報』36, 1965.

三品彰英,「'繼體紀の諸問題'-特に近江毛野臣の所傳を中心として-」,『日本書紀研究』2, 1967.

森俊道,「任那日本府の加不至費直」,『東アジアの古代文化』37, 1983.

西本昌弘,「帶方郡治の所在地と辰韓廉斯邑」,『朝鮮學報』130, 1989.

松波宏隆,「'任那復興會議'關係記事と『百濟本記』」,『國史學研究』19, 1993.3, 龍谷大學國史學合同研究室.

鈴木英夫,「'任那の調'の起源と性格」,『國史學』119, 1983.

鈴木英夫,「加耶・百濟と倭-「任那日本府」論-」,『朝鮮史研究會論文集』24, 1987.

鈴木靖民,「いわゆる任那日本府および倭問題」,『歷史學研究』405, 1974.

鈴木靖民,「東アジア諸民族の國家形成と大和王權」,『岩波講座 日本歷史』1(原始・古代1), 1985.

鈴木靖民,「古代の日朝關係」,『日朝關係史を考れる』, 歷史學研究會, 1989.

鈴木靖民,「六世紀の朝鮮三國と伽耶と倭」,『東アジアの古代文化』62, 1990.

奧田 尙,「'任那日本府'と新羅倭典」,『古代國家の形成と展開』, 吉川弘文館, 1976

原秀三郎,「日本烈島の未開と文明」,『講座 日本歷史』1(原始・古代 1), 歷史學研究會・日本史研究會, 1985.

李成市,「蔚珍鳳坪新羅碑の基礎的研究」,『史學雜誌』98-6, 1989.

林泰輔,「加羅の起源」,『史學雜誌』25, 1891.

林泰輔,「加羅の起源續考」,『史學雜誌』5-3, 1894.

笠井倭人,「加不至費直の系譜について-「百濟本記」讀解の一例として-」,『日本書紀研究』5, 1971.

田中俊明,「于勒十二曲と大加耶連盟」,『東洋史研究』48-4, 京都大文學部,

1990.

田中俊明,「'加耶''任那''倭'をめぐる問題點」,『東アジアの古代文化』73号, 1992秋.

田中俊明,「大加耶連盟の興亡-加耶の政治的發展-」,『加耶史 研究의 成果와 展望』, 고려대학교 한국학연구소, 1992.

田中俊明,「加耶諸國の王權に對する私見」,『加耶諸國의 王權』, 인제대학교 가야문화연구소편, 신서원, 1997.

井上秀雄,「『三國史記』地理志の史料批判」,『朝鮮學報』21・22合輯, 1961.

井上秀雄,「任那日本府の行政組織」,『日本書紀研究』2, 1966.

井上秀雄,「倭・加耶と國際關係」,『東アジアの古代文化』73号, 1992 秋.

鄭早苗,「中國周邊諸民族の首長号-『後漢書』『三國志』より-」,『村上四男博士和歌山大學退官記念 朝鮮史論文集』, 1982.

中村榮孝,「漢江と洛東江」,『靑丘學叢』12, 1933.

津田左右吉,「任那疆域考」,『朝鮮歷史地理研究』1, 1913.

請田正幸,「六世紀前期の日朝關係-任那'日本府'を中心として-」,『朝鮮史研究會論文集』11, 1974.

村上四男,「金官國の世系と卒支公(率友公)」,『朝鮮學報』21・22合輯, 1961.

村上四男,「金官國補遺」,『朝鮮學報』31, 1964.

坂本太郎,「繼體紀の史料批判」,『國學院雜誌』62-9, 1961.

坂本太郎,「欽明紀の史料批判」,『日本古代史の基礎的研究』(上), 1964.

平野邦雄,「繼體・欽明紀の對外關係記事」,『古代東アジア史論集』(下), 吉川弘文館, 1978.

Service, E.R, "Clsssical and Theories of the Origins of Government," in R. Cohen and E. Service(eds.), *Origins of the State*, Philadelphia ISHI 1997.

2) 고고학

國內

高正龍,「가야말기 산성개축에 대한 일고찰」(上)(下),『伽倻通信』15・16合輯, 1986.

郭長根,「全北地方의 伽耶墓制에 對한 一考察-5, 6세기 古墳을 중심으로-」, 全北大學校 文學碩士 學位論文, 1990.

郭鍾喆, 「한국과 일본의 고대 농업기술」, 『韓國古代史論叢』 4, 韓國古代社會
    硏究所, 1992.
權鶴洙, 「加耶諸國의 成長과 環境」, 『白山學報』 30·31合輯, 1985.
權鶴洙, 「加耶史復元과 考古學資料의 解釋」, 『先史와 古代』, 韓國古代學會,
    1993.
權鶴洙, 「加耶諸國의 相互關係와 聯盟構造」, 『韓國考古學報』 31, 1994.10.
金基雄, 「가야의 冠帽에 대하여-星州 가엄동 파괴고분 출토 金銅冠을 중심으
    로-」, 『文化財』 12, 1979.
金東鎬, 「고고학상에서 본 소가야 문화의 제문제」, 『嶺南考古學』 1, 1986.
金斗喆, 「三國時代 轡의 硏究」 慶北大學校 文學碩士 學位論文, 1991.
金斗喆, 「신라와 가야의 馬具-馬裝을 중심으로-」, 『韓國古代史論叢』 3, 韓國
    古代社會硏究所, 1992.
金世基, 「竪穴式墓制의 硏究-加耶地域을 중심으로-」, 『韓國考古學報』 17·
    18合輯, 1985.
金世基, 「大伽耶 墓制의 變遷」, 『加耶史硏究-대가야의 政治와 文化-』, 慶尙
    北道, 1995.
金世基, 「고령양식토기의 확산과 대가야문화권의 형성」, 『加耶文化遺蹟調査
    및 整備計劃』, 경상북도·가야대학교 부설 가야문화연구소, 1998.
金若秀, 「慶山地域의 古墳硏究」, 『慶山文化』 4, 慶山文化院, 1988.
金榮珉, 「嶺南地域 三韓後期文化의 特徵과 地域性」, 釜山大學校 文學碩士
    學位論文, 1996.
金龍星, 「慶山·大邱地域 三國時代古墳의 階層化와 地域集團」, 『嶺南考古
    學』 6, 1989.
金元龍, 「三國時代의 開始에 관한 一考察」, 『東亞文化』 7, 1967.
金元龍, 「百濟建國地로서의 漢江下流地域」, 『百濟文化』 7·8합, 1975.
金元龍, 「金海 府院洞期의 設定」, 『韓國考古學報』 12, 1982.
金元龍, 「所謂 瓦質土器에 대하여」, 『歷史學報』 99·100合輯, 1983.
金正完, 「咸安圈域 陶質土器의 編年과 分布 變化」, 慶北大學校 文學碩士 學
    位論文, 1994.
金宰賢, 「伽耶故地 出土 短脚高杯에 관한 硏究」, 『韓國上古史學報』 7, 1991.
金亨坤, 「阿羅伽耶의 形成過程研究」, 『加羅文化』 12, 1995.
金廷鶴, 「金海 禮安里 85號墳 出土 扁頭骨에 대하여」, 『韓㳓劤博士停年退任
    紀念史學論叢』, 1981.

金鍾徹, 「大加耶墓制의 編年研究-高靈 池山洞 古墳群을 中心으로-」, 『韓國學論集』 9, 1982.

金鍾徹, 「北部地域 加耶文化의 考古學的 考察-高靈・星州・大邱를 中心으로-」, 『韓國古代史研究』 1, 한국고대사연구회, 1988.

金鍾徹, 「고령군 문화유적에 대한 고고학적 연구」, 『高靈地域의 歷史와 文化』, 高靈文化院・啓明大學校韓國學研究院, 1997.

朴普鉉, 「樹枝形立華飾冠의 系統」, 『嶺南考古學』 4, 1987.

朴普鉉, 「威勢品으로 본 古新羅社會의 構造」, 慶北大學敎 文學博士 學位論文, 1995.

朴升圭, 「慶南 西南部地域 陶質土器에 대한 研究-晋州式土器와 關聯하여-」, 『慶尙史學』 9, 1993.

朴升圭, 「咸安郡北地域 出土 陶質土器에 대한 考察」, 『晉州專門大學論文輯』 14, 1992.

朴辰一, 「圓形粘土帶土器文化研究-湖西 및 湖南地方을 중심으로-」, 부산대학교 석사학위논문, 2000.

朴天秀, 「三國時代 昌寧地域 集團의 性格研究」, 『嶺南考古學』 13, 1993.

朴天秀, 「伽耶・新羅地域の首長墓における筒形器台」, 『考古學研究』 40-4 (통권 160), 考古學研究會, 1994.

朴天秀, 「伽耶の社會構造に對する豫備的考察」, 『近藤義郎古稀記念 考古文集』, 1995.

朴天秀, 「대가야의 국가형성과 발전」, 『석오 윤용진교수 정년퇴임기념논총』 윤용진교수 정년논총간행위원회, 1996.

潘鏞夫・金元經, 「金海地域의 地形과 聚落」, 『伽倻文化研究』 2, 釜山女子大學 伽倻文化研究所, 1991.

潘鏞夫・郭鍾喆, 「洛東江河口 金海地域의 環境과 漁撈文化」, 『伽倻文化研究』 2, 釜山女子大學 伽倻文化研究所, 1991.

宋桂鉉, 「三國時代 鐵製甲冑의 研究-嶺南地域 出土品을 中心으로-」, 慶北大學校 文學碩士 學位論文, 1988.

申敬澈, 「釜山・慶南出土 瓦質系土器-이른바 熊川・金海期文化의 實體와 實例-」, 『韓國考古學報』 12, 1982.

申敬澈, 「古式鐙子考」, 『釜大史學』 9, 1985.

申敬澈, 「新羅土器의 發生에 대하여」, 『韓日古代文化의 諸問題』, (財)韓日文化交流基金, 1986.

申敬澈, 「伽耶土器」, 『陶質土器の國際交流』, 柏書房, 1989.

申敬澈, 「伽耶의 武具와 馬具-甲冑와 鐙子를 중심으로-」, 『國史館論叢』 7, 1989.

申敬澈, 「三韓·三國·統一新羅時代의 釜山(考古學的 考察)」, 『釜山市史』 第1卷, 1989.

申敬澈, 「金海大成洞古墳群の發掘調査成果」, 『東アジアの古代文化』 68, 1991.

申敬澈, 「金海禮安里 160號墳에 對하여-古墳의 發生과 관련하여-」, 『伽耶考古學論叢』 1, 伽耶文化研究所, 1992.

申敬澈, 「金官加耶의 成立과 對外關係」, 『伽耶와 東아시아』, 金海市, 1992.

申敬澈, 「加耶成立前後の諸問題-最近の發掘調査成果から-」, 『伽耶と古代東アジア』, 1993.

申敬澈, 「金海大成洞·東萊福泉洞古墳群 點描-金官加耶 이해의 一端-」, 『釜大史學』 19, 1995.

申敬澈, 「古代의 洛東江, 榮山江, 그리고 倭」, 『韓國의 前方後圓墳』, 충남대학교 출판부, 2000.

安在晧·宋桂鉉, 「古式陶質土器에 관한 약간의 고찰-義昌大坪里出土品을 通하여-」, 『嶺南考古學』 1, 1986.

安在晧, 「蔚山 下垈 가地區 古墳의 性格」, 『제1회 영남고고학회 발표 및 토론요지』, 영남고고학회, 1992.

安在晧, 「三韓時代 後期 瓦質土器의 編年-하대유적을 중심으로-」, 『嶺南考古學』 14, 1994.

安春培, 「伽倻地域 先史文化의 變遷-釜山·慶南地方을 중심으로-」, 『韓國考古學報』 12, 1982.

安春培, 「三東洞 甕棺의 編年」, 『釜山史學』 8, 1984.

安春培, 「伽倻土器의 研究-地域的 特徵을 中心으로-」, 『嶺南考古學』 9, 1991.

安春培, 「加耶土器와 그 領域의 研究」 東亞大學校 大學院 博士學位論文, 1993.

吳建煥·郭鍾喆, 「金海平野에 대한 考古學的 研究(Ⅰ)-地形環境과 遺蹟-」, 『古代文化』 2, 古代研究會, 1989.

禹順姬, 「慶南地域의 6世紀 土器研究-土器定型化過程에 대해-」, 慶北大學校 文學碩士 學位論文, 1989.

禹枝南,「大伽倻古墳의 編年-土器를 中心으로-」,『三佛金元龍敎授停年退任
　　　紀念論叢』I (考古學篇), 1988.
尹貞姫,「小加耶土器의 成立과 展開」, 경남대학교 석사학위논문, 1997.
李南珪,「南韓 初期鐵器文化의 一考察-특히 鐵器의 金屬學的 分析을 中心
　　　으로-」,『韓國考古學報』13, 1982.
李南珪,「韓半島 古代國家 形成期 鐵製武器의 流入과 普及-中國과의 比較
　　　的 視角에서-」,『韓國古代史研究』16, 1999. 11.
李凡泓,「斯盧國地域의 3~4世紀代 土器研究」,『韓國上古史學報』10, 1992.
李尙律,「嶺南地方 三國時代 杏葉의 研究」慶北大學校 文學碩士 學位論文,
　　　1993.
李盛周,「蔚山 中山里遺蹟 發掘을 通하여 본 新羅墓制의 起源」,『제1회 영남
　　　고고학회 학술발표회 발표 및 토론요지』, 영남고고학회, 1992.
李盛周,「1~3세기 가야 정치체의 성장」,『韓國古代史論叢』5, 韓國古代社會
　　　研究所, 1993.
李盛周,「墳丘墓의 認識」,『韓國上古史學報』32, 2000.
李盛周·金奭周·金錫煥·石才恩,「阿羅伽耶 中心古墳群의 編年과 性格」,
　　　『韓國上古史學報』10, 1992.
李柱憲,「함안지방의 고분문화」, 창원문화재연구소, 1996.
李柱憲,「咸安地域 古墳文化의 調査와 成果」,『加羅文化』12, 1995.
李柱憲,「道項里古墳群 發掘調査와 成果」,『阿羅伽倻史學術討論會』, 1994.
李柱憲,「토기로 본 安羅와 新羅」,『加耶와 新羅』, 김해시, 1998.
李柱憲,「阿羅伽耶에 대한 考古學的 檢討」,『伽倻 ; ‘가야각국사의 재구성’』,
　　　부산대학교 한국민족문화연구소·가야사 정책연구위원회, 가야사 학
　　　술심포지움 발표자료, 2000.
李在賢,「弁·辰韓 社會의 발전과정-木槨墓의 출현배경과 관련하여-」,『嶺
　　　南考古學』17, 1995.
李在賢,「加耶地域出土 銅鏡과 交易體系」,『韓國古代史論叢』9, 2000.
이영훈·손명조,「고대의 철·철기생산과 그 전개에 대한 고찰」,『韓國古代史
　　　論叢』9, 2000.
李殷昌,「新羅·伽耶土器 編年에 關한 研究」,『曉星女子大學校研究論文集』
　　　23, 1981.
李殷昌,「伽耶土器의 編年 研究」,『韓國考古學報』12, 1982.
李漢祥,「5~6世紀 新羅의 邊境支配方式-裝身具分析을 중심으로-」,『韓國

史論』33(서울대), 1995.

李漢祥, 「大加耶系 耳飾의 分類와 編年」, 『古代硏究』4, 1995.

李漢祥, 「4세기 전후 신라의 지방통제방식」, 『역사와 현실』37, 한국역사연구회, 2000

李海蓮, 「金海 大成洞 29號墳에 대한 一考察」, 『文化傳統論集』創刊號, 慶星大 鄕土文化硏究所, 1993.

李熙濬, 「토기로 본 大伽耶의 圈域과 그 변천」, 『加耶史硏究-대가야의 政治와 文化-』, 慶尙北道, 1995.

李熙濬, 「4~5세기 新羅의 考古學的 硏究」, 서울대학교 박사학위논문, 1998.

李熙濬, 「삼한 소국 형성 과정에 대한 고고학적 접근의 틀-취락 분포 정형을 중심으로-」, 『韓國考古學報』43, 2000. 10.

林孝澤, 「洛東江下流 加耶土壙墓의 硏究」, 『韓國考古學報』4, 1978.

林孝澤, 「洛東江 下流域 加耶古墳의 검토」, 『韓國海洋大學論文集』17, 1982.

林孝澤, 「副葬鐵鋌考」, 『東義史學』2, 1987.

林孝澤, 「洛東江 下流域 土壙墓文化」, 『嶺南考古學』7, 1990.

林孝澤, 「洛東江 下流域 加耶墓制의 系統」, 『東義史學』7·8合輯, 1993.

林孝澤, 「洛東江下流域 加耶의 土壙木棺墓 硏究」, 漢陽大學校 文學博士 學位論文, 1993.

全玉年, 「嶺南地域에 있어서 後期瓦質土器의 硏究」, 慶北大學校 文學碩士 學位論文, 1988.

全玉年, 「伽耶의 金銅製品에 관하여-盛矢具 硏究-」, 『伽耶考古學論叢』1, 1992.

鄭澄元·申敬澈, 「古代 韓·日 甲冑斷想」, 『尹武炳博士回甲紀念論叢』, 1984.

鄭澄元·申敬澈, 「終末期無文土器에 관한 硏究」, 『韓國考古學報』20, 1987.

鄭澄元·安在晧, 「東萊 福泉洞 38號墳과 그 副葬遺物」, 『三佛金元龍教授停年退任記念論叢』Ⅰ(考古學篇), 1987.

鄭澄元·洪潽植, 「釜山地域의 古墳文化-墓制와 高杯를 중심으로-」, 『釜大史學』18, 1994.

鄭澄元, 「初期鐵器時代와 原三國時代」, 『한국상고사-연구현황과 과제』, 한국상고사학회, 民音社, 1989.

趙榮濟, 「水平口緣壺에 대한 一考察-西部慶南 伽倻後期土器의 一樣式-」, 『慶尙史學』1, 1985.

趙榮済, 「西部慶南 爐形土器에 대한 一考察」, 『伽倻文化』 1, 1988.

趙榮済, 「三角透窓高杯에 대한 一考察」, 『嶺南考古學』 7, 1990.

崔夢龍, 「全南地方支石墓社會와 階級의 發生」, 『韓國史研究』 35, 1981.

崔夢龍, 「古代國家成長과 貿易-衛滿朝鮮의 例-」, 『韓國古代의 國家와 社會』, 一潮閣, 1985.

崔秉鉉, 「古新羅 積石木槨墳의 變遷과 編年」, 『韓國考古學報』 10·11合輯, 1981.

崔鍾圭, 「陶質土器 成立前夜와 展開」, 『韓國考古學報』 12, 1982.

崔鍾圭, 「瓦質土器の檢討と意義」, 『古代を考える』 34, 1983.

崔鍾圭, 「中期古墳의 性格에 대한 약간의 고찰」, 『釜大史學』 7, 1983.

崔鍾圭, 「金海期 貝塚의 立地에 대해서」, 『古代研究』 2, 古代研究會, 1989.

崔鍾圭, 「무덤에서 본 三韓社會의 構造 및 特徵」, 『韓國古代史論叢』 2, 韓國古代社會研究所, 1992.

崔鍾圭, 「陶質土器의 起源」, 『考古學誌』 6, 1994.

洪潽植, 「嶺南地域의 橫口式, 竪穴式石室墓 研究」, 釜山大學校 文學碩士 學位論文, 1992.

洪潽植, 「금관가야의 성립과 발전」, 『加耶文化遺蹟調査 및 整備計劃』, 경상북도·가야대학교 부설 가야문화연구소, 1998.

國外

都出比呂志, 「日本古代の國家形成論序説-前方後圓墳體制の提唱-」, 『日本史研究』 343, 1991. 3.

東潮, 「弁辰と伽耶の鐵」, 『東アジアの古代文化』 68, 1991夏.

東潮, 「新羅·加耶の政治的領域をめぐる諸問題」, 『東アジアの古代文化』 73, 1992 秋.

東潮, 「榮山江流域と慕韓」, 『展望考古學』, 考古學研究會40周年記念論集, 1995.

藤井和夫, 「高靈池山洞古墳群の編年-伽耶地域出土陶質土器編年試案Ⅴ-」, 『東北アジアの考古學[天池]』, 六興出版, 1990.

武末純一, 「慶尙道の「瓦質土器」と「古式陶質土器」-三韓土器の提昌-」, 『古文化談叢』 15, 九州古文化研究會, 1985.

三上次男, 「南部朝鮮における韓人部族國家の成立と發展」, 『古代東北アジア史研究』, 1966.

西谷　正,「九州出土の朝鮮産陶質土器について」,『九州文化史研究所紀要』
　　　　29, 1984.

西谷　正,「朝鮮三國時代の土器の文字」,『古代の日本と東アジア』, 小學館,
　　　　1991.

西谷　正,「韓國の前方後圓墳と古代日本」,『東アジアの古代文化』82, 1995
　　　　冬.

奥野正男,　「大成洞古墳群と騎馬民族征服王朝說」,　『東アジアの古代文化』
　　　　68, 1991 夏.

柳田康雄,「朝鮮半島における日本系遺物」,『九州における古墳文化と朝鮮半
　　　　島』, 福岡縣敎育委員會編, 1989.

柳田康雄,「朝鮮半島の倭系遺物の解析」,『東アジアの古代文化』73, 1992.

田中晋作,「武器の所有形態からみた常備軍成立の可能性について」,『古代文
　　　　化』45-8, 1993.

田村晃一,　「樂浪郡地域の木槨墓-漢墓綜考二」,　『三上次男博士頌壽紀念論
　　　　叢』, 1979.

田村晃一,「新夫餘考」,『靑山考古』第5號, 1987.

田村晃一,「高句麗の積石塚」,『東北アジアの考古學[天池]』, 六興出版, 1990.

定森秀夫,「韓國慶尙南道昌寧地域出土陶質土器の檢討」,『古代文化』33-4,
　　　　1981.

定森秀夫,「韓國慶尙南道泗川・固城地域出土陶質土器について」,『角田文
　　　　衛博士古稀記念古代學論叢』, 1983.

定森秀夫,「韓國慶尙北道高靈地域出土陶質土器の檢討」,『東アジアの考古
　　　　と歷史』岡崎敬先生退官記念論集(上), 同明舍, 1987.

定森秀夫,「韓國慶尙北道星州地域出土 陶質土器에 대하여」,『伽倻通信』17,
　　　　1988.

穴澤咊光・馬目順一,「昌寧校洞古墳群-「梅原考古資料」を中心とした谷井濟
　　　　一氏發掘資料の研究-」,『考古學雜誌』60-4, 1974.

穴澤咊光,「古墳文化と鮮卑文化」,『季刊 考古學』第33号, 1990.

Abstract

The Study on the formation and development
of the regional 'Guk(國)'s in Kaya

Seoung Ok, Beack

Several little Guk(國)s in Sam-Han(三韓) were the first 'Guk(國)' appeared in the South of Han peninsula. Maybe several villages were concentrated on the Guk in Sam-Han(三韓). The Guks were divided into several pieces and gradually united into the Great Guk. That was the league of Kaya. Partially the league of Kaya formed the concentrating power of the nation.

I think that the general history of Kaya has to contain the process of Kaya society. But the above mentioned theses about the league of Kaya have been only concerned with the league history about the 600 years. I think they were useful not to the general history of Kaya but to the particular periods of Kaya. Several Guks in Kaya differed from the shape of the formation. But Karaguk(加羅國) in Koryong(高靈) might contain the character of the ancient state.

I disagree the theory on the league of Kaya on the several grounds. Kaya had differed from some parts that had not united into the system of nation, conclusionly captured by the neighbor nations. The Guks in Kaya had greatly depended on the geographical environment.

This study investigates the several Guks in Kaya involving the geographical environment. Consequently, I found out that they had developed through peculiar characters. Namkara(南加羅) in Kimhae(金海)

had developed into the powerful regional league, but not into an ancient state. Posangpalguk(浦上八國) had invaded into the neighbor little Guks, but not into an ancient state. Several guks in the league were united by the powerful neighbor, and the other parts were existed but not an ancient state.

The formation of the regional league of nations was greatly depended on the geo-political relations, the commerce, and the military requirement. Generally, the little Guks in the league had not only the political independence but the economic and military obligation to the lead of the league.

I wonder that 'Kara(加羅) in Koryong(高靈) had pertained to the regional league through a little Guk, but it appeared in a powerful Guk on the late Kaya era. The general Guks like 'Namkara(南加羅) and 'Anraguk(安羅國) were differed from 'Karaguk(加羅國) in that they had developed on little Guks.

The Koryong region in Samhan(三韓) era had the little power on politics. It had developed the powerful influence in the 5th century. Consequently it was the most powerful Guk of the league of Kaya. The environment of the development was a iron ore, the concentration of exchange, the plentiful arable land. 'Anraguk(安羅國) was developed into an ancient state through a little Guk and the regional league. This is a sample that had not a regional expansion but the progress. 'Kojaguk(古自國) had developed into the regional league through a little Guk, but it was defeated by the neighbor Guks. It had existed not as the regional league but as a little Guk in the 6th century. 'Bisabulguk(比斯伐國) had existed through a little Guk on the first half of 6th century.

Conclusionally, this study finds the below character of the regional Guk of Kaya.

Firstly, most of the regional Guks were formed the center on basin and valley near the river. The intercours had formed the center of commerce. That was the important basis in the development of the regional Guk and military region between the neighbors.

Secondly, the defense system was the more important thing than the external growth. That was useful to the geographical environment. Also the evidence of this assert is the general position on the regional Guk of Kaya and the walled fortress in mountain.

Thirdly, there were Hangi(旱岐) or sub-kings. It was Gocheung-gobungun(高塚古墳群) that was the grave of the ruling class. That reveals their power.

Fourthly, there were not the regional growths that had differed the center from the local. It seems that the lead of regional nations, such as Karaguk and Ahnraguk, had the rudimentary local system.

찾아보기

【ㅇ】

【ㅈ】

민족문화 학술총서를 내면서

21세기의 새로운 미래를 향해 나아가는 현 시점에서 한국학 연구는 새로운 전기를 맞이하고 있다. 한국은 물론이고, 아시아 · 구미 지역에서도 한국학에 대한 관심은 고조되고 있으며 여러 분야에서 다각도로 심층적인 분석이 이루어지고 있다. 이러한 추세에 발맞추어 우리나라의 한국학 연구자들도 지금까지의 연구를 기반으로 하여 방법론뿐 아니라, 연구 영역에서도 보다 심도 있는 연구가 요청되고 있는 형편이다. 따라서 우리는 동아시아 속의 한국, 더 나아가 세계 속의 한국이라는 관점에서 민족문화의 주체적 발전과 세계 문화와의 상호 관련성을 중시하는 방향에서 연구를 진행해야 할 것이다.

본 한국민족문화연구소는 한국문화연구소와 민족문화연구소를 하나로 합치면서 새롭게 도약의 발판을 마련한 이래 지금까지 민족문화의 산실로서 중요한 역할을 수행해 왔다. 그런 중에 기초 자료의 보존과 보급을 위한 자료총서, 기층 문화에 대한 보고서, 민족문화총서 및 정기학술지 등을 간행함으로써 연구소의 본래 기능을 확충시켜 왔다. 이제 이러한 성과를 바탕으로 한국학 연구자의 연구 성과를 보다 집약적으로 발전시켜 나아가기 위해서 민족문화 학술총서를 간행하고자 한다.

민족문화 학술총서는 한국 민족문화 전반에 관한 각각의 연구를 체계적으로 정리함으로써 본 연구소의 연구 기능을 극대화하는 역할을 할 것으로 기대한다. 또한 본 학술총서의 간행을 계기로 부산대학교 한국학 연구자들의 연구 분위기를 활성화하고 학술 활동의 새로운 장이 되기를 바란다.

아울러 본 학술총서는 한국학 연구의 외연적 범위를 확대하는 의미에서 한국학 관련 학문과의 상호 교류의 장이자, 학제간 연구의 중심 기능을 수행함으로써 명실상부한 한국학 학술총서로서 자리잡을 수 있도록 해야 할 것이다.

1997년 11월 20일

부산대학교 한국민족문화연구소

지은이 | 백승옥(白承玉)
경남 거창 출생
부산대학교 사학과, 동 대학원 사학과 졸업(문학박사)
일본 九州大學 특별연수생과정 수료
일본 東京大學 객원연구원(1998~1999)
경성대학교 · 부경대학교 · 부산대학교 강사 역임
울산대학교 연구교수를 거쳐 현재 함안박물관 학예연구사

주요 논저
「新羅 · 百濟 각축기의 比斯伐加耶」(『釜大史學』 15 · 16합, 1992),
「'卓淳'의 位置와 性格 -『日本書紀』 관계기사 검토를 중심으로 - 」(『釜大史學』 19, 1995),
「固城 古自國의 형성과 변천」(韓國古代史硏究會 編, 『韓國 古代社會의 地方支配』, 1997),
「廣開土王陵碑文과 加耶」(『加耶와 廣開土大王』, 김해시, 2003),
『시민을 위한 가야사』(공저, 1996), 『한국고대사속의 가야』(공저, 2001) 외 다수

加耶 各國史 研究

白承玉 지음

2003년 11월 3일 초판 1쇄 인쇄
2003년 11월 7일 초판 1쇄 발행

펴낸이 · 오일주
펴낸곳 · 도서출판 혜안
등록번호 · 제22-471호
등록일자 · 1993년 7월 30일

우 121-836 서울시 마포구 서교동 326-26번지 102호
전화 · 3141-3711~2 / 팩시밀리 · 3141-3710
E-Mail hyeanpub@hanmail.net

ISBN 89 - 8494 - 199 - 9 93910

값 24,000 원